上财文库

刘元春 主编

生物识别信息传播风险及法律规制研究

Research on Dissemination Risks and Legal Regulation of
Biometric Information

林凌 主编

上海财经大学出版社
SHANGHAI UNIVERSITY OF FINANCE & ECONOMICS PRESS

上海学术·经济学出版中心

图书在版编目(CIP)数据

生物识别信息传播风险及法律规制研究 / 林凌主编.
上海：上海财经大学出版社, 2025. 1. -- (上财文库
). -- ISBN 978-7-5642-4547-4

Ⅰ. D922.174

中国国家版本馆 CIP 数据核字第 2024X67J47 号

上海财经大学中央高校双一流引导专项资金、中央高校基本科研
业务费资助

国家社会科学基金项目：生物识别信息传播风险及法律规制研究
(21BXW039)

□ 责任编辑　朱晓凤
□ 封面设计　贺加贝

生物识别信息传播风险及法律规制研究

林　凌　主编

撰稿人　林凌、李昭熠、贺小石、程思凡

上海财经大学出版社出版发行
(上海市中山北一路 369 号　邮编 200083)
网　　　址：http://www.sufep.com
电子邮箱：webmaster@sufep.com
全国新华书店经销
上海华业装璜印刷厂有限公司印刷装订
2025 年 1 月第 1 版　2025 年 1 月第 1 次印刷

787mm×1092mm　1/16　18.25 印张(插页:2)　336 千字
定价:98.00 元

总　序

更加自觉推进原创性自主知识体系的建构

　　中国共产党二十届三中全会是新时代新征程上又一次具有划时代意义的大会。随着三中全会的大幕拉开,中国再次站在了新一轮改革与发展的起点上。大会强调要创新马克思主义理论研究和建设工程,实施哲学社会科学创新工程,构建中国哲学社会科学自主知识体系。深入学习贯彻二十届三中全会精神,就要以更加坚定的信念和更加担当的姿态,锐意进取、勇于创新,不断增强原创性哲学社会科学体系构建服务于中国式现代化建设宏伟目标的自觉性和主动性。

　　把握中国原创性自主知识体系的建构来源,应该努力处理好四个关系。习近平总书记指出:"加快构建中国特色哲学社会科学,归根结底是建构中国自主的知识体系。要以中国为观照、以时代为观照,立足中国实际,解决中国问题,不断推动中华优秀传统文化创造性转化、创新性发展,不断推进知识创新、理论创新、方法创新,使中国特色哲学社会科学真正屹立于世界学术之林。"习近平总书记的重要论述,为建构中国自主知识体系指明了方向。当前,应当厘清四个关系:(1)世界哲学社会科学与中国原创性自主知识体系的关系。我们现有的学科体系就是借鉴西方文明成果而生成的。虽然成功借鉴他者经验也是形成中国特色的源泉,但更应该在主创意识和质疑精神的基础上产生原创性智慧,而质疑的对象就包括借鉴"他者"而形成的思维定式。只有打破定式,才能实现原创。(2)中国式现代化建设过程中遇到的问题与原创性自主知识体系的关系。建构中国原创性自主知识体系,其根本价值在于观察时代、解读时代、引领时代,在研究真正的时代问题中回答"时代之问"，这也是推动建构自主知识体系最为重要的动因。只有准确把握中国特色社会主义的历史新方位、时代新变化、实践新要求，才能确保以中国之理指引中国之路、回答人民之问。(3)党的创新理论与自主知识体系的关系。马克思主义是建构中国自主知识体系的"魂脉"，坚持以马克思主义为指导，是当代中国哲学社会科学区别于其他哲学社会科学的根本标志，必须旗帜鲜明加以坚持。党的创新理论是中国特色哲学社会科学的主体内容，也是中国特色哲学社会科学发展的最大增量。(4)中华传统文化与原创性自主知识体系的关系。中华优秀传统文化是原创性自主知识体系的"根脉"，要加强对优秀传统文化的挖掘和阐发，更有效地推动优秀传统文化创造性转化、创新性发展，创造具有鲜明"自主性"的新的知识生命体。

探索中国原创性自主知识体系的建构路径，应该自觉遵循学术体系的一般发展规律。建构中国原创性自主知识体系，要将实践总结和应对式的策论上升到理论、理论上升到新的学术范式、新的学术范式上升到新的学科体系，必须遵循学术体系的一般发展规律，在新事实、新现象、新规律之中提炼出新概念、新理论和新范式，从而防止哲学社会科学在知识化创新中陷入分解谬误和碎片化困境。当前应当做好以下工作:(1)掌握本原。系统深入研究实践中的典型事实，真正掌握清楚中国模式、中国道路、中国制度和中国文化在实践中的本原。(2)总结规律。在典型事实的提炼基础上，进行特征事实、典型规律和超常规规律的总结。(3)凝练问题。将典型事实、典型规律、新规律与传统理论和传统模式进行对比，提出传统理论和思想难以解释的新现象、新规律，并凝练出新的理论问题。(4)合理解释。以问题为导向，进行相关问题和猜想的解答，从而从逻辑和学理角度对新问题、新现象和新规律给出合理性解释。(5)提炼范畴。在各种合理性解释中寻找到创新思想和创新理论，提炼出新的理论元素、理论概念和理论范畴。(6)形成范式。体系化和学理化各种理论概念、范畴和基本元素，以形成理论体系和新的范式。(7)创建体系。利用新的范式和理论体系在实践中进行检验，在解决新问题中进行丰富，最后形成有既定运用场景、既定分析框架、基本理论内核等要件的学科体系。

推进中国原创性自主知识体系的建构实践，应该务实抓好三个方面。首先，做好总体规划。自主知识体系的学理化和体系化建构是个系统工程，必须下定决心攻坚克难，在各个学科知识图谱编制指南中，推进框定自主知识体系的明确要求。

各类国家级教材建设和评定中,要有自主知识体系相应内容审核;推进设立中国式现代化发展实践典型案例库,作为建构自主知识体系的重要源泉。其次,推动评价引领。科学的评价是促进原创性自主知识体系走深走实的关键。学术评价应该更加强调学术研究的中国问题意识、原创价值贡献、多元成果并重,有力促进哲学社会科学学者用中国理论和学术做大学问、做真学问。高校应该坚决贯彻"破五唯"要求,以学术成果的原创影响力和贡献度作为认定依据,引导教师产出高水平学术成果。要构建分类评价标准,最大限度激发教师创新潜能和创新活力,鼓励教师在不同领域做出特色、追求卓越,推动哲学社会科学界真正产生出一批引领时代发展的社科大家。最后,抓好教研转化。自主知识体系应该转化为有效的教研体系,才能发挥好自主知识体系的育人功能,整体提升学校立德树人的能力和水平。

上海财经大学积极依托学校各类学科优势,以上财文库建设为抓手,以整体学术评价改革为动力,初步探索了一条富有经管学科特色的中国特色哲学社会科学建构道路。学校科研处联合校内有关部门,组织发起上财文库专项工程,该工程旨在遵循学术发展一般规律,更加自觉建构中国原创性自主知识体系,推动产生一批有品牌影响力的学术著作,服务中国式现代化宏伟实践。我相信自主知识体系"上财学派"未来可期。

上海财经大学 校长

2024 年 12 月

目　录

引 言

　　随着生物技术、计算机技术和通信技术的日益成熟,生物识别技术正被广泛应用于公共管理、工业生产和商业服务等领域。为规范和引导生物识别技术的发展,展现科技向善的力量,各国政府纷纷出台法律法规和政策加以规制。美国较早开展生物识别技术商业利用,并通过立法保护生物识别信息。2008 年,美国伊利诺伊州颁布《生物识别信息隐私法》(Biometric Information Privacy Act,BIPA);一年后,得克萨斯州颁布《生物特征符获取或使用法》(Capture or Use of Biometric Identifiers Act,CUBI)。BIPA 和 CUBI 被认为是"美国第一代生物识别信息隐私法"[1],这两部法律的共同特点是对生物识别信息加以严格的保护。对生物识别信息数据收集,BIPA 要求私营信息处理者在收集生物特征数据(Biometric Data)之前,要通知个人(或者合法代理人)其生物特征符或生物识别信息正在被收集,告知收集和储存这些生物识别信息数据的目的和时间;告知必须采用书面形式,个人(或者合法代理人)也必须提供同意的书面声明。[2] CUBI 要求信息处理者在收集生物特征数据前要通知个人并获得其同意。[3] 欧盟《通用数据保护条例》(General Data Protection Regulation,GDPR)第 5 条对包括生物特征数据在内的个人数据处理

---

[1]　Anderson M J, Halpert J. Washington Become the Third State with a Biometric Privacy Law: Five Key Differences[J]. *RAIL*,2018(1):41.

[2]　陆海娜,赵赓. 个人生物识别信息商业利用的法律规制:美国州立法经验的比较与反思[J]. 人权研究,2021,(02):86—105.

[3]　得克萨斯州《生物特征符获取或使用法》(Capture or Use of Biometric Identifiers Act,CUBI),第 503.001 节第(b)条,https://statutes.capitol.texas.gov/Docs/BC/htm/BC.503.htm.

行为作了原则性限制,包括合法性、合理性、透明性原则,目的限制原则,数据最小化原则,准确性原则等;第 9 条规定原则上禁止处理"以唯一识别自然人为目的的基因数据、生物特征数据"。①

我国积极推进生物识别信息保护立法。《中华人民共和国民法典》(以下简称《民法典》)和《中华人民共和国网络安全法》(以下简称《网络安全法》)均在关于"个人信息"的定义中提到"生物识别信息"。2021 年 8 月 20 日公布的《中华人民共和国个人信息保护法》(以下简称《个人信息保护法》)第 28 条第 1 款将个人生物特征纳入敏感个人信息目录。此外,《信息安全技术个人信息安全规范》(以下简称《个人信息安全规范》)、《信息安全技术公共及商用服务信息系统个人信息保护指南》(以下简称《个人信息保护指南》)以及《个人金融信息保护技术规范》等规范性文件对"个人信息"和"个人敏感信息"加以区分,将生物识别信息列入"个人敏感信息",规定了更严格的保护措施。

虽然各国法律加大保护生物识别信息力度,让生物识别信息更好地为数字经济发展服务,但是,无论是理论还是实践,对生物识别信息的保护仍然存在各种争论,如关于生物识别信息的内涵和外延、生物识别信息权益构成、生物识别信息与隐私之间的差异及关联,以及生物识别信息保护法律的框架等始终争议不断,立法和司法实践中出现了不同的保护路径。因此,研究生物识别信息传播风险及法律规制首先要厘清相关争论的内容及原因,以此作为本研究的理论出发点。

第一节　生物识别信息概述

从个人信息制度发展演变历程来看,人类很早就收集、存储和处理个人信息了。奴隶制社会以来,统治者通过签发各类身份证明、文书、护照来管理人口,并建立相应的档案系统,对人口进行清点统计。但"早期的个人资料的收集存储并不直接服务于监控目的,更多地是基于统计、税收、行政管理等考虑。"②指纹作为重要的生物体,很早就被用来标识个人身份。我国唐代律法就规定"以指为契",用指纹按

---

① 中国信息通信研究院互联网法律研究中心,京东法律研究院. 欧盟数据保护法规汇编[M]. 北京:中国法制出版社,2019:61.

② 石佳友. 隐私权与个人信息关系的再思考[J]. 上海政法学院学报(法治论丛),2021,36(05):81-98.

压印泥并覆于纸上，代表个人签订契约的标记。2010 年，国际电信联盟（International Telecommunication Union，ITU）发布《生物识别技术与标准检测报告》，提出生物识别基于强大的信息和通信技术可以作为一种个人身份认证手段。伴随着计算机与光学、声学、生物传感器等高科技的密切结合，生物识别手段有所扩增，利用人脸、虹膜、声纹、DNA、静脉、步态、心率、掌部血管分布以及按键模式等都可以进行个人身份的鉴定。[①]

个人信息是对自然人身份、特征加以描述以确定其生物属性和社会属性的信息集合，既包括身高、体重、肤色等具身性生物信息，也包括家庭住址、电话号码、身份证号码等离身性信息。普通的个人信息和自然人之间不具有唯一对应性，比如身高、体重、肤色等特征能够同时对应许多人，家庭住址、电话号码和身份证号码虽然对应特定自然人，但它们是人为设置的表征符号，人们通过重新设置、更改等方法可以改变其与自然人的唯一对应性。生物识别信息是自然人生物体的数字化表示或者数字矩阵，与个人之间构成唯一的对应性关系，利用单一的生物识别信息能关联到特定个人，而且不能通过人为设置方法改变生物识别信息和个人之间的关联。以人脸识别为例，它包括三个技术环节：人脸图像采集（Image Acqui-sition）环节、人脸检测（Face Detection）并分割人脸环节、抽取特征分析人脸（Face Extrac-tion）并匹配数据库识别人脸环节。在实际操作过程中，人脸识别系统首先根据图像或视频流信息确定"人脸检测对象的尺寸、方位、姿态"，以备检测并分割人脸。此后为了对"归一化的人脸主要特征"进行抽取，先利用方差投影进行人眼精确定位，进而定位鼻尖与嘴巴，再逐步划定眼睛、嘴鼻轮廓，将数据传回到数据库存储。嗣后与数据库进行 1∶N 比对，标注重点特征数据，识别出目标数据。[②] 生物识别过程中，处理者所获取的生物识别信息反映个人生物特征，并以数字化模板存储于计算机里，生物识别信息不等同于生物识别特征，二者是反映和被反映的关系；生物识别信息也不等同于生物信息，它是以数字化形式描绘生物特征。

比较欧美的生物识别信息保护立法不难发现，各国法律所保护的客体不尽一致。以 2008 年美国伊利诺伊州《生物识别信息隐私法》（BIPA）和欧盟《通用数据保护条例》（GDPR）为例，前者对"生物识别信息"的定义是：能够识别个人身份的生物特征标识的任何信息，无论它如何被取得、转换、存储或者共享；BIPA 又进一步定

---

① 吴小帅. 大数据背景下个人生物识别信息安全的法律规制[J]. 法学论坛，2021，36（02）：152－160.
② 袁俊. 论人脸识别技术的应用风险及法律规制路径[J]. 信息安全研究，2020，6（12）：1118－1126.

义"生物特征标识"为：包括视网膜或虹膜扫描，指纹、声纹、手部或面部几何结构的扫描。比如人脸特征标识是"在人脸检测的基础上，面部关键特征检测试图检测人脸上的主要的面部特征点的位置及眼睛和嘴巴等主要器官的形状信息。"[①] 被计算机提取的人脸生理特征点即为人脸特征标识。简单地说，生物特征标识是利用扫描技术获取生物特征，再使用计算机技术予以处理，形成数字化模板存储在计算机里。"能够识别个人身份的生物特征标识的任何信息"可以分为可识别生物信息和已识别生物信息：可识别生物信息是指收集的信息可以关联到已经处理过的生物特征标识的数字化模板，虽然它们暂时没有经过生物识别技术处理，但是其可以被进一步关联出生物特征标识；已识别生物信息是指已经收集、处理的数字化模板所包含的生物信息，可以反向识别特定个人。总之，根据 BIPA 定义，无论是否经过识别技术处理，只要能够关联和比对个人身份的生物信息都可以被视为生物识别信息。

欧盟《通用数据保护条例》将能够唯一识别自然人身份的生物特征数据列入"特殊类别的个人数据"。同时又规定，"生物特征数据"是指对自然人的身体、生理或者行为特征进行特定技术处理得到的个人数据，构成了识别该自然人的独特标识，比如人脸图像数据或者指纹识别数据。[②] GDPR 将可识别的生物信息排除在生物特征数据之外，只包含已识别的生物信息；GDPR 强调对个人生物独特标识的收集、处理是持续的过程，并以数据库形态存在，比如公司、社区人脸识别所收集的人脸数据，随着人脸自然老化或者美容、事故等发生改变，后续收集和处理的数据将覆盖前期数据，以提高识别精确度。因此，GDPR 所谓的"生物特征数据"是包括数字化模板在内的动态信息集合。

第二节　生物识别信息属性：敏感个人信息

《中华人民共和国个人信息保护法》第 28 条第 1 款规定："敏感个人信息是一旦泄露或者非法使用，容易导致自然人的人格尊严、人身自由受到侵害或者人身、财产安全受到危害的个人信息，包括生物识别、宗教信仰、特定身份、医疗健康、金融

---

① 张铎. 生物识别技术基础[M]. 武汉：武汉大学出版社，2009：106.
② 中国信息通信研究院互联网法律研究中心，京东法律研究院. 欧盟数据保护法规汇编[M]. 北京：中国法制出版社，2019：56.

账户、行踪轨迹等信息,以及不满十四周岁未成年人的个人信息。"①把生物识别信息纳入敏感个人信息进行保护,是因为生物识别信息容易导致"自然人的人格尊严受到侵害或者人身、财产安全受到危害"。在生物识别信息保护标准上,欧盟《通用数据保护条例》将生物识别数据列为特殊类型的个人数据,禁止处理;美国伊利诺斯州《生物识别信息隐私法》要求私营实体必须将生物识别信息作为机密和敏感信息加以对待,并给予与其他敏感和机密信息相同或更高级别的保护,以"该私营实体行业内的合理注意标准"来储存、传输和保护这些信息。② 综合起来看,生物识别信息保护具有如下法律特点。

第一,生物识别信息具有高损害性风险,宜将法律对生物识别信息的高反应性作为判断生物识别信息损害风险的标准。

学术界对敏感个人信息的界定历来有主观界定说和客观界定说之分。主观界定说认为,判断个人信息是否敏感,应随着历史文化、地域环境和应用场景而变化。有研究发现,网络环境下我国公众对性取向信息的敏感度相对较低;对生活(照片、音频/视频、旅行、地理位置、空间)、工作(工作记录、选任/受聘经过)、联系方式(手机号码、居住地址)、身份信息、家庭信息、通信记录、生物特征识别、财务信息、行政司法记录、私人文件和密码等个人信息的敏感度相对较高。"公众对个人信息在态度上较为关注和重视,但实际行为却主动放弃个人信息保护。所以对于公众来说,个人信息敏感度具有个体体验特征,存在认知上的差异。"③有学者认为,"敏感"一词的主观性太强,敏感度可能因不同的主体而完全不同,因而反对区分敏感个人信息和一般信息。④

客观界定说认为,敏感所描述的不是个人对特定信息的敏感,而是信息对个人造成的伤害程度。《韦氏词典》对敏感的解释是"高度反应或易受影响,例如容易受到伤害或造成损失,特别是精神上的伤";胡文涛认为"所谓'敏感'是对特定的因素具有高反应度,个人信息的敏感度描述的是个人信息对信息主体造成伤害或影响

---

①　《中华人民共和国个人信息保护法》(2021年8月20日主席令第九十一号),第二十八条。

②　伊利诺伊州《生物识别信息隐私法》(Biometric Information Privacy Act,BIPA),第740(ILCS 14/15)节第(e)条,https://www.ilga.gov/legislation/ilcs/ilcs3.asp?ActID=3004&ChapterID=57。

③　吴标兵,许和隆.个人信息的边界、敏感度与中心度研究——基于专家和公众认知的数据分析[J].南京邮电大学学报(社会科学版),2018,20(05):44—53.

④　刘德良.个人信息保护与中国立法的选择[M]//陈海帆,赵国强.个人资料的法律保护:放眼中国内地、香港、澳门及台湾.北京:社会科学文献出版社,2014:44—45.

的程度"①；还有学者认为"个人敏感信息内涵的核心要素应为'损害风险'，与个人一般信息的区别在于损害风险的高低不同"②。敏感经常被用来描述个体对外界信息刺激的反应程度，个体在心理素质、文化教养、利害悠关性等因素上的差异，使其对相同刺激信息的反应程度差异较大。如果采用主观界定标准判断个人信息是否敏感，必然导致对相同信息做出截然不同的敏感性界定，必然陷入逻辑上的混乱和对立。

普通人借助知觉便能判断医疗健康、金融账户和未成年人信息等一般个人信息可能存在某些风险，它们如果被滥用，必然危及信息主体的生命财产安全，比如医疗健康信息泄露危及生命安全，金融账户信息泄露危及财产安全等。但生物识别客体不具有感知层面的敏感性，比如人脸、指纹、声音等都是人类相互交往的媒介和工具，公开是常态，隐匿是例外，从一般意义上说，它们不会损害个人尊严和生命财产安全。相比较而言，通过生物识别技术收集和处理的生物识别信息，超出人类感官所能感知和分析的范畴，因此，无论是信息主体还是他人都难以判断以数字化模板形态存在的生物识别信息是否会损害个人尊严和生命财产安全。如果个人和他人都觉得生物识别信息不会或者难以判断其是否会损害个人尊严和生命财产安全，那么也很难从个人角度推断生物识别信息是否属于敏感信息。

采用客观标准判断生物识别信息是否属于敏感信息，即该信息对法律风险是否具有高反应性，更有利于保护生物识别信息。生物识别信息保护法律法规是人类防范生物识别信息风险的理性结晶，凝聚着人们对生物识别信息保护的历史文化、技术应用和经济社会发展的多维思考，其所规制的风险融点不局限于个别人、个别情境的生物识别信息传播风险，而是要为所有社会成员构筑出一道风险防范墙。③ 从法律规制角度衡量，生物识别信息如果危及人格尊严、人身自由和身体财产安全，该信息便具有敏感性。"因为敏感个人信息处理更易导致人身、财产权益受侵害，处理规则才更为严格，敏感个人信息处理也就更易触发法律规制，前者为规则本身的敏感性，后者为规则启动的敏感性，二者相互统一。"④

个人和法律对生物识别信息的敏感性做出的判断既可能完全一致，也可能出

① 胡文涛. 我国个人敏感信息界定之构想[J]. 中国法学，2018，(05)：235-254.
② 谢琳，王漩. 我国个人敏感信息的内涵与外延[J]. 电子知识产权，2020，(09)：£-16.
③ 宁园. 敏感个人信息的法律基准与范畴界定——以《个人信息保护法》第28条第1款为中心[J]. 比较法研究，2021，(05)：33-49.
④ 宁园. 敏感个人信息的法律基准与范畴界定——以《个人信息保护法》第28条第1款为中心[J]. 比较法研究，2021，(05)：33-49.

现冲突,即个人和法律都认为生物识别信息敏感,或者个人认为处理者收集和使用的生物识别信息不具有敏感性而法律认为该信息敏感。为了让全社会采用统一标准保护生物识别信息,强化保护的可操作性和强制性效果,宜采用法律对生物识别信息高反应性作为判断生物识别信息是否敏感的标准。

第二,基于生物识别信息敏感性风险,法律同时实施防范性和救济性保护。生物识别信息保护具有特殊性,它既可以被视为自然人的个人信息的内容,又可以看成是与该自然人关联的个人信息。有学者认为,《个人信息保护法》使用"容易导致"而非"导致"或"必然导致",意味着"敏感"与侵害风险对应,不要求侵害必然发生;敏感个人信息具有权益侵害风险,此处的"权益"既包括权利,也包括尚未权利化的法律保护的利益。① 生物识别信息敏感性风险来自处理者一旦收集到生物识别信息,就能开展反复识别活动,并关联出更多的隐私和人身财产信息。

传统隐私侵权主要采用刺探私人信息、骚扰私人活动、侵入私人领域及泄露私生活秘密等行为方式实施,法律对这些行为均可作出清晰区分和判断,而关联隐私和人身财产侵权是计算机深度挖掘生物识别信息后的个人画像所衍生的结果,对侵权行为方式的违法性难以作出明晰区分和判断。自然人生物体特征不属于隐私,即使虹膜识别给人带来生理不适,也不属于侵害个人隐私;由非隐私的自然人体特征经过技术加工处理后形成的数字化模板,如人脸识别数据、指纹识别数据,也不等同于个人隐私。一般来说,处理者识别个人生物信息事先需要采用明示或默示协议获得个人同意,后续使用基于采集协议而形成的数字化模板不能推导处理者采集和使用生物识别信息必然侵害个人隐私权。但是,处理者在提取生物识别特征时,要放大局部生理特征,这时有可能关联出个人的某些隐私,比如疾病;在1∶N识别时,为提高识别率,有可能开展多模态识别,从而关联出更多的个人信息,侵害个人隐私和人身财产安全。如果说传统隐私侵害行为具有单一性特点,对是否侵权容易作出清晰的判断,那么,生物识别关联出隐私及人身财产信息是技术综合作用的结果,有时甚至是不可或缺的信息服务构成内容,因此,不能简单判定处理者的信息关联行为一定违法。

关联个人隐私和人身财产信息所导致的损害事实具有无感性,第三人甚至本人都无从判断隐私和人身财产是否受到了侵害。隐私和人身财产损害的基本形态

---

① 宁园. 敏感个人信息的法律基准与范畴界定——以《个人信息保护法》第 28 条第 1 款为中心[J]. 比较法研究,2021,(05):33-49.

是事实状态,一般不具有有形损害的客观外在表现形态,但往往会表现为受害人的精神痛苦及财产损失。关联隐私和人身财产信息是处理者为用户提供信息服务时有意无意挖掘出来的个人信息,它出现在数字化标准世界里,如果仅仅用于为用户提供信息服务,用户根本无从感知隐私和人身财产安全受到侵害,也不会产生精神痛苦等侵害后果,法律自然难以认定这种行为侵害了个人隐私和人身财产安全。如果处理者将深度挖掘出来的关联隐私和人身财产信息用于分享或提供其他服务,势必会给用户造成信息骚扰、危害人身财产安全等侵害后果,对此,用户其实也无法判断是何种服务平台以何种生物识别的深度关联造成了损害性结果,难以实施法律救济。

　　总之,生物识别信息技术通过挖掘和处理所造成的生物识别信息高敏感性与个人对生物识别信息的低敏感性乃至无感性共同构成了生物识别信息特殊的敏感性,它会关联出更多的个人隐私和人身财产信息,侵害包括尚未权利化的利益在内的各种个人权益。

第三节　生物识别信息传播风险

　　基于生物技术、计算机技术和通信技术所实施的生物识别信息在公共管理、工业生产和商业服务等领域发挥着重要作用,生物识别信息正成为数字经济时代独特的"石油资源"。与此同时,采集、处理和使用生物识别信息蕴含着重大风险,从个人层面看,不法、过度使用生物识别信息会侵害个人隐私,危害个人生命和财产安全;从社会层面看,势必会加深社会既有偏见,对社会特定群体,比如弱势群体、消费能力不足群体等产生歧视;从社会制度层面看,生物识别信息采集、处理和使用将会挑战既有个人信息和隐私保护法律体系,出现合法采集、有害使用的风险。与以往各种信息传播相比,生物识别信息传播不再以单一风险形式呈现,而是将技术、社会、伦理和法律等风险融为一体,彼此紧密相连、互动乃至互为因果,共同呈现出损害性结果,只有将生物识别信息风险视为风险集,从技术、制度、公共管理和伦理教育等多方面开展综合治理,才能健康有序地使用生物识别信息,更好地服务于人们的工作生活和数字经济建设。

　　首先,生物识别技术是生物识别信息传播风险的基础动因。生物识别技术是生物技术、计算机技术、通信技术及照相技术、医学技术等多种现代技术组成的技术群,各种技术自身的缺陷及技术之间的适配性,使得综合使用这些技术有可能放大某些技术的某些缺陷,也有可能因技术不适配造成生物识别风险。最常见的技术风险有:①错识别。判断两个生物识别数字模板是否为同一生物体,是基于两者之间的相似度比较而得到的结果。生物识别技术两次或者多次对同一生物体识别生成数字模板时,因生物信息采集环境和技术缺陷有可能出现错识别问题;同时,两个生物体数字模板比对是按照概率进行确认的,也可能出现错识别问题。因此,生物识别误差容易引发错识别风险。②漏识别。理论研究和生物识别实践都表明,生物识别技术算法的准确率远远达不到理论值,噪声影响和算法水平限制、理论估值不足等都会引发漏识别风险。生物漏识别风险既可能来自数据训练模型的数据量不足以覆盖识别人群,也可能来自数据库所隐含的文化偏见,并进一步引发算法歧视。③深度伪造指纹、人脸、声音等导致伪识别。生物伪识别即生物欺诈,"通过向生物特征传感器呈现原始生物特征的合成伪造版本,以达到欺骗生物特征识别系统,将非法用户识别为真实用户的目的"①。生物欺诈因技术和成本门槛较低,已经被公认为生物识别的主要威胁之一。

　　生物识别技术风险将引发一系列其他风险,集中表现为性别歧视、种族歧视及边缘人群歧视。同时,伪识别也将产生黑色产业链等社会风险;侵害自然人隐私权、肖像权和名誉权等法律风险;因无法完成匹配或匹配到其他人而破坏社会信任关系的伦理风险。还有一些风险更加复杂,采集、处理和使用生物识别信息符合相关法律规定,个人也不觉得损害了自己的个人信息、财产和安全等权益,但是使用后果出现了有害性,比如挖掘出个人隐私、个人被控制失去自由及被歧视等。从根本上说,这些风险并非技术滥用、法律规定漏洞及一群人对另一群人的歧视等传统因素所致,而是生物识别技术应用所引发的风险。

　　其次,生物识别信息传播风险是由技术、社会、伦理和法律等各种风险共同组成的风险集,它呈现为技术、社会人文和制度一体化的风险形态。生物识别需要既往数据库支持,又需要识别数据对识别系统进行训练,使数据库不断处于迭代过程中。数据库迭代既可能蕴含技术风险,比如被植入偏见的算法风险、算力不足以处理庞大数据库的算法崩溃风险等;也可能是挑战社会公平正义的社会风险和伦理风险,比如,对于弱势群体和少数群体而言,在社会中获得平等对待是一项重要的

---

① 王会勇,丁勇,唐士杰. 生物特征识别数据安全与隐私保护研究[M]. 北京:北京交通大学出版社,2021:40.

基本权利,但是生物识别信息的收集和利用不仅对这种权利造成了威胁,而且导致他们的某些机会被剥夺的风险大大增加。

生物识别信息传播风险还突出地表现为一因多果风险和互为因果风险。①一因多果风险。生物识别信息场景应用所改变的人们生活生产方式,改变了长期以来社会对人们的文化定义,将被识别者置于技术、社会、伦理和法律风险中。随着智能设备和监控程序可以帮助雇主实现对劳动者的全天候监控,生物识别技术对劳动者个人信息的收集已大大突破了时空界限,不因劳动者离开工作场所而结束,也不因下班时间的到来而终止;很多企业甚至利用生物识别实时监控劳动者的体力和精神状态,更大程度地控制其劳动。从社会层面看,雇主利用生物识别将加强对劳动者的控制,使得人们在科学管理名义下被管控和压榨;同时,生物识别信息的过度收集和滥用将给人们带来系统性伦理风险,掌握先进技术和海量信息的信息控制者能够轻易将生物识别发展成一种监视、控制和区隔的技术工具。②互为因果风险。生物识别风险可分为技术风险、社会人文风险和制度风险,生物识别技术进步将挑战社会人文的软性规范和制度的刚性制约,技术风险将引发社会人文风险和制度风险。如果社会人文的软性规范和制度的刚性制约不足以规制生物识别技术所造成的各种挑战,又势必默许和纵容生物识别技术产生更大的风险。随着人们的生物识别信息被广泛收集和使用,人们的身体已经嵌入大数据织就的信息网络之中,技术风险将造成社会人文风险和制度风险。在算法的加持下,人们的需求被精准满足,但与此同时也受到了越来越多的窥视和控制。如果人们接受技术对人的窥视和控制,制度必然容忍技术所带来的风险,结果必然是生物识别技术更加肆无忌惮地窥视和控制个人。总之,生物识别风险是由技术、社会人文和制度共同组成的综合性风险。

再次,生物识别信息传播风险损害具有不可逆转的特征。生物识别信息采集、处理和使用完全不同于传统个人信息使用和隐私侵害方式,客体的"技术性"和义务主体的多元性,致使其突破传统个人信息保护的基本规则,如突破"告知同意规则"损害个人信息自决权、突破"目的限制规则"损害个人知情权、"N次使用"生物识别信息易侵犯人格权益和财产权益等。

一方面,生物识别信息具有广阔的经济和管理价值,驱动政府、企业和个人最大程度地开发和使用生物识别信息,比如,企业不满足于利用生物识别信息加强对劳动者行为的控制,开始尝试从面部图像、语音语调等信息推断劳动者的其他个人特征,比如情绪、性格、性取向、疾病等,给劳动者的平等就业权带来挑战。伴随着情感计算技术应用的广泛传播,人们利用面部动作编码系统来测量个体的情绪变化,如喜悦、悲伤、愤怒等,并对个人进行分析和分类也越来越普遍。政府和企业越是深度开发和使用个人生物识别信息,越有可能侵害个人生物识别信息权益,乃至危害个人生命财产安全。

另一方面,生物识别信息与个人身份紧密相连,不同于姓名、年龄、住址、联系方式等一般个人信息,生物识别信息具有高度敏感性,"个人生物识别信息不需要与其他个人信息相结合便能实现信息与自然人的匹配"[①],一旦泄露意味着个人身份被永久识别,会给信息主体带来永久的潜在安全风险。正因为对生物识别信息的收集和利用令个人遭遇风险的可能成倍增加,所以有组织(如美国公民自由联盟等)甚至呼吁彻底禁止生物识别和人工智能技术的应用。

第四节　生物识别信息保护法律框架

在我国《民法典》《个人信息保护法》的立法过程中,理论界和实务界对要不要使用"个人信息权"概念的争议很大。个人信息不同于隐私、财产等客体,是多种利益的复合客体,难以用单一的权利加以规制。生物识别信息被高科技深度处理后,所涉及的利益攸关方更加复杂,因此,生物识别信息权益是框架性结构,各种权益需要相互制约和协调。

一、我国个人信息保护二元模式

目前,世界各国对于保护和使用生物识别信息,都采取了公法规制与私法赋权双管齐下的治理模式。公法规制通过颁布各种规范生物识别信息收集、存储、转让和使用方面的管制性法律或法规,如我国的《网络安全法》及欧美等国颁布的各种个人数据保护法或个人信息保护法加以保护和规范。私法赋权的方式就是通过确立民事主体对生物识别信息的民事权利,通过私权制度予以保护。[②]

历史上,个人信息保护和隐私权保护曾深深地交织在一起,美国法院基于侵权

---

① 张建文,赵梓羽.个人生物识别信息保护的立法模式与制度构建[J].重庆邮电大学学报(社会科学版),2022,34(01):37-47.

② 程啸.论大数据时代的个人数据权利[J].中国社会科学,2018,(03):102-122+207-208.

行为法创设隐私权,将隐私权视为公众独处而不被打扰的权利。从后来隐私内涵的发展来看,早期主要从现实空间角度理解和定义隐私,即"自然人的私人生活安宁和不愿为他人知晓的私密空间、私密活动",因此,清晰地划分私人生活和公共生活边界是隐私权保护的法律基础。20 世纪 60、70 年代以后,计算机技术的迅速发展改变了信息产生、收集、传播和使用的方式,信息分享和利用已成为社会交流、生产升级、服务提升的基础性要素。以计算机自动化处理为代表的新兴技术动摇了"作为秘密之隐私"的单一化秩序,强调"独处而不被打扰"的隐私理论被架空。在此背景下,从隐私权发展出来的个人信息自我控制权理论,构成了个人信息保护制度的独立渊源。[①] 基于历史文化和法律传统,欧洲国家高度重视保护人格尊严、人格自由等基本人权,而赋予自然人对个人信息保护的民事权利,有利于保护隐私权等基本人权。"倘若自然人不能基于自己意思自主地决定个人数据能否被他人收集、储存并利用,无权禁止他人在违背自己意志的情形下获得并利用个人数据,则个人之人格自由发展与人格尊严、人身自由就无从谈起。自然人对个人数据的权利属于其本人,个人数据保护被视为具有宪法意义而相对于经济利益要优先保护。"[②]从欧盟"95 指令"、《通用数据保护条例》,到德国《联邦数据保护法》,欧洲形成了独立的个人信息保护制度,核心是强调个人信息的自决权。

我国从国情和历史文化传统出发,形成了不同于欧美模式的"第三条道路",不仅形成了个人信息和隐私保护二元模式,而且形成了个人信息保护人格权和财产权二元保护模式。从《中华人民共和国民法总则》第 110 条和第 111 条的规定来看,我国已明确采取对隐私和个人信息区分保护的二元模式。此后颁布的《民法典》人格权编第 6 章,即"隐私权和个人信息保护",再次确认并拓展深化了隐私权与个人信息保护的双轨制,而私密信息则成为了二者之间的制度桥梁。[③] 综合起来看,个人信息保护不等同于隐私保护,它是适应个人人格利益和数据产业发展需要而对其进行的差别化保护。

---

① 申卫星. 数字权利体系再造:迈向隐私、信息与数据的差序格局[J]. 政法论坛,2022,40(03):89－102.

② 程啸. 论大数据时代的个人数据权利[J]. 中国社会科学,2018,(03):102－122＋207－208.

③ 申卫星. 数字权利体系再造:迈向隐私、信息与数据的差序格局[J]. 政法论坛,2022,40(03):89－102.

二、多维的生物识别信息保护

我国法律将生物识别信息列入敏感个人信息，但是，生物识别信息又具有不同于金融账户、健康资料等敏感个人信息的特性。一方面，采用生物识别技术收集和处理形成生物识别信息，具有处理者（在不同语境下，处理者又称平台、数据企业等）内部深度挖掘和识别高风险，而外部泄露、盗取低风险的特点，处理者应该保障个人生物识别信息安全（在不同语境下，个人又称个人信息主体、用户等）；另一方面，处理者收集和处理生物识别信息对于提高公共管理、商业服务水平有重要作用，具有广阔的利用前景，应该保障处理者的生物识别信息数据权利，形成多维的生物识别信息保护框架。生物识别信息法律保护框架由三个相互关联的保护机制构成：生物识别信息人格权—财产权二元保护框架，着重保护个人的人格权利，这是生物识别信息保护的核心内容；处理者的生物识别信息数据权利，保障生物识别信息被应用于生产、生活实践中，释放市场红利；赋予数据企业对生物识别信息用益权，保障处理者应用生物识别信息数据不侵害个人合法权益。

第一，生物识别信息人格权—财产权二元保护框架。人格尊严、人身自由和人身、财产安全构成生物识别信息"本权权益"，根据《民法典》第 109 条、110 条和 990 条规定，人格尊严、人身自由受到法律保护，人身安全和财产安全属于生命权、身体权范畴，也受到法律保护。从本质上说，生物识别信息"本权权益"主要体现为人格权。生物识别信息具有高度敏感性，如果不当收集和处理，将给个人的人格尊严、人身自由和人身、财产造成难以弥补的危害，因此，很多国家法律实施较一般个人信息更加严格的保护。比如欧盟《通用数据保护条例》第 9 条虽然列举了生物识别信息可以被处理的情形，但是从第 1 款生物特征数据的处理应当被禁止，以及第 4 款"成员国可就基因数据、生物特征数据或者健康相关的个人数据处理维持或采取其他条件，包括限制"等规定看，欧盟法律通过禁止处理者收集和处理生物识别信息从而保护个人人格权利。国际上最通行的保护措施是，任何机构和他人未经本人同意，不得收集和处理其生物识别信息。

对于个人信息是否具有财产权，理论界和实务界始终存在不同观点。否定者认为，我国的人格权制度可以同时实现对精神利益和经济利益的保护，因此只要明确个人对其个人信息享有人格权益，即可将经济利益也纳入保护范围，无需叠床架屋地另行赋予个人以财产利益。[①] 反对者认为,自然人对个人信息主要享有人格利益,如承认个人同时还具有财产利益,则表明此等人格利益可被估值,由此导致普通人和名人的人格具有不平等的价值。[②] 肯定者则认为,应当对个人信息中蕴含的商业价值给予财产权保护。个人信息财产权是指个人对其个人信息中所蕴涵的商业性使用价值而非人格利益的支配权,它能且只能存在于对个人信息的商业性利用环境之中。[③] 早期的数据财产经常被纳入个人信息加以保护,但随着数字经济的迅猛发展,数据必然要与信息相分离并成为法律所关注的独立权利客体,类似载体与作品的区分。作为人格权客体的个人信息,其保护的内容是其所反映的与特定个人有关的人格利益,而作为财产权客体的(个人)数据所保护的则是经过电子化设备采集而形成的客观存在物。应当对数据的原发者(包括个人)赋予数据所有权。[④]

从现有生物识别信息的收集和使用情况看,个人所提供的生物识别信息难以产生巨额财产,只有处理者对海量生物识别信息进行结构化处理后,才具有广泛的市场价值。正因为如此,个人往往忽略生物识别信息的财产属性。理论界和实务界的普遍解释理由是处理者通过收集和处理个人生物识别信息为其提供各种服务,个人不宜主张生物识别信息财产权。我们认为,虽然在目前的技术条件下所收集和处理的个人生物识别信息很难产生巨额财产,但财产权界定不能以金额多少作为标准,只要具有财产属性,都应该得到法律保护;随着识别技术和计算机通信技术的进步,生物识别信息正在向海量和深度方向累积,未来也有可能产生明显的财产效益,因此,需要从生物识别信息法律属性上赋予其财产权。

需要强调的是,在生物识别信息人格权—财产权二元保护框架中,人格权是保护的核心权利,财产权是补充性权利;如果两者出现冲突,不能月财产权对抗人格权。

第二,处理者的生物识别信息数据权利。数字经济的标志是数据成为社会基础资源、经济活动的要素,成为比土地、资本、劳动力等更为核心的要素,它被比作数字经济的"石油"。高富平认为,"数据并不是天然存在的,而是被有意识地记录、生产出来","如果承认数据是被生产出来的,那么数据权利配置的核心问题就

---

①　程啸.论我国民法典中个人信息权益的性质[J].政治与法律,2020,(08):2—14.
②　张新宝.论个人信息权益的构造[J].中外法学,2021,33(05):1144—1166.
③　刘德良.个人信息的财产权保护[J].法学研究,2007,(03):80—91.
④　申卫星.论数据用益权[J].中国社会科学,2020,(11):110—131+207.

是——谁是数据的生产者,数据生产者应当被给予怎样的数据使用控制权,权利内容、效力或限制如何等等。"①数据企业不可能凭空收集到个人信息,它们需要付出研发和服务成本,按照公平原则,理应产生相应的民事权利。将数据通过所有权这一排他性极强的方式完全赋予个人,可能会阻碍数字经济发展。② "但就法律关系而言,企业对其所持有的数据权利来自于用户对其进行的使用授权而非财产转让。"③处理者在生物识别信息收集和处理过程中发挥了关键性作用,其数据权利理应得到保护。

一是处理者负有维护个人生物识别信息"本权权益"的义务。对于个人来说,最关注的基础性权利是生物识别信息"本权权益"所涉及的人格尊严、人身自由和人身、财产安全,生物识别信息数据权利是基础权利的数据化体现。对于处理者而言,不享有生物识别信息数据所反映的基础权利,但其采集的个人生物识别信息,作为不可或缺的生产要素,是基于个人基础权利的数据化而产生的,因此,处理者对收集、处理和使用生物识别信息必须尽保护义务。

我国法律对保护个人生物识别信息权益与规范处理者生物识别信息数据权利呈现出以行政责任为主、民事责任为辅的特点。公法对处理者的生物识别信息数据权利规范主要集中于《中华人民共和国网络安全法》《数据安全法》等法律法规中。《网络安全法》为保护用户数据安全设置的企业义务主要体现在第 21 条:其一,人员管理义务,即制定内部安全管理制度和操作规程,确定网络安全负责人,落实网络安全保护责任;其二,技术防范义务,即采用技术措施防范计算机病毒和网络攻击、网络侵入等危害网络安全的行为;其三,可追溯性保证义务,即采取监测、记录网络运行状态、网络安全事件的技术措施,并留存相关的网络日志不少于 6 个月;其四,分类管控义务,即采用数据分类,区分一般、重要及敏感数据的不同内控措施;其五,防灾义务,即采用冗余设计,备份重要数据;其六,加密义务,即采用加密措施,防止未经授权的访问。《数据安全法》基本承袭了《网络安全法》对数据安全保护义务的设计,并增加了数据来源确认义务。公法规定处理者的义务核心在

---

①　高富平. 数据生产理论——数据资源权利配置的基础理论[J]. 交大法学,2019,(04):5—19.

②　申卫星. 论数据用益权[J]. 中国社会科学,2020,(11):110—131+207.

③　马宇飞. 企业数据权利与用户信息权利的冲突与协调——以数据安全保护为背景[J]. 法学杂志,2021,42(07):160—172.

于防止企业数据泄露的发生以及数据泄露的事后补救。①

《民法典》《个人信息保护法》等法律规范处理者生物识别信息私法保护义务。其一,根据告知同意的明确要求,处理者在收集、存储个人生物识别信息时不仅要获得用户单独书面同意,而且需要提供合格的信息存储与调用系统,《网络安全法》与《数据安全法》中的具体规定可以作为相关合同条款的解释依据,基于合同法律关系被援引。其二,如果个人仅基于生物识别信息数据层面而非"本权权益"层面的价值交换而与处理者签订生物识别信息数据交易、转让协议,则处理者的数据权利应被视为个人基于"本权权益"对处理者生物识别信息数据应用的授权,而非一种独立于个人生物识别信息"本权权益"之外的、具有支配性的财产权,因此,处理者对所管理空间内控制的个人生物识别信息应当负有安全保护义务。

二是处理者对生物识别信息数据享有财产权。数据赋权经历数据库赋权与企业数据赋权两个阶段,争议焦点在于数据不完全具备传统财产属性。但是,很多学者认为应当赋予数据财产权。结合文献来看,为我国学界所广泛讨论的财产权应当指"以财产为标的,以经济利益为内容"的权利,属于一种支配权,因此,企业数据财产权应当指企业对其持有的数据享有的一种支配性权利。② 根据不同主体对数据形成的贡献来源和程度的不同,应当设定数据原发者拥有数据所有权与数据处理者拥有数据用益权的二元权利结构,以实现数据财产权益分配的均衡。③

生物识别信息收集和处理需要高科技投入,能够被计算机比对和识别的信息是加工后的数字化模板,洛克财产权产生理论强调,个人取得财产权的依据是通过劳动使特定对象脱离自然状态。当人脸、指纹等生物体以自然状态存在时,它便不具有财产属性,为人格权所保护;处理者利用生物技术、计算机技术和通信信息技术收集和挖掘人脸、指纹等生物体所得到的结果,已经"脱离自然状态",是改造过的劳动对象,处理者理应对生物识别信息数据享有财产权。但是,这种财产权不是一种具有支配性、排他性的所有权,应当是一种通过个人和处理者协议、基于个人生物识别信息权益授权的使用权,即处理者的生物识别信息数据权利来源于基于个人生物识别信息权益的授权,被授权方仅享有生物识别信息基础权利衍生出来的

---

① 周洪波,岳向阳.《网络安全法》与《刑法》衔接问题研究[J]. 首都师范大学学报(社会科学版),2018,(06):47—55;马宇飞. 企业数据权利与用户信息权利的冲突与协调——以数据安全保护为背景[J]. 法学杂志,2021,42(07):160—172.

② 马宇飞. 企业数据权利与用户信息权利的冲突与协调——以数据安全保护为背景[J]. 法学杂志,2021,42(07):160—172.

③ 申卫星. 论数据用益权[J]. 中国社会科学,2020,(11):110—131+207.

生物识别信息数据使用权利,并不对转化生物识别信息数据的个人生物识别信息权益享有任何不受限的可支配性权利。①

第三,赋予数据企业对生物识别信息的用益权,提高生物识别信息开发利用效率。数据企业通过向个人提供免费线上服务换取其生物信息,并在一定程度上追踪、监视、聚合和挖掘个人信息,不断拓宽生物信息的识别广度及再识别的深度。生物信息聚合、挖掘及共享,对数据企业来说至关重要,将决定其经济收益率和市场竞争力。很多数据企业借助协议后窗或者干脆违规深度处理生物识别信息,就是为了获取更多的经济利益。从个人维权角度看,如果生物识别信息被数据企业进行市场化共享,个人很难有能力制止这种共享行为。

人们对信息、数据的利用能力越高,对新型用益权的需求就越高,用益权的种类及效力也必将随之扩张。信息权利的行使必然催生新型权利,"权利人依凭自己的意愿为其他数据企业设定独立权利,允许他人依该权利利用标的物。权利的这一实现方式不限于所有权人为他人设定用益物权,完全可以延展至用益物权人为他人设定次级用益物权,由此得以创建多层级用益物权体系,为实现对物的多元、多层次、多时段分割利用提供法权支持"②。数据企业通过用益权直接获取人脸识别信息的市场收益,并利用所拥有的识别数据库为他人设置次级用益权,实现对生物信息的多元、多层次、多时段分割利用,提高生物识别信息市场化使用效率;各级数据企业行使用益权及次级用益权时如果违法使用人脸识别信息,个人可以依据用益权设置路径,分级实施维权。

识别技术越发达,生物识别信息数据库越大,去匿名化的再识别风险就越高,因此,允许数据企业设置次级用益权,将增加识别和挖掘个人隐私、财产信息的风险。但这不是阻止数据企业行使用益权的正当理由,可以借鉴印度等国的立法经验,打击非法重新标识匿名化个人数据的行为,完善生物识别信息用益权制度。2019 年 12 月印度通过的《个人数据保护法草案》,设置了"重新标识已被去标识化的个人数据罪",规定未经生物信息主体或数据企业同意,重新标识或处理已被数据企业去标识化的个人数据,将被定性为违法行为,处理者应处 3 年以下监禁或罚金。因此,在严格保护个人生物识别信息安全的前提下,最大限度赋予数据企业收集、处理和使用生物识别信息数据的权利,有利于促进和推动数字经济发展。

---

① 马宇飞.企业数据权利与用户信息权利的冲突与协调——以数据安全保护为背景[J].法学杂志,2021,42(07):160-172.

② 蔡立东.从"权能分离"到"权利行使"[J].中国社会科学,2021,(04):87-105+206.

第 一 章

生物识别技术应用

科技正在不断改变人们的生活方式,传统的身份识别方法,如钥匙、密码、口令、USBKey 等,逐渐成为生活的"记忆负担"或"工具负担"。烦琐的密码不利于记忆,物理密钥一旦丢失,容易被不法分子盗用,而重置密码或补办令牌、插件等动态密码流程复杂且效率低下,有时反而成为人们证明自我身份的障碍。而人体生物特征具有唯一性和长期稳定性,无须附着于其他载体额外携带,更无须耗费精力记忆或隐藏,它以其方便、高效、稳定、易安装等优点,逐渐成为信息化社会的重要身份验证手段。生物识别技术将与人体有关的生物特征转化为电子数据,利用算法进行处理、识别及存储,全天候识别和验证个人身份。伴随移动通信、人工智能、大数据和"互联网+"等信息技术的不断发展,生物识别技术正快速应用于各种新兴技术领域,从最初的个人身份认证拓展到包括物联网、智能家居及智慧城市在内的各种应用场景。

第一节 生物识别原理

生物识别是通过获取人的生物特征来完成身份认证的过程。常见的生物识别信息包括:指纹、手部几何形状、视网膜、虹膜、人脸图像、签名、录音和击键节奏等。生物识别可分为生物识别程序与生物识别系统,生物识别程序是一种识别机制,通过使用特定识别算法,根据个人生物特征对其进行身份验证;生物识别系统则是一个组合的硬件与软件框架,涉及多个交叉学科,硬件层面的采集设备涉及光学工程、机械工程、电子工程;软件层面的识别算法涉及模式识别、机器学习、计算机视觉、人工智能、数字图像处理、信号分析、认知科学、神经计算、人机交互、信息安全等领域。[①] 生物识别程序提供执行生物识别的核心技术手段,而生物识别系统则为使用生物识别技术提供完整的框架,本节所阐述的生物识别技术原理主要是生物识别系统的运行过程与架构。

一、生物识别技术

生物识别系统分为两大类:单模生物识别系统和多模生物识别系统。单模生物识别系统依赖于单一的生物特征,如仅使用指纹进行识别和验证。多模生物识别系统更为复杂,包含多个融合子系统,如传感器系统、多算法系统、多样本系统、多实例系统、多模态系统、混合系统等。[②] 例如,情绪识别技术,通常使用多模生物识别系统分析人体生理信号,包括人脸表情、身体姿态和语音等。单模生物识别系统存在数据变量大、识别率低、易欺骗等弱点,影响使用的可靠性;多模生物识别系统通过对两个以上的生物特征进行识别,可以获得更高的识别准确率。尽管多模生物识别系统在实际应用中也存在诸多困难,例如不同类别的生物识别信息提取、分类及比对需要大量计算,海量样本制约信息处理效率,大规模异构网络环境导致很多未知因素影响检测结果,以及缺乏有效的风险评估机制等,但从市场需求及技术发展来看,生物识别产业发展趋势正逐渐转向使用多模生物识别系统。

无论是单模还是多模生物识别系统,通常都有四个基本组成部分,即传感器模块、特征提取模块、匹配模块和决策模块。[③] 传感器模块负责采集生物识别信息,例如指纹或人脸图像;特征提取模块负责从传感器模块采集的原始数据中提取相关特征;匹配模块负责从生物识别信息中提取的特征与参考数据库进行比较以确定是否匹配;决策模块负责基于匹配模块的输出,做出关于是授权还是拒绝访问的最终决定。

① Sun Z, Li Q, Liu Y, et al. Opportunities and Challenges for Biometrics[J]. *China's e-Science Blue Book 2020*, 2021:101—125.

② Bureva V, Sotirova E, Bozov H. Generalized net Model of Biometric Identification Process[C]//2018 20th International Symposium on Electrical Apparatus and Technologies (SIELA). IEEE, 2018:1—4.

③ Jain A K, Ross A, Prabhakar S. An Introduction to Biometric Recognition[J]. *IEEE Transactions on Circuits and Systems for Video Technology*, 2004, 14(1):4—20.

（一）信息收集及预处理

生物识别信息收集和预处理是生物识别过程的基本步骤,是从特定对象采集生物识别信息的过程。例如,生物识别技术可以收集指纹、虹膜、声纹、人脸特征等信息。生物识别信息预处理是指对收集到的生物识别信息进行分析、处理、提取、校准等一系列操作,以便提取有用的特征信息,再进行后续生物识别处理。预处理过程包括噪声抑制、图像校正、图像分割等,以期望获得更准确的识别结果。在实际应用中,生物识别信息采集传感器性能发挥如何,很大程度上受到输入样本质量的影响,例如指纹识别在实际操作过程中,由于皮肤状况(潮湿或干燥等)、手指压力大小以及固有的低质量指纹等问题,会导致收集的指纹图像包含大量噪声干扰。因此,在对数字化生物识别信息样本进行细节提取之前,信息预处理是必不可少的步骤,尽量减少生物识别信息中的噪声、伪影数量对于有效识别样本至关重要。每一种生物识别方式的预处理过程不尽相同,以指纹为例,指纹信息预处理包含增强(Enhancement)、直方图均衡化(Histogram Equalization)、二值化(Binarization)、去噪(Denoising)、细化(Thinning)等环节,最终使指纹上每个脊的厚度为 1 像素,不出现任何间断,确保输出的指纹图像上的纹路尽可能地返回到其中心像素,同时消除所有冗余和不需要的像素。[①] 生物体图像经过信息预处理后能提高生物识别信息的精度,以及用户认证效率与准确性,有助于降低生物识别的错误拒绝率(FRR)、错误接受率(FAR)和未登记率(FTE)。

在传统生物识别过程中,被采集信息的对象需要做出面向前方或静止不动等有意识的动作或手势,往往给用户带来不便,使用户对生物识别信息采集过程感到厌烦或压抑。近年来,随着远距离、非接触式生物识别采集设备的广泛应用,无须触碰用户身体即可收集生物识别信息,机器所带来的侵入性更低,采集过程更加人性化。这种自动化信息采集技术在很多新兴生物识别系统中得到应用,例如人脸识别和虹膜识别等。人脸识别技术使用摄像头从远处捕捉用户人脸图像,无须用户做出任何特定动作或手势;虹膜识别技术使用相机捕捉用户虹膜图像,也无须用户特别加以配合。基于技术可用性以及用户体验理念,减少生物识别信息采集阶段的人工干预,可以快速有效地从海量人群中大量收集生物识别信息。此外,这种自动化采集技术还可以帮助企业或政府机构降低应用成本,提高使用效率,同时减

少人工干预所需的时间与资源,提高采集数据的准确性与可靠性。

(二)特征提取与比对

特征提取与比对是生物识别的关键步骤。在这个步骤中,将经过预处理的原始数据转换为特征向量,尽量保留所有可用于区分两个不同个体的判别信息,创建一个适合匹配模块的紧凑且具有表征功能的生物识别信息样本。生物识别特征提取过程取决于所使用的生物特征信息类型。例如,在人脸识别过程中,特征提取可能涉及两眼间的距离、鼻子形状或嘴巴大小和形状等。在指纹识别过程中,特征提取则可能涉及脊纹和谷纹。提取特征向量后,下一步就是将它们与数据库中存储的特征向量进行比较。比较过程通常涉及计算两组特征向量之间相似性的数值度量[1],如果此值超过预定阈值,则认定为二者相匹配。比较特征向量的过程根据所使用的匹配算法的差异而有所不同,目前使用的一些算法包括汉明距离、欧几里得距离和马氏距离等。

以虹膜识别技术为例,通过 Gabor 滤波器从预处理后的样本中完成虹膜特征提取,使用汉明间距(Hamming Distance)匹配二进制编码的虹膜模板。由于任意两个人的虹膜特征都不相同,因此每个个体的虹膜区域会产生一个独立的比特模式;如果两个虹膜样本来源于不同的个体,它们之间的汉明距离应该在 0.5 左右。虽然从理论上来说,同一个虹膜生成的两个二进制编码模板的汉明间距应该接近 0,但在实际操作中,每次捕捉并处理后的虹膜样本总会有一些无法消除的噪声,因此模板比对的数值差距允许在 0.27 之内[2],对提取的虹膜特征与数据库模板进行比对后,如果失配率小于 0.27,则两个模板匹配,即属于同一个虹膜。

(三)识别与验证

在最后的决策环节中,通过算法将样本特征向量与存储的模板进行比较,并对得到的数值进行评估。对输出数值的评估主要有两种工作模式——识别与验证。身份识别模式通过将生物特征测试样本与存储在数据库中的训练样本进行匹配来认证个人身份,用于生物识别数据库中一对多的比对,以确定未知个体的身份,即回答“我是谁”的问题,这种识别方式需要一定的样本处理时间,系统部署成本更

① de Luis-Garcia R,Alberola-Lopez C,Aghzout O,et al. Biometric Identification Systems[J]. *Signal processing*,2003,83(12):2539—2557.

② Kumar A,Asati A R. Iris Based Biometric Identification system[C]//2014 International Conference on Audio,Language and Image Processing. IEEE,2014:260—265.

高。① 身份验证模式是将扫描的生物识别信息与生物识别数据库所存储的数字模板进行一对一比对,也就是将测试图像与数据库中特定的生物特征数字模板进行匹配,即时验证个人的活跃身份,即回答"我是我说的那个人吗"这个问题。经过识别与认证后即可导出整个生物识别系统的结果,一般通过三个指标评估生物识别系统性能:①错误拒绝率(FRR):系统未能检测到输入信息与数据库中匹配模板之间的匹配概率,用以测量被错误拒绝的有效输入百分比;②错误接受率(FAR):系统错误地将输入信息匹配到数据库中不匹配的模板的概率,用以测量被错误接受的无效输入百分比;③相等错误率(EER):指接受和拒绝错误相等的比率,该值表示错误接受的比例等于错误拒绝的比例。相等错误率值越低,则生物识别系统的准确度越高。②

二、生物识别分类

根据各种生物识别信息被捕捉时的呈现样态,可以将生物识别信息分为两种模板形式——身体特征(Physiological Characteristics,静态物理模板)和行为特征(Behavioral Characteristics,动态行为模板)。

(一)静态物理模板

(1)指纹识别

指纹识别,也称为指纹认证,是根据指纹的独特图案和脊线验证个人身份的过程。具有现代意义的指纹学研究发端于普尔基涅(Purkinje)、威廉·赫歇尔(William Herschel)、亨利·福尔兹(Henry Faulds)、弗朗西斯·高尔顿(Francis Galton)等人对指纹分类的研究。③ 识别指纹信息分为在线与离线两种方式,在线指纹识别通过光学识别器采集图像,离线指纹识别通过扫描纸张或其他物理载体上的指纹图像以生成数字图形。从目前的应用情况来看,在线指纹识别更多用于身份验证场景,而离线指纹识别则在取证、协议等领域具有广泛用途。两种指纹识别原理大致相似,主要差异在于指纹信息获取环节,在线指纹识别对人的手指进行活体

① Jain R,Kant C. Attacks on Biometric Systems:an Overview[J]. *International Journal of Advances in Scientific Research* ,2015,1(07):283—288.
② Biometric Principles［EB/OL］.［2024-08-31］. https://biometria. apis. sk/en/principles - of - biometrics. html.
③ 王曙光. 指纹识别技术综述[J]. 信息安全研究,2016,2(04):343—355.

检测,在录入时,使用者将手指指腹按在光学采集模块的透明玻璃采像板上,通过传感器光学成像技术,获取使用者的指纹图像,只有采集对象的指纹被深度擦伤或发生其他事故时,才会发生指纹信息源采集障碍;离线指纹识别对指纹图像进行平面化拍摄,离线指纹的可辨识度依赖指纹最初记录是否清晰。对采集到的指纹图像进行预处理是指纹识别过程的重要步骤,需要从图像中去除所有噪声或伪影,例如水分或污迹,以确保提取的特征准确无误。在特征提取环节,提取指纹的局部特征[例如,细节点(Minutia Points)等]或全局特征[例如,核心点(Core Point)、字形线(Type Line)等]。然后将提取的特征与存储的指纹数据进行比较,以确定两者之间的相似性。指纹识别主要有两种方法:基于细节识别与基于模式识别。基于细节的指纹识别侧重于指纹中的独特点,例如脊线的末端和分叉点;基于模式的指纹识别侧重于指纹中脊线的整体模式。比较而言,基于细节的识别更准确,而基于模式的识别更高效、更快速。目前通用的指纹识别算法主要包括细节分数分配技术(Minutia Score Matching Technique)、核心点检测技术(Core Point Detection Based Fingerprint Recognition Systems)、基于 Gabor 滤波器的指纹验证增强技术(Fingerprint Verification Based on Gabor Filter Enhancement)、人工指纹验证神经网络技术(Fingerprint Verification System Using Artificial Neural Network)、基于多分辨率特征的子空间技术(Multi Resolution Feature Based Subspace)、基于离散变换的识别技术(Finger Print Recognition Using Discret Transform)等方法[1],处理者将所获得的特征与数据库模板进行比对,如果计算出的数值符合某个阈值,则认为信息匹配,认证成功。

指纹识别历史悠久,最早可以追溯到古巴比伦时期,当时指纹被用来签署文件和法律合同。19 世纪后期,人类开始系统地使用指纹进行身份识别。近年来,人工智能和机器学习使得指纹识别越来越自动化,并大幅度提高识别的准确性、速度和安全性,为用户带来了更高效、友好的体验。

2005 年之前,生物识别技术产业处于早期萌芽阶段,指纹识别相对于其他生物识别方式而言,不仅软硬件技术更加成熟,数据通用性较强,而且指纹信息不易受到环境因素影响,使用成本低,因而广受用户的欢迎,几乎垄断生物识别产业市场。随着人脸识别和虹膜识别技术不断成熟,在便利性、精度和多场合适用性等方面表

---

① Kodgire S P, Mohan A. Automatic Fingerprint Recognition Systems: A review[J]. *International Journal of Electronics*, Communication and Soft Computing Science & Engineering (IJECSCSE), 2014, 3(3): 11.

现出了优势,用户无需触摸设备即可完成认证,降低了疾病传播的风险,指纹识别应用市场也逐渐遭到挤压和替代。2013年,苹果公司首次在iPhone5S中搭载指纹识别芯片,各安卓手机厂商紧随其后,推动指纹识别在全球范围内的广泛应用。2017年,作为行业风向标的苹果又发布最新产品iPhoneX,以人脸识别取代指纹识别,虽然各大安卓手机厂商基于设备成本考量依旧保留指纹识别芯片应用,但指纹识别市场逐渐饱和,竞争性越来越强烈,以及移动手机产量增长趋缓等原因,对指纹识别芯片供应企业产生倒逼效应,指纹识别开始从单一识别产品向多元识别产品转型。另一方面,指纹识别作为接触式识别方法,其应用场景局限性较大,在某些非监督场景中,假冒指纹也对指纹识别的安全性构成挑战。目前,用户使用指纹识别的习惯为这种应用方式保有相对稳定的市场份额,但随着自动化、智能化社会的发展,指纹识别将持续遭遇"刷脸""刷眼"等新型生物识别技术的冲击。

（2）人脸识别

人脸识别是将数字图像或实时视频流与数据库中的人脸信息进行比较来识别或验证个人身份的方法。人脸识别研究最早起源于20世纪60年代,当时人脸识别技术还停留在一般识别上,哪怕是效果最好的人脸识别,都难以摆脱过分依赖操作人员和一些先验知识的干预,无法真正实现市场化应用。随着信息化时代的到来和智慧城市的建设加速,人脸识别正成为各种场景下人员验证的基本设施,许多机场、高铁站、办公区域、酒店、银行、学校、医院、商场等场所都安装了人脸识别设备。

人脸识别的难点在于每个人脸部结构的相似性。准确识别个体间脸部差别难度不算很大,但是,个体脸部受到表情、年龄、姿态、光照、妆造、配饰等干扰后,即便是同一个体的脸部信息,也存在十分显著的差异。关键问题就是要在受到类内改变（同一个体在不同情境下,如不同表情、光照、年龄等所表现出的脸部信息变化）干扰时,尽量加大类间差距来区别不同的个体,从人脸图像上有效提取出有利于识别的特征。[①]人脸识别技术发展可以分为三个阶段:①半机械识别阶段。此阶段的识别模式主要是将简单指令与资料库中的人脸特征进行比对,再结合指纹识别进行双通道测试,最终得出较为可信的辨识结果。然而,此时的人脸识别要求操作员全程参与调试和监督,自动化程度远远比不上后来的人脸识别技术。②人机交互识别。在这个阶段,人脸识别技术得到了质的飞跃,研究者们成功地使用一些优化算法实现人脸的更高级识别模式。例如,Kaya等人运用统计学方法对人脸识别进

---

①　余璀璨,李慧斌.基于深度学习的人脸识别方法综述[J].工程数学学报,2021,38(4):451-469.

行基础研究后,使用欧氏距离表示并评判人脸特征向量等。但这个阶段也没有达到全自动化人脸识别,仍然需要操作人员对识别过程进行干涉。③计算机自动识别。20世纪90年代,随着高性能计算机的研发,以及人脸识别技术的创新,人脸识别成功实现全自动化,能够通过智能算法应对较为庞大的数据与模板。① 在人脸识别技术发展史中,根据人脸结构的模型呈现,一般分为2D人脸识别和3D人脸识别两种模式。2D人脸识别是利用二维相机进行平面图像采集,该项研究周期比较长,技术比较成熟且成本低廉,目前已经广泛地应用于各个行业,但是2D图像识别方式有诸多缺陷,如脸部结构深度失真、信息采集量少、安全性不高等。3D人脸识别采用三维立体影像技术,通过双摄像头、红外补光灯、可视光探测器组成三维影像,能够准确地分辨出照片、视频、面具等非活体的攻击手段。② 在人脸信息预处理阶段,信息检测系统会识别图像或视频中人脸的位置和大小,为识别过程的后续步骤设定识别范围。检测到人脸后,系统会提取人脸的特征数值,例如双眼间的距离、鼻子形状、嘴唇弧度和下颌线图案等,并将这些特征转换为数值,即特征向量,用于比较。在比较阶段,将人脸图像的特征向量与数据库存储的特征向量进行比较,寻找匹配项。比较过程使用相似度得分进行匹配,通过比较人脸图像的特征向量与存储的特征向量之间的差异来计算相似度得分,再利用得分衡量特征向量的匹配程度。高相似度分数表示匹配成功,低相似度分数则表示人脸图像不匹配任何存储的特征向量。

人脸识别算法一般包含人脸检测和归一化以及人脸识别两个部分,同时包含这两个部分的算法称为全自动算法,只包含第二部分的算法称为部分自动算法。使用部分自动算法需要提供人脸图像和眼睛中心的坐标,使用全自动算法则只需要提供人脸图像。过去几年,人脸识别发展出了三种类型的识别算法,包括正面识别、侧面识别和视容识别,使用哪种识别算法取决于图像类型与算法种类。人脸识别的算法种类包括特征脸(Eigenfaces)、神经网络(Neural Networks)、动态链接结构(Dynamic Link Architecture)、隐马尔可夫模型(Hidden Markov Models)、几何特征匹配(Geometrical Feature Matching)和模板匹配(Template Matching)等。③

---

① 何燕琴,吴恋,郭清粉等. 人脸识别技术发展现状与未来趋势分析[J]. 无线互联科技,2021,18(13):80-82.

② 吴双. 从识准到验真:人脸识别发展之路[N]. 人民邮电,2022-06-01(004). DOI:10.28659/n. cnki. nrmyd. 2022.001527.

③ Tolba A S,El-Baz A H,El-Harby A A. Face Recognition:A Literature Review[J]. *International Journal of Signal Processing*,2006,2(2):88-103.

当人脸被口罩、帽子或其他饰品遮挡时,人脸特征的位置也会随之改变,造成人脸固有结构缺失,这时,可以利用人脸其他未被遮挡部分的特征来辅助完成人脸遮挡部分特征的提取,再根据被遮挡区域的邻域信息补充、恢复和预测缺失区域的图像内容,进行特征提取。[①]

人脸的实时性、安全性、可集成性、易捕捉性以及成功率使得这项技术在近年来的使用率持续升高,常见于安全系统、身份识别系统、娱乐应用和医疗保健应用等领域。在娱乐应用中,人脸识别用于创建个性化体验,通过人脸识别实现虚拟化妆和增强现实游戏。在医疗保健应用中,人脸识别用于辅助患者身份识别,为医务人员提供准确和最新的患者信息。人脸识别以自然可识别性区别于指纹识别和虹膜识别。自然可识别性是指技术识别方式与人类识别个体的生物特征对象相同,将人脸视为集社会开放性与私人安全性于一体的独特生物体。2006 年以来,随着深度学习技术被应用到人脸识别领域,人脸识别在海关、商场、学校、机关等各种公共服务和商业服务应用场景中得到推广,2010 年,Facebook 推出人脸识别功能,引领人脸识别走向普通用户,随后包括我国百度、阿里、腾讯在内的各大互联网企业都纷纷推出人脸识别应用,人脸识别显示出广阔的市场发展前景。

(3)虹膜识别

虹膜,经常被认为是人体最理想的生物识别体,在安全、准确及可获取性方面具有独特优势。虹膜识别不同于脸部识别和指纹识别,用户只需要眼睛对视虹膜采集器即能完成识别。首先,虹膜是一种人体内部器官,高度透明和敏感的角膜能够很好地保护它免受损伤和磨损,而指纹在从事某些体力劳动后容易被磨损而很难识别,人脸因自然衰老或疾病改变容貌后也难以被识别,虹膜在识别稳定性方面具有天然优势。其次,虹膜呈现扁平形状,几何形态仅由控制瞳孔直径的两块互补肌肉(瞳孔括约肌和瞳孔扩张肌)控制,使得虹膜形状比人脸形状更容易被检测。[②]眼睛由巩膜、虹膜、瞳孔、晶状体、视网膜等结构组成,虹膜是位于黑色瞳孔和白色巩膜之间的圆环状结构,包含很多相互交错的斑点、细丝、皱褶、隐窝等细部特征,就像指纹一样,是在胚胎妊娠期随机确定的,而且终身不变,即使基因相同的个体也有完全独立的虹膜纹理,错误匹配的几率非常低。再次,虹膜扫描类似于拍照,

---

① 徐遐龄,刘涛,田国辉,等. 有遮挡环境下的人脸识别方法综述[J]. 计算机工程与应用,2021,57(17):46—60.

② Sarode N S,Patil A M. Review of Iris Recognition: an Evolving Biometrics Identification Technology [J]. *International Journal of Innovative Science and Modern Engineering*(IJISME),2014,2(10):34—40.

可以在大约 10 厘米到几米远的距离进行。如果说指纹识别需要用手指触摸采集器表面,视网膜扫描需要眼睛靠近目镜,采集样本条件比较苛刻,那么,虹膜识别不仅不需要触摸任何被他人触摸过的设备,而且虹膜识别距离可近可远,范围为 10 厘米到 150 厘米,在实际应用时业界通常推荐 50 厘米到 60 厘米,约为一臂的距离,具有极大的便利性。

虹膜图像的采集过程受光照、视角、距离、焦距等影响,要想获得高分辨率的图像,需要使用专门的近红外采集设备。一般近红外照明器的波长范围为 700 纳米到 900 纳米,该设备既能解决成像清晰度问题,又对人眼无害。在对虹膜图像预处理环节,首先是对上下眼皮以及虹膜(瞳孔和角膜缘)内外边界进行定位,上下眼皮形状近似一条抛物线,根据其定位即可解出抛物线的方程,虹膜内外圆的定位实际是获得两个圆的圆心和半径,再去除眼睫毛和光斑等影响,最终得到精确的虹膜区域。考虑到采集的虹膜图像存在平移、旋转、尺度变化等问题,检测前需要将虹膜归一化展开,即原来的虹膜无论大小,均展开为相同尺寸,并消除虹膜图像由于平移、旋转、尺度变化所产生的不一致对特征提取所产生的影响。归一化方法是由 Daugman 所提出的基于线性伸展的瞳孔变化模型(Rubber Sheet Model)变化而来,它将图像从极坐标转化为笛卡尔坐标的形式,通过虹膜成像创建的模板最终与数据库中存储的模板进行比对。[1] 虹膜识别的通用识别算法有汉明距离(Hamming Distance)、加权欧几里得距离(Weighted Euclidean Distance)、相关系数、豪斯多夫距离(Hausdorff Distance)、不同虹膜间的归一化码间距等。[2]

虹膜识别技术研究开始于 20 世纪 80 年代末到 90 年代初期,由于这项技术需要结合高精度的硬件设备,以及技术的发展受到大数据理解与挖掘技术的限制,直到 2013 年之前,虹膜识别在理论与技术应用上都处于起步阶段,相关研究与应用发展较为缓慢。2013 年以后,虹膜识别开始进入快速增长期。[3] 2015 年,诺基亚 950 作为第一部采用虹膜识别技术的智能手机进入市场,自此,虹膜识别被越来越多的大众所熟知。在其他应用领域,基于虹膜识别特点,主要适合应用于高安全性、高精准性及重视个人隐私保护的识别应用场景。例如,在银行金库、核心机房

[1] Kaur N, Juneja M. A Review on Iris Recognition[J]. *2014 Recent Advances in Engineering and Computational Sciences*(RAECS),2014:1−5.

[2] 齐霁,孙光民. 虹膜图像处理与识别技术研究[J]. 制造业自动化,2011,33(13):48−53.

[3] 付振康,柳炳祥,周子钰. 基于专利的虹膜识别技术领域竞争态势分析[J]. 科技广场,2021,(02):73−82.

等重要场所,为了增强安全性,设定开门时必须经过活体的高安全虹膜识别才能够认证通过。此外,虹膜识别还被广泛应用于煤矿行业,在煤矿工作环境中,人脸、指纹、声纹等生物信息可能被污染或者不方便使用,虹膜识别能很好地应用在考勤、下井升井管理、人员定位管理等场景中,有效提升了矿业的信息化管理水平。

阻碍虹膜识别推广使用的主要原因是算法及设备的技术要求远远超过指纹识别、人脸识别等技术,虹膜扫描仪价格相对昂贵,而扁平的虹膜又导致虹膜扫描仪更容易被高质量图像所欺骗。虽然在几米开外就可以进行虹膜识别,但实施起来难度较高,需要被识别对象以正面姿势配合识别机器进行虹膜捕捉,直接导致虹膜识别的应用率远远小于指纹识别和人脸识别。

(二)动态行为模板

(1)声纹识别

声纹识别(Voice Print Recognition)又称说话人识别(Speaker Recognition),发端于 20 世纪 60 年代,是一种基于说话人声音生物学特性的非接触式技术,通过声纹识别说话人的身份。声纹识别是语音识别的一个种类,声纹识别通过与数据库里的声纹模板匹配确认说话者身份,而语音识别涵盖的范围更为广泛,可以通过识别语音指令转化为具体的操作命令,主要适用于了解语音内容的算法而非识别说话人身份。声纹识别的技术基础是人说话声音的独特性,每个人声带振动产生的声音、讲述的语言就像指纹一样具有专属性,可以通过方言、说话风格、音调、频谱和格式频率等各种声音品质进行识别。每个人不可复制的声纹被称为说话人模型或模板,以功能的不同可划分为说话人识别技术与说话人确认技术,根据音频内容的不同又分为文本关联、文本限制及文本独立识别。[1] 其中,说话人确认是用于判断未知说话人是否为某个指定人的技术,说话人辨认则是用于区分未知说话人是已记录说话人群中哪一位的技术。我们通常所说的说话人辨认技术,常应用于刑侦破案、罪犯跟踪、国防监听、个性化应用等领域。说话人确认技术则常应用于证券交易、银行交易、公安取证、个人电脑声控解锁、汽车声控解锁、身份验证和识别等领域。[2]

声纹识别技术发展经历了三个阶段。第一个阶段是贝尔实验室采用的语谱

---

[1]　Shan S, Liu J, Dun Y. Prospect of Voiceprint Recognition Based on Deep Learning[C]//Journal of Physics: Conference Series. IOP Publishing, 2021, 1848(1): 012046.

[2]　赵春昊,莫重骥,矫欣航等. 声纹识别技术发展与应用浅谈[J]. 中国安全防范技术与应用, 2020, (05): 17-20.

图。贝尔实验室早期在得到语谱图后,通过肉眼进行分辨。后来,学界使用更符合人发声原理的线性预测编码(Linear Predictive Coding,LPC)、梅尔频率倒谱系数(Mel-Frequency Cepstral Coefficients,MFCC)等代替语谱图,匹配方式也从肉眼分辨发展为模板匹配和模式匹配等传统机器学习方法,但这一阶段的声纹识别准确率并不高。第二阶段是 20 世纪 90 年代后期,高斯混合模型(Gaussian Mixture Model,GMM)方法逐渐成熟,并成为声纹识别的主流发展方向。该方法可对每一个声音生成一个固定长度的向量,然后通过比较向量之间的距离来确定该声音属于谁。这一阶段声纹识别性能相比前一阶段大幅度提升,开始走出实验室进行小范围的应用。第三阶段是 2010 年后,深度学习方法的逐渐成熟使得声纹识别性能再一次大幅度提升。深度神经网络本身是一个极强的特征提取器,可以用于提取声纹特征。由于深度学习本身是数据驱动的,对于场景不匹配或噪音场景的声纹识别效果会大打折扣,于是学者们开始使用数据增强、不同的损失函数和半监督等方法弥补深度学习系统的识别效果问题。其中,基于半监督的深度学习方法效果比较显著,多家机构的研究结果显示,在半监督学习的帮助下,声纹识别性能提升20%左右。在声纹识别的信息预处理环节,对话筒输入的语音信号进行量化采样以获得数字化的声音信号,经过去噪处理后,将所得到的干净语音信号通过预加重技术滤除低频干扰,提升语音信号高频部分,消除直流漂移,抑制随机噪声,效果显著。①

传统的主流声纹识别技术是由 Najim Dehak 等提出的基于因子分析的全变量系统(Total Varia-bility,TV)利用大量的训练语料得到覆盖各种环境和信道的全变量空间,将语音映射成维度固定统一的声纹模型向量(I-Vector),利用向量的相似性来进行声纹识别。由于 TV 系统对于时长较短的声音识别准确率存在问题,近年来,迅速发展的卷积神经网络(Convolutional Neural Networks,CNN)成为广受重视的高效分类方法,CNN 相对于单纯的全变量因子分析方法,可以对时域和频域进行联合分析,深刻挖掘语音频谱的信息,获得更加细致的声纹特征表达,从而建立精准的声纹模型。②

声纹识别信息具有唯一性、丰富性、交互性和便捷性四大特点。其一,人的声音是高可变性与唯一性的统一,没有两个人的声音是完全一样的,而每个人的声音

① 龚伟. 声纹识别系统的设计与应用[J]. 低压电器,2008,(24):8—10+34.
② 杨子,王吉文,王波等. 基于声纹识别技术的调度下令验证系统研究[J]. 电子器件,2021,44(06):1484—1490.

所蕴含的信息,比如你是谁、你的年龄、你的情感等信息都是唯一确定的,这使得声纹信号自身就具备很强的防攻击能力。其二,人的声音有"形简意丰"的特点,虽然只是一个一维信号,却蕴含着丰富的信息。在一段相同语音中,除了包含说话人信息外,还包含内容、语种、性别、情绪、年龄,甚至包含出生地、身体健康状况等丰富的信息。其三,也是声纹识别信息比较独有的特征,声音是唯一可双向传递信号的生物特征,既可以通过他人的声音理解信息,也可以通过声音的表达发出信息,实现交互。其四,其他生物识别技术大多基于图像,需要昂贵的专用硬件,如指纹传感器或虹膜扫描设备等,而几乎所有的标准电话或公共电话都具有声纹识别所需要的扬声器系统,可以实现非接触式信息采集,使得人们在各种设备系统中都可以广泛使用语音识别。[①]

目前,电话信道的声纹识别技术还面临诸多难题,例如电话信道的样本采集会包含信道本身的噪声和环境噪声的叠加影响,音频质量问题导致角色分离准确率不高,且电话信道的实时声纹识别需要与核心网设备或中心服务器同步语音信息进行识别、匹配,跨信道比对准确率与认证权力都是制约声纹识别大规模商业化使用的瓶颈问题。2014 年微信平台上线的新版本,支持通过"声纹锁"登录账号、找回账号,这种方法要求用户在相对安全的环境中朗读出随机分配的指定数字,数字的随机生成使得微信平台可以在很大程度上避免区分内容相同的声纹样本,以指定内容的方式提升识别准确率。由此可见,自动化声纹识别技术的独立性明显落后于其他生物识别技术,要求使用者高程度的配合才能获取优质的样本。

(2)步态识别

步态识别发端于 20 世纪 90 年代中期,一个研究小组在小型数据库上独立展示了通过步态识别个人身份的技术。[②] 一个人的步态是一种周期性的活动,每个步态周期包括两步(左脚向前迈和右脚向前迈),每一个步幅都从双支撑的姿势活动变为双腿并拢的姿势,双腿摆动交替又回到双支撑的姿势。步态识别原理来自形状和动力学,形状是指人在执行不同步态阶段的体态配置,动力学是指这些阶段之间的转换速度,人们行走过程呈现的信道状态信息(Channel State Information,CSI)不同,即每个人在肌肉力量、肌腱和骨骼长度、骨骼密度、视觉灵敏程度、协调能力、经历、体重、重心、肌肉或骨骼受损程度、生理条件以及个人走路风格上都存在细微

---

① Saquib Z,Salam N,Nair R,et al. Voiceprint Recognition Systems for Remote Authentication-a Survey [J]. *International Journal of Hybrid Information Technology*,2011,4(2):79—97.

② Nixon M. Gait Biometrics[J]. *Biometric technology today*,2008,16(7—8):8—9.

差异,它们构成步态识别的基础。

步态识别技术也会遇到很多信息采集的干扰,需要克服各种条件导致的步态运动变化,例如鞋子、衣服、地面、携带物品、经过时间、行走速度、室内与室外等均会影响步态。作为刚刚起步的一项生物识别技术,受上述因素影响,目前步态识别的试验识别率只有 80%,远不及人脸识别、指纹识别等生物识别方式的准确率。由于缺乏对这些因素如何影响步态形状和动力学的理论理解或建模,步态识别研究和大多数生物识别研究一样,依赖数据集进行技术训练。[①] 一般而言,传统的步态识别方法包含两种形式:接触与非接触。接触式方法往往利用加速度传感器[②]和地面传感器[③]等方式采集数据;非接触式方法采用雷达[④]、摄像机[⑤]和超宽带 UWB (Ultra WideBand)雷达[⑥]等方式采集数据。现有研究通过菲尼尔区模型理论、SVM (Support Vector Machine)算法、多层深度卷积神经网络、固有模态函数、离散小波变换和动态时间规整等方法提取并识别步态特征。[⑦] 步态识别过程主要包括步态分割、特征提取和步态比对三个步骤。第一步是通过特定算法将行人与背景图像进行分割,将运动的人从背景和干扰信息中剥离出来,为后面的特征提取和比对奠

① Katiyar R,Pathak V K,Arya K V. A Study on Existing Gait Biometrics Approaches and Challenges [J]. *International Journal of Computer Science Issues (IJCSI)*,2013,10(1):135.

② De Marsico M,Mecca A,Barra S. Walking in a Smart City:Investigating the Gait Stabilization Effect for Biometric Recognition Via Wearable Sensors[J]. *Computers & Electrical Engineering*,2019,80:106501.

③ Al-Naimi I,Wong C B,Moore P,et al. Multimodal Approach for Non-tagged Indoor Identification and Tracking Using Smart Floor and Pyroelectric Infrared Sensors[J]. *International Journal of Computational Science and Engineering*,2017,14(1):1—15.

④ Bai X,Hui Y,Wang L,et al. Radar-based Human Gait Recognition Using Dual-channel Deep Convolutional Neural Network[J]. *IEEE Transactions on Geoscience and Remote Sensing*,2019,57(12):9767—9778.

⑤ Deng M,Wang C. Human Gait Recognition Based on Deterministic Learning and Data Stream of Microsoft Kinect[J]. *IEEE Transactions on Circuits and Systems for Video Technology*,2018,29(12):3636—3645.

⑥ Zhou J H,Wang Y C,Tong J P,et al. Ultra Wide Band Radar Gait Recognition Based on Slow-time Segmentation[J]. *Journal of Zhejiang University (Engineering Science)*,2020,54(2):283—290.

⑦ 郝占军,乔志强,党小超等. 一种基于CSI的高鲁棒性步态识别方法[J]. 计算机工程与科学,2022,44(07):1302—1312.

定基础。目前常用的步态分割方法有帧间差分法①、背景减除法②、光流法③等,为获得较高的图像分割效果,研究人员经常将几种分割方法融合使用。第二步是提取目标人物的特征信息,利用算法将视频图像中检测到的步态或数据库中存储的步态进行表示,通过建立的模型,进行步态识别比对。步态特征提取一般分为三种类型,分别是基于非结构表征、基于结构表征和融合表征。随着深度学习技术的发展,出现了一种基于生成模型的无监督特征提取方法,这类方法利用数据的降维、生成和重构等方法实现特征的学习和压缩,并且不依赖于特征工程,更适合处理大量无标签的监控视频。最后一步就是将得到的特征信息与样本数据进行比对,根据相似度输出比对结果。目前,步态识别较为常用的分类器算法有支持向量机(SVM)、隐马尔可夫模型(HMM)、K近邻方法(KNN)、动态时间规整算法(DTW)等,也有同时采用多分类器算法进行步态识别的应用④。

步态识别具有两大显著优点:其一是可以在远处捕捉对象的步态特征,不需要被观察对象的事先同意;其二是人的步态特征难以隐藏、伪装或窃取,人脸识别、虹膜识别等识别方式可能被口罩、墨镜等配饰遮挡导致识别效果不尽理想,而一个人的步态则不容易伪装,即便是在几十米外戴着面具、侧对或背对着摄像头的人,也可以通过步态识别对其身份进行判断,能够更好地应用于公共安防系统。步态识别的缺点是,相较而言,人脸识别使用方便,使用者抬起手机即可快速唤醒屏幕,但步态识别所需要采集的信息范围更大(包括全身行走姿态),难以被普通机构或个人所使用。

(3)击键识别

击键识别技术(又称"击键动力学")是一种根据个人在键盘上打字的方式来验证身份的方法。每个人的击键特征都是唯一的,有属于自己特殊的击键节奏与特点,它表现为两个方面:对同一个用户而言,在键入字符过程中的击键时间与击键

---

① Zheng D,Zhang Y,Xiao Z. Deep Learning-Driven Gaussian Modeling and Improved Motion Detection Algorithm of the Three - Frame Difference Method[J]. *Mobile Information Systems*,2021,2021(1): 9976623.

② Pal T. Improved Background Subtraction Technique for Detecting Moving Objects[J]. *Recent Advances in Computer Science and Communications(Formerly: Recent Patents on Computer Science)*,2021,14 (9): 2854-2862.

③ Kanagamalliga S,Vasuki S. Contour-based Object Tracking in Video Scenes Through Optical Flow and Gabor Features[J]. *Optik*,2018,157: 787-797.

④ 郇战,陈学杰,吕士云等. 基于多分类器融合的步态识别方法[J]. 计算机应用,2019,39(03):712-718.

压力都有专属特征,在多次输入时,时间与压力的分布总是相对比较集中,在一个很小的区间内起伏,表现得相对稳定;同时,人们的击键时间特征与击键压力特征具有非常大的差异性,使得击键特征识别能够具有区分不同使用者的价值,达到确定并验证特定未知用户身份的目的。最早的击键识别可以追溯到 19 世纪,当时莫尔斯电码刚刚问世,人们发现每个发报员都有各自的击键特征;第二次世界大战期间,美国军事情报部门通过独特的打字模式识别莫尔斯电码操作员。虽然莫尔斯电码在技术上只是一系列的点和斜线,但仍然可以发现其中某些键入的独特性。1980 年,Gaines R. S. 等人利用假设校验的方法[①],首次采用击键特征实现身份识别,虽然这项研究的原理与方法较为简单,运行成本也比较低,但为利用击键行为特征识别个人身份提供了新的研究方向。1980 年美国国家科学基金会进一步确认击键识别为官方生物识别模式,2000 年击键识别开始被应用于公共或私人空间的商业安全领域。

人的击键特征主要有切换时间(释放一个键和按下一个键之间的时间)、停留时间(按键被按下的持续时间)、延迟时间(按下一个键和相应的按键行为之间的时间)、双字母时间(按特定顺序按下两个相邻键之间的时间)、三字母时间(按特定顺序按下三个相邻键之间的时间)、按键压力(按下一个键时施加在键盘上的力量大小)、移动时间(按下一个键和手移动到下一个键之间的时间)以及压力变化(按特定顺序按下两个相邻键时施加在键盘上的压力)等。击键识别系统通常包括两个主要模块:注册模块和识别模块。注册模块中,系统先通过键盘采集用户输入的击键行为数据,包括每个按键的持续时间或转移时间等类型数据,然后进行数据预处理,过滤一部分脏数据,如长时间按住某一键位不放的时间数据等,再从这些经过处理后的数据中进行特征提取,待特征数据达到一定的数量或用户击键较为稳定后,根据相应的分类算法进行训练,建立用户特征模板库。当待分类用户进行击键行为时,识别模块会重复注册模块的前期处理流程,包括击键数据采集、数据预处理和击键特征提取。然后再将提取到的待分类特征与用户特征模板库中的特征进行相似度计算。若匹配成功,则确认用户身份,并将样本特征更新至用户特征模板库中,以保持系统验证的准确性和稳定性;若匹配不成功,则该用户不属于前期设

---

① Gaines R. S. Authentication by Keystroke Timing: Some Prelimary Results[J]. *Rand Report R-256-NSF*, 1980.

定的用户集,为非法用户,需进一步确定该用户的身份。[1]近年来各种击键识别技术发展迅速,提出了许多不同的识别方案。根据识别过程所采用的信号媒介,可以分为基于声音的方法、基于传感器的方法以及基于电磁波的方法等。在实践中,由于击键发出的声音易受环境中的噪音影响,增加了基于声音的方法获取信息的难度;基于传感器的方法,单纯依赖部署专用传感器,可视角度受限;基于电磁波的方法由于不受噪音影响,不需要部署专用传感器,在众多的击键行为识别方法中成为最有价值的解决方案。[2]

与其他生物识别方法相比,击键识别的最大优势是不需要额外添加任何专用硬件,其所需要的专门软件,可以非常容易且快速地安装到计算机或无线设备上。但是,击键识别也有一些局限性,其中之一是击键识别可能会受到个人的疲劳、压力等因素影响,导致个人的打字节奏发生变化,进而干扰准确验证其身份。此外,击键识别不适用于某些有身体残疾或疾病的人,例如关节炎会影响击键识别身份。

第二节　生物识别应用

生物识别可以追溯到距今约 4 000 年前(可能在公元前 1913 年至公元前 1885年),古巴比伦人在美索不达米亚(今伊拉克)留下的第一批生物识别技术的痕迹,考古学家在古代巴比伦的泥板、印章和陶器上发现了人类的指纹。人们在印章的一侧将自己的指纹嵌入泥板中,而在印章的另一侧记录商业交易的合约,使合约合法化并防止其被伪造。基于计算机的自动生物特征识别发端于 20 世纪 60 年代,美国联邦调查局(FBI)和美国国家标准与技术研究院(NIST)从 1967 年开始研究指纹识别技术,建立了包含数千万人的世界最大指纹数据库。到 20 世纪 80 年代,"生物识别(Biometrics)"这个词语才正式被使用,在此之前,一直被称为"自动个人识别(Automated Personal Identification, API)"。弗朗西斯·高尔顿爵士(1822—1911 年)被认为是现代生物识别领域的里程碑式人物,他与卡尔·皮尔逊(Karl Pearson)一起在 1901 年创立了《生物计量学》(*Biometrika*)期刊,在生物识别未被

---

① 郑航,廖闻剑,唐楚俏. 基于键盘和鼠标击键行为的用户身份识别[J]. 计算机与数字工程,2019,47(02):476—480.

② 陶志勇,张洁,刘影等. 基于 CSI 空间特征的增强型击键行为识别方法[J]. 传感技术学报,2022,35(12):1678—1685.

学科认可的时代为这门新学科提供了现代科学基础,将其定义为"现代统计学方法在生物学中的应用"[①]。技术的发展源于各部门的革新,同时也源于技术部门的融合式延续,多种多样的生物识别技术源自不同的科学系统,例如人脸识别源于计算机模式识别,语音识别源于声学技术。[②] 到 21 世纪,得益于计算机及人工智能技术的飞速发展,技术成本与适应度得到大幅度提升,生物识别技术开始发生前所未有的突破,被应用于多样化场景中。市场预测表明,到 2024 年全球生物识别技术市场预计达到 716 亿美元,医疗保健领域的应用复合年增长率(CAGR)将达到26.3%,机场和海港领域将达到 25.8%,金融服务领域将达到 25.1%,政府服务领域将达到 23.3%。零售、游戏和酒店应用的复合年增长率也将分别达到 23%和22.8%。[③]

一、系统级市场应用

(一)智能安防

智能安防是一种新兴的安全防护技术,利用计算机视觉技术、图像处理技术、数据挖掘技术以及先进的网络技术等,实现对日常生活和工作中安全事件的自动检测和响应,解决传统安防技术在设备维护、安全防护效果等方面存在的问题。智能安防可以实现设备的自动识别、自动报警和自动响应,大大提高了安全防护的效率和水平。此外,智能安防还提供了多种智能化监测服务,可以更加实时、准确地掌握安全事件的发生情况,及时采取有效应对措施,为社会安全防护提供了新的保障,提升了安防运营效率和安防质量。

1970 年,现代生物识别技术第一次出现在门禁系统应用中。当时,生物识别设备属于高成本投入,应用仅限于高保安环境。近年来,随着微处理器价格的下降和先进的电子影像元件的出现,不仅降低了智能安防系统中的生物识别设施成本,而且生物识别的准确率也越来越高,因此,人脸、指纹、虹膜等生物识别被广泛应用于

---

① Ghilardi G, Keller F. *Epistemological Foundation of Biometrics*[M]//Second Generation Biometrics: The Ethical, Legal and Social Context. Dordrecht: Springer Netherlands, 2012: 23—47.

② Wayman J L. *The Scientific Development of Biometrics Over the Last 40 Years*[M]//The history of information security. Elsevier Science BV, 2007: 263—274.

③ Pascu L. Global Biometrics Market to Reach ＄71.6 B by 2024 on Demand for Emerging Tech: Report[EB/OL]. (2020—08—31)[2024—09—16]. https://www.biometricupdate.com/202008/global-biometrics-market-to-reach-71-66-by-2024-on-demand-for-emerging-tech-report.

智能安防系统中。例如在高级别的金库安防系统中,人脸识别和虹膜识别技术可以联合使用以确保极高的安全性,当授权人员接近金库入口时,首先启动人脸识别系统,该系统快速扫描并识别人脸,与数据库中预先存储的人脸图像进行比对。一旦人脸被成功识别和验证,虹膜识别系统随即启动,在这个阶段,授权人员需要面向一个专门的摄像头,该摄像头能捕捉到虹膜的详细图像。只有当两个系统(人脸识别和虹膜识别)都确认身份匹配时,金库的大门才会打开。

　　生物识别更加准确、快捷、安全的认证和授权,为智能安防领域带来了全方位的升级。首先,使用生物识别可以提高安防系统的安全性。在生物识别被应用于安防领域之前,传统安防措施主要是以物理控制手段保护现场安全,例如通过钥匙、数字密码、身份证等设置门禁和报警系统,这些控制手段容易被攻击、伪造或破解。生物识别信息是每个人所独有的,相较于传统的数字密码、身份证件等,盗窃、伪造或复制的难度较高,使得生物识别成为银行、机场、地铁站以及一些军事禁区等高安全区域的理想保护手段。其次,便利性大幅度提升。生物识别对用户更加友好,用户无须记住复杂密码或携带身份证即可通过安全系统检查。例如通过银行、机场安检的人脸识别系统时,用户只要面向摄像头就可让机器自动完成用户身份识别,极大地方便了用户出行。再次,生物识别的准确性与可靠性更高。传统安防系统正受到现代科技的挑战,万能钥匙、破解数字密码及网上盗用身份证等将轻易突破传统安防,相对而言,破解生物识别系统门槛更高,确保了其可靠性和安全性。比如,现代虹膜识别系统的错误接受率(FAR)低于百万分之一,特别适合特殊安全场景应用。再次,随着生物识别技术自动化程度的提升,有效提高了安防检查与流通的效率。通过使用生物识别控制对安全区域的访问,无须要求被识别对象排队等待安全检查,人脸识别、虹膜识别以及体态识别等方案都可以快速实现对众多对象的身份识别,比如,商场、学校、政府机关等公共场所可以利用生物识别实现安全管理,通过部署摄像头,实时识别进入公共场所的所有人员,准确掌握其进出情况,保证公共秩序安全。最后,生物识别系统与其他安全防控系统进行集成,例如连接访问控制系统、监控系统和报警系统,为安防部门提供更全面和集成的智能安防方案。目前,国内已有多家公司推出基于生物识别技术的安全产品和服务,包括生物认证终端、智能门锁等。2011—2016年,我国智能门锁企业数量迅速增加,指纹等多种生物识别技术被运用到智能门锁中,远程联网开锁成为趋势。

　　目前,我国搭载生物识别技术的智能安防行业也遇到了发展困境,自2020年美国贸易禁令升级后,台积电不再为华为提供海思芯片,美国"小院高墙"的贸易政策已经影响和制约国内智能安防行业的发展了。众所周知,智能安防从"看得见""看得清"发展到"看得懂",都离不开高性能的 AI 芯片,当前国内前端智能摄像机和边缘计算产品绝大多数都使用海思芯片进行智能运算,台积电断供后,国内短时期内难以找到替代产品,既影响生物识别安防系统的普及使用,也提高了安防企业的运行成本。从生物识别安防技术本身看,智能安防设备越来越需要高度智能化的软硬件产品,否则,难以提升数据采集与分析水平。比如,当设备故障检测出现异常,后台采集分析异常数据流、前端设备数据时,常出现获取困难、运维人员沟通成本高、故障检测效率降低等问题。

(二)金融支付

近年来,随着金融电子支付技术的发展,金融支付安全系统越来越受到广泛重视。金融支付安全系统的迭代发展不仅可以提高金融支付的安全性,还可以提升客户的支付体验。在金融安全领域,各种安全支付技术层出不穷,如加密技术、数字签名技术、智能合约技术等被金融系统广泛使用。生物识别在金融支付领域的应用历史虽然相对较短,但在提高金融交易的安全性和便利性方面已经显示出独特的优势,越来越多的银行和零售商店将生物识别作为一种更有效、更安全的方法来对付金融欺诈与身份盗用问题。

金融支付领域的生物识别通常包括以下步骤。

(1)注册:用户向金融机构提供生物识别信息,例如指纹或人脸信息。这些信息存储在安全数据库中,由于金融支付领域的特殊性,通常需要采用更为复杂的加密方案来确保用户的生物识别信息受到保护。

(2)身份验证:在金融交易期间,用户提供实时生物识别信息以验证其身份。金融机构将实时信息与存储在数据库中的预留信息进行对比,以确认用户身份。

(3)授权:如果生物识别信息与存储信息匹配,金融机构则授权交易,允许用户完成支付;否则,拒绝完成金融支付。

从传统到新兴的所有金融支付渠道以及各种支付场景都能见到生物识别技术的使用,包括移动钱包支付、生物识别支付卡、电子商务、无令牌(或"裸"支付)提取现金、可穿戴设备支付以及包括联网汽车在内的物联网货币流通等领域都采用了生物识别支付[1],生物识别支付的安全性、可靠性和便捷性为金融行业发展提供了

---

①   Goode A. Biometrics in Payments:The Challenge of COVID and Customer Choice[J]. *Biometric Technology Today*,2021,2021(7—8):7—10.

强有力的支持。其一,通过使用生物识别信息验证身份,能有效降低身份盗窃和金融欺诈风险。与密码或 PIN 不同,生物识别信息不会因为遗忘而成为用户从事金融活动的障碍,人们使用生物识别进行身份验证时,不需要刻意挡住输入密码来保障自身账务安全,提高了金融支付的安全性。其二,生物识别无须手动输入密码或插入词条等身份验证,减少了客户等待时间,提高了金融交易的效率。其三,通过使用生物识别信息验证身份,提高了金融交易的准确性,降低了输入错误和不正确付款等风险,帮助金融机构节省了传统身份验证方法所需的人员配置及相应成本。智能环境公司(Intelligent Environments)在英国开展的一项研究发现,37%的消费者在选择银行账户时,可能会受到安全措施质量的影响,而 29%的人表示,他们更有可能使用提供生物识别技术保障账户安全的银行。上述研究表明,生物识别不能再被简单地视为"有就好"的次选辅助技术,它实际上会为采用该技术的银行吸引更多新客户,使市场渗透率和接受度得到进一步的提升。① 芬兰 Uniqul 公司于 2013 年 7 月推出全球首个使用人脸识别技术的支付平台,不但可以缩短支付时间,简化支付流程,还具有"军用级别"的安全机制。②

　　从 1.0 的现金时代到 2.0 的刷卡时代,再到 3.0 的扫码时代,扫码支付已经成为十分常见和受欢迎的支付方式。随着 4.0 的生物识别时代的到来,"刷脸""刷眼"支付正受到越来越多的商家和用户的青睐。③ 随着智能手机使用的普及,生物识别被广泛应用于 Apple Pay、支付宝、微信等移动支付场景。2015 年,马云在德国首次展示 Smile to Pay"刷脸支付",并通过识别自己的人脸特征为德国总理默克尔购买了礼物,马云选择的礼物是淘宝网上一枚 1948 年的汉诺威纪念邮票。他先用手机登录淘宝,选择产品;第二步进入支付系统,确认支付后出现扫脸的页面;再扫脸(拍照后)通过后台认证;接着显示支付成功。2018 年 8 月,支付宝推出"蜻蜓"刷脸支付机。微信紧随其后,2019 年 3 月推出了类似的"青蛙"线下刷脸支付设备。2019 年 10 月,银联云闪付联合 60 余家机构发布刷脸支付产品"刷脸付"。目前,金融刷脸支付和指纹支付已经成为重要的金融支付认证方式。

　　相比较于指纹、人脸和声纹这些较为成熟的生物识别,其他生物识别在金融支

---

　　① Locke C. Why Financial Services Should Accelerate Biometrics Adoption[J]. *Biometric Technology Today*,2017,2017(1):7—9.

　　② 谢丹. 无感支付发展现状与思考[J]. 福建金融,2019,(09):35—37.

　　③ 刘伟伟. 人脸识别技术在支付领域的发展及存在问题的研究[J]. 电脑知识与技术,2022,18(19):82—84.

付领域虽然也有一定的研究和实践,但受限于成本、准确度和用户体验,尚处于小范围应用测试、探索阶段。[①] 随着生物识别技术的发展,交易便利性、感知安全性和感知兼容性三重特性正成为金融行业部署生物识别技术效能的考察重心。[②] 在未来的金融支付中,肯定会有越来越多的生物识别方式被广泛应用。

（三）军事生物识别

1999 年,生物识别开始出现于军事领域,主要用途是为了区分居民和"危险人物"。1999 年科索沃战争中,美国五角大楼委托国内科研部门开发了人脸特征自动识别系统,这套"BAT"识别系统由人脸识别、指纹识别、数码相机以及可以与信息资料库相连通的计算机组成,但当时受限于各方面技术,BAT 设备的体积比较庞大,信号并不稳定,且数据库范围过窄,应用效能比较低。2001 年"9·11"事件后,美国政府先后颁布了三个法案,部署生物识别技术在边境检查、执法以及民用航空等领域的应用。[③] 2017 年,特朗普在行政命令中要求全面建立基于生物识别技术的出入境系统"US-VISIT"计划,该系统通过生物识别设备自动扫描指纹、拍摄人脸图像,收集持有美国签证人员的生物信息,并建立个人资料库,用来预测和保护国家安全。

随着生物识别技术的飞速发展,军事领域应用越来越广泛。目前有一款智能枪"Biofire",手枪把手处装有指纹传感器,只有枪的主人使用时手指贴合传感器才能通过验证进行开枪射击,这种智能手枪受到某些允许公民合法持枪国家的欢迎。[④] 生物识别还可以快速、权威地识别包括己方人员与敌方人员。在现代战场上,发生武装冲突的各方成员往往使用匿名身份以保障作战策略的秘密与安全,生物识别则可以即时破解对象的匿名身份。目前,美国军方仍然是生物识别技术的主要军事使用者,其他国家的武装部队也越来越多地采用这项技术。[⑤] 据统计,美军在战场上误伤友军的概率达到 20% 以上,而且每次都会造成很严重的损失,利用生物识别将有效降低误伤概率。例如体态识别可以通过步幅跨度、手臂摆动幅度、

① 才华,肖普山. 生物识别技术在金融支付领域应用探索[J]. 计算机应用与软件,2021,38(04):106—111+158.

② Kim S Y,Lee S H,Chi Y D,et al. A Study On the Factors Affecting the Intention to Payment Service Using Biometrics[J]. *International Journal of Advanced Science and Technology*,2018,114:69—80.

③ 田启川,张润生. 生物特征识别综述[J]. 计算机应用研究,2009,26(12):4401—4406+4410.

④ 黄如强,吴航,刘保真等. 生物特征识别技术及其在军事领域中的应用[J]. 医疗卫生装备,2018,39(03):94—98.

⑤ Zwanenburg M. Know Thy Enemy:The Use of Biometrics in Military Operations and International Humanitarian Law[J]. *International Law Studies*,2021,97(1):49.

行走风格以及身体运动量识别对象身份,基于运动体征的生物识别可以确定所观察的对象是友军还是敌人。

在反恐战争中,生物识别可以发挥独特作用。恐怖主义与战争存在明显的区别,恐怖主义不像常规战争那样选择合法的目标作为攻击对象,暴力对象大都是无辜居民,而且暴力活动大部分发生于和平时期;现代恐怖主义所欲达到的效果是通过制造爆炸、劫持人质、电话恐吓等手段,诱发社会恐慌。① 因此,利用生物识别对人员跨境流动进行生物识别分类和管理,已成为当代反恐战争的关键环节。生物识别应用的边界标志着当代反恐战争政治的双重发展:一是在控制身体流动性方面呈现科学监控和技术管理转向;二是生物特征权力的延伸,使得人们的身体成为边界流动安全网络的载体。② 精准识别恐怖分子,遏其于恐怖活动未发之时,对于避免百姓伤亡,减少社会恐慌,将发挥决定性作用。

将生物识别应用于军事安全管理以及战争计算机模拟训练,可以提高制定军事战略战术的针对性和战略打击的准确性。生物识别技术使人类与武器装备得到完美融合,武器装备从某种意义上说已经变成了人体延伸出来的"特殊器官",将更加有效地发挥作战效能。比如脑机接口通过收集大脑皮层神经系统活动所发出的脑电信号,并被同步转换成可供计算机辨认的信号后,即可用人的意识来操控武器参与作战。近年来引人瞩目的人体机能增强剂、心理武器和神经武器等新概念武器均离不开生物识别技术的支持,它们一旦发展成熟并投入战场,必将颠覆传统的作战观念和认知,改变战场形态。第三次科技革命之后,计算机网络彻底颠覆了传统作战要素构成及战斗力展现形态,各国纷纷大力开发军用网络,用以存储军事行动计划,协调和指挥军事行动。军事部署及军事行动计划属于国家最高机密,保证网络安全性和军事行动计划不失密是国防建设安全的首要目标。在传统军事部署中,设置的密码只是一连串机械数字代码或者符号,破解者只要花费足够的时间与精力,借助一定的工具和技术的协助,就可以成功突破军方数据库防护栏,盗取军事机密。生物识别以虹膜、指纹、人脸、DNA 等人体生物特征作为密码,对每个军事网络访客及访问行为进行识别与记录,将非法用户拒之门外,加强了军事网络防御系统的安全性。

生物识别技术的进一步发展和升级,必将为新军事变革和打赢高技术条件下

---

① 林凌. 现代传媒与恐怖主义[J]. 南京政治学院学报,2004,(01):105—107.
② Amoore L. Biometric Borders: Governing Mobilities in the War on Terror[J]. *Political Geography*, 2006,25(3):336—351.

的局部战争带来更多的机遇,促进军事安全和国防现代化建设。目前,军事领域的生物识别应用仍处于探索阶段,尚需大量实验来验证其可靠性和可行性。未来,随着生物识别技术的不断进步及不断融入新概念武器,无人机、生物动力、生物芯片和仿生无人系统等更加智能化,必将产生越来越多的新型作战样式,并不断助推改善军队作战指挥、武器装备和后勤保障系统,极大地提高军队战斗力。

二、个人电子消费应用

(一)个人智能终端

信息化时代,人们对手机和电脑的使用与依赖程度越来越高。手机不仅是基本的通信工具,也是处理个人事务、社交、消遣以及随时随地获取信息的必要设备。手机以其体积小、成本低、功能性感知系统、计算能力和无线通信能力为特点,成为生物识别技术应用的优势架构。[①] 目前,指纹识别已经成为千元以上智能手机的标配,并继续向千元以下市场渗透。[②] 除了指纹识别外,现代智能手机已经植入多样化传感器,包括 GPS 传感器、视觉传感器(相机)、音频传感器(麦克风)、光传感器、温度传感器、方向传感器(指南针)和加速度传感器等,可以测量并分析用户各种各样的生理及行为信息。例如,加速度传感器可以作为体态生物识别的数据收集器,通过用户的习惯手势、活动形成专属身份表征,这种生物识别比较隐蔽,用户无须采取任何额外的信息输入或验证行为,只需要随身携带手机,就可以通过用户的日常活动(步行、慢跑、爬楼梯、点击或滑动屏幕等)形成用户数据的时间序列,从而识别或验证用户身份。[③] 此外,Iphone 推出的 Fingerprint Security 应用,无须任何外接扫描设备,用户通过触摸屏即能实现指纹识别,比如快速唤醒设备、在各软件中设置身份安全密码等,生物识别信息已经成为使用智能终端的钥匙。

相较于人们间歇性、碎片化地使用手机,电脑端呈现的用户使用行为更具有连续性,比如长时间办公、浏览或玩游戏等,电脑的生物识别功能和价值也更加复杂。例如在商业环境中,企业主通过员工的击键行为可以识别员工的工作状态,甚至是

---

① Wojciechowska A, Choraś M, Kozik R. The overview of trends and challenges in mobile biometrics[J]. *Journal of Applied Mathematics and Computational Mechanics*, 2017, 16(2): 173—185.

② 李四维. 智能手机生物识别应用研究[J]. 广东通信技术, 2018, 38(06): 30—34.

③ Kwapisz J R, Weiss G M, Moore S A. Cell Phone-based Biometric Identification[C]//2010 Fourth IEEE International Conference on Biometrics: Theory, Applications and Systems (BTAS). IEEE, 2010: 1—7.

职业道德问题,监控员工是否违规。击键识别是通过个人打字特征识别身份的生物识别方式,包括四个部分:原始击键数据捕获、特征提取、分类识别和认证识别。击键识别的便利性和低成本优势使其受到商家的偏爱。首先,击键识别是非侵入性的,员工通过打字完成绝大多数工作或娱乐,在无感状态下被识别身份;其次,击键识别所需要的设备成本非常低,只要有带键盘的计算机即可完成击键识别;最后,击键识别过程具有持续性,在身份验证阶段识别员工身份后,会持续监测并检查后续的击键行为,这种持续验证将贯穿整个计算机会话过程。①

在个人智能终端的实际使用过程中,生物识别面临着各种信息安全问题。一般而言,主要面临两个方面的安全威胁:内部漏洞和外部攻击。内部漏洞主要包括设计缺陷、算法缺陷和后门隐患,例如受到移动智能终端本身处理性能和网络带宽限制,生物识别系统的算法设计相对来说比较简单,使得受到攻击的可能性大大增加,生物识别信息未加密、运算处理过程保护措施不足等算法缺陷,会导致用于生物识别的原始生物特征有被还原的可能。同时,用户使用的仅仅是移动智能终端呈现出来的界面功能,而移动智能终端在生产和流通领域会经过众多环节,这些环节都存在被植入后门程序的可能性,而后门隐患正是当前移动智能终端生物识别重要威胁之一。外部攻击主要包括特征破解、身份冒用和恶意代码。恶意代码利用移动智能终端生物识别安全漏洞进行攻击,或者诱骗用户执行相应病毒程序。由于移动智能终端设备体积小和碎片化使用的局限性,终端所使用的生物识别必然具有局限性。但是,移动智能终端毕竟是最贴近人们生活的在线身份载体,随着生物识别技术的迭代优化以及维护算法安全水平的不断提升,移动智能终端的生物识别应用必将迎来更加广阔的发展未来,例如用户可以像下载应用程序一样轻松下载和安装生物识别模块,根据自己的需要和喜好选择不同类型的生物识别方法,一些人可能在室外环境下更倾向于使用虹膜识别,而在家里则更喜欢用指纹识别,可下载的生物识别模块将提供更大的灵活性和可扩展性,用户不再需要购买新设备,只需要下载或更新模块就可以享受到最新的生物识别技术。

(二)智能家居、虚拟现实游戏等个人集成智能应用

随着边缘计算、大数据分析、人工智能、机器学习以及即时数据处理等技术的发展,家庭自动化物联网系统越来越具有实际应用价值。物联网不再依赖 H2H(人

---

① Tappert C C, Villani M, Cha S H. *Keystroke Biometric Identification and Authentication On long-text Input* [M]//Behavioral Biometrics for Human Identification: Intelligent Applications. IGI global, 2010: 342—367.

对人)或C2H(机对人)的干预,可以实现多个设备之间的信息传输,形成数据自主发送、接收、理解及决策。《财富》的商业调查报告显示,物联网市场将在2026年达到11 026亿美元市值。[①]家庭自动化基于物联网系统技术生成,将家庭中受控的设备(例如冰箱、电视、洗衣机、按摩椅等)连接到中央枢纽或网关,用户通过系统控制界面(例如PC端、智能手机、平板电脑等)进行在线或离线访问,为其提供更为轻松、舒适、便捷、安全的智能家居环境。

异质性和身份验证是智能家居市场发展的两大难题[②]:一是多种设备的运行机制以及理解性框架并不相同,信息在多种设备间传输会出现沟通障碍;二是智能家居环境中的"主人"身份验证是安全保障的核心问题,目前,一般使用分层验证系统对每个授权用户在智能家居网络中的网络服务和资源访问的权限等级进行认证。为了最大程度地提高自动化家庭环境的安全性,智能门禁系统的开发与优化以及设备访问与操控的身份限制成为两大核心领域。最早的智能门禁系统解放了用户对于钥匙或门禁卡片的需求,用户在智能面板上输入预设密码即可进入,指纹识别被应用于智能门禁系统后,身份验证过程变得更加快速、便捷。近年来,使用人脸识别的智能门禁系统迅速普及,虽然人脸识别与指纹识别所需时间相差无几,但人脸识别可以记录所有访客的人脸信息,并将拍摄的照片实时传输到用户手机或其他设备上,用户可以通过远程控制帮助访客通过门禁,系统还能根据访客行为自动决策并向用户发出警报。

语音识别旨在实现人与各种电子设备之间的语音通信,在智能家居系统中也得到普遍使用。对年轻人而言,语音识别是一项便捷的身份认证及命令功能;对老年人及残疾群体而言,语音识别还是他们与智能家居轻松沟通、互动的重要辅助工具。智能家居设备的语音识别主要分为两类:说话人识别与词句识别。说话人识别即上文所述的声纹识别,通过算法分析语音所述者的身份;词句识别则通过输入

---

① Fortune Business Insight. Internet of Things (IoT) Market Size, Share & Industry Analysis, By Component (Platform and Solution & Services), By Deployment (On-premise and Cloud), By Enterprise Type (SMEs and Large), By Industry (BFSI, Retail, Government, Healthcare, Manufacturing, Agriculture, Sustainable Energy, Transportation, IT & Telecom, and Others), and Regional Forecast, 2024—2032[EB/OL]. (2024—08—12)[2024—08—31]. https://www.fortunebusinessinsights.com/industry-reports/internetof-things-iot-market-100307.

② Ibrahim S, Shukla V K, Bathla R. Security Enhancement in Smart Home Management Through Multimodal Biometric and Passcode[C]//2020 International Conference on Intelligent Engineering and Management (ICIEM). IEEE, 2020: 420—424.

语音中的离散词或连续句子进行语义识别以理解操纵指令。① 用户通过语音命令即可控制家用设备的开启、关闭或其他功能,例如用户说出"开灯"口令,无线联网的灯具设备通过麦克风捕捉到用户口令后,与服务器建立连接并操控微控制器打开灯具。智能家居融合多种生物识别技术后,将大幅度提升智能家居环境整体效果、体验感及新技术适应性,提升人们生活的智能化水平。

在电子游戏领域,利用生物识别数据对玩家开展分析已经成为保证行业营利和健康发展的重要手段。基于生物识别可以使游戏公司全程化、智能化地观察玩家情感、沉浸感和游戏体验等信息,随时发现游戏及玩家所存在的问题。对网络游戏开发商而言,玩家的游戏体验及反馈对于提升用户黏性非常重要,然而如何从用户那里收集可靠、贴近和有效的数据对评估玩家体验是一大挑战,大多数经典的用户体验(UX)和人机交互(HCI)评估技术并不能简单地映射到游戏中的玩家体验(PX)评估中②,如何在不影响玩家持续、不间断的游戏过程中对玩家的游戏体验进行调查成为开发商们关注的问题之一。随着生物识别被整合到游戏用户应用开发中,通过皮肤电反应(GSR)、人脸肌肉测量(EMG)、心脏搏动间隔(IBIs)和脑电图(EEG)等生物识别,收集和处理玩家在游戏时的阶段性心理、生理及行为反应等,有助于精确评估游戏玩家心理。③ 例如,虽然大多数网络游戏尽可能地提升玩家自定义角色的能力,并向玩家呈现精致、生动的动画背景,但仅靠玩家对于游戏角色的设定或对游戏任务的领取并不一定能够呈现出玩家的个人感受、生理状态以及游戏习惯,生物识别传感器可以通过实时监测玩家游戏时的情绪波动,生成动态的系统性数据,据此判断所呈现的游戏主题和情感风格是否被玩家接受。此外,随着虚拟现实游戏市场的扩张,身体成为内环境、现实空间和虚拟空间三重维度的交互界面,生物识别从理解用户的辅助技术变成游戏沉浸感必需的核心技术。虚拟现实游戏(即 VR 游戏,Virtual Reality Game)基于计算机和头部显示器产生一个虚拟三维空间,为游戏玩家提供视听感官模拟,玩家因此可以身临其境地体验虚拟游戏乐趣。④ 截至目前,VR 游戏的虚实交互方法主要有行为捕捉、肌电模拟、手势交

---

① Arriany A A,Musbah M S. Applying Voice Recognition Technology for Smart Home Networks[C]// 2016 International Conference on Engineering & MIS (ICEMIS). IEEE,2016:1—6.

② Mirza-Babaei P,Nacke L,Fitzpatrick G, et al. *Biometric Storyboards*:*Visualising Game User Research Data*[M]//CHI12 Extended Abstracts on Human Factors in Computing Systems. 2012:2315—2320.

③ Kivikangas J M,Chanel G,Cowley B, et al. A Review of the Use of Psychophysiological Methods in Game Research[J]. *Journal of Gaming & Virtual Worlds*,2011,3(3):181—199.

④ 龙江腾,高永平. 一种 VR 游戏手势运动识别装置[J]. 现代电子技术,2021,44(12):173—176.

互、眼动交互、触觉反馈、方向追踪、语音响应和传感器等,与基础的 VR 游戏不同,加入生物识别的 VR 游戏可以大幅度提升玩家的游戏沉浸感。如果只通过头戴式设备获取虚拟空间的视觉信息,以手柄按动进行操作,可供玩家体验的游戏模式和游玩感受较为单一,而使用眼动识别可以增强玩家对于虚拟环境景深的感受;使用手势识别还可以提升玩家手部活动路径的识别效率、反应速度以及精准度,使玩家的体验更加丰富多彩。目前,由于技术使用成本的限制,大多数 VR 游戏设备还没有配置深度生物识别感知系统;未来,随着包括生物识别技术在内的相关游戏技术的发展成熟,通过生物识别将玩家身体感官与现实空间隔离,利用及时数字反馈打通虚拟空间到现实空间的人体感官通道,将引导网络游戏进入新的发展阶段。

第三节　新生代生物识别

从人类智能到人工智能,技术更迭的影响深深镌刻在人类社会的历史纹理中。随着生物识别技术的不断创新,人脸、虹膜、步态等身体特征都成为智能化的身份识别密码。未来,生物识别信息种类与应用场景都会不断拓展,作为重要的身份认证及身体感知技术,参与推进虚实融合进程,深度探索身体传播的多维度价值。

一、更为智能的身体密码

人类自从搬出洞穴开始集体生活后,公共领域的发展及对私人领域的保护意识就让人类社会产生了信息加密的需求。公元前 1900 年,埃及人以非标准方式使用象形文字隐藏含义,用来满足某些保密需要。古罗马早期的加密方法是凯撒移位密码,即将字母转换成约定的数字,常见的为三位数字,使用字母与数字之间的转换来编写信息,接收者将字母向后移动相同的数字即可破译信息。[1] 字符密码除了可以传递加密信息,还可以作为身份认证或空间流动的媒介。除字符密码外,机械钥匙或其他准入令牌也是人们进入加密空间的传统加密方式。伴随人类社会发展,人们对更加安全快捷的身份验证、空间解锁需求越来越高,于是,身份识别码、

---

① Meuwly D, Veldhuis R. Forensic Biometrics: From Two Communities to One Discipline[C]//2012 BIOSIG-Proceedings of the International Conference of Biometrics Special Interest Group (BIOSIG). IEEE, 2012: 1—12.

身份证等密钥媒介应运而生。

　　最早把身体作为身份密码是距今 6 000 多年以前的新石器时代中期,在反映仰韶文化的陶器上印有清晰可见的指纹图案。[①] 但指纹的墨迹、泥板痕迹或其他印迹更像是一种物化的身份证件,与当下生物识别技术视角下的身体形象含义相差甚远。在传统密码时代后期,计算机技术重塑了人们对身体的认识,身体特征信息作为密钥,与人类活动并不剥离,每一次生物识别反而都强调身体的"在场"。比如,20 世纪 60 年代,利用通信手段实现人体与机械的互动率先在医疗领域实现突破[②],此后,身体特征识别从一些专业领域走向大众视野,身体的密码属性日益被发掘,人们的身体再也无法"在一种无意识的透明感知状态中'抽身而去'"[③]。

　　每个人的生物特征都具有唯一性,在一定时期内固定不变,不易被伪造,更不会丢失,人们利用生物特征识别身份无须专门记忆繁杂的密码,也不用随身携带钥匙、智能卡等,生物识别作为当前便捷、安全的识别技术之一,为人们的生活工作提供了便利而广受欢迎。当前的生物识别由于设备的物理性限制和安全性考量,大部分场景需要人们做出短暂静止的姿态以配合识别,体验感尚有缺陷。随着人脸识别、语音识别、步态识别以及情绪识别等技术的发展,混合式多模生物识别将弥补"暂停身体"的体验感问题,通过并行技术、情绪识别和脑机接口等技术准确计算被识别对象的识别意愿,再同步进行无感生物识别,大幅提升识别效率与安全性。脑机接口是一种基于大脑产生的神经活动的通信方式,独立于周围神经和肌肉的正常输出通路,无须任何外部设备或肌肉参与即可发出指令并完成通信。目前的脑机接口分为侵入式、部分侵入式和非侵入式三种类型。侵入式脑机接口是一种永久性连接方法,需要将电极埋入大脑皮层中。部分侵入式脑机接口是将电极放置在颅骨内部,位于大脑外部,典型例子是脑电图(ECoG),使用直接放置在大脑裸露表面的电极来记录来自大脑皮层的脑电波。非侵入式脑机接口不需要进行任何的手术植入,只需将传感器或电极放置在头上(通过帽子、腰带、贴片或耳机)进行测量,读取大脑活动信号。通过脑机接口进行身份识别已有初步研究,例如有学者建立了一个以快速串行视觉呈现(RSVP)刺激为中心的身份验证系统,使用脑放大

① 杨若冰. 指纹识别的起源[J]. 中国防伪报道,2006 (7): 38—40.
② 乔新玉,张国伟. 人机融合:赛博格的身体技术与身份认同[J]. 编辑之友,2021,(10):63—66+100.
③ 唐·伊德. 技术与生活世界[M]. 韩连庆译. 北京:北京大学出版社,2012:78.

器获取 EEG 信号,并使用线性判别分析（LDA）对其进行分类,以完成身份验证。[①]未来的智能脑机接口可能会引入更加智能的生物识别技术,基于更为复杂和个人化的生物、神经特征,每个人的"认证信息"将是他们思考模式或脑波活动的独特组合。总之,智能脑机接口加上生物识别技术将极大地提高人机交互的自然性和无缝性,人们只需思考就能快速解锁设备、操作软件或执行复杂的命令。

二、元宇宙应用

从网站浏览到 Web2.0 全球社区,再到 Web3.0——基于区块链和加密货币的去中心化互联网,现代网络技术愈加成熟。元宇宙作为一个流行语和一种有影响力的未来主义现象,将加速网络科技发展,转变人类交往的空间理念。元宇宙（Meta-Verse）是尼尔·斯蒂芬森在科幻小说《雪崩》中提出的空间概念,经 2018 年电影《头号玩家》传播后引发各行业的广泛关注和争论。元宇宙是一个复合词,"元"的意义为虚拟、新生和超越,"宇宙"的意义为一个完整的新世界,元宇宙是指现实世界映射的虚拟现实空间,是"虚拟与现实相互作用、共同进化的世界,人类在其中开展社会、经济和文化活动以创造价值"[②]。

随着互联网技术的不断进步,元宇宙逐渐成为现实生活中可体验的虚拟空间。在元宇宙中,用户借助 3D 虚拟技术使用虚拟形象和虚拟身份进行活动,与其他用户"见面""聊天",或在多种多样的虚拟场景中体验"真实"身体行动的乐趣等。近年来,元宇宙发展迅速,已经初步具备商业利用价值,在网络教育、远程工程设计、商业服务、社交平台以及游戏等领域得到广泛应用。

随着沉浸式技术、计算机视觉算法和零售业务分析的发展,理解生物识别技术、搜索引擎算法、传感器数据以及决策支持工具,对于各大企业而言是洞悉用户行为、引导沉浸和提升企业商业价值的关注核心,对于元宇宙迅速占领市场作用重大。[③] 在元宇宙沉浸式工作场景中,构建虚拟工作环境、使用数据分析增强工具以及感官跟踪技术是增强体验感的关键所在,尤其是语音、表情、动作识别更是元宇

---

① Abhang P A,Gawali B W,Mehrotra S C. *Introduction to EEG-and Speech-based Emotion Recognition*[M]. Academic Press,2016.

② Lee S. Log in Metaverse：Revolution of Human×Space×Time[J]. *Spri. Kr*,2021.

③ Hopkins E. Virtual Commerce in a Decentralized Blockchain-based Metaverse：Immersive Technologies,Computer Vision Algorithms,and Retail Business Analytics[J]. *Linguistic and Philosophical Investigations*,2022（21）：203—218.

宙工作、交流的重要基础,而无线遥感技术、用户身体及行为信息阐述功能、场景上下文感知、环境监测、空间数据挖掘和移动地理围栏技术构成了配置远程工作场景的必要底层逻辑。[①]

元宇宙的生物识别应用,首先是为用户创建更为安全和私密的身份,以准确、可靠和方便的生物识别技术保护元宇宙用户身份,改进分布式数字身份方案并简化内部流程。例如罗布乐思(Roblox)和分布式大陆(Decentraland)使用以人脸识别为代表的生物识别技术,确保只有经过授权的个人才能访问虚拟资产和敏感信息。其次,利用生物识别技术为元宇宙用户创造更生动的个性化体验,元宇宙服务提供商通过生物识别信息对用户进行持续的验证与监测(在获取用户许可的情况下),可以更深入地了解用户,随时随地改善和调整虚拟体验。例如,追踪用户眼动可以提供瞳孔放大和注视数据以响应视觉刺激,收集运动数据可以与肢体语言提示相关联,而记录大脑活动和皮肤电导等生理数据可以提供情绪激活水平,通过跟踪用户的动作与人脸表情,改进虚拟环境与角色的呈现方式,以更自然、有吸引力的呈现方式响应用户,加深与用户之间的交互。如果用户感到压力太大,可以将环境调试为平静状态;如果他们感到精力充沛,可以让环境呈现得更加刺激。2018年,韩国代表性元宇宙平台——由 Naver Z 运营的增强现实虚拟形象服务 Zepeto上线,Zepeto 采用了人脸识别作为用户进入平台的核心服务技术,用户通过拍照或加载设备图片库中的本人图像,经过人脸识别后由人工智能技术创建一个与本人相似的角色,用户还可以根据自己的喜好自定义虚拟形象的肤色、身高、表情、穿着等。[②] 此外像 Second Life、VRChat 以及 Blue Marble 等平台,均使用生物识别创建更加个性化和逼真的用户虚拟形象,并通过生物识别信息跟踪用户的动作与人脸表情,提供更具沉浸感和互动感的体验。

虽然生物识别技术在元宇宙中的应用还存在诸多挑战,比如准确捕获和存储生物识别信息比较困难,环境的色彩条件、识别器角度等因素也会影响生物识别信息的质量,不同生物识别系统和元宇宙平台之间也存在兼容性问题。但是,为了建构在现实世界维度之上的全新空间,元宇宙在不断进步的生物识别、深度学习、虚

---

① Carter D. Immersive Employee Experiences in the Metaverse: Virtual Work Environments, Augmented Analytics Tools, and Sensory and Tracking Technologies[J]. *Psychosociological Issues in Human Resource Management*, 2022, 10(1): 35—49.

② Kye B, Han N, Kim E, et al. Educational Applications of Metaverse: Possibilities and Limitations[J]. *Journal of Educational Evaluation for Health Professions*, 2021, 18.

拟现实等技术赋能下必将展现越来越多的场景面貌与现实价值。同时，完善元宇宙空间必然伴随生物识别技术与人类身体的融合发展。元宇宙场景架构为用户提供景观媒介，行动与情绪的交互需要利用生物识别技术建立身体沟通媒介。在实现场景无际与时间重构的信息传递和交换后，人们进一步的需求就是更深一步地享受身体在虚拟空间中的嵌入。[①] 未来，生物识别技术的不断创新可以为元宇宙提供更多值得想象的愿景。例如，脑机接口（BCI）的研发与优化将使元宇宙的模拟现实体验与身体的实际体验达到高度相似甚至完全一致。目前所有的扩展现实模型都依赖于屏幕和传统的控制系统，少数设备可以呈现触觉和嗅觉，而 BCI 的成熟应用将完全取代屏幕和物理硬件。用户通过脑机接口直接用意念控制他们的虚拟身体，捕获大脑信号并将其转化为虚拟世界中的动作，提供更加身临其境和直观的体验。无论是信息输入还是命令输出，都消除了对物理控制器或输入设备的需求，使体验更加无缝、自然。此外，未来虚拟世界中的生物识别技术可能会展现出一种全新的身份验证方式，在高度复杂和沉浸式的环境中，我们不仅需要确保现实世界用户的安全性和身份，而且可能需要对虚拟角色或虚拟人进行一系列的身份验证与权限分配。生物识别可能不再局限于实际身体的生理或生物特征，而是扩展到虚拟角色的一系列"数字 DNA"，包括它们的行为模式、独特身体表征、交互历史，甚至是它们在虚拟世界中的声誉等。对虚拟人进行身份验证可能涉及更为复杂的行为分析，例如，通过其与环境、物品或其他角色的交互方式来识别。这些展望对生物识别技术提出了全新的挑战与机会，将推动元宇宙生物识别朝着更加复杂、个性化和多维的方向发展。

三、面向心灵的生物识别

目前的生物识别完全依赖人的身体特征，例如使用人脸特征、指纹等来识别与验证用户身份，但这种基于人的生物学定义未必能完全反映个人身份的复杂性。人类身份的复杂性在于内部和外部因素之间的相互作用，社会建构主义指出，人们对现实的看法和理解是由周围社会和文化力量塑造的，一个人的身份不是客观不变的真理，而是在与他人的互动中不断被建构和重构的。换言之，个人的身份不仅

[①]　喻国明，吕英培，陈肯. 元宇宙中的人：连接的升维与身体的深度媒介化[J]. 教育传媒研究，2022，(06):12—17.

由身体属性决定,还取决于他们的自我认识、自我认同、社会认同等因素,自我观感与自我认同不仅受到社会经历、信仰和价值观的塑造,还受到他人社会评价和描述的影响。相较而言,生物识别身体特征可以提供个人身份,但无法深入描述个人自我意识的全部经历、信仰、价值观等。

　　未来生物识别要真正了解并定义人类身份,从线下的"真实我"与"虚拟我"到"我眼中的我",面临的挑战将是超越对身份的生物学定义,增加对心理、社会和文化力量的考量,塑造包含生理和精神心理的全面身份观。基于现有心理、情绪与情感识别,完成从"外部环境定义"到"内部环境识别"的转变,收集和处理个人对身份的自我认识。未来的生物识别技术可能有助于更全面地理解个体的身份,包括其在现实环境和虚拟环境中的双重表现。在虚拟环境中,我们的行为和互动经常反映出我们的心理和情感状态。例如,我们在社交媒体上的发布、我们在视频游戏中的选择,甚至我们在在线社群中的互动都可以作为识别我们身份的有用信息。未来的生物识别技术可能会集成这些"虚拟"身份标记,与我们的生理特征相结合,以创造一个更完整、更全面的身份概念。新型生物识别算法会更加注重情感和心理状态的实时监测,通过分析表情、语音,甚至文字交流,实时评估个人的心理状态。这些数据不仅可以用于身份验证,还可以用于判断个体在特定情境下的可能行为和反应。同时,这种全新的生物识别身份需要跨越现实环境和虚拟环境界限,例如,一个在现实世界中可能是害羞、内向的人,而在虚拟世界中可能是非常开放和善于社交的人,通过分析其在这两个环境中的行为和生理反应,生物识别将生成一个更准确、更全面的身份画像。

　　未来,生物识别技术的更新与拓展有可能彻底改变我们理解和识别个人的方式,通过访问人们的心灵内部景观,深入了解其思想、情感和经历,从而更全面地识别并定义他们的身份。

第二章

生物识别信息特征

生物识别也被称作生物特征识别,指的是"为了进行身份识别而采用自动技术,提取个体生理特征或个人行为特点,并将这些特征或特点同数据库中已有的模板数据进行比对,完成身份认证或识别的过程"[①]。换言之,基于自动技术测量获取和分析个人身体特征或行为特征,再对这些特征进行处理所形成的数字化表达就是生物识别信息。将生物识别信息与数据库中的模板数据进行比较,能够快速实现个人身份的自动鉴别。生物识别信息是生物识别技术发展的产物,伴随着社会对公共安全、商业应用和个体身份识别的准确性和可靠性的要求不断提高,传统身份认证方式易被盗用和伪造,安全性能相对较低,难以满足现代社会的发展需求,以指纹、人脸、虹膜、静脉、声纹、行为、基因等为代表的生物识别信息在身份认证中正发挥着越来越重要的作用。

近年来,随着生物识别技术在各领域的广泛应用,呈现出"产业链基本形成,市场规模快速增长""自主企业发展迅速,部分产品已达国际先进水平""多种识别技术蓬勃发展,竞争主体开始合作共赢"等特点[②]。但在生物识别技术大力发展过程中,也出现某些产品质量良莠不齐、市场测试能力不足和企业标准化意识淡薄等问

[①] 中国电子技术标准化研究院 全国信息技术标准化技术委员会生物特征识别分技术委员会. 生物特征识别白皮书[EB/OL]. 2019[2022-12-30]. http://sc37. cesinet. com/userfiles/2/files/cms/article/2019/12/生物特征识别白皮书(2019年版)(5). pdf.

[②] 中国电子技术标准化研究院 全国信息技术标准化技术委员会生物特征识别分技术委员会. 生物特征识别白皮书[EB/OL]. 2019[2022-12-30]. http://sc37. cesinet. com/userfiles/2/files/cms/article/2019/12/生物特征识别白皮书(2019年版)(5). pdf.

题,这些问题如果得不到妥善处理,将制约和阻碍我国生物识别技术和相关产业的有序健康发展。因此,政府主管部门开始关注并加大对生物特征识别产业的引导和政策支持,相继出台相关政策文件,旨在保护生物识别技术稳固向前发展。深入研究生物识别信息的本质特征及传播特征,是把握生物识别信息属性,防范各种生物识别信息传播风险的理论基础。

第一节　生物识别信息生物特征

人类很早就开始收集、存储、处理和利用个人信息,但"个人资料的采集存储并不直接服务于监控目的,更多地是基于统计、税收、行政管理等考虑"①。指纹作为重要的生物体被用来标识个人身份,如我国唐代律法规定"以指为奖",用指纹按压印泥并覆于纸上,代表个人签订契约的标记。2010 年,国际电信联盟(International Telecommunication Union)发布《生物识别技术与标准》检测报告,提出生物识别基于强大的信息和通信技术可以作为一种个人身份认证手段。伴随计算机与光学、声学、生物传感器等高科技的密切结合,生物识别种类有所扩增,利用人脸、虹膜、声纹、DNA、静脉、步态、心率、掌部血管分布以及按键模式等都可以进行个人身份的鉴定。②综合起来看,生物识别信息具有不同于其他个人身份认定信息的独特之处。

一、生物识别信息的唯一性

"生物识别信息是个人生物信息的数字化表示或数字矩阵,与个人之间构成唯一的对应性关系,利用生物识别信息能关联到特定个人,而且不能通过人为设置方法改变生物识别信息与个人之间的关联。"③所谓生物识别信息的唯一性,指的就是每个人都具有独一无二的生物特征。从科学反复证明的结果来看,每个人都拥有不同的脱氧核糖核酸(DNA)和核糖核酸(RNA),世界上没有百分之百相同的基

---

① 石佳友. 隐私权与个人信息关系的再思考[J]. 上海政法学院学报(法治论丛),2021,36(05):81—98.

② 参见吴小帅. 大数据背景下个人生物识别信息安全的法律规制[J]. 法学论坛,2021,36(02):152—160.

③ 高雁. 生物识别信息保护差序规则[J]. 当代传播,2023(01):87—91.

因。每个人都是独立的生物体,基于生理遗传又发展出独一无二的生物识别信息,所谓千人千面,也适合用来描述每个人的生物识别信息。所以,生物识别信息和一般个人信息存在本质区别,其隐含的信息价值远远超过一般个人信息。究其原因,生物识别信息不需要与其他信息组合就可以识别特定的人,这使得个人生物识别信息的指向性非常明确,具有唯一性。[①] 与此同时,个人生物识别信息也不同于其他人的同类生物识别信息。以虹膜信息为例,虹膜是位于黑色瞳孔和白色巩膜之间的圆环状部分,在胎儿发育阶段形成并在整个生命历程中保持不变,因此,虹膜信息具有唯一性特征,只能对应于特定人,即使是双胞胎、克隆人甚至一个人的左右眼,虹膜信息也存在差异。因此,生物识别信息的唯一性为精准识别个人身份奠定了科学基础,被广泛应用于各种场景的身份识别。

生物识别信息的唯一性还体现在生物识别信息无法变更。所谓无法变更是指"无法以同种类的生物识别信息去替代既定信息的运用,这是由独一无二性所决定和衍生出的性质。"[②]由于生物识别信息与自然人的生物特征紧密相连,与一般个人信息相比,除非算法出现误差,否则自然人的个人生物识别信息无法被更改。个人生物识别信息所赖以形成的生理特征,除整容、指纹磨损等极少数情况外,通常不会像传统的敏感信息一样容易被更改,如果生物识别信息被泄露,也无法像替换普通密码那样采取相应救济措施。这也意味着,因生物识别信息泄露所造成的损害将无法挽回。

二、生物识别信息采集和使用的便捷性

生物识别信息采集基于生物体特征及信息构成特点,可分为无感采集和有感采集两种方式。所谓无感采集,就是当生物体暴露于公众视野中时,无须经过个人同意即可采集其生物识别信息,如人脸、步态、声态、红外温谱图(人的身体各个部位都在向外散发热量,散发热量的不同模式就使每个人都拥有不同的生物特征)等自然人"随身携带"的生理或行为特征不可藏匿,识别设备不需要接触自然人即可采集。无感采集会使自然人减少排斥心理,降低采集难度。在一些经营场所、公共

① 参见蓝寿荣. 商业活动中个人生物识别信息的属性与保护[J]. 陕西师范大学学报(哲学社会科学版),2022,51(02):73—86.
② 王德政. 针对生物识别信息的刑法保护:现实境遇与完善路径——以四川"人脸识别案"为切入点[J]. 重庆大学学报(社会科学版),2021,27(02):133—143.

场所只要安装生物识别设备,就能够在自然人毫无知觉的情况下轻松采集生物识别信息。比如智慧城市建设过程中,在各种公共场所安装人脸识别系统,即可轻松采集行人面部信息,通过与人脸数据库比对,及时发现犯罪嫌疑人和恐怖分子等,人脸识别在平安社会建设中发挥了重要作用。所谓有感采集是指采集生物识别信息时需要得到自然人配合,自然人的生物体必须接触识别设备,经由识别设备读取方可识别,比如,指纹、虹膜识别需要得到自然人的配合才能采集到所需要的识别信息。由于有感采集没有生理痛苦,不像抽血、打针那样让部分人产生恐惧,所以很多人愿意配合采集生物识别信息。相比传统的身份登记、身份证检查和密码识别等身份识别方式,有感采集生物识别信息相对简单,识别效率更高,不但为公共管理部门、商业部门所使用,而且能够为很多用户所接受。

不仅生物识别信息采集方式简单易行、采集环境能够适应各种应用场景,而且生物识别身份认证做到了识别准确率高和识别便捷性的统一,使得生物识别被普遍使用。如果只追求识别准确率不考虑识别便捷性,必然影响用户的身份认证体验,阻碍该识别方式的市场推广应用,比如传统的身份认证需要基于静态密码、动态密码、IC 卡、USBKey 等加以认证,它经历了从软件认证到硬件认证、从单因子认证到双因子认证,从静态认证到动态认证的过程。[①] 这种身份认证方式一般需要账号密码登录,虽然认证也很方便,易用性强,但是存在密码、密钥忘记或丢失等问题。生物识别信息作为身份认证工具,不仅信息采集更加方便,而且不需要记忆密码与携带使用特殊工具(如密码令牌),也无须携带任何证件或进行其他操作,减少了使用负担,因此,生物识别信息身份认证的便捷性高于传统身份认证方式。如果只追求识别便捷性不考虑识别准确率,则不适合应用于那些对身份识别要求很高的识别应用场景。比如,一些公共场所为了掌握人员流动数量和构成情况,要求人员做简单的姓名、性别、联系方式登记,即使出现个别虚假登记信息,也不影响人员总体流动数量和构成情况;但是,银行、机场、边检等应用场景需要准确识别用户身份,只有采用生物识别才能够满足高识别率和准确性统一的要求。

三、生物识别信息采集和使用的广泛性

目前,生物识别已经在我国居民日常生活、商业、公共安全、教育等各种场景中

---

① 参见邱建华,冯敬,郭伟等 . 生物特征识别 身份认证的革命[M]. 北京:清华大学出版社,2016:7.

得到广泛应用,极大地提高了政府部门、商业机构的管理效能。生物识别信息采集的广泛性不仅指在各种公共场所、私人场所可以通过采集生物识别信息予以身份识别,而且可以根据识别目标和任务灵活采集一种或多种生物识别信息进行身份识别。如前所述,生物识别信息是对自然人生物特征的信息化采集和表达,既包括基于生理特征的生物识别信息,如对自然人的指纹、虹膜、人脸、手形、人耳、基因的识别,又包括基于行为特征的生物识别信息,如对自然人的步态、签名、击键的识别,还包括兼具生理特征和行为特征的声纹识别。理论上说,处理者可以同时采集自然人的各种生物识别信息,对自然人进行单模态或者多模态识别,提高身份识别的准确率。比如,在公园、商场、体育场等公共场所,采集公众生物识别信息法律门槛相对较低,可以采集人脸识别信息;参加保密会议、金融服务等活动,可以采用指纹采集与识别,个人接触指纹采集器即意味着采集指纹的法律授权,确保采集指纹的合法性;出入涉及国家安全、个人生命财产安全等场所时,可以同时采集多种生物识别信息,进行多模态识别,提高识别的准确性。

无论是普通生物识别信息采集环境还是特殊生物识别信息采集环境,也无论是识别自然人活体还是识别自然人死体,使用生物识别方法都能达到认证个人身份的目的。自然人的生物特征具有不可改变性,任何时间和应用场景下都能对特定人进行识别,处理者只要根据识别环境要求选择合适的识别方式即能达到识别特定人的目的。例如,虽然人脸识别对识别环境要求比较低,无论是风和日丽的室内环境还是刮风下雨、黑夜雾霾的室外环境都能进行识别,可以满足大多数应用场景下的个人识别,但是,如果对因地震、矿难被埋废墟的自然人进行身份确认,采用声态识别则比较有效。特殊工作环境所导致的生物体老化或者自然人后天生理衰老、疾病等引发的生理特征改变,影响对某些生物体识别的准确性,对处理者而言,需要选择适当的识别方式才能达到识别个人身份的目的,比如确认矿难中死亡矿工身份,因指纹在劳动中的磨损及矿难毁容而难以使用指纹、人脸识别时,转而采用虹膜识别、基因识别即能准确判断遇难矿工身份;整容手术者出入公共场所,人脸识别难以辨识,但指纹识别可以做出准确判断。

总之,生物识别可以广泛应用于各种工作、生活应用场景,经济方便地认证个人身份。

第二节　生物识别信息技术特征

个人信息是对自然人身份、特征加以描述以确定其生物属性和社会属性的信息集合，既包括身高、体重、肤色等具身性生物信息，也包括家庭住址、电话号码、身份证号码等离身性信息。一般的个人信息和自然人之间不具有唯一对应性，比如身高、体重、肤色等特征同时对应许多人，家庭住址、电话号码和身份证号码虽然对应特定自然人，但它们是人为设置的表征符号，人们通过重新设置、更改等方法可以改变其与自然人的唯一对应性。从本质特征看，生物识别信息具有唯一对应性，且无法进行更改；从识别原理看，"生物识别所获取的生物识别信息反映个人生物特征，以数字化模板存储于计算机里，生物识别信息不等同于生物识别特征，二者是反映和被反映的关系；生物识别信息也不等同于生物信息，它是以数字化形式描绘生物特征的"①。总之，生物识别信息是随着生物技术、计算机技术和通信息技术发展而出现的科学集成信息。

一、有别于知觉信息的技术信息

知觉信息是指人们接受刺激、有选择性产生知觉和感觉的信息。其中，信息刺激强度越高，越容易引起人们对于信息的感知，如高大的物体、绚丽的色彩等。信息有选择性包括主观和客观两方面因素，主观因素是指人们自身的知识结构和认知经验，客观因素是指信息的呈现方式。生物识别信息是指运用科学技术手段对人的身体特征进行几何扫描并实施数字化处理后得到的信息，换言之，生物识别信息必须经过计算机相关生物识别程序的识别后才能生成。②"计算机自动化程序或半自动化程序对众多个人的生物识别信息进行批量处理是个人生物识别信息处理的基本特点，未经'特定技术处理'的生物特征不属于个人生物识别信息。"③比如，人脸轮廓及肤色深浅、眼睛大小等属于个人生物特征，人们在日常生活中可以据此判断某人身份，但是，诉诸视觉的人脸轮廓及肤色深浅、眼睛形状等生理特征是人

---

①　高雁.生物识别信息保护差序规则[J].当代传播，2023(01)：87-91.
②　参见胡文涛.我国个人敏感信息界定之构想[J].中国法学，2018(05)：235-254.
③　付微明.个人生物识别信息民事权利诉讼救济问题研究[J].法学杂志，2020，41(03)：73-81.

们知觉处理的结果,它无须经过生物技术和计算机技术综合处理后才能为人所感知,因此,人类知觉系统处理形成的生物信息不属于生物识别信息。

具体来说,生物识别信息完全区别于人类知觉识别信息。一是生物识别信息需要载体才能展开识别活动,生物识别效率和准确度与识别系统积累的数据量没有明显的关联性。对普通人而言,需要借助计算机及算法才能识别个人,通过生物识别数字化模板无法直接比对和辨识所隐含的个人生物信息,相较而言,感知经验的丰富度对知觉信息识别具有非同寻常的作用,知觉经验丰富度与识别效率、准确率呈正相关,知觉经验越丰富越有助于提高识别他人的效率和准确率,这意味着,生物识别是依赖技术载体的客观信息,知觉识别是依赖个人经验的主观信息。二是生物识别不具有主观选择性,知觉信息具有较强的主观选择性。按照预先设定的技术标准处理所采集的生物特征信息,比如人脸识别比对如果预先采用特征向量识别法,就不能随意改为面纹模板识别法,否则,无法完成识别。知觉信息识别是人们根据最能反映生物体特征的部位作出反应,并基于知觉识别主体、识别环境等选择生物识别对象,即知觉识别信息具有主观选择性,是人对识别对象的能动反映,而生物识别信息是技术设定的程序性信息集合,更强调识别的客观性。三是生物识别容易被识别角度、识别对象衰减等多重因素所干扰,光线明暗、采集生物体角度、生物体衰老、整容等因素都会影响生物识别的精准性;知觉识别不受识别角度、距离、光线明暗的影响,即使生物体发生衰老、受伤、美容等改变,人们根据知觉经验仍然能准确识别该自然人的身份。概而言之,生物识别人体的几何信息,知觉识别人体的有机信息。

二、有别于审美信息的科学信息

信息论将信息分为技术信息和语义信息,语义信息又包含审美信息。所谓审美信息,主要依赖于人类成长过程中形成的审美观而构建,人们根据审美的差异对信息进行筛选与整合,表现出强烈的主观性和多重选择性。比如,对于椭圆形或国字形人脸、肤色美白、眼睛形状及大小,各种审美文化都形成了较为系统的评价标准。面对同一张人脸,人们基于文化和审美观往往会做出或美或丑的不同评价,并据此识别个人身份。生物识别信息属于技术信息,不仅需要借助特定技术识别自然人的身体或行为特征,而且生物识别信息与审美信息存在本质区别,生物识别信息不依据个人的主观判断加以辨认,无论是具有审美功能的人脸、声音,抑或是审美价值较弱的指纹、虹膜,利用技术都能辨别出对应自然人的身份。

生物体审美所揭示的意义是人们主观赋予的文化属性;生物识别通过几何扫描和处理所得到的生物特征,是对生物体特征的客观描述,具有自然属性。具体来说,二者有如下差异:一是生物识别信息具有唯一确定性。"自然人的面部特征、指纹、虹膜等"是自然人身体的有机组成部分,不能脱离肉体而独立存在,因此,这些要素及特征具有唯一性,任意两个自然人的生物特征都不相同。虽然生物识别信息是以技术分析后的数字串呈现出来的,不同算法表示的数字串不同,而且这些数字串不能互通互用,但差异并不源自生物识别信息的内在特征,也不是个人审美差异所致,根本原因在于算法设计不同。技术不改变生物体固有的科学信息,比如虹膜、鼻翼、嘴角等脸部五官轮廓的大小、位置、距离等属性。如果不同算法可以相互融通,那么不同的数字串也能互认互识。但对于同一生物体,不同审美主体会做出截然不同的描述,所谓一百人眼里有一百个哈姆莱特等经典论述就反映了这种审美差异。这时,审美者的各自描述彼此不相融通,有时甚至相差甚远,因此,生物特征的审美化描述永远不会相互融通。二是生物识别信息不带有任何个人感情色彩。审美总是伴随着强烈的情感活动,带给人们愉悦,对人类生物体进行审美也是如此,漂亮的脸庞、悦耳的声音、优雅的步态等都能激起人们的愉悦情感,这些信息属于审美信息。而生物识别信息较为中性,不参杂任何个人感情和审美观,无论脸庞是否漂亮、声音是否悦耳、步态是否优雅,均不计入生物识别阈值内,比对和识别自然人身份才是生物识别的唯一目标。

三、识别误差将伴随生物识别技术而存在

所谓误差,即生物特征与生物识别信息所描述的生物特征之间的差异,无论是采用 2D 识别技术还是采用 3D 识别技术,都存在识别误差。

生物识别是通过比对和判断两个数字化模板的相似性而进行的概率判断,而非准确描述或者再现个人生物特征。计算机技术自动比对和判断两个数字化模板相似性的概率,难以克服技术缺陷和误差所造成的识别误差:一是生物识别数据库和数字化模板生成、处理环境误差造成识别误差。人脸识别受诸多因素影响,"人脸识别大多采用视频进行检测,由于人脸的表情、姿态、年龄、位置等引起的类内变化以及外界光照、背景等身份不同引起的类间变化从而影响视频检测人脸的精度,

因此基于视频的人脸识别仍然是一个重大的挑战"①。如果该数字化模板和数据库因"人脸的表情、姿态、年龄、位置等引起的类内变化以及外界光照、背景等身份不同引起的类间变化"而产生差异,将造成计算机系统不能准确识别个人的结果。二是识别阈值设定差异造成识别误差。所有生物识别都存在误识率和检测率,这两个指标决定识别阈值。识别平台根据不同的识别场景及要求设定识别阈值,如果误识率要求很严格,就调高识别阈值,结果有可能把识别对象排除于识别范围;如果识别设定阈值低,有可能把他人误识为本人,造成识别问题。总之,生物识别是通过数字化模板比对确认两份样本是否为同一人,而非照相式地还原或描述个人信息及特征,因此,基于数字化模板构造而非生物信息描述的生物识别必然伴生识别误差。

第三节　生物识别信息传播特征

人体生物特征被采集、处理后,转化为数字化模板存储于计算机系统里,但这并不是收集生物识别信息的初衷,只有将生物识别信息应用于人们工作、生活和学习中,充分发挥生物识别信息的媒介作用,才能为人所用。把生物识别信息作为特殊信息,进一步分析其传播特征,有助于我们更好地使用和保护生物识别信息。

一、生物识别信息的随身性

生物识别信息的随身性主要体现在技术的依从性和身体的指向性两方面。如前所述,生物识别信息需要借助科学技术对人体的生物特征进行分析,例如,声纹信息是由电声学仪器显示的自然人言语信息的声波频谱,离开技术的采集和处理将无法获取声波频谱以判别自然人身份。"在生物识别技术面前,几乎所有的易容术都无法发挥隐藏身份的作用。这个时候,人成了技术的一个组成部分,他(她)通过与技术的'默契'配合,成了技术的背景。"②换言之,生物识别技术已经把自然人

① 盖荣丽,蔡建荣,王诗宇等. 卷积神经网络在图像识别中的应用研究综述[J]. 小型微型计算机系统,2021,42(09):1980—1984.
② 顾理平. 身份识别与复制:智能生物识别技术应用中的隐私保护[J]. 湖南师范大学社会科学学报,2021,50(04):123—130.

和外界环境隔离开,或者更准确地说,生物识别技术是连接识别自然人和外界环境的桥梁,其作为使得世界更清楚认识和了解自然人的钥匙而存在。生物识别技术好似衣服,人们需要穿上衣服才能与外界环境接触。当天气寒冷时,必须套上厚重的棉衣才能抵抗寒冷;天气炎热时,又需要穿上轻薄的夏衣。衣服是帮助人们接触环境的一项简单常见的技术,同理,自然人的生物识别信息无法直接与外界环境接触或者无法直接被用来识别身份,但经过生物识别技术比对,就可以有效指认出自然人身份。因此,生物识别技术作为自然人与外面世界交流的工具,已经成为识别自然人身份的一部分,这也说明生物识别信息对于技术来说具有紧密的依从性。

相比而言,一般个人信息外在于人的身体,具有社会性特征;生物识别信息与人体相伴而生,直接反映自然人不可替代的身体、生理和行为特征。作为人体的固有特征,生物识别信息具有身体的直接或间接指向性。直接指向性是身体特征的直接映射,例如,指纹和掌纹信息是由人的手指、手掌因遗传与环境共同作用产生的特征。自然人展现的行为信息具有身体的间接指向性,例如,步态信息是由自然人的运动方式(每个关节的运动)产生的特征,可以通过检测、提取和比对视频图像序列来鉴别身份。无论是身体直接呈现的生物特征还是运动行为展现的生物特征,都体现自然人对于生物识别信息的"随身携带"。

基于此,技术作为基础设施,身体作为感知媒介,生物识别信息具有明显的传播特征,自然人借助它能够与他人、世界产生交流与互动。

二、生物识别信息的敏感性

生物识别信息的敏感性,是指生物识别信息属于敏感个人信息,有时也被称为"特殊的个人信息"。关于敏感个人信息,比较法虽然有不同的界定,但欧盟理事会《关于个人数据自动化处理的个人保护公约》(108 号公约)、欧盟《通用数据保护条例》及美国、韩国、日本等世界主要国家法律法规在定义何谓敏感个人信息(数据)时均将生物识别信息(数据)列入其中。

我国《网络安全法》《民法典》等法律、行政法规虽然界定了个人信息,但并未区分敏感个人信息与非敏感个人信息。其他一些部门的规章制度和规范文件中如《信息安全技术　公共及商用服务信息系统个人信息保护指南》(GB/Z 28828—2012)第 3.7 条明确区分了敏感个人信息与非敏感个人信息,并对敏感个人信息进行界定。① 2020 年修订的国家推荐标准《信息安全技术 个人信息安全规范》(GB/T 35273—2020)第 3.2 条界定了敏感个人信息。② 2021 年颁布施行的《个人信息保护法》首次在法律上明确区分敏感个人信息与非敏感个人信息,第 28 条第 1 款界定敏感个人信息包括"生物识别、宗教信仰、特定身份、医疗健康、金融账户、行踪轨迹等信息,以及不满十四周岁未成年人的个人信息"③。至此,我国立法采取列举的方式将生物识别信息纳入敏感个人信息范畴加以保护。

生物识别信息的敏感性不同于个人私密信息的私密性。后者通常是个人不愿意向社会和他人公开的信息,个人在使用和处理信息时有不愿意公开的明确意识,可采用物理隔绝、不授权等方法保护私密信息;生物识别信息的敏感性表现为易损害性,一般情况下,个人不认为人脸、指纹、掌纹、声音等生理特征属于私密信息而需要加以特别保护,很多生物识别信息作为人类交流媒介而广泛存在,鼓励使用是一般原则,限制使用则是例外。但是经过识别技术处理后的生物识别信息不仅能识别特定自然人,而且能够进一步挖掘个人隐私、财产等信息,损害个人的权益,这就是说,生物识别信息突破个人"不愿意公开的明确意识"防线后进入各种应用场景,识别技术能够快速、全面地挖掘和损害个人权益。因此,生物识别信息的敏感性包含如下含义:一是技术识别的敏感性,而非个人对生物识别信息是否私密的敏感性;二是生物识别信息触发损害个人权益的敏感性,相较于一般个人信息甚至私密信息,生物识别是通常不认为会造成权益损害的信息域,而触发生物识别信息权益损害,是由低敏度信息引发的高敏度权益损害。

生物识别信息的敏感性有别于其他个人敏感信息④的敏感性。一是个人对其他敏感个人信息有明确损害和救济预判,比如在什么范围、对谁公开自己的宗教信仰,完全由个人控制。是否公开这些敏感信息是相对的,只要个人能够控制这些敏感个人信息的公开,它们就可以被用来公开交流和传播。生物识别信息为识别平台和技术所掌控,个人难以基于损害和救济预判而控制其流动和传播。二是其他

---

① GB/Z 28828—2012,信息安全技术 公共及商用服务信息系统个人信息保护指南[S]. 工业和信息化部 2012 年 11 月发布,2013 年 2 月 1 日实施。

② GB/T 35273—2020,信息安全技术 个人信息安全规范[S]. 全国信息安全标准化技术委员会 2020 年 3 月 6 日发布,2020 年 10 月 1 日实施。

③ 中华人民共和国个人信息保护法[S]. 全国人民代表大会常务委员会 2021 年 8 月 20 日通过,2021 年 11 月 1 日实施。

④ 我国立法将生物识别信息与宗教信仰、特定身份、医疗健康、金融账户、行踪轨迹等信息列为敏感个人信息。

敏感个人信息具有文化性,人们基于历史文化标准可以判断哪些应用场景下需要特别保护,哪些应用场景下无须特别保护。比如,一般情况下人们认为人脸识别信息比籍贯、姓名更加敏感,在出入小区等场所时反对使用刷脸技术。2020 年"人脸识别第一案"法律争议焦点虽然为是否遵守了服务约定,但与顾客认为人脸识别信息比较敏感不无关联。生物识别信息的敏感性是由识别技术决定的,其一致性标准不是来自个人、信息采集者、处理者的文化判断,而是技术采集和处理所可能造成的损害风险。如果识别技术水平比较高,能挖掘、计算出个人更多的隐私、财产信息,生物识别信息必然具有敏感性;如果识别技术不能挖掘、计算出个人更多的隐私、财产信息,生物识别信息就不具有敏感性。

总之,生物识别信息区别于私密信息和其他敏感信息,其敏感性虽易被察觉,但时常被人们忽视,最终的敏感性取决于生物识别信息的被侵害程度。

三、生物识别信息的关联性

生物识别信息是个人生物体征经过技术处理后形成的数字模板,生物识别数字模板即生物识别信息的载体,是通过技术处理后形成的数字串。除虹膜等少数生物体征外,绝大多数生物体征不属于个人隐私客体。无论是传统社会还是现代社会,人们都要借助人脸、声音、步态等开展社会交流活动,如果排除宗教、文化等原因,从来没有人认为别人观察自己的脸部、指纹、掌纹等就侵害了个人隐私权。因此,严格来说,生物识别信息赖以产生的生物体征不是个人要加以控制的隐私权客体。生物识别信息由数据处理者控制,如果不与个人其他信息,比如电话号码、身份证号码及多模态识别信息等关联,数字串就不能直接反映个人隐私。因此,生物识别数字模板难以成为隐私权客体。从技术角度看,只有借助算法才能从数字模板中提取个人生物特征,而算法由处理者掌控,个人显然无法控制数字模板的使用,因此数字模板也不是隐私权客体。并且,生物识别信息所识别的自然人特征皆不独立或者联合建构将个人从公共空间区隔开来的私人空间,很多应用场景下,人脸、声音等生物特征只有在交流互动中才能发挥其特有的功能,对它们按照传统隐私保护的边界划分既无可能,更无必要。生成于个人体征的生物识别数字模板作为数据处理者开展信息生产的原料,远离私人空间而进入公共空间,不具有隐私划界的功能。如果说处理者采集的个人生物体征、所提取的生物特征能直接反映个人敏感信息及其隐私,属于私人空间的隐秘信息,那么,生物识别数字模板并不直接关联私人空间,难以使用隐私边界说加以保护。可以说,人体生物识别信息属于敏感信息,但不是私密信息,也不属于传统意义上的隐私。

传统隐私基于呈现方式分为直接隐私和间接隐私。所谓直接隐私是指通过媒介直接呈现个人隐私信息,普通人不借助任何识别工具即能准确解读隐私内容,比如通过疾病、恋爱婚姻等文字图片报道,解读个人隐私。间接隐私是指媒介所呈现的个人信息,它虽然不属于私密信息,但普通人不借助任何识别工具即能从中分析出个人隐私,比如通过电话号码、家庭住址等分析个人隐私,通过网民浏览痕迹、出行轨迹和购物记录等分析隐私。信息化社会,技术大幅度提升了采集和分析个人隐私的能力,通过分析网民浏览痕迹、出行轨迹和购物记录等信息,处理者不仅能准确判断和描绘个人生活、情感等方面的隐私,而且可以利用生物识别信息单独或与其他信息结合识别特定自然人身份。因此,关联性成为生物识别信息的显著特征。

"能够识别个人身份的生物特征标识的任何信息"可以分为可识别和已识别的生物信息。其一,可识别的生物信息是指采集的信息可以关联已经处理过的生物特征标识数字模板,虽然它们暂时没有经过生物识别技术处理,但是其可以被进一步关联出生物特征标识,比如,自然人出入公共场所时被采集人脸信息,该信息可以与数据库里的人脸信息进行比对,进一步挖掘出自然人更多的个人信息。可识别的生物信息不仅直接指向自然人,而且与数据库比对或者与其他个人生物识别信息进行多模态识别后,可以关联出个人更多的信息和隐私。其二,已识别的生物信息是指已经采集、处理的数字模板所包含的生物信息,它可以反向识别特定个人。虽然生物识别信息以数字模板形式呈现,普通人如果不借助计算机技术是不可能读懂数字模板并分析其所隐含的个人生物信息的;但就个人隐私而言,算法能够利用数据库里的数字模板关联个人相关信息,在数字化世界里挖掘和计算个人隐私,其关联性显而易见。

简言之,生物识别信息本身不属于隐私,但它能与其他数据结合,通过数字模板关联出个人隐私,或者各种信息经过聚合处理后挖掘出新的隐私,关联自然人的身份、生活、工作状态乃至隐秘的精神心理状态。

四、生物识别信息的新兴权利客体属性

长期以来,学术界倾向于认为个人信息具有多重属性,如具有人格和财产双重

属性。生物识别信息属于高度敏感的个人信息,如果被数据控制者盗窃或泄露,将会造成无法弥补的损害结果,甚至导致自然人被迫永久退出与生物识别信息认证相关的活动。相较于其他个人信息,生物识别信息具有更强的人格属性。由于与身体特征紧密相关,倘若自然人的生物识别信息被滥用,对于其人格来说无疑是一种特殊的侮辱和伤害。并且,自然人的生物识别信息易被商品化使用,采集、处理和利用后,信息控制者利用个人生物识别信息获取经济利益,比如广告投送、客户管理等,这意味着,生物识别信息的人格属性中又衍生出财产属性。

其实,生物识别信息已具有新兴权利客体属性。"对于一项新兴权利是否能够上升为法定权利,需遵循权利证成标准与程序;而一项新兴权利要得到证成,要同时具备保护的合理性、能为既有的法律体系所容纳、有实现的可能性三个基本要件。"①其一,生物识别信息已经具备保护的合理性。生物识别信息属于无感或有感采集的高度敏感信息,与每个自然人生产、生活和学习息息相关,影响个人隐私、财产和生命安全,将生物识别信息作为特殊的新兴权利加以保护,可以有效弥补将生物识别信息视为一般个人信息、隐私、肖像保护的漏洞和缺憾,平衡生物识别信息使用和保护之间的冲突。其二,将生物识别信息保护纳入既有法律体系,与《民法典》《个人信息保护法》等法律无缝衔接。《民法典》《个人信息保护法》都将生物识别信息列入个人信息予以类型化保护,但是,生物识别信息和其他个人信息的法律属性存在明显差异,不完全适用一般个人信息法律救济方法。如果把生物识别信息作为新兴权利客体,细化其保护权利和义务,有助于提高《民法典》《个人信息保护法》法律效力的针对性和法律覆盖的有效性。其三,赋予生物识别信息新兴权利客体的主客观条件已经成熟。一方面,"随着生物技术的发展,生物识别信息的种类将越来越多,作为一种新兴权利将能很好地涵括多种生物识别信息类型,适应社会科技发展的趋势";另一方面,"作为信息主体的个人,享有知情权、决定权、更正权、删除权、被遗忘权等多种权利内容,其实已经要求创设现有权利体系以外的新兴权利"。② 随着生物识别技术的成熟和广泛使用,生物识别信息滥用及侵权问题越来越普遍,因现有法律规定模糊或者适应性不强,致使有些滥用或不规范使用生物识别信息的问题已经演变成公共事件,将生物识别信息作为新兴权利客体对待,

---

① 蓝寿荣,罗静.商业活动中个人生物识别信息的属性与保护[J].陕西师范大学学报(哲学社会科学版),2022,51(02):73—86.

② 蓝寿荣,罗静.商业活动中个人生物识别信息的属性与保护[J].陕西师范大学学报(哲学社会科学版),2022,51(02):73—86.

是对司法实践困惑和难题的回应。生物识别信息属于个人信息,与隐私、肖像等人格权益密切相关,赋予生物识别信息新兴权利保护,非但不割裂既有法律体系和精神,反而有助于完善和深化既有法律保护个人信息的力度。

综上所述,生物识别信息除具有区别于一般个人信息的本质特征以外,在使用和传播过程中还体现出不同于公共信息乃至私人信息的特征。保护生物识别信息的出发点是维护个人尊严及生命财产安全。为了实现这个根本目标,需要我们深刻认识生物识别信息的内在属性及其所衍生的外在属性,把生物识别信息的采集、处理和使用置于社会精神交往、社会文化生产再生产的大背景中去分析考量,使其为人类所用,而非危害人类。

第三章

生物识别技术风险

无论是日常生活还是工作学习，个人都需要证明或确认自己的身份。对于如何认证身份，人们发明了很多极具想象力和创造性的认证方法，比如照身贴、指纹契约、密码认证和身份生物识别等，身份认证的历史既是人类科技进步史，又是人类文明进化史。

目前，基于人体生物特征的身份识别广泛应用于人社、金融、电子商务、案件侦破等领域，以其经济和安全而广受欢迎。但是，生物识别并不是完美无缺的认证技术，生物识别集合了照相技术、生物技术和计算机技术，综合使用这些技术既可能放大某种技术的缺陷，也可能因技术黑箱而滥用这些技术，产生生物识别技术风险。

第一节　生物识别误差引发"错识别"风险

判断两个生物识别数字模板是否为同一生物体，是基于两者之间的相似度比较而得到的结果。生物识别技术两次或者多次对同一生物体识别生成数字模板时，因生物信息采集环境和技术缺陷有可能出现错识别问题；同时，基于概率对两个生物体数字模板进行比对，也可能出现错识别问题，生物识别误差容易引发"错识别"风险。

一、生物识别准确率和识别效率

生物识别系统能否进行精准的身份认证以及是否具有商业利用价值，取决于识别准确率和识别效率。原始生物特征的不稳定性、生物识别信息量多少及算法缺陷等原因，使得生物识别准确率很难达到100%。

生物识别身份认证是 AI 基于人体特征信息做出的自动化决策，在不受人工干扰的情况下，算法决策将新采集的生物信息与数据库里的生物识别信息进行比对，"可能出现的决策结果共有四种：接受合法用户（正确匹配），拒绝合法用户（错误拒绝），接受非法用户（错误接受），拒绝非法用户（正确拒绝）"[①]。其中，错误拒绝率（Fault Rejection Roote, FRR）和错误接受率（Fault Acceptance Rate, FAR）是生物识别的两个重要性能指标。如果两个生物识别样本为同一个人，而识别系统判定为非同一人，则为错误拒绝。错误拒绝在所有同类案例中的比例即为错误拒绝率。比如生物识别错误拒绝率为2%，意味着当真实用户唤醒100次时会出现2次识别不被唤醒的情况。如果两个生物识别样本不是同一个人，而识别系统判定为同一人，则为错误接受。错误接受在所有同类案例中的比例即为错误接受率，如果错误接受率为0.2%，意味着当1 000个假冒用户唤醒识别系统时有2人获得成功。

生物识别会设置一个判断阈值，该阈值与 FAR 和 FRR 相关。如果设备系统中阈值稳定，FAR 和 FRR 也会相应固定。通常情况下，FAR 和 FRR 成反比关系，即一个指标会影响另一个指标的阈值，两者变化呈相反方向。如果对生物识别安全性要求较高，就应该尽量杜绝非法用户进入，则 FAR 较低，FRR 较高；如果对生物识别安全性要求较低，就应该尽量允许用户进入，则 FAR 较高，FRR 较低。生物识别实践中，技术人员需要根据不同用途来调整 FAR 和 FRR 阈值，通常使用0～1.0 或者百分比来表示"决策阈值"。如果识别应用中的误判率低于1%，即为接受范围。

生物识别准确率和识别效率之间成反比关系，实践中很难同时兼顾，需要通过调整 DCF 阈值来开展生物识别身份认证工作。如果是易用性要求较高的生物识别应用，要容纳较高的错误接受率，方便机构、企业和用户使用；如果是安全性要求较

---

① 王会勇，丁勇，唐士杰. 生物特征识别数据安全与隐私保护研究[M]. 北京：北京交通大学出版社，2021：10.

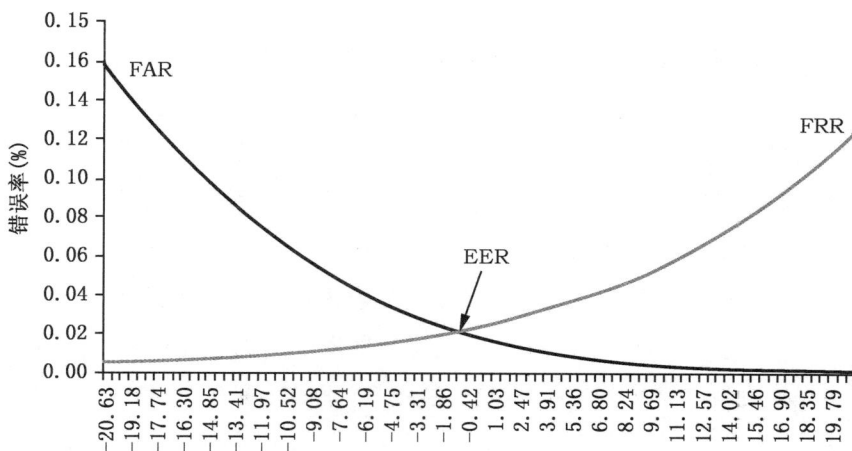

图3—1　生物识别中的阈值

高的生物识别应用,则要容纳较高的错误拒绝率,保证机构、企业和用户识别安全。

二、"错识别"风险

生物识别技术已经较为成熟,能够满足市场级身份识别认证的需要,但识别技术拒绝率和接受率所形成的识别阈值,让生物识别难以做到100%的准确率,生物识别存在"错识别"风险。

（一）用户无法完成匹配

生物识别验证是将采集处理的生物识别信息与数据库中注册的生物特征数字模板进行1:1比对,判断两个样本是否为同一用户。如果特定人的识别生物特征和数据库中数字模板特征的相似度高于预设阈值,则两个数字模板为同一识别对象;由于存在错误拒绝率,识别系统如果在数据库中没有找到与新鲜识别数据匹配的数字模板,则无法完成两者的匹配。当人们进入高铁站、校园、小区等公共场所时,人脸识别系统如果无法精准匹配个人,那么,个人将无法进入该场所,或者只能选择人工通道进入。

错误拒绝经常发生在识别系统不能确认合法用户而拒绝其访问的时候。导致生物识别系统错误的原因有很多,包括生物特征数据质量不高、个人生物特征信息随时间而发生改变、识别系统程序错误等。错误拒绝会导致已授权的用户不能访问安全区域或系统,从而降低工作效率。来自世界各地的新闻报道显示,各种生物识别技术都存在错误拒绝的问题，2020年美国底特律警局所用的人脸识别系统，由于其有很高的拒绝率，曾错误地把一个无辜的人当成了犯罪嫌疑人。由于皮肤干燥，许多人的指纹容易被识别系统拒绝，导致身份验证失败。2013年马来西亚的一项研究发现，大多数人在使用基于指纹的生物识别技术时会遇到麻烦。此外，由于用户声音受到诸如背景噪音和健康状况变化的影响而发生改变，容易造成识别系统误拒绝的问题，2020年有家英国银行的声音识别系统出现了明显的错误拒绝率，使被授权的用户无法访问自己的账户。①

对个人而言，生物识别系统的错误拒绝将耽误自己进入应用场景，浪费更多的时间和精力，造成很差的体验感受；如果长期反复地被生物识别系统错误拒绝，必将排斥使用该系统。个人对是否使用生物识别系统拥有选择权，国内相关立法及"人脸识别第一案"都要求处理者或企业提供人工识别系统，满足人们不同的识别需求。但是，技术发展和应用不断推进社会形态升级，正裹挟着千千万万的个体进入新的生活状态，如果拒绝使用生物识别系统，个人将进入体系性孤立状态，被迫选择隔绝于世和落后于时代的方式生活。

对社会而言，如果经常出现或者大量出现无法匹配的问题，该系统将失去精准识别个人及提高生物识别应用场景管理效率的作用，直至引发社会信心崩塌的严重后果。从本质上说，生物识别技术是人类发明的生产工具，为人所用，是为了更好地为人类服务，但是，如果因生物识别技术不成熟而急于推广使用，或者技术自身缺陷超过人们对技术出错的容纳度所造成的技术不信任，必将反噬人们对生物识别技术的信心，限制其推广使用进程。生物识别技术的市场应用前景不仅取决于其自身的商业利用价值，更取决于人们对使用这项技术的信心，即使生物识别技术存在错误拒绝等缺陷，人们只要相信其拥有广阔的发展前景，则该技术仍将得到推广并在实践中不断完善。生物识别错误拒绝属于技术可以克服的阶段性问题，随着识别技术的发展和日臻成熟，错误拒绝率将越来越低，但是，如果人们高估错误拒绝所造成的识别后果，进而缺乏使用生物识别技术的信心，势必引发社会性的信心崩塌，那么，生物识别技术将被集体排斥直至弃用，产生技术缺陷引发技术使用所带来的社会信心风险。

（二）匹配到其他人

生物识别系统错误匹配到其他人也比较常见。识别系统显示匹配成功，实际

---

① 生物特征识别失败对安全性的影响[EB/OL]. 2023[2023-09-22]. https://baijiahao.baidu.com/s? id=1766693522994200388&wfr=spider&for=pc.

上不是匹配到目标自然人,而是数据库中的其他人。比如,当个人进入小区、校园等公共场所时,人脸识别系统将你当成他人检测通过。2021年,国内曝出多条关于"人脸识别系统识别出其他人"的新闻,有网友调侃说"你长了一张大众脸""你的眼睛太小了""谁都能识别就是无法识别出自己"。究其原因,是人脸识别系统的识别灵敏度过低,把人脸识别数据具有某些相似性的样本视为同一个样本予以放行。"如果把人脸数据信息比作是一把钥匙,那么这种技术误差将会导致开锁的钥匙不唯一,并且这把钥匙背后所承载的所有重要信息、隐私和财产,都会面临被泄露被侵犯的风险。"[①]因此,生物识别系统灵敏度过低所造成的传播风险,不仅侵犯用户的隐私权和财产权,而且有可能引发社会偏见等问题。

很多错识别是生物识别技术不完善所致。有色人种,尤其是黑人肤色较深,生物识别机器对其面部特征的扫描难度较大,造成面部特征数据质量不高,增加人脸识别难度。2018年,美国《纽约时报》引用美国麻省理工学院的最新研究成果,证实不同种族的人脸识别准确率存在巨大差异。该研究创建了一个包含1 270张面孔的数据集,包括3个以深肤色为主的非洲国家的人,以及3个浅肤色的北欧国家的人,同时使用三款主流人脸识别系统进行测试。结果显示,对白人的识别错误率最低,仅为1%,肤色越暗,识别错误率越高。其中,又以黑人女性的识别错误率最高,达到35%。[②] 研究结果表明,人脸识别系统对白人男性最有效,对深皮肤的女性最易失败。[③] 它既可能是现有人脸扫描技术不能清晰扫描黑人面部几何特征所致,也可能是生物识别数据库包含歧视黑人的原始数据造成的。但是,如果有色人种尤其是黑人女性受到歧视性对待,不能享受公平认证的权利,那么,这项技术使用越广泛就越蕴含社会风险。

目前各种生物识别技术中,人脸识别应用最广泛,但是,围绕人脸识别的实际应用和科学研究均表明,该技术存在错识别缺陷,不能保证100%有效识别特定样本。美国公民自由联盟(ACLU)曾做过一项测试,运用人脸识别软件,将加利福尼亚州议会议员的面部图像与拥有2.5万幅警方的罪犯面部照片数据库进行比对,

① 罗攀.人脸识别中个人生物信息处理的法律规制[J].上海法学研究,2021,5(01):200—214.
② 浅黑科技.为什么人脸识别系统总是认错黑人[EB/OL].2021[2022－12－30].https://mp.weixin.qq.com/s/JUO7y04yLcKEv4e0mXEu8Q.
③ See Joy Buolamwini, Timnit Gebru, Gender Shades. Intersection Accuracy Disparities in Commerical Gender Classification[C]. Conference on fairness, accountability and transparency. PMLR,2018:77—91.

该软件竟然错误地将 26 名议员标记为罪犯。[①] 即使抛开种族歧视等政治话题,仅从人脸识别商业利用角度看,如此高的错误识别率也难以应用于大型体育比赛、关键样本甄别等领域,否则容易发生错识别所引发的公共风险。

生物识别系统错识别率高,还与识别数据库包含歧视和偏见数据以及数据更新不及时有关。美国种族歧视一直是重要的政治话题,随着生物识别技术的发展和广泛使用,这项技术也越来越多地被置于种族歧视的政治文化背景中加以讨论。西方社会基于历史文化和经济等综合因素,生物识别系统在设计之初并没有将双性恋人和变性人纳入其中,只是将白人设为目标群体,但不可避免地造成性别偏见和种族歧视等问题。倘若种群数据被做出特别标识,比如黑人犯罪率更高,生物识别系统将强化既有的结构性偏见与歧视。[②]

对黑人等有色人种的偏见和歧视不仅体现在数据库里,还以文化形态存在于生物识别系统研究、开发和运行人员的认知里。当社会文化系统充满对有色人种的偏见和歧视时,生物识别系统作为社会子系统也难逃文化对有色人种的定义,偏见和歧视势必通过生物识别系统的设计和运行体现出来。"价值观和欲望会影响我们的选择,而模型(算法)正是利用数学工具包装出来的各种主要观点。"[③]由于肤色、种族对于美国人命运方面具有重要作用,不同肤色和种族的美国人会形成一套在群体地位和群体权力上的层级系统。[④] 当生物识别系统为部分人群而设计,或者主要服务于部分人群而漠视其他人群的需求时,那么,被漠视的人群在生物识别过程中必然遭遇错识别的问题。

三、识别误差引发"错识别"的原因

生物识别技术之所以产生误差,引发"错识别"风险,受到诸多因素影响,其中,识别环境和活体自身是引发"错识别"的主要因素。

---

① See Anita Chabria. Facial Recognition Software Mistook in 5 California Lawmakers for Criminals. Say ACLU,Los Angeles,2019—08—13.
② See Cook C,Howard J J,Sirotin Y B,et al. Demographic Efects in Facial Recognition and Their Dependence on Image Acquisition:An Evaluation of Eleven Commercial Systems[J]. *IEEE Transactions on Biometrics,Behavior,and Identity Science*,2019,1(1):32—41.
③ 袁俊. 论人脸识别技术的应用风险及法律规制路径[J]. 信息安全研究,2020,6(12):1118—1126.
④ 参见中国人权研究会. 美国根深蒂固的种族歧视问题凸显"美式人权"的虚伪[N]. 人民日报,2019—07—27(07).

（一）周围环境影响

有些生物识别，比如人脸，相较于其他生物识别信息，属于三维非刚性对象，在识别过程中，容易受到周围不确定因素的影响，其中，光照变化是影响人脸识别效果的最关键因素。人的脸部是 3D 结构，光线投射的阴影会加强或削弱脸部的生理特征，尤其是在光线昏暗的夜晚或者隧道等特殊环境中，由于光线不足引起的面部阴影会导致识别率急剧下降，使得生物识别系统难以满足实际要求。①

人脸识别首先要找到人脸在图像中的区域位置，判断人脸的存在和确定区域的精度是人脸检测的关键，所以不仅光线投射的阴影影响人脸检测的精确度，而且人脸识别系统从人脸图像中将固有的人脸属性（反射率属性、3D 表面形状属性）和光源、遮挡及高光等非人脸固有属性分离开来的技术能力也会影响人脸识别的精确度。理论和实验都证明，不同光照下的同一个体之间的差异大于同一照射下不同个体之间的差异。在光线昏暗的环境下，人脸识别系统检测人脸本来就很困难，而捕捉面部几何特征将更加困难。在相同光源条件下，面部肤色深浅产生不同的光反射强度，也影响识别系统识别人脸几何特征，肤色较深的面部光反射弱，面部几何特征更难被检测。因为人脸所处的光线环境差异或者面部肤色深浅反射光线差异导致人脸样本识别质量不高，再以质量不高的样本数据比对数据库中的图像模板，势必出现拒绝识别或错误识别的问题。

光线是影响人脸识别效果的关键因素之一。偏光、光线过亮或过暗等均会导致识别率急剧下降，所以许多识别方法对光照条件有不同程度的要求。总体而言，目前对人脸识别光照问题还缺乏高效实用的算法。②

（二）人为因素影响

除环境因素影响外，人为因素也可能导致"错识别"。人脸、步态和声音等是可变形的生物体，外物遮挡、自身生理变化等均会影响最终识别效果。

（1）遮挡影响

人脸识别、步态识别、声音识别等生物识别容易受到外物遮挡影响，比如，步态容易被建筑物、树丛和人群遮挡，声音容易被其他声音遮盖。人脸识别作为普遍使用的生物识别方式，如果被人群或物体遮挡，将造成人脸几何要素缺失或者模糊，致使人脸识别系统无法进行有效识别。"饰品、文身、整容和头发等都有可能造成

---

① 人脸识别准确率会受到哪些影响[EB/OL]. 2023[2023－09－24]. https://www.drzk.cn/xinwenzixun/xingyexinwen/4261.html.

② 参见苏雪平. 生物特征识别技术及应用[M]. 北京：北京大学出版社，2022：39—40.

遮挡，导致人脸图像部分信息的丢失，甚至化浓妆会造成整个人面貌的改变。"[1]

本质上说，遮挡也是光线照射问题。由于人们会佩戴帽子、眼镜、口罩、饰物等出入公共场所，这些饰物必然影响识别系统对人脸图像的捕捉，此外，光照强度和方向会影响人脸反射的属性、面部阴影和照度等。要想最大程度地去除饰物从光线上给人脸图像造成的影响，必须将固有的人脸属性（反射率属性、3D 表现形状属性）和光源、遮挡及高光等非人脸属性分离出来。[2] 从理论上说，很难百分之百地分离非人脸固有属性而得到人脸固有属性，所以，产生识别误差是必然结果。2013 年波士顿马拉松爆炸事件造成两人死亡，数十人受伤。两名凶手用双肩背包携带爆炸物进入比赛场地，并将爆炸物布置在重点线附近后离开，整个过程持续半小时。其中一名凶手多次犯罪，案底（数十张各个角度的图片）已经存储在数据库中；当天的光照条件充足，照片质量清晰，现场监控视频也多次拍到凶手的正面照片，但识别系统并没有做出任何反应。事后调查发现，人脸识别系统没有及时识别的原因是，凶手佩戴了帽子和墨镜，影响识别系统对人脸固有属性的处理质量。

（2）人体生理变化影响

检测人体生物体特征是生物识别的关键步骤，比如指纹图案、断点、交叉点等因人而异，这是指纹识别的生理基础；人脸特征点的位置及眼睛、鼻子、嘴、下巴等主要器官的形状信息，是人脸识别的生理基础。但是，这些生理特征会随着年龄、工作和生活环境变化及疾病、医疗等影响而发生改变，从而影响生物识别结果。首先，随着个人年龄的增长，人脸的面部结构会发生变化，尤其是在婴幼儿和青少年时期，身体发育速度比较快，人脸特征点的位置及眼睛、鼻子、嘴、下巴等主要器官的形状会产生相应的变化。对中老年人来说，皱纹和老年斑的出现都会影响识别效果。如果数据库没有及时更新人脸数字模板，仍然储存婴幼儿时期或青少年时期的人脸数字模板，那么，就不能识别成年后的个人。其次，化妆或整容改变个人面部成像，影响人脸识别的精确度。化妆属于改变人脸非固有属性，进而影响人脸识别；整容会改变人脸特征点的位置和比例，使新鲜人脸数字模板数据不同于原有数字模板。最后，姿态和表情变化会破坏人脸图像特征点及位置，增加识别误差。人脸姿态、表情涉及头部在三维垂直坐标系中绕三个轴的旋转会造成面部变化，其中垂直于图像平面的两个方向的深度旋转会造成面部信息的部分缺失，使得姿态

---

① 参见苏雪平. 生物特征识别技术及应用[M]. 北京:北京大学出版社,2022:39—40.
② 参见张铎. 生物识别技术基础[M]. 湖北:武汉大学出版社,2009:108.

和表情问题成为人脸识别的一个技术难题。① 也就是说,现有人脸识别技术无法彻底解决人脸姿态和表情所造成的识别误差问题。

(三)图片质量及数据库影响

各种研究和实验都表明,图片质量影响识别准确率。2014 年 5 月 26 日,美国国家标准与技术研究院(NIST)公布了一项关于人脸识别测试的结果。测试数据库共有 160 万张人脸图像,分为两类,其中 86% 是面部照片,也就是质量较高的清晰图像,像素基本是 480×600;另外 14% 是网络摄像头拍摄的图像,比较模糊,像素基本是 240×240。测试结果表明,如果使用质量偏差的网络摄像头拍摄的图片,识别错误率将会增加 2 到 5 倍,即使是准确率最高的算法,错误率也有 11.3%。② 其他类型的生物识别样本采集也存在类似情况,由于所使用的的摄像头质量不高、样本采集环境复杂或者利用网络照片进行识别等,造成样本图片质量较差,结果存在识别偏差,增加拒识率和误识率。

数据库规模影响识别准确率,如果数据库规模太大,将增加错误识别率。NIST 的测试结果显示,如果只选取 160 万张图片中的面部照片作为算法的训练集,最精确的算法有 4.1% 的匹配图片出现错误。这个数据表明,哪怕在图片质量较高的情况下,人脸识别应用仍然局限于小规模数据库,目前的技术难以构建百万人以上的精确人脸识别系统。③ 这就意味着,在目前的技术条件下,生物识别只支持较小的数据库开展识别活动,而难以将数据库无限扩展。

早期研究人员如果想得到人脸训练样本,唯一的方式就是购买照片,即贴出广告,吸引有意向的人来到实验室,在签署同意书后,让这些人在不同的光线条件下,用不同的姿势拍照,以此作为训练 AI 的样本。使用这种方式创建的数据集,照片质量高,样本分布也比较均衡,唯一的缺点就是需要花费高额的费用。随着生物识别技术的发展,研究人员发现了一种快捷且不需要花钱获取照片的方式,即从各个网站上免费下载照片用来训练数据。但这种免费图片的多样性比不上之前付费的拍摄样本,从网络下载的免费图片仅仅反映经常上网的公众,而非实际生活中的公众性别、种族、文化等构成;由其建立的数据库所训练的生物识别系统难免具有某些先天性偏见,进而影响后期识别的准确率。例如,美国有 40% 的成年公民,主要

---

① 参见张铎. 生物识别技术基础[M]. 湖北:武汉大学出版社,2009:108.

② 参见邱建华,冯敬,郭伟等. 生物特征识别 身份认证的革命[M]. 北京:清华大学出版社,2016:62—63.

③ 参见邱建华,冯敬,郭伟等. 生物特征识别 身份认证的革命[M]. 北京:清华大学出版社,2016:63.

通过 Facbook 看新闻,有媒体对新闻配图按照性别进行统计后发现,不管是经济版块还是娱乐版块,女性的出场率都远低于男性。但在现实生活中,美国的男女比例大致均衡。① 所以,即使现在能够建立拥有更多样本的人脸识别系统数据库,但比较起来,小规模数据库识别精确度仍高于大规模数据库,而大样本数据库普遍存在样本质量差、样本分布不均衡等问题影响识别结果。

第二节 生物识别目标设定引发"漏识别"风险

生物识别理论研究和实践都表明,生物识别技术算法的准确率远远达不到理论值,噪声影响和算法水平限制、理论估值不足等都会引发"漏识别"风险。

一、生物"漏识别"

随着信息技术和计算机技术的发展,生物识别逐渐向人工神经网络与深度学习方向发展。从 2009 年开始,基于深度学习的识别器将大词汇量连续语音识别系统的识别率提高了 10 个百分点以上,代替了统治这一领域 20 多年的隐含马尔可夫模型(Hidden Markov Models)和高斯混合模型(Gaussian Mixture Models),直接促进语音识别在移动设备上的广泛应用。从 2012 年开始,基于深度学习的识别器在各种图像识别比赛中获得了优异成绩,深度学习也被逐渐应用到人脸识别领域,很多公司和研究机构宣称基于深度学习开发的人脸识别系统的识别率超过人的识别率。② 基于深度学习的人脸识别技术提高了生物识别系统的识别率,但是,深度学习需要训练数据模型,如果深度学习数据模型不能满足生物识别的需要,势必引发"漏识别"的问题。

生物"漏识别"是指数据训练模型有意或无意地漏掉一些人群,使这些人群不在此检测范围内或存在检测偏差。一方面,生物识别数据训练模型通过循环往复的反馈不断提升自身性能,通过云服务器采集、存储和处理数据,再利用海量的数

---

① 浅黑科技 . 为什么人脸识别系统总是认错黑人[EB/OL]. 2021[2022 - 12 - 30]. https://mp. weixin. qq. com/s/JUO7y04yLcKEv4e0mXEu8Q.

② 参见邱建华,冯敬,郭伟等 . 生物特征识别 身份认证的革命[M]. 北京:清华大学出版社,2016:47.

据集训练和培训机器学习算法,使得机器足以担任所有领域的决策工具。[1]

另一方面,这种自动化决策工具也并不会完全正确或按照最初设想产生结果,可能会出现一些偏见或歧视问题。具体地说,生物识别系统先构建初始化模型,随后输入训练数据,让算法自我训练,接下来是验证数据(识别人的新鲜特征)的输入,并与数据库中的信息进行比对。在这个过程中,有可能存在偏见或歧视数据训练,比如输入的原始训练数据存在偏见或歧视,或者算法利用训练所迭代的数据存在偏见或歧视,它们都能造成生物"漏识别"风险。

二、生物"漏识别"风险的具体表现

生物"漏识别"风险既可能来自数据训练模型的数据量不足以覆盖识别人群,也可能来自数据库所隐含的文化偏见,并进一步引发算法歧视,具体表现为性别歧视、种族歧视及边缘人群歧视。

"偏见是人类生活的一个特征,它与许多不同的名字和标签交织在一起,或者可以互换使用——刻板印象、偏见、隐含的或潜意识持有的信念,或者思想封闭。"[2]任何人都难以绝对公正客观地对待所有人和事,文化教育所构建的主观倾向即为偏见,换个角度说,偏见是人们理解事物和问题的前结构。在理解事物之前,人们的头脑中会先行预设某种观念,该预设基于人们的固有认知而形成,预设本身就可能隐含偏见,即对事物的看法与他人认知甚至社会普遍认知存在差别。比如,指纹识别需要对指纹特征的独特性进行估计。"准确地估计出指纹的独特性是一项非常困难的工作,需要诸多假设,而这些假设由个人的经验给出,存在很大差异。"[3]算法偏见不完全是文化造成的结果,识别模型构建、识别路径设定主要是科学问题,它取决于识别系统设计者对问题的理解和把握的深度与广度,是对未知世界和通向未知世界的选择,而选择必然伴随偏见。

所谓"歧视",主要有两个特征,"其一是基于他者的某些特征区别对待,其二是

---

[1]　参见[英]凯伦·杨,马丁·洛奇. 驯服算法 数字歧视与算法规制[M]. 林少伟,唐林垚译. 上海:上海人民出版社,2020:21.

[2]　Howard A,Borenstein J. The Ugly Truth About Ourselves and Our Robot Creations:the Problem of Bias and Social Inequity[J]. *Science and Enginering Ethics*,2018,24(5):1521—1536.

[3]　苏雪平. 生物特征识别技术及应用[M]. 北京:北京大学出版社,2022:70.

对被歧视者造成不良后果"①。歧视是因个人认知偏见而产生的一种行为,具有不良的后果。算法歧视普遍存在于智能传播领域,依据算法决策对受保护的个体或群体实施的直接或间接歧视行为,目前已经产生了明显而严重的损害性后果。直接歧视也被称为差别对待,即根据算法在群体中找出特殊个体,对特殊个体进行区别对待;间接歧视也被称为差别影响,即通过算法筛选出同一行为的不同个体。例如,虽然男性和女性能够做同一种工作,但系统决策认为男性更适合时,女性将会受到歧视。这种数字歧视是社会歧视或偏见的延伸,能够映射出社会上的各种不平等问题。② 生物识别是高度自动化决策领域,数据库以及用于安全、反恐等领域的生物识别必然将特定人群作为重点识别对象,很容易产生识别歧视。

正如纽约大学人工智能研究所的法律专家 Amba Kak 所言,技术标准不能阻止人脸识别系统被用于歧视性用途。执法部门和其他政府部门广泛使用人脸识别技术引发了人们对偏见与歧视的担忧,这些担忧源于被人脸识别的数据源、识别行为的性质、人脸识别系统核心算法中的偏见,以及各区域治安水平的差异。③ 美国皮尤研究中心利用人脸识别技术对谷歌和脸书上不同族裔、性别、年龄的人群照片进行测试,结论是女性准确度低于男性,深色肤色低于浅色肤色,在识别老年男性时准确率只有不到 60%。④ 各种证据表明,生物"漏识别"风险具有普遍性。

首先,性别歧视。长期以来社会存在对男女能力、特点评价等偏见,例如"女性的理性分析能力低于男性""女性语言表达能力强于男性"等观点广为流传。那些对理性分析能力要求较高的职位会录用更多的男性,而对情感交流要求较高的服务型岗位更愿意录用女性,带有文化偏见的各种录用信息以数据形式储存于数据库中,而带有偏见的数据又可能成为生物识别算法的训练数据,进而使生物识别算法成为带有"性别歧视"的算法。因为存在"验证识别算法结果"的环节,验证数据经开发者筛选后必然带有开发者认知痕迹的数据,隐含开发者的价值观,这些价值观如果包含歧视性选择,又将进一步渗透机器学习算法,使生物识别系统产生性别歧视。

---

① 孟令宇. 从算法偏见到算法歧视:算法歧视的责任问题探究[J].《东北大学学报》(社会科学版),2022,24(01):1—9.

② 参见[英]凯伦·杨,马丁·洛奇. 驯服算法 数字歧视与算法规制[M]. 林少伟,唐林垚译. 上海:上海人民出版社,2020:90—91.

③ 池骋:关于人脸识别执法的规范政策[EB/OL]. 2023[2024—01—10]. https://mp. weixin. qq. com/s/z-teYaJjUvNVzsSRDwx2wQ.

④ 皮尤研究中心. 面部识别技术检测不同人群和性别的测试数据,镝数聚.

　　其次,边缘人群歧视。如果说对个人身份的生物比对和确认,是基于计算机技术、信息技术和人工智能技术的科技行动方案,那么,生物识别市场化利用则是根据经济价值和效益做出的社会性、人文性选择。生物识别系统投入使用前,需要利用大数据对其进行训练。一般来说,考虑到收集和分析数据的便利性,发达国家、地区和大城市的网络更普及,训练数据更多地会从这些地方获取,而网络不发达的国家和贫困边远地区、村庄的数据采集难度较大,往往存在数据缺失、不完整,甚至被选择性地忽略的问题,导致生物识别系统算法忽视、漠视、排斥和歧视边缘人群。生物识别在市场化利用过程中,商家要最大程度地提升目标人群的体验感,要么及时更新那些具有更强购买力的年轻人群和高收入人群的生物识别数据库,要么生物识别算法系统利用用户消费信息自我训练,总之,没有购买力的边缘人群生物识别数据不能得到及时更新,导致生物识别系统歧视边缘人群。

　　最后,种族歧视。"9·11"事件以后,美英法等西方国家在向本国公民发放生物信息护照的同时,也对外国公民施行生物识别签证,比如,比利时政府向公民发放的生物信息护照和美国新护照都带有人脸识别数据,但是,由于黑人等少数种族历史上被捕比例高于白人,他们作为罪犯的生物识别信息更多地被采集到了识别数据库中,美国警方和国安部门在使用生物识别技术甄别犯罪嫌疑人时难免产生种族歧视。此外,生物识别还受到国际格局演变、世界反恐形势乃至国内外安全局势的影响。例如,"9·11"事件后,西方国家通过调整生物识别阈值加大对中东地区公民的安全检查,提高了入境管理和公共场所的安全,但也增加了错误识别率,理论上形成对特定种族的歧视。

三、引发生物"漏识别"风险的原因

(一)人为设定目标偏差

　　自动化决策,尤其是机器学习算法,极易受到历史决策、程序员、用户和社会偏见的影响,由单一因素或者综合性因素生成歧视性结果。其中,生物识别系统开发者和程序员偏见极易造成技术遮蔽问题,引发"漏识别"风险。

　　系统开发者和程序员的偏见分为显性偏见和隐性偏见。显性偏见是指开发者和程序员将政治、经济和文化偏见植入生物识别系统。比如网络平台的"价格歧视"问题,各 App 软件根据用户与平台之间的黏合度对同一商品分别标出截然不同的价格,对高粘合度用户提高商品售价,对低黏合度用户提供低商品价格,并通过不定期发放优惠券或者折扣吸引用户使用购买,这种价格歧视算法通常是人为设计的。实践表明,显性偏见通常是资本和权力操纵的结果,从理论上说,只要开发者和程序员在设计算法时保持价值中立,不主观植入任何价值偏见,这种显性偏见很容易规避。

但在实践中,并非所有的主观偏见都是有害的,偏见有益程度取决于系统开发者与生物识别系统要求的契合度。如果系统开发者的社会阅历丰富,又能秉持客观中立的价值观,并较好地理解了生物识别系统与识别对象之间的关系,比如识别特定人群,通过引入系统开发者的偏见有可能使得算法程序更加高效,这是有益的偏见,也被称为"偏见优势"。如果系统开发者欠缺系统与识别对象关系的社会经验,将有限认知引入算法系统,则可能造成算法低效,这就是无益甚至是有害的偏见。①

与此同时,系统开发者和程序员还存在隐性偏见。由于历史、文化等客观性因素和个人受教育程度等主观性因素的影响,每个人的头脑中都会形成一些固有观念,这些固有观念将影响和指导系统开发者和程序员的算法设计。比如乡土文化氛围下成长起来的系统开发者和程序员潜意识里隐藏的男主外女主内的传统观念,使他们在进行算法设计时更加重视对男性的生物识别,但实际上,现代商业都市里的女性往往才是购买主力,这套生物识别系统未必能发挥识别和算法优势。系统开发者和程序员的思想观念受到所处自然环境和人文环境影响,众声喧哗的网络世界里的各种偏见会反作用于他们并被植入生物识别系统。从社会系统价值观形成和运转的角度看,他人观点和言论必然影响自我。陈力丹曾经将舆论分为潜舆论、显舆论和行为舆论:一方面,潜舆论影响和决定显舆论和行为舆论走向;另一方面,显舆论和行为舆论反作用于潜舆论。当某些偏见以显舆论和行为舆论形态出现于网络和社会生活中,公众势必要做出调整和应对,为了内在的心理平衡,亦在自觉不自觉地努力保持着前后较为一致的意见倾向,于是当外在压力造成一种意见的选择以后,如果这种压力持续时间较长,公众表达意见的动机,会依次出现"服从—同化—内化"的过程。② 从个体角度看,人不能孤立地生活于这个世界上,他们总是要寻求认同。"认同是人们意义与经验的来源。理解认同,我们须从两个方面入手:一是认同不同于角色。角色是由社会规范界定的……而认同所建

---

① 参见孟令宇. 从算法偏见到算法歧视:算法歧视的责任问题探究[J].《东北大学学报》(社会科学版),2022,24(01):1—9.

② 参见陈力丹. 舆论学—舆论导向研究[M]. 北京:中国广播电视出版社,1999:90—96.

立的是行动者的意义,是关于其生命的持续观念,个人在此基础上与他人沟通。二是认同总是被建构的,'它是个人依据其个人经历所形成的,作为反思性理解的自我'。"①系统开发者和程序员的自我认同同样离不开与他人的交流和沟通,尤其是生物识别对象的认知也会影响其对识别系统的设计,因此,"作为反思性理解的自我"的有机组成部分和不可或缺的内容,他人尤其是网络的认知偏见必然被建构于自我,并作为隐性偏见被植入识别系统。

总之,当生物识别系统开发者和程序员的显性偏见与隐性偏见被植入程序设计后,这些偏见必将以技术形态"漏识别"特定人群,造成生物识别算法偏见或歧视。

(二)深度学习引发偏见

通过向算法投喂大量训练样本建立 AI 模式,被称为"机器学习"。机器学习可以让计算机像人类一样学习和反思,海量数据在尖端 AI 算法和高性能算力面前被最大程度地理解和分类。以人脸识别为例,较小样本的人脸识别效果高于较大样本的人脸识别效果,为解决这个难题,技术上可采用分层建模大规模人脸认证方法。据统计,采用深度学习算法,香港中文大学的团队设计的系统的最高识别率为99.53%,谷歌的最高识别率为99.8%,百度的最高识别率为99.8%,这些结果已经远远超过人眼识别率。②

机器深度学习难以规避识别偏见,即使强调数据中立或算法公开也难以保证机器不把人类所固有的识别偏见带入识别系统。机器学习是人工智能的子领域,是实现人工智能的一种可靠方法,分为监督式学习和无监督式学习。③ 监督式学习基于固定模板和算法,数据输入后就可以按照预先设定的程序生成模式化内容。这种模式只要输入的数据价值中立,通过算法公开和算法透明化即可减少算法偏见问题。无监督式学习是机器自主进行深度学习,"深度学习毋须为解决特定问题编程便可透过数学模型学习,故能建立理解事件全貌的能力,并利用大量数据生成可准确形容'眼前'事物的模型"④。无监督式学习没有固定的输入和输出模板,机器自主地在数据库中抓取数据进行自我训练,而机器操作者——所有者或原始程

---

① 胡泳. 众声喧哗:网络时代的个人表达与公共讨论[M]. 广西:广西师范大学出版社,2008:124－125.

② 参见王蒙,刘庆庆. 人脸识别算法、优化与信息安全[M]. 北京:清华大学出版社,2022:122.

③ 参见仇筠茜、陈昌凤. 黑箱:人工智能技术与新闻生产格局嬗变[J]. 新闻界,2018(01):28－34.

④ 参见人工智能、机器学习和深度学习有何区别[N]. 中国信息化周报,2019－04－01(23).

序员不能预测机器采用哪些方式事先预设目标。机器通过运行实验,或尝试解决其他实际或虚拟的问题进行自我指导,纠正错误,并接近它要实现的结果。① 随着生成式人工智能技术的发展,深度学习所造成的识别偏见将越来越普遍,究其原因:一是深度学习对数据的"压缩"与"解压"必然造成误差。智能技术是对现象有目的的编程,以解决人们在不确定性日益显著的数字社会中信息的获取问题。深度学习可以理解为数据的"压缩"与"解压",而这种"压缩—解压"的内容生成机制可能导致不确定信息的生成。二是在人机交互情境中,算法利用用户有意无意提供的错误信息生成"错误内容"。如果用户预设一个"错误"前提或者引导生成"错误内容",深度学习反而会带来"幻觉"信息,形成识别歧视。②

对于生物识别系统来说,深度学习结果与预设目标是否一致,是不可得知的。生物识别检测带有偏向性,再叠加机器深度学习,必然自动过滤对某些个体或人群的识别,加剧生物"漏识别"的风险。

(三)数据库偏见

智能传播时代,数据库通过大量数据输入,借助算法训练数据以扩充内部容量。数据作为数据库的基础原料,具有举足轻重的作用。倘若数据库利用带有偏见的数据进行训练,那么该数据库就存在偏见风险。计算机领域中有一个经典定律,如果给计算机输入垃圾数据,那么计算机输出结果必然是垃圾数据。同理,如果数据库输入数据带有偏见,那么输出的也必然是带有偏见的数据。

目前,市场级大数据都来源于智能系统采集的用户数字化活动所形成的数据,已经采集的数据及可能采集的数据,明显受到既有技术、经济、社会、文化等因素的影响。全球信息化、智能化建设并未彻底践行"全民原则",智能系统所采集的人类数字化活动信息难以从根本上消除各种因素的影响。不当的数据选择和利用必然产生算法歧视,主要包括两种情形:一是特征选择的算法歧视,这种歧视源于对敏感数据的采集和利用;二是偏见代理的算法歧视。③ 特征选择的算法歧视是将人类主观歧视作为基本标准筛选和处理数据,这时无论是采用人脸、指纹、虹膜等静态生物识别,还是采用声态、步态等动态生物识别都将产生算法歧视。例如,将性别、

---

① 参见[美]瑞恩·卡洛,迈克尔·弗兰金,[加拿大]伊恩·克尔. 人工智能与法律的对话[M]. 陈吉栋,董惠敏,杭颖颖译. 上海:上海人民出版社,2019:55.

② 参见方师师,唐巧盈. 聪明反被聪明误:ChatGPT 错误内容生成的类型学分析[J]. 新闻与写作,2023(04):31—42.

③ 参见袁文全. 算法歧视的侵权责任治理[J]. 兰州大学学报(社会科学版),2023,51(02):89—99.

种族等具有敏感属性的数据直接输入算法中,将部分人群排除于识别数据库之外;或者将敏感数据用于算法模型训练而形成歧视性算法程序,如使用 Google 引擎搜索非洲裔人群时往往会出现犯罪信息,这是将传统社会敏感信息用于算法模型训练的结果。偏见代理算法歧视源于对一些表面中立的特殊数据的使用与处理,这些数据表面上是客观中立的,却与敏感数据具有强关联性,能够成为敏感数据的替代数据,达成与敏感数据同样的使用效果。例如,美国预测警务算法中,邮政编码可能成为贫民窟或者犯罪高发地区的替代数据。招聘领域的通勤时间很可能成为低收入群体的替代数据。[①] 如果数据存在敏感数据替代性偏见,所训练的数据库及输出的结果必然存在偏见或歧视问题。

偏见代理算法歧视是生物识别技术路径选择的必然结果。随着人脸识别技术越来越成熟,与其他识别技术的多模态融合使用,正在各个领域得到越来越广泛的普及。在生物识别过程中,人脸安全验证是代价敏感学习问题,一个家庭内部成员被误认为陌生人拒绝其回家,或者外人被错误认证允许进入房间,都有悖于人脸识别初衷。所谓代价敏感问题,本质上就是应该区分不同场景的人脸识别或不同识别结果。有研究提出辨别性代价敏感拉普拉斯评分人脸识别算法,把局部判别分析和误分类代价加入拉普拉斯评分算法中,缩小类内局部近邻距离,增大类间局部近邻距离,使结果符合代价敏感最小损失标准。[②] 为解决代价敏感问题,获得最优的不同场景识别或者不同识别结果,采用缩小类内局部近邻距离和增大类间局部近邻距离的技术策略,结果是增加类内成员识别的同时歧视类间成员。

四、解决生物"漏识别"风险的主要方式

"漏识别"引发的歧视风险是人为设定歧视目标、技术自主学习与数据库本身存在问题所致,解决生物"漏识别"风险的关键在于正视上述难题。目前主要有两种解决"漏识别"引发的歧视风险方式:一种是建立健全法律法规与完善社会政策规制算法偏见或歧视问题,从法律和政策角度解决"漏识别"风险;另一种是对算法进行直接治理,从技术角度解决"漏识别"风险。

(一)从法律和政策角度解决"漏识别"风险

近年来,各国都在积极制定生物识别技术立法,旨在通过技术的合理使用充分

---

① 参见韩铄. 算法如何平等:算法歧视审查机制的建立[J]. 南海法学,2020,4(02):114-124.
② 参见王蒙,刘庆庆. 人脸识别算法、优化与信息安全[M]. 北京:清华大学出版社,2022:82.

保护生物识别信息。从美国相关立法和各州司法实践来看,通常采用一般性地禁止歧视的平等原则对算法歧视引发的"漏识别"风险进行规制。例如,美国政府规定,使用大数据和算法进行决策时,应当符合《公平信用报告法》和《民权法案》等的要求。① 欧盟高度重视算法歧视引发的"漏识别"问题,通过统一立法规制算法歧视。2019 年欧盟委员会发布的《可信赖人工智能伦理指南》规定:"人工智能系统(算法决策系统)的使用应当遵循多样性、非歧视性和公平性原则",同时"人工智能系统应避免不公平的偏见,并对所有人开放。"② 欧盟已于 2024 年 3 月 13 日通过《人工智能法》,该法打击人工智能歧视问题,禁止基于敏感特征的生物识别分类,防止某些智能应用威胁公民权利。近年来我国也在积极探索如何减少或避免算法歧视引发"漏识别"风险问题:一是在《民法典》《个人信息保护法》等法律中明确规定平等权和针对特定群体的反歧视义务;二是对于生物识别信息,已制定多部标准与规定予以保护,《人脸识别技术应用安全管理规定(试行)》第 11 条指出:"任何组织或者个人不得利用人脸识别技术分析个人种族、民族、宗教信仰、健康状况、社会阶层等敏感个人信息。"③ 总的来说,各国在政策和法律制定时,都积极关注算法歧视问题,将其纳入法治轨道,保证技术向善的价值取向。

未来,加强生物识别技术的制度化监管是规范生物识别技术发展的方向,通过确立生物识别信息采集、存储、加工、使用的公共规则,防范生物"漏识别"风险。在制定政策和法律规定时,除了通过算法可解释性、算法审计等途径解决算法歧视问题外,还要加强相关主体的问责制度,建立生物识别信息采集和加工人员的伦理规范,强化社会责任感,要求相关主体遵守基本的伦理规则,不得侵犯自然人的相关权益,不得随意滥用、误用或垄断数据,不得差别化地带有自身偏见采集数据,收集、分析和使用数据必须依法依规。④ 需要注意的是,将政策和法律规定作为一种手段,解决"漏识别"风险,不仅能保护生物识别信息,而且可以促进生物识别技术的健康使用。

（二）从技术角度解决"漏识别"风险

从技术角度解决"漏识别"风险,实际上是利用技术解决技术问题。技术的作

---

① See Press Release,Fed. Trade Comm'n,Spokeo to Pay 800,000 to Settle FTC Charges Company Al-legedly Marketed Information to Em-ployers and Recruiters in Violation of FCRA（June 12,2012）.

② European Commission's High-Level Expert Group on Artificial Intelligence. Ethics Guidelines for Trustworthy AI. European Commission[EB/OL]. 2018[2022-11-22]. https://ec. europa. eu/digital-single-market/en/news/ethics-guidelines-trustworthy-ai.

③ 国家互联网信息办公室于 2023 年 8 月 8 日向社会公开征求意见的管理规定。

④ 参见孙伟平. 价值哲学视域中的算法歧视与社会公正[J]. 哲学研究,2023(03):46-55+126-127.

用应该是去蔽，即强调技术的中立性，不涉及善恶，使人们利用技术能够更好地认识和了解世界。目前，技术遮蔽广泛存在于包括生物识别在内的所有智能技术领域，阻碍我们进一步了解和改造世界。

第一，优化生物识别技术，建立一套模拟算法，辅以人工审查来规避算法偏见和歧视问题。"阻止歧视的第一步就是建立度量标准和程序来进行侦测。在选取预处理数据集或训练算法优化准则时，可以利用歧视侦测度量标准来开发和实施歧视规避技术。"①换言之，规避算法歧视就是对有问题的模型进行修改，对算法训练数据进行预处理，以此确保受保护的信息不可被随意使用。具体来说，使用逆向技术建立一套模拟算法。所谓"逆向技术"，"是对已有的先进产品所涉及的产品设计方法、制造工艺和管理模式等方面进行消化吸收，并在此基础上寻求更大的突破"②。逆向技术是对一项目标产品进行逆向分析及研究。企业或处理者在购买或创建生物识别系统数据库或使用该项技术之前，先行建立一套与原数据库或技术相似的模拟算法，通过不断试错来对比和推测原数据库的算法原理，检查其是否存在偏见和歧视问题；对于机器深度学习可能引发的算法偏见或歧视问题，需要从源头出发，辅以人工审查，有效避免算法走向极端，最大程度地确保生物识别数据库的客观与中立。

第二，通过技术修改和优化规避算法歧视。依据预防歧视的方式，可以将规避歧视的方式分为："修改问题模型；对算法训练数据进行预处理；修改算法，引入非歧视和预测准确度，并将前者作为最大化标准。"③一是修改问题模型。可以从不同的维度建立歧视评估标准，从多角度分析是否存在歧视、衡量歧视的量级以及评估歧视的影响程度等。例如，采取技术脱敏，尽量剔除敏感特征，重点关注种族、肤色、信仰、宗教、性别、国籍等目标变量。但是，这些方法未必能完全解决与敏感特征紧密相关的分类任务。二是对算法训练数据进行预处理。这项技术的优点在于，只要以规避歧视为目的对数据集进行修改，则该数据集也可用于训练其他任何类型的算法。重点侦测与修改出现偏见和歧视问题的数据集，防范生物识别技术引发的"漏识别"风险。三是修改算法。在执行这类任务时，深入理解何为歧视非

---

① 参见[英]凯伦·杨，马丁·洛奇. 驯服算法 数字歧视与算法规制[M]. 林少伟，唐林垚译. 上海：上海人民出版社，2020：96.

② 高宇，李卫民，赵旭东等. 逆向工程技术研究现状与展望[J]. 辽宁工业大学学报（自然科学版），2021，41(02)：90－94＋128.

③ 参见[英]凯伦·杨，马丁·洛奇. 驯服算法 数字歧视与算法规制[M]. 林少伟，唐林垚译. 上海：上海人民出版社，2020：97.

常必要。修改算法也称公平算法或公平机器学习,主要目的是规避歧视性结果。[①]修改算法与修改问题模型不同,后者主要针对所面临的问题,前者从根源出发,发现生物识别算法本身存在的"漏识别"风险,在设计和修改算法时需要考虑引入特定标准解决未来可能面临的难题。

总的来说,无论是采取逆向技术、具体针对歧视问题建立评估标准还是预防算法歧视,本质上都是从技术出发解决生物识别技术引发的"漏识别"难题,使生物识别技术作为工具更好地为人类服务。

第三节 生物识别深度挖掘引发"伪识别"风险

生物识别引发的"伪识别"主要指生物欺诈,即"通过向生物特征传感器呈现原始生物特征的合成伪造版本,以达到欺骗生物特征识别系统,将非法用户识别为真实用户的目的"[②]。目前,生物欺诈因技术和成本门槛较低已经被公认为生物识别的主要威胁之一。

一、生物"伪识别"

生物欺诈即"深度伪造"(Deepfake),是"深度学习"(Deep Learning)和"伪造"(Fake)两个词合成的新词,是智能技术发展到一定阶段的产物。深度伪造针对自然人某个生物特征进行伪造,包括针对面部、指纹、声音等的深度伪造。

"深度伪造的运作主要包括三项底层技术,一是机器学习算法,二是算法运行计算能力,三是算法训练数据集。"[③]算法是深度伪造的关键,主要包括自动编码器(Autoencoders)和对抗生成网络(GAN)。自动编码器是一个人工神经网络模型,对输入数据进行训练和重建以实现数据合成。以换脸为例,由于人脸之间不尽相同,首先需要将第二个人面部压缩图像输入到第一个人的解码器中,解码器使用第

---

① 参见[英]凯伦·杨,马丁·洛奇. 驯服算法 数字歧视与算法规制[M]. 林少伟,唐林垚译. 上海:上海人民出版社,2020:97—99.

② 王会勇,丁勇,唐士杰. 生物特征识别数据安全与隐私保护研究[M]. 北京:北京交通大学出版社,2021:40.

③ 李蓉,黄小龙. 深度伪造司法渗透的法治风险及应对策略[J]. 青海民族大学学报(社会科学版),2021,47(04):107—117.

二个人的面部表情重建第一个人的脸部,操作者只需要将编码后的图像输入"错误"的解码器中就可以实现换脸。对抗生成网络（GAN）主要由生成器和鉴别器两个组件构成。其中,生成器用来生成新的数据,鉴别器用来区分真实数据集和生成数据的真假。利用生成器和鉴别器的对抗训练可以创建深度伪造文件。具体来说,对抗训练分为两个阶段:一是生成器创建一些随机图像交给鉴别器,鉴别器通过自身学习和评估判别这些随机图像的真假;二是生成器创建一些看起来如同真实图片的虚假图片,诱骗鉴别器进行学习,使鉴别器判定图片是否为真实图片。通过两个组件不断进行对抗训练,生成器和鉴别器的伪造能力愈来愈强,最终达到相对稳定状态。深度伪造就是利用上述算法对人脸特征进行提取,逐过对抗训练,实现真假对象面部的完美嫁接。通常来看,在"生成—鉴别"模型（如图 3—2 所示）应用下,"深度伪造"视频越来越"真实",有时候仅凭肉眼难以辨别真伪。[①]

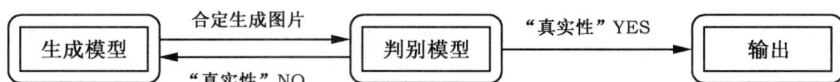

图 3—2　"生成—鉴别"模型图

　　深度伪造"是一种基于人工智能深度学习技术产生的新的伪造技术,其主要技术表现是利用人工智能技术实时伪造他人面部表情和声音,并将其合成为新视频。"[②]与互联网上的"伪书"一样,利用深度伪造生成的图片和视频可以完全达到以假乱真的程度。然而,深度伪造不是简单的冒用或复制,不同于以往相对简单的 PS 图像,它是通过机器深度学习进行全新生产,样本数据越多,计算机对目标对象的模拟也越真实。

　　目前,用于生物识别训练的数据库主要有三类:真实数据库、虚拟数据库和合成数据库。除了基于个人建构的真实数据库外,通过设计和实现人类在虚拟世界的化身生成一个公开可用的数据集,亦可以用作生物识别信息训练。"在虚拟世界里,尽管存在一些可变性,但由于化身是计算机生成的实体,因此更容易进行匹配。""化身与它的人类创造者非常相似,这使得有可能把成功的化身识别结果用于人类识别。"合成生物特征是创造真实现实中不存在的却有与之相似的人工现象,

---

　　① 　参见黄家星."深度伪造"中个人隐私的保护:风险与对策[J].华东理工大学学报（社会科学版）,2022,37(01):127—135.
　　② 　李怀胜.滥用个人生物识别信息的刑事制裁思路——以人工智能"深度伪造"为例[J].政法论坛,2020,38(04):144—154.

增强化身的创建与认证过程。① 因此,虚拟数据库和合成数据库可以被用来模拟特定自然人的生物特征,进而开展身份识别活动。

二、生物"伪识别"的实践应用

2017 年,一个名为 Deepfakes 的用户利用人工智能算法在美国社交新闻网站红迪网(Reddit)上,创建了一系列知名女性演员的换脸视频,并上传到 Reddit 网站,引起用户关注和转发。② 随后,"深度伪造"技术在娱乐、商业、影音制作、教育、医疗、司法等多个领域得到广泛应用。

基于生物识别特征的生物欺诈常被应用于以下三个场景:一是验证系统,在身份验证阶段使用假特征欺骗系统;二是闭集验证或识别系统,在身份注册阶段使用假特征注册;三是开集识别系统,在拥有假身份的识别系统中避免被查寻到本人。其中,指纹、声音和人脸被经常用于生物伪识别。

(一)"深度伪造"指纹

指纹始终被认为具有唯一性,但通过深度伪造技术可以克隆他人指纹,即指纹"伪识别"。最简单的指纹伪造工序并不复杂,甚至无须高科技,如指纹膜,又称指纹套,用指纹按在类似橡皮泥的物质上制造带有指纹的模具,然后将硅胶倒入后定型,经过简单的拓印、倒模工序后制成。用硅胶制成的指纹套能够以假乱真,骗过打卡机的"光眼"。③ 现代指纹深度伪造技术更加复杂,大部分指纹比对器(无论是人工还是自动的)都是通过检测和比较指纹特征点(细节点)来进行的,即通过提取指纹脊线的端点和分叉点来描述指纹,深度伪造技术根据指纹特征点分布还原指纹,可以达到伪造指纹等目的。

在现代信息技术条件下,采集和复制指纹易如反掌。人们日常生活中只要不戴手套,指纹印记就会存留于所接触的物体表面,很容易被他人采集。从 20 世纪 60 年代开始,基于计算机的自动指纹识别系统面世后,指纹识别广泛应用于刑事侦破领域,指纹成为刑侦破案的重要线索,同时,个人指纹也很容易被伪造,为不怀好

---

① 参见[俄罗斯]玛丽娜·L.加夫里洛娃,[孟加拉]玛若夫·莫沃.安全系统中的多模态生物特征识别与智能图像处理[M].郑毅,郑萍译.北京:国防工业出版社,2016:124—128.

② 参见魏书音,刘玉琢.深度伪造技术正在颠覆网络空间的可信性[J].网络安全和信息化,2020(10):27—28.

③ 参见苏雪平.生物特征识别技术及应用[M].北京:北京大学出版社,2022:64.

意的人所利用,给个人造成麻烦甚至是伤害。[①]

(二)"深度伪造"声音

深度伪造声音也被称为声音克隆,即运用 AI 技术生成接近真人语调和节奏的声音,针对语音模态的深度伪造技术一般需要音频和文字输入,用于制定目标语音的内容和音色。深度伪造声音的音色、语气和停顿都非常自然,几乎感觉不到机器合成的生硬。这种无限接近真人的声音合成技术已经广泛应用于智能语音导航、客服电话、有声书朗读等众多领域。

从原理上看,深度伪造声音是声纹识别的应用。声纹识别是对被识别用户的确认或辨认,包括生物特征认证与检索两方面任务。具体来说,声纹识别系统包含注册和认证两个阶段。在注册阶段,需要预先处理被识别用户的声音片段,提取声学特征,并对被识别用户的声学特征进行训练,得到被识别用户对应的声音模型,最后将所有被识别用户的语音模型组合起来形成被识别用户的声音模型库。在认证阶段,系统用同样的方法将被识别用户与声音模型库中的声音进行对比验证,按照被识别用户声音模型的相似性得分,再根据设定的阈值大小确定被识别用户的身份。[②] 深度伪造是在已知声音模型的基础上,使用 AI 模仿该模型声音特征,以假乱真,达到声音识别的目的。

利用声音深度伪造技术生成一段与目标对象声音高度相似的声音,再与文本合成技术密切结合,自动生成类似于目标对象语言风格的语音文本,即声音片段能够与目标对象的语言风格及常用词汇、语句相匹配,这在实践中具有广泛的应用前景,比如还原历史上逝去的声音,当然这也容易被罪犯用于诈骗。2019 年 3 月,德国一家能源公司英国子公司的首席执行官在接到一通电话后,向匈牙利的一个银行账户支付近 20 万英镑。原因是骗子模仿德国首席执行官的声音对其进行诈骗,该公司的保险公司认为这个声音是深度伪造的。据报道,类似的诈骗案例实际上是窃取了 WhatsApp 的录音语音信息,对其进行深度伪造的结果。[③] 目前,类似诈骗案例数不胜数,本质上都是利用声音克隆技术,通过"打感情牌",骗取目标对象的感情或钱财。

---

① 参见邱建华,冯敬,郭伟等. 生物特征识别 身份认证的革命[M]. 北京:清华大学出版社,2016:165—166.

② 参见王会勇,丁勇,唐士杰. 生物特征识别数据安全与隐私保护研究[M]. 北京:北京交通大学出版社,2021:40.

③ 利维坦. 什么是深度伪造[EB/OL]. 2022[2023—12—22]. https://cj. sina. com. cn/articles/view/6517330206/v18476911e01901428q? finpagefr=p_104.

（三）"深度伪造"人脸

人脸"伪识别"即"AI换脸"，是基于人脸图像识别的深度伪造。随着人工智能技术和大数据分析的日趋成熟和广泛应用，"AI换脸"所造成的攻击越来越多，给人民群众的生命财产和公共安全造成了极大的危害。目前，人脸检测技术主要有基于知识、基于模版匹配和基于统计的人脸检测技术。其中，基于模板匹配的人脸检测技术因操作简便和识别率高而容易被用于人脸伪造，实施人脸欺诈。这种人脸检测方法原理是事先设定候选人脸模板库，比如银行、车管、单位人脸数据库存有人脸模板，再采用新模板与之匹配，并进行相关性计算，以相关性的高低来判断图像中用模板匹配出的人脸候选区域是否为人脸对象。[①] 欺诈者通过实地采集人脸样本或者网络等途径搜集人脸图像，再经过AI技术分析处理形成酷似本人的人脸图像，然后就可以利用这张人脸图像刷脸解锁，或者行熟人诈骗了。

利用"AI换脸"不仅可以快速地将一张人脸无缝融入另一个图片或视频中，甚至连人物的表情、口型都可以使用AI技术合成，使之具有更强的"以假乱真"效果。基于AI换脸引发的电信诈骗事件曾在全国爆发。2023年4月20日中午11点40分左右，福州市某科技公司法人代表郭先生被骗取430万元。对方通过AI换脸技术，在微信视频联系他，佯装成好友对他实施诈骗。对方称需要通过公对公过账的方式交付430万保证金以帮助朋友在外地竞标。郭先生出于对好友的信任，又通过视频看到对方的人脸核实，验证身份后就将430万分两次转到对方银行卡上。郭先生发现被诈骗后，警银联动成功紧急止付涉嫌电信诈骗资金330多万元。"AI换脸"还被不法分子用于日常经济活动中，2020年河南省长垣市人民法院的一份刑事判决书显示，2020年2月至4月，岳某、谢某购买摄像头辅助软件，从苹果手机下载"轻松换脸"软件，用于"交管12123"注册，逃避实人认证，非法注册、绑定车辆，进行车辆违章处理。2020年3月，在被害人郭某、邓某不知情的情况下，谢某、岳某等人将其驾驶证分数扣除，为云南、广东等地违法人员处理车辆违法问题。[②]

随着AI技术日臻成熟，不法分子只要采集到被换脸对象的个人身份信息、大量人脸图片、语音素材，就能生成逼真的人脸图像，甚至个人视频，不仅可以欺骗机器，而且可以通过伪造电话语音、视频通话等欺骗真人，引诱转账、实施敲诈等，造成难以挽回的损失。

---

① 参见苏雪平. 生物特征识别技术及应用[M]. 北京:北京大学出版社,2022:43.
② 参见刘玉凡. 眼见真的为"实"? 记者揭秘"AI换脸"背后灰色生意经[EB/OL]. 2023[2023-09-26]https://news. bandao. cn/a/1695729924228579. html.

三、"伪识别"危害

生物识别技术虽然可以便捷地减少假冒伪造的风险,但其引发的"伪识别"具有极大的危害性,不仅严重侵犯个人信息权益,而且打破对个人身份的唯一认证。

（一）滥用生物识别信息侵害自然人肖像权、名誉权等权利

生物识别信息具有较强的身体依附性和唯一性,与个人形成排他性的绑定关系,其本质体现为一种便捷式"密钥",实际上却比传统"密钥"面临更多潜在风险。生物识别技术会引发"伪识别"滥用个人生物识别信息,造成侵犯个人敏感信息的风险。例如,ZAO 换脸协议暗藏杀机,对个人信息安全构成了严重威胁。协议规定用户所有上传的肖像完全免费,不可撤销,ZAO 及其相关联的公司和其他用户在全球范围内均具有永久、可转授权和可再许可的权利。ZAO 换脸 App 所采集和处理的人脸信息属于生物识别信息,具有敏感性,采集海量的个人人脸信息不仅能用来制作人脸模板,破解需要刷脸验证的保密领域,制作成视频可从事欺诈活动,而且能挖掘个人隐私、财产信息。协议规定在"全球范围内完全免费、不可撤销、永久、可转授权和可再许可",意味着人脸信息不仅被企业永久占有,而且可以被商业转让买卖,进一步扩大滥用人脸识别信息的风险。经媒体批评、相关部门约谈后,ZAO 已删除此项规定。

滥用生物识别信息将诋毁个人形象,侵犯公民肖像权和名誉权。许多技术公司将面部表情、技术动作和声音三者融合为一体,专注于开发娱乐性和商业性深度伪造软件。对于公司来说,制造平民化和社会娱乐化软件,使得大规模低成本伪造通过夺人眼球的噱头获得更多的用户流量,牟取经济利益,但深度伪造的背后则是对个人肖像权和名誉权的严重侵害。其中,《民法典》第 1018 条将肖像定义为可以被识别的外部形象。一般认为,只要能识别自然人的外部形象,无论是自然人的面部或是真人表情包,只要达到"可识别"程度都可以算作自然人的肖像,受肖像权保护。《民法典》第 1019 条规定:"任何组织或者个人不得以丑化、污损,或者利用信息技术手段伪造等方式侵害他人的肖像权。"[①]也就是说,未经自然人同意,利用信息技术丑化、污损个人肖像属于违法行为,法律另行规定的除外。例如,自从收割中老年群体的"假靳东"生意走红后,平台上出现越来越多虚假账号。乌克兰网红

---

① 中华人民共和国民法典[S]. 全国人民代表大会 2020 年 5 月 28 日通过,2021 年 1 月 1 日实施。

Olga Loick 在 2024 年春节期间发布一则控诉视频,她的面孔和声音在中文网站上被非法盗用,出现在多个虚假短视频账号中。这些虚假账号盗用她的面孔和声音批量化生成虚假形象,当积累足够粉丝后,利用橱窗功能推销各类商品。上述案例表明,用 AI 技术形成的换脸换声,不经过当事人同意,涉嫌侵犯其肖像权;借此散布谣言,侵害其名誉权;通过诱骗方式销售商品,都属于欺诈行为,会侵犯消费者权益。

(二)形成黑色产业链

研究发现,虚假账号已经形成一条完整的产业链,从卖软件(出售制作和运营教程)、养号(积累大量粉丝)到卖货甚至诈骗,整个流程非常顺畅。人脸伪识别形成的黑色产业链中,目前有两种常用的方式:一种是使用特定 ROM 包刷机[1],另一种是使用云手机平台的远程虚拟摄像机[2]。在部分社交平台和网站上,有卖家将人脸识别视频明码标价(100 元一套,包括身份证正反面、手持身份证照片和点头、摇头、张嘴视频),卖家称其所售验证视频能够通过大多数 App 平台的验证。这种地下黑产交易一般藏匿在 QQ 群或境外网站中,其中 QQ 群名称介绍时多包含人脸识别技术等关键词,方便买家检索相关信息。

在人脸识别黑色产业链中,百元一套的验证视频属于"价高质优"的产品,因为其使用真人录制的动态验证视频,App 验证通过率较高。此外,还有一种低廉的人脸认证方式,它使用动态软件将人脸照片制作成"动态视频",并配合"外挂"软件进行验证。这种验证方式的制作成本较低,一套只需要几元钱,如果需求量大甚至可以低至 0.5 元一套。人脸动态验证的成功率,主要取决于照片动态化处理的细致程度,因此真人录制的视频通过率高达 100%。这些人脸图像或视频主要来自用户下载注册 App 时所采集的人脸信息,用户身份大多是工厂工人及网络兼职人员。他们并不知道认证 App 会泄露个人信息;黑产卖家还通过小额贷款平台、日常使用的 App、扫码赠送礼品等途径采集人脸识别信息。按照《民法典》规定,未经本人同意非法采集买卖他人信息构成民事侵权。人脸信息是能够直接识别特定自然人真实身份的信息,属于敏感个人信息,未经用户同意采集和买卖个人信息涉嫌违法

---

[1] ROM 包刷机是在特定型号手机刷上定制开发的 ROM,并激活对应软件"文件切换",录制包含人脸动作的视频,并加载到对应的软件中,进入目标 App 对应的业务场景,触发人脸认证。

[2] 云手机平台是在真实手机设备安装云手机平台开发的 App"云相机",真实手机设备启动云相机 App,并扫描云手机的识别二维码,完成真实手机与云手机的绑定,真实手机通过云相机 App 拍摄真人或一段循环播放的高清人脸视频,云手机进入目标 App 对应的业务场景,触发人脸认证。

犯罪。

（三）破坏信任关系

"深度伪造"打破了用户和媒体、用户和平台之间的信任关系，人们不愿或无法分辨真假，明察是非。如果社会信任的根基动摇，人们更容易对事件、问题提出疑问，破坏社会的稳定安宁。

"深度伪造"可用于欺骗公众，如通过制作被操纵的视频材料，或胁公众对媒体的信任并操纵舆论。一是公众对新闻真实性的质疑威胁到对媒体的信任。由于人们无法看到世界的全貌，需要借助媒体这一载体获取信息，媒体会构建"拟态环境"；如果新闻报道是真实的，则所构建的拟态环境无限接近于客观环境。随着信息技术的发展，网络空间出现大量虚假信息，人们越来越难以依靠生活常识判断信息真伪，对拟态环境做出正确反应，网络谣言泛滥、假新闻流行都与网络环境下人们对事实的判断能力下降有关。智能技术的发展使得信息乱剪、拼接成为可能，人们每天都要面对真真假假的信息，深度伪造技术又进一步为公众提供"眼见不为实"的事实。AI换脸技术让新闻张冠李戴，违背新闻报道真实性原则，结果必然引发公众对新闻真实性及媒体信任度的质疑，挑战媒体的公信力。二是操纵社会舆论。"人工智能虚假信息的传播者提供了快速侦察目标国家、社交媒体、受众并识别其心理弱点的能力。人工智能驱动的系统可以快速生成修改过的内容和深度伪造的数字产品，从而推动针对目标国家民众和国家利益的虚假叙事，冲击目标国家民众的心理。"[①]被伪造的数字产品一旦在网络空间广泛发酵，将影响甚至操纵社会舆论。一些国家选择在特定情况下"适时"出现"深度伪造"新闻，冲击对方舆论场，甚至造成社会动荡。为防止智能技术对舆论场造成的误导，美国大选期间，禁止使用Facebook进行"深度伪造"活动。

深度伪造还打破了用户与智能传播平台之间的信任关系。用户为了借助载体获取信息，必须与智能传播平台之间建立起依赖性关系。用户选择相信平台，将相关信息传输到平台中，以获取个性化信息服务；平台不断采集和分析个人信息，为用户提供感兴趣的内容。平台和个人之间的信息服务与被服务关系，呈现出单向度信任结构：用户作为信息弱势方，只能选择信任平台而将包括生物识别信息在内的各种个人信息交给平台，平台作为信息强势方，有可能选择流量而非真实性标

① 解雨. 深度伪造技术的风险、挑战及治理［EB/OL］. 2023［2023—04—22］. http://www.360doc.com/content/23/0617/12/77055692_1085096781.shtml.

准,把各种深度伪造的信息推送给用户。对普通用户来说,没有能力及时识别深度伪造信息的真假,进而被虚假信息误导;如果长期被引导进入信息误区,必然加深认知偏见。如果用户觉察平台将大量深度伪造信息单独或掺杂进新闻误导自己,必然失去对平台的信任,打破平台和用户之间相依相生的平衡机制,失去对新闻报道的信任。

四、防范生物"伪识别"风险

针对生物"伪识别"风险,一方面要加强技术迭代,防范"伪识别"技术滥用,另一方面要加强"深度伪造"立法,从社会治理层面防范"伪识别"风险。

(一)利用反欺诈技术防范"伪识别"风险

反欺诈技术已广泛应用于人身、金融、医保等诸多领域,旨在保护自然人的人身和财产安全,它包括"传感器级别的反欺诈方法、特征级别的反欺诈方法和分数级别的反欺诈方法"[①]。

首先,"传感器级别(或称硬件级别)的反欺诈方法是向传感器添加某些特定硬件来检测生物的某种特性,如物理属性、电属性、光属性,以及某些被动反应(如血压、脉搏、出汗、瞳孔、脑电波或心电信号等)或主动反应(也称刺激性反应或挑战—应答反应,如瞳孔收缩、按要求摇头、眨眼等)"[②]。传感器级别的反欺诈方法可被用于事前欺诈预防,即在生物识别系统设计时安装反欺诈系统并进行安全测试,充分考虑安全性,最大程度地避免生物识别系统出现"伪识别"问题。例如,通过可视光谱对活体的内在特性(密度、导电性、颜色)或活体非主动信号等生物特征进行分析,或者通过辅助红外图像感应不同波长的 LED 光源和光电二极管,获得来自真实人脸和面具的不同反射信息,或者通过热敏感图像、面部静脉模式、3D 人脸建模等手段对生理特征进行检测,发现是否存在欺诈行为。实践中,处理者根据技术条件和目标需求选择适合的识别方式开展反欺诈识别已经取得了良好的防范效果。

其次,特征级别(或称软件级别)的反欺诈方法常被用于生物特征提取模块环节,一般不直接作用于人体,而是对从图像提取出的生理特征进行甄别。特征级别

---

① 王会勇,丁勇,唐士杰. 生物特征识别数据安全与隐私保护研究[M]. 北京:北京交通大学出版社,2021:42.

② 王会勇,丁勇,唐士杰。生物特征识别数据安全与隐私保护研究[M]. 北京:北京交通大学出版社,2021:42.

的反欺诈方法可被用于事中监控阶段,即在生物识别系统使用过程中采用此方法对生物识别特征进行甄别。这种方法可以分为动态识别和静态识别,区别在于方法所依赖的是生物特征的一系列时间序列样本(如监控视频)还是一个实例(如一张人脸图片)。[①] 动态方法通过分析视频序列检测运动轨迹,尤其是人脸特定部分的运动轨迹,再通过轨迹分析来判断该生物识别体是否存在欺诈。为了探测基于视频的欺诈攻击,系统又构建出通过分析不同姿势的 2D 头部图像,在此基础上构建 3D 结构,利用背景分析进行判定、估计、重复拍摄产生的噪声,使用改进的局部二进制技术来考察视频序列中的事件信息等。静态方法主要利用不同的图像处理技术来检测欺诈。常用的手段主要有傅里叶谱技术、利用高斯滤波器的多重差分提取特定的频率信息、利用偏最小二乘法分析来自低级描述算法的特定信息等。[②] 在具体操作过程中,处理者常常将动态和静态方法进行融合处理,以提高反欺诈识别的精准度。

最后,分数级别的反欺诈方法,即通过一些分数融合策略来抵御欺诈攻击,通常被置于比较器内,用作前两种方法的补充。这种方法可被用于事后溯源中,当生物识别系统出现"伪识别"问题后,可以通过采取分数级别的反欺诈方法及时发现问题、判断原因并修补漏洞。分数级别的反欺诈方法是通过一些分数融合策略来抵御欺诈攻击,待融合的分数通常来自多个 BA 模块或生物特征模块与反欺诈方法结合产生的结果[③],或利用动态特征与静态特征方法获得的结果。具体来说,分数级别的反欺诈方法是将此前整合的数据带入生物识别模型数据库中分析得出分数,这个分数代表一个反欺诈的风险评估,用来支持算法决策。例如,在 1—100 的分数体系中,当分数介于 80—100 之间时,说明该生物识别系统的技术存在欺诈的概率较大,可免去人工审核,直接拒绝对该生物识别系统的后续使用。

(二)通过立法防范"伪识别"风险

"深度伪造"引发的"伪识别"已成为显性危机,反欺诈技术在一定程度上能减

---

① See COLI P,MARCIALIS G L,ROLI F. Fingerprint Silicon Replicas:Static and Dynamic Features for Vitality Detection Using an Optical Capture Device[J]. *International Journal of Image and Graphics*,2008,8(04):495−512.

② 王会勇,丁勇,唐士杰.生物特征识别数据安全与隐私保护研究[M].北京:北京交通大学出版社,2021:42.

③ See DE FREITAS PEREIRA T,ANJOS A,DE MARTINO J M,et al. Can Face Anti-spoofing Countermeasures Work in a Real World Scenario? [C]. International Conference on Biometrics(ICB)IEEE,2013:1−8.

少"深度伪造"问题的出现,但并不能从根本上防范"伪识别"风险。因此,各国纷纷通过立法为"深度伪造"构建法律底线,确保其不被滥用。

美国是对"深度伪造"回应最积极的国家,采取了自下而上的治理路径。一是美国联邦和一些州围绕网络虚假信息治理间接规制深度伪造技术。例如,弗吉尼亚州通过修改的《复仇情色法案》^①、得克萨斯州颁布的《关于伪造欺诈视频影响选举结果的刑事犯罪法案》^②、加利福尼亚州颁布的《第 730 号议会法案》,均针对不当利用"深度伪造"行为作出限制,这些法案打击虚拟信息传播犯罪化行为,间接规制深度伪造技术。总的来说,美国立法严禁利用"深度伪造"技术传播虚假信息或制作虚假视频干扰选举。二是对于"深度伪造"进行针对性立法。由于"深度伪造"技术已经对美国国家安全构成严重威胁,2018 年 12 月,由美国议员 Ben Sasse 提出的《2018 年恶意伪造禁令法案》要求禁止深度伪造行为。2019 年,美国国会提出《深度伪造责任法案》,旨在通过限制深度伪造合成技术,打击虚假信息传播。主要内容包括:"深度伪造内容制作者具有披露义务""受害者主体享有私人诉权""政府应采取措施开发相关检测识别技术"等。法案重新修订"假冒身份行为"定义,规定利用深度伪造技术实施数字冒名顶替行为也属于假冒身份行为。从相关立法来看,美国侧重于对"深度伪造"引发的虚假信息传播进行规制。对于"色情照片"和"色情视频"整体上采取合法化策略,其本身并不具有违法性,只是需要实施分级管理,所以针对利用"深度伪造"技术合成非真实"色情照片""色情视频"关注度并不高。随着明星歌手泰勒·斯威夫特(Taylor Swift)、漫威演员索契尔·戈麦斯(Xochitl Gomez)的露骨假照片在平台疯传,立刻引起全网轰动。其粉丝群体不断删除不雅照片,大骂平台打着"积极删除图像"的口号实际上任凭用户传播的行为,对受害者造成了不可挽回的精神和财产双重危害,对女性的伤害尤为严重。2023 年,美国民主党议员莫雷尔提出了拟议的《防止亲密图像深度伪造法案》,该法案规定未经同意分享深度伪造色情内容为非法行为。虽然"色情照片"和"色情视频"在美国具有一定的正当性,受言论自由保护。但对通过"深度伪造"技术合成的非真实照片和视频,应细分技术应用进行分类管理。除了明确禁止利用"深度伪造"技术传播危害国家安全和散布淫秽色情的内容外,美国加州法律草案也提出了一些特定情形,

---

① 该法案将"'制作、传播虚假的裸体或性视频或图像'以胁迫、骚扰或恐吓他人的行为"认定为刑事犯罪,即深度伪造被视为实施色情报复的手段之一。

② 该法案和《第 730 号议会法案》均认为利用深度伪造技术合成候选人虚假视频并予以传播的行为属于犯罪。

例如,除非包含视频属于伪造的免责声明,否则禁止在投票前 60 日内传播明知是伪造或合成的候选人视频。

欧盟应对"深度伪造"采取自上而下的治理路径,借助现有法律或制定新法对技术加以严格规制。欧盟认为,深度伪造技术本质上是不当使用生物识别信息,对人权保护造成了极大的伤害,受害者可以通过欧盟《通用数据保护条例》第 17 条规定的"删除权/被遗忘权"要求相关平台、信息收集者和处理者删除换脸视频和图像,进行事后救济。但通过事后救济远远不够,伤害已经产生且影响深远。2024年,欧盟议会通过的《人工智能法案》(预计 2026 年正式实施)意在从根本上解决"深度伪造"问题,该法明确禁止对公民权利造成威胁的人工智能应用,其中就包括基于敏感特征的生物识别分类系统。也就是说,《人工智能法案》不仅禁止使用对用户造成伤害的人工智能技术应用,而且限制生物识别技术使用,从源头上解决生物识别信息滥用引发的"伪识别"问题。除此之外,欧盟委员会在 2018 年 4 月 26 日发布公告《应对线上虚假信息:欧洲方案》(Ttackling Online Disinformation:A European Approach),强调以欧盟委员会为治理主体,自上而下发挥总揽全局的作用,协调欧盟各成员国参与"深度伪造"治理,如发布反虚假信息行动纲要,要求网络运营者制定行业自律准则和开发检测工具,提升人工智能安全素养和加强人工智能伦理治理等。

为了避免出现类似欧洲基于人权的过度保护,限制利用人工智能技术识别生物信息致使网络企业发展缓慢问题,我国在立法时采取平衡生物识别保护和网络企业发展的态度,通过《民法典》第 1019 条重点划清"深度伪造"技术的法律规制界限,同时,国家互联网信息办等部门制定《网络音视频信息服务管理规定》《网络信息内容生态治理规定》等规范性文件,明确政府部门、"深度伪造"技术使用者和提供者需要承担的义务与责任。总体上看,我国法律侧重对滥用生物识别信息的处理及对已经通过生物识别技术造成的"伪识别"危害的规制,存在的不足是,现有的法律体系只是涉及"深度伪造"规制,没有针对性立法,因而难以杜绝生物识别信息滥用的问题。

从立法角度来说,必须从生物识别信息保护和技术规制两方面防范"伪识别"风险。一是补充与完善生物识别信息的法律保护体系。生物识别信息作为深度伪造技术应用的原材料,对深度伪造技术进行立法规制,侧重于保护个人生物识别信息,形成对生物识别信息完备的保护体系和全过程的立体监管模式。"深度伪造"引发的"伪识别"风险在于收集者、处理者对生物识别信息的非法采集和随意使用,所以,需要进一步细化和完善生物识别信息采集、使用和储存规则,加大对滥用生物识别信息的机构和个人的惩罚力度,杜绝滥用"深度伪造"技术。明确平台方应该承担的法律责任,注重发挥行业自治规范效力。"深度伪造"涉及多主体,在相关应用场景下,各主体承担不同的法律责任,通过发挥法律的引导作用,让各个处理者自觉守法,合法使用"深度伪造"技术。二是规制"深度伪造"引发的"伪识别"问题需要考虑不同应用场景。首先,对于公用和私用,承担不同的法律责任。政府机关使用"深度伪造"技术事先必须得到相关部门的批准同意,如果不具备使用的必要性和正当性,政府机关不得擅自使用该技术;在使用过程中,实时关注"深度伪造"技术应用是否符合最初的设计目的及产生的实际效果。市场主体侧重于以事后规制为主,使用"深度伪造"技术如果对其他人造成伤害,应该通过法律救济途径使受害人获得相应的法律救济和经济赔偿。其次,借鉴欧盟立法经验,对"深度伪造"技术进行针对性的专门立法,重点限制滥用生物识别信息,多维度保护个人生物识别信息和相关权益免受技术侵害。

(三)以"身份盗窃"规制"深度伪造"

近年来,基于 AI 的深度伪造欺诈案件呈现惊人的增长趋势,在技术持续赋能下,欺诈更加难以识别与防范,对于是否引入"身份盗窃"这一概念解决"深度伪造"问题,学界存在两种截然对立的观点。一种观点认为"深度伪造"技术的不当使用虽然可能侵犯个人生物识别信息,但此种行为未必构成"身份盗窃",将盗窃个人生物识别信息作为刑法规制"深度伪造"的立法事实并不妥当。[①] 简单地说,反对引入"身份盗窃"的观点认为"深度伪造"暂未真正触发身份盗窃问题,不需要做"身份盗窃"入罪化处理。另一种观点认为,"深度伪造"对法益侵害后果已突破传统的公民个人信息犯罪框架,进入与之密切关联的另一个犯罪领域,即身份盗窃。其中,身份盗窃是身份信息犯罪的后续行为,身份信息犯罪是身份盗窃的前行为、手段行为和预备行为。[②] 这种观点立足于先行立法,防患于未然,即防范"深度伪造"可能引发的身份盗窃问题。综合起来看,两种观点都认为"深度伪造"严重损害个人权益甚至危害公共安全,但侧重点不尽相同,需要我们结合"深度伪造"技术发展趋势及危害性做进一步研究,做出优化选择。

---

① 参见姜瀛. 人工智能"深度伪造"技术风险刑法规制的向度与限度[J]. 南京社会科学,2021(09):101-109.

② 参见李怀胜. 滥用个人生物识别信息的刑事制裁思路——以人工智能"深度伪造"为例[J]. 政法论坛. 2020,38(04):144-154.

随着"深度伪造"使用门槛越来越低及应用场景越来越广泛,其危害性已经不限于滥用个人生物识别信息等私领域的问题,有可能进一步引发影响社会公共秩序等公共领域的问题;"深度伪造"一旦危害社会公共秩序,又没有适用性法律规制,必将产生严重的社会后果。从这个角度说,引入"身份盗窃"将凸显立法的前瞻性和威慑作用,有利于防范"深度伪造"滥用。

现阶段处理者利用"深度伪造"技术的目的主要集中于骗取钱财,损害个人生物识别信息,还没有进一步形成身份盗用损害,但将"身份盗用"入法,通过法律的威慑作用可以更好地保护个人身份的社会信任。在可以预见的未来,处理者利用"深度伪造"技术将加剧对个人法益侵害的程度,或者不可避免使得法益侵害复合化,即侵犯新的法益类型,如侵犯到个体的人格利益,或者同时侵犯人格权益和财产权益,我们既需要防范"深度伪造"引发的"伪识别"风险,更需要引入"身份盗窃"这一概念来解决"伪识别"风险造成的新型犯罪难题,通过设定侵害人的行为属于"身份盗窃"行为加以定罪处罚,为防范"深度伪造"风险提供更有力的法律支持。

第四章

生物识别社会风险

　　自人类进入大数据时代后，一切皆可"量化"，大数据已成为一种可以渗透到人类社会生活所有领域的世界观。[①] 随着智能生物识别技术的快速发展，人本身已成为科学观察和测量的对象。将人类自身的生物特征看作信息，并以此研究和预测人的心理活动与行为规律，为我们提供了一个前所未有的审视人类社会的视角。正如乌尔里希·贝克在《风险社会》中所揭示的那样："现代性进程正变得具有自反性，日益成为其自身的主题和问题。"[②] 近年来，引发公众普遍担忧的深度伪造、群体监控等新型风险，已成为新兴科技所带来的社会风险的典型代表。比如，人脸识别技术可以应用于计数、验证、辨识、监控、伪造、窥探六个方面。[③] 如果 AI 换脸技术被不法分子用于实施诈骗或传播虚假信息，将会对社会信任造成负面影响。如果人脸识别的身份辨识功能被有关机构滥用于对个体的跟踪定位，则会侵害个人的隐私与自由。这些不可见的社会风险多数是潜移默化的，如不加以重视，风险发展累积到一定程度，后果不堪设想。现代科技文明不能逃避它的"副产品"——社会风险问题。马克·波斯特曾说"我们的身体与网络、数据库和信息高速公路结下了不解之缘"，齐格蒙特·鲍曼指出，在所有这些信息贮存地，我们的身体被信息所束缚抑制。[④] 随着人们生物识别信息被广泛收集和使用，人们的身体已经嵌入大数据

---

①　维克托·迈尔—舍恩伯格，肯尼思·库克耶. 大数据时代——生活、工作与思维的大变革[M]. 盛杨燕，周涛译. 杭州：浙江人民出版社，2013：126.
②　乌尔里希·贝克. 风险社会[M]. 张文杰，何博闻译. 南京：译林出版社，2018：4.
③　未来论坛. 人工智能伦理与治理：未来视角[G]. 北京：人民邮电出版社，2023：129.
④　齐格蒙特·鲍曼. 全球化人类的后果[M]. 郭国良，徐建华译，北京：商务印书馆，2013：48.

织就的信息网络之中,在算法的加持下,人们的需求被精准满足,但与此同时也受到了越来越多的窥视和控制。本章从社会信任、个体自由等方面,阐述生物识别技术引发的社会风险,因为要首先看到风险,方能控制风险。

第一节　生物识别引发信任危机

信任是人类日常社会生活的必需品,虽然我们可能"日用而不知"。波兰著名社会学家彼得·什托姆普卡曾为信任下过一个定义:"信任就是相信他人未来的可能行动的赌博。"[①]根据这一定义,最主要的信任对象(客体)就是他人及其行动,可称之为"人际信任"。对于社会群体、机构组织、政权制度等更为抽象的对象(客体)的信任,其实都可还原为人的行动及其衍生的结果。[②] 在传统社会中,个人身份、外在形象、行为习惯等,构成了人们互相信任的基础,人脸、签名等,有时在熟人社会中甚至能够起到代替货币的作用。然而,伴随人类进入信息社会,个人身份的确定性遭遇挑战,传统的信任机制被打破。人们除了现实生活中原有的个人身份,还逐渐拥有了"数字身份",数字身份在给人们生活带来便利的同时,也可能"反噬"个人。由生物识别信息所塑造的个体数字身份,存在被复制、盗用,甚至被深度伪造的风险,不仅直接威胁个体的人身权益和财产安全,而且潜移默化地侵蚀着人际信任关系。在层出不穷的伪造和诈骗活动中,人们不再相信"眼见为实";随着新的身份认证技术手段越来越多,信任反而越来越少。越来越多的不信任关闭了人们沟通合作的通道,导致社会信任文化衰退,社会信任体系有崩溃之虞。

一、网络空间中的数字身份与人际信任危机

人类为了保存自身的现实需要,选择组织起来生活于共同体之中。所有个体在共同体中扮演着不同的角色,承担着不同的任务,个人身份识别自然而然成为人际交往与分工合作的基础。"当今社会每个公民都具有自然身份和数字身份两种

---

① 彼得·什托姆普卡.信任:一种社会学理论[M].程胜利译,上海:中华书局,2005:33.
② 彼得·什托姆普卡.信任:一种社会学理论[M].程胜利译,上海:中华书局,2005:61.

身份。"①自然身份在社会交往中的重要性不言而喻,正如费孝通先生在《乡土中国》中所描绘的那样:"我们大家都是熟人,打个招呼就是了,还用得着多说么?"②乡土社会中的人们彼此知根知底,从彼此熟悉的关系中得到信任。"乡土社会的信用并不是对契约的重视,而是发生于对一种行为的规矩熟悉到不假思索的可靠性。"③在一个熟悉的社会中,熟人之间的交往,每个人的脸面既是一种自然身份认证的工具,也是个人信用的代表。因此,"面子"对于中国人而言尤为重要,它奠定了社会交往中人际信任的基础。现代社会是陌生人社会,在我们的生活环境中,需要经常与陌生的、不熟悉的人打交道,我们的生存必须依赖这些不知底细的重要的他者。于是,身份证、工作证、介绍信便被用来证明个体的自然身份,同时"签字""画押"等法律规范成为维系人际信任关系的制度保障。④

当下,身处数字化生存环境中的我们,数字身份在社会交往中更具现实意义。"网络信息化时代的一大特征就是身份的数字化和隐性化。如何准确鉴别一个人的身份及保护信息的安全是当今信息化时代必须解决的社会问题。"⑤互联网的出现改变了物理空间中社会交往的传统可见形态,沟通交流不再是面对面的,可见性的非必要性在一定程度上引发彼此不信任的结果。"赛博空间的无边的匿名性,使通过网络的交易比在当地办公室中签订的合同或在主要街道商业中心的购买更令人怀疑。"⑥构建可信任的虚拟网络空间,需要更加可靠的个体数字身份。随着人工智能技术的快速发展进步,自然人的人脸、指纹、声音、虹膜等生物特征信息,开始被用来进行身份识别认证。生物识别信息具有唯一性、稳定性的特征,将其应用于个人身份认证,具有直接识别、精准度高、易于采集、高效便捷等其他认证方式所无法比拟的优势。生物识别设备的成本(价格)与效率(速度)两大因素,直接决定了智能生物识别技术未来广泛的应用前景。"唯一性是生物特征的核心价值,数字身份识别开启了数字化生存之门"⑦,然而,技术是一把双刃剑,生物识别信息存在泄露的风险,个体数字身份有被盗用的可能,在数字空间"如何证明我就是我"仍是一

① 顾理平.身份识别与复制:智能生物识别技术应用中的隐私保护[J].湖南师范大学社会科学学报,2021,50(04):123—130.
② 费孝通.乡土中国[M].北京:人民出版社,2008:7.
③ 费孝通.乡土中国[M].北京:人民出版社,2008:7.
④ 高景德,王祥珩.交流电机的多回路理论[J].清华大学学报,1987,27(1):1—8.
⑤ 苏雪平.生物特征识别技术及应用[M].北京:北京大学出版社,2022:4.
⑥ 彼得·什托姆普卡.信任:一种社会学理论[M].程胜利译,上海:中华书局,2005:110.
⑦ 顾理平.智能生物识别技术:从身份识别到身体操控——公民隐私保护的视角[J].上海师范大学学报,2021(5):5—13.

个待解的难题。不同于姓名、年龄、住址、联系方式等一般个人信息，生物识别信息具有高度敏感性，"个人生物识别信息不需要与其他个人信息相结合便能实现信息与自然人的匹配"①，一旦泄露就意味着个人身份被永久识别，会给信息主体带来永久的潜在安全风险。而数字身份一旦被不法分子"冒名顶替"，人际信任便无法得到保证。

以当前最常用的生物特征"人脸信息"为例，无论是随处可见的门禁系统还是无处不在的摄像头，都可以捕捉人脸，生成数字化的人脸图像，进而提取特征，转化为人脸识别信息并加以利用。与此同时，我们自愿上传到社交媒体及各种 App 的照片，也正在成为人脸识别技术的"养料"，任何掌握了人脸识别技术的公司都可以提取这些照片，进而充实自己的人脸数据库，科技公司成为生物识别技术发展最主要的推动力。乔治城隐私与技术中心的技术专家乔纳森·弗兰克尔（Jonathan Frankle）指出，人脸识别算法和技术种类比公司数量还多，企业凭借其庞大的图像数据库，Facebook 的算法在大多数其他算法中占有一席之地，因为它不断被教导如何改进。Facebook 自称能够在 98％的时间内准确识别一个人，而美国联邦调查局的人脸识别技术只有 85％的时间可以识别正确的人。②

毫无疑问，无论是在"刷脸支付""刷脸登录""刷脸进门"等智慧城市建设方面，还是在抓捕罪犯、安全防卫、寻找失踪人口等公共安全方面，人脸识别技术的进步都给人类社会生活带来巨大的便利。然而，在生物识别系统中，生物特征本质上是一种便携式"密钥"，这种密钥面临着比传统密钥更大的风险，很难杜绝数据泄露或伪造。③ 2018 年某消费金融公司曾发现 100 多起活体模拟视频伪冒借贷案件，一些不法分子已渗入消费信贷申请流程，在人脸识别环节，通过诸多"换脸"软件活体模拟以及视频攻击等手段进行金融欺诈。④ "确保用户数据身份安全是移动互联网业务开展的安全入口，身份认证技术手段居于核心的位置。"⑤"道高一尺魔高一丈"，没有完美的技术，也没有万无一失的身份识别和认证方式，"密钥"总有被破解之

———————————

① 张建文,赵梓羽. 个人生物识别信息保护的立法模式与制度构建［J］. 重庆邮电大学学报（社会科学版）,2022(1):37—47.

② Naomi LaChance. Facebook's Facial Recognition Software Is Different From The FBI's. Here's Why ［EB/OL］. 2016［2013—07—01］. https://www. wgbh. org/news/national/2016—05—18/facebooks—facial—recognition—software—is—different—from—the—fbis—heres—why.

③ 王会勇. 生物特征识别数据安全与隐私保护研究［M］. 北京:北京交通大学出版社,2021:38.

④ 于晗. "被贷款""被诈骗"……盗用"人脸",不可不防［N］. 中国银行保险报,2021—8—11.

⑤ 邱建华. 生物特征识别:身份认证的革命［M］. 北京:清华大学出版社,2016:181.

时。相较于个体的自然身份,数字身份更容易被不法分子"冒名顶替"。由智能生物识别技术所引发的身份认证革命,有可能将人类推向未知的巨大风险之中。2019 年 2 月,GDI 基金会荷兰安全研究员 Victor Gevers 在推特上爆料,中国一家人脸识别公司"深网视界"(SenseNets)数据库存在重大安全漏洞,任何人都可访问数据库,并根据该公司的实时人脸识别技术跟踪某个人。^① 据媒体披露,"深网视界"主要有两款产品:人脸识别布控系统与智能人群分析系统,前者可实现机器自主快速抓取并识别所有监控中出现的人脸,并与数据库中的目标名单实时匹配;后者则针对人口密集场景对人群状态进行监控,一旦必要将及时采取干预措施,降低事故发生率。^② 出于公共安全的目的和社会治理的需要,人脸识别摄像头无处不在,对公众人脸信息的无感性收集和强制性同意,导致信息主体根本无从察觉,更谈不上拒绝或抵抗,而这些敏感信息一旦泄露,后果不堪设想。当我们意识到自己的人脸信息被收集,无疑会产生深深的忧虑,因为我们不知道这些信息将被谁收集和储存、被如何分析和使用,是否能够获得安全的储存;而当得知自己的生物特征信息被泄露,并遭遇欺骗时,无疑会进一步加深我们对社会和新兴技术的不信任感。

2023 年福州郭先生被骗一案中,430 万的重大财产损失令人唏嘘,更让人不寒而栗的是利用 AI 深度伪造技术的犯罪手段防不胜防。除非采用面对面的交流和交易方式,不然网络、视频、电话等远程交易模式都不再可靠,人与人之间传统的信任模式被颠覆。郭先生之所以会做出大额转账行为,是基于对好友的信任,这种信任既包含了通过长期交往所观察到的对好友人品信誉的认可,也包含了对好友未来有足够的经济能力进行偿还的预期。在 10 分钟这样短的时间内转账,说明双方之间的熟悉信任已到了不假思索的程度。但正是这种原本令人称赞的信任关系,却让其掉入骗子布下的陷阱,付出惨痛的代价。Facetime、微信视频等实时通话软件实现了跨越物理空间的面对面谈话,让人们能够实时交流,但 AI 换脸技术打破了这种实时性、同步性、真实性,让原本可靠的新技术变得不再可靠,让原本可信的人、事、物变得不再可信。当人们种下怀疑的种子,势必对人和事都产生不信任情绪,社会交往的成本就会成倍增加。正如什托姆普卡所言,怀疑是信任破坏的前

① 人脸识别公司深网视界被指数据泄露,含 256 万人的个人信息[EB/OL]. 2019[2023-06-10]. ht-tps://baijiahao. baidu. com/s? id=1625541790459846029&-wfr=spider&-for=pc.

② AI 安防企业被曝数据泄露敲响人脸识别安全警钟[EB/OL]. 2019[2013-06-10]. https://baijia-hao. baidu. com/s? id=1626482567743384409&-wfr=spider&-for=pc.

奏;由违背信任产生的怀疑很容易导致完全的不信任,而由没有正当理由的不信任的消除产生的怀疑到建立完全的信任则非常缓慢;在信任建立和信任破坏的过程中存在典型的不对称性。^①

对生物识别信息的滥用正在破坏信息主体和信息控制者之间的信任关系。在个人数据应用过程中,终端用户的信心和信任正在被削弱,当前的个人数据生态系统支离破碎、效率低下,服务提供商收集用户信息的权力太大,许多终端用户根本看不到参与其中的有益之处。^②人们在日常生活中,往往倾向于享受新技术给自己生活所带来的便利,从人脸识别门禁系统如雨后春笋般在城市各个社区普及就可见一斑。事实上,无论是小区的物业,还是提供人脸识别设备的商家,甚至是维护系统的软件服务商,都可以轻易获取业主的人脸信息,业主在人脸信息被收集后,便丧失了对这些信息的控制权。至于信息控制者们如何储存、保护这些敏感信息,以及将以何种目的将其用于何处,则全然不在信息主体的掌控之中。此外,在劳动场景下用人单位出于安全和管理的需要,纷纷布置人脸识别系统、指纹考勤系统等,轻松实现了对劳动者生物识别信息的收集和劳动过程的监视。劳动者因为处于从属性地位,没有多少讨价还价的余地。亚马逊等互联网头部企业甚至还给货车司机们戴上了电子手环,实时监测他们的心率等身体数据,加大对其劳动状态的监督。可是,劳动者一旦发现这些生物特征信息被用于雇主最初声称的目的之外,而持续产生的风险需要劳动者本人来承担,他们还会继续信任雇主吗?不论是用户还是业主,消费者还是劳动者,信息主体在信息关系中始终处于一种信息不对称的地位。一旦交出了自己的生物识别信息,信息主体就会变得更为脆弱,更容易受到影响和伤害,信息权力结构将进一步失衡,而信息控制者的数据权力得到近乎无边界的扩张。"每个生命体在提供给智能生物识别技术识别的任何一次生物特征隐私信息时,都是一次高度信任的输出,同时期待着对方能严格守护承诺。"^③如果信息控制者一方的权力过大,行为难以得到有效约束,甚至可以为所欲为,那么双方的信任关系将变得岌岌可危。正如阿里·埃斯拉·瓦尔德曼教授指出的:"披露信息最关键的是信任,信任是两方或多方之间的社会资源,用于期望他人按照公认

---

① 彼得·什托姆普卡.信任:一种社会学理论[M].程胜利译,上海:中华书局,2005:34.

② 托马斯·哈乔诺.信任与数据:身份与数据共享的创新框架[M].陈浩译,北京:经济科学出版社,2018:72.

③ 顾理平.智能生物识别技术:从身份识别到身体操控——公民隐私保护的视角[J].上海师范大学学报,2021(5):5—13.

的准则行事,它允许发生共享,并减轻了披露中固有的脆弱性和权利不平衡,换句话说,披露是在信任的场景中发生的,而当数据被收集或使用太广泛时信任就被破坏了。"①

人类必须学会信任,因为只有彼此团结协作,才能改造世界、创造财富。弗朗西斯·福山曾指出,共同体基于信任而生;在一个有规律的、诚信的、相互合作的共同体内部,成员会基于共同认可的准则,对于其他成员有所期望,这一期望便是信任;一个社会中的普遍不信任给各种经济行为横加了另一种税,而高度信任的社会则无须支付这一税款。② 在经济社会正在向数字化转型的当下,如果我们能够创建一个可信任的数据互联网,为每个人提供安全、有保障的数据访问,就可产生巨大的社会效益。③ 本来运用生物识别技术进行个体数字身份的识别、认证、追溯,是一条更经济、更可信的技术解决路径。但大规模数据泄露、网络欺诈、身份盗用等问题层出不穷,目前的数字基础设施及其技术防御措施还不具备完全抵抗这种威胁的能力,并不能增强公众、个人和商业机构之间的信任纽带关系。人们不可能终日戴着面具生活,然而无论是汽车 4S 店、售楼处,还是著名卫浴商店,都曾经被曝光过存在悄悄收集客户人脸信息的行为。试想一下,如果所到之处都有一个隐蔽的摄像头在抓捕我们的人脸信息,而我们自己却毫无察觉,每一个人还能够泰然自若地参与社会生活吗? 无论是熟人之间的人际信任,还是陌生人之间的系统信任,都不可避免地受到生物识别技术的负面影响。当社会信任被一起又一起防不胜防的AI 诈骗案慢慢侵蚀,甚至到了崩溃边缘的时候,必将导致整个社会生态的恶化。正如前文提到的,普通人在智能技术面前根本无力抵抗,当下唯一能做的就是渐渐收起对陌生人的善意,把对方看成不怀好意的骗子,但在否定性预期之下随之而来的便是相互提防,使自己尽可能地逃避、远离,采取防御性措施以防备那些我们不信任的人。

① 阿里·埃斯拉·瓦尔德曼. 隐私即信任——大数据时代的信息隐私[M]. 张璐译. 北京:法律出版社,2022:5.

② 弗朗西斯·福山. 信任:社会美德与创造经济繁荣[M]. 郭华译,桂林:广西师范大学出版社,2016:29—30.

③ 托马斯·哈乔诺. 信任与数据:身份与数据共享的创新框架[M]. 陈浩译,北京:经济科学出版社,2018:13.

二、后真相时代的虚假信息与媒体信任危机

"后真相时代"是 2016 年《牛津词典》的年度词汇。有学者将其定义为:"客观事实对于形塑公共舆论的影响力,不如诉诸个人的情感与信念。"[①]其实,哲学研究从认识论的角度早就深入阐释过上述问题。真相并非是直接呈现的,"现实世界的真理要从主体思维中产生,真理是人心的产物"[②]。英国哲学家休谟在《人类理智研究》一书中对所谓的人类理智予以致命一击:自然科学并非理智的成就;其实没有关于事实的真理,而只有关于事实的心理习惯。[③] 于是,真相问题从某种意义上可以转换为心理问题。传播学大师曼纽尔·卡斯特也曾精辟地指出:传播是通过激活心理来分享意义的;情绪和感情在社会行动中具有突出作用;权力在心灵的风车中生成。[④] 由此可见,媒体(传播媒介)在塑造人类精神世界,甚至在构建权力关系方面具有重大作用,人们倾向于相信媒体想要他们相信的东西。拿破仑也曾说过:"三张敌对的报纸比一千把刺刀更可怕。"[⑤]然而,由深度伪造等生物识别技术所生产的虚假信息,正在给媒体公信力造成前所未有的冲击。

所谓深度伪造,是"深度学习"和"伪造"组合而成的一个新词,是一种基于人工智能算法的图像、视频合成技术。典型的深度合成技术体系主要包括人脸替换、人脸再现、人脸合成、语音合成 4 种形式。[⑥] 人脸、声音等生物识别信息为深度伪造提供了素材。最为常见的是 AI 换脸技术,即通过深度学习的算法去识别目标人物不同角度、姿态与表情的照片,然后不断训练,从而自动生成伪造的图片,并将其覆盖到原有视频人物的脸部,形成"换脸视频"。[⑦] 随着 AI 技术不断迭代,特别是"生成对抗网络"(GAN)技术的出现,运用"深度伪造"技术制作的伪视频越来越逼真,普通人很难分辨真假。深度伪造技术在教育、娱乐、文化创意等领域有着积极的、广阔的应用前景,比如 2020 年 2 月,《时代》杂志网站就使用深度伪造技术,重现了马丁·路德·金在 1963 年 6 月 28 日发表《我有一个梦想》的演讲场景,让许多用户目

①　张涛.后真相时代深度伪造的法律风险及其规制[J].电子政务,2020(4):91-101.
②　王德峰.哲学导论[M].上海:复旦大学出版社,2021:121.
③　王德峰.哲学导论[M].上海:复旦大学出版社,2021:137.
④　曼纽尔·卡斯特.传播力[M].汤景泰等译.北京:社会科学文献出版社,2018:111-118.
⑤　马歇尔·麦克卢汉.理解媒介[M].何道宽译,南京:译林出版社,2019:24.
⑥　李伟.从"深度合成"到"深度伪造"[J].检察风云,2021(6):11-12.
⑦　王禄生.论"深度伪造"智能技术的一体化规制[J].东方法学,2019(6):58-63.

睹了这一伟大的历史性时刻。①

越来越多的"深伪"视频在"令人信服"地广泛传播,强大的新型 AI 软件让它们易于被制造和传播,严重挑战了新闻真实性原则和用户追求真相的价值观。② 此项技术泛滥所带来的负面影响不容忽视,如果不加管制,会给社会信任带来极大的冲击。2023 年上半年,AI 孙燕姿火速"出道",网络上出现了大量由"AI 孙燕姿"翻唱的歌曲,令人难辨真假,就连歌手孙燕姿本人都悲观地表示,AI 技术将威胁到成千上万个由人类创造的工作,而人类无法超越它。③ 目前,AIGC(Artificial Intelligence Generated Content,生成式人工智能)技术正在促进音乐产业智能升级,主要包括语音识别与歌曲生成两大应用场景。④ 对于生成式人工智能来说,识别并复制某一歌手的声音,再将之用于对话、翻唱等各种场景,已是轻而易举,这种"以假乱真"的复制令歌迷甚至歌手本人都感到困惑。曾经,声音的辨识度对于歌手至关重要,当我们听到熟悉的歌手的声音,就会不自觉地想起他/她的歌声和旋律,但是,AIGC 技术的发展打破了这种固定连接。现在,哪怕是听到最熟悉的人的声音,我们都要思考判断,这是不是我们认识的那个人? 语音识别和深度伪造的组合,令我们失去了判断力,进而失去了对声音的信任。

美国情报界将"深度伪造"的负面影响提升到对国家安全造成威胁的高度,他们担心敌对势力和战略竞争对手利用"深伪"技术制造出高度可信但却完全虚假的图片、音频和视频资料,以加强针对美国及其盟友的渗透运动。⑤ 这种担心并非杞人忧天,因为信息战和舆论战一直活跃在历史舞台上。曼纽尔·卡斯特曾指出,美国政府向来有编造情报的传统,2003 年前后为出兵伊拉克制造借口所开展的复杂宣传工作堪称政治宣传的教科书式案例。⑥ 其实,早在第一次世界大战期间,美国人就已经开始利用信息工具进行舆论造势。1917 年 4 月 6 日,美国正式宣布参加"一战"。宣布参战的一周后,即 1917 年 4 月 13 日,美国总统伍德罗·威尔逊主导的白宫成立了世界上前所未有的宣传机构——公共信息委员会,为此前政府中立

---

① 刘建明. 深度伪造对媒体与人类的致命威胁[J]. 新闻与传播研究,2021(4):8—13.
② 陈昌凤,徐芳依. 智能时代的"深度伪造"信息及其治理方式[J]. 新闻与写作,2020(4):66—71.
③ 秦艺道. 孙燕姿回应"AI 孙燕姿":人类无法超越 AI,做自己已然足够[EB/OL]. 2023[2023—06—1]. https://www.thepaper.cn/newsDetail_forward_23196328.
④ 郭全中,张金熠. AI+人文:AIGC 的发展与趋势[J]. 新闻爱好者,2023(3):8—14.
⑤ 陈昌凤,徐芳依. 智能时代的"深度伪造"信息及其治理方式[J]. 新闻与写作,2020(4):66—71.
⑥ 曼纽尔·卡斯特. 传播力[M]. 汤景泰等译. 北京:社会科学文献出版社,2018:214.

政策 180 度的大转变进行辩解,把持怀疑态度的美国大众动员起来向德国开战。① 战后芝加哥大学的哈罗德·拉斯韦尔于 1927 年出版《世界大战中的宣传技巧》,对公共信息委员会的工作做了详尽分析,他指出,不要相信民主国家的大众会被精英分子的观点引导,必须用操纵情感的方式去引导他们。② 一百年后的今天,深度伪造等智能技术的出现,为这种政治宣传或舆论操纵提供了更加完美的技术工具。

在美国,人们普遍担心虚假政治消息的泛滥可能影响总统选举。2019 年,美国民主党议员南希·佩洛西谈论特朗普的一段视频被深度伪造后,在脸书上的浏览量一度超过百万次,转发与评论也超过数万条,其被调整的语速和语调一度被不明真相的公众评价为喝醉后的胡言乱语。③ 欧盟委员会于 2019 年 6 月发布的《关于〈反虚假行动计划〉执行情况的报告》也严肃地指出,在最近一次的欧洲大选中,数字虚假信息泛滥成灾。④ 2017 年 5 月,卡塔尔官方 Twitter 账号遭遇黑客攻击,并散布了卡塔尔元首关于伊朗和伊斯兰教的虚假讲话内容,虽然卡塔尔政府快速澄清以正视听,但虚假内容经新闻和社交媒体大肆传播后已经造成不良影响,且引发了海湾邻国的愤怒,之后爆发的中东外交危机也被认为与此虚假信息事件有一定关系。⑤ 经过深度伪造的政治现象和政治行为表现为政治谣言。⑥ 生物识别信息的传播和深度伪造技术的低门槛,让任何一个掌握了一定技术手段的人,都可以伪造政治信息。而一旦制造虚假政治新闻的人,不再局限于某些政治集团,而是扩展到普通人,那么政治活动的严肃性将不复以往。同时,公共信息可信性的降低会导致人们可参考信息范围的缩小,这种因信息沟通不畅而造成的决策失误将会让整个社会陷入停滞与混乱。⑦

深度伪造技术彻底颠覆了视频的客观性,导致人们再也无法保留对视频作为记录事件真相的最有力证据的信任。俗话说"眼见为实",虽说这种"实"本质上仍属于主观认识的范畴,但它毕竟是有一定客观依据的。"自从摄影技术、视频、射线扫描技术出现后,视觉文本的客观性就在法律、新闻以及其他社会领域被慢慢建立

① 威廉·恩道尔.金融霸权[M].陈建明等译.北京:中国民主法制出版社,2016:38.
② 威廉·恩道尔.金融霸权[M].陈建明等译.北京:中国民主法制出版社,2016:42.
③ 谢进川,唐恩思.深度伪造的社会伤害与治理争议[J].新闻与写作,2023(4):95-105.
④ 陈昌凤,徐芳依.智能时代的"深度伪造"信息及其治理方式[J].新闻与写作,2020(4):66-71.
⑤ 曹建峰.深度伪造技术的法律挑战及应对[J].信息安全与通信保密,2019(10):35-40.
⑥ 张爱军,王芳.人工智能视域下的深度伪造与政治舆论变异[J].河海大学学报(哲学社会科学版),2021(8):29-36.
⑦ 赵国宁.智能时代"深度合成"的技术逻辑与传播生态变革[J].新闻界,2021(6):65-76.

起来,成为真相的代表。"①"一直以来,视频都被视为真实性的基本标准,与容易失真的照片形成鲜明对比"②,然而对深度伪造技术的滥用使得眼见不再为实,对于视频资料人们不再敢轻易相信。特别是在自媒体直接介入大众传播领域的时代,由于短视频的制作门槛低、传播速度快、监管难度大等特质,一旦短视频与"深度伪造"技术相结合,其对媒体公信力的破坏性将难以估量。自媒体时代,人人都是记者,事事可为新闻,从任何来源、以任何形式发布的任何新闻,都有可能通过互联网的"放大器效应"进行病毒式传播。

当前,深度伪造的技术门槛已大大降低,普通人通过一部手机、一台电脑,配上某个软件就能实现 AI 换脸。③ 这对于本来就充斥着令人真假难辨的虚假信息的网络空间来说,无疑是"雪上加霜"。"信,还是不信",这将是后真相时代一个十分严肃的问题。刘建明教授概括了"深度造假"带来的三种主要危险:一是虚假的媒体贬低人们的智商,让受众产生错误行为,给人们造成直接损害;二是当我们都觉得自己无法再相信任何事情时,我们可能变得冷漠,拒绝承担任何社会和公民义务,或者基于完全的谎言做出糟糕的选择;三是当任何事情都可以被令人信服地伪造时,撒谎者很容易找到欺骗的机会和逃脱的理由。④ 深度伪造技术与生物识别信息的合谋,让虚假信息变得难以鉴别,人们不再愿意相信互联网新闻,进而对社会事件产生怀疑和冷漠的情绪。伴随着自媒体的快速发展,深度伪造的信息在互联网上大肆泛滥,进一步加大了人们鉴别信息的难度,而普通人往往不具备鉴别真假的能力,造谣变得愈加容易,辟谣的成本则急剧上升。"如果人们不再相信自己在视频中看到的内容,那更会毁了人们追求真相的价值观。"⑤深度伪造意味着视觉真相信仰的消逝,"人类原本寄希望于通过信息的交换实现不确定性的消除,深度伪造却助长了深度数据政治与社会不确定性的再生产"⑥。深度伪造技术所造成的"最大的威胁不是公众会被欺骗,而是公众会把一切都当作欺骗。"⑦而一旦公众将一切都视为欺骗,新闻真实将不复存在,社会信任也就到了即将崩溃的时候。"后真相时代,媒体已经面临信任危机,若公众长期处于深度伪造营造的虚假信息环境中,

① 李伟. 从"深度合成"到"深度伪造"[J]. 检察风云,2021(6):11-12.
② 王禄生. 论"深度伪造"智能技术的一体化规制[J]. 东方法学,2019(6):58-68.
③ 徐燕萍. "深度伪造"技术的伦理反思[J]. 计算机时代, 2021(11):118-121.
④ 刘建明. 深度伪造对媒体与人类的致命威胁[J]. 新闻与传播研究,2021(4):8-13.
⑤ 陈昌凤,徐芳依. 智能时代的"深度伪造"信息及其治理方式[J]. 新闻与写作,2020(4):66-71.
⑥ 谢进川,唐恩思. 深度伪造的社会伤害与治理争议[J]. 新闻与写作,2023(4):96-105.
⑦ 王禄生. 论"深度伪造"智能技术的一体化规制[J]. 东方法学,2019(6):58-68.

更会加剧这种不信任"①,由此带来社会共同体信任的消解与崩坏。②

第二节　基于生物特征的群体监控侵蚀个人自由

法国思想家福柯在《规训与惩罚》中详细介绍了英国哲学家杰里米·边沁提出的"全景敞视建筑"的概念。监督者处于圆形监狱中央的瞭望塔中,囚徒处于圆形监狱的囚室中,监督者可以观察囚徒,囚徒却看不到监督者,甚至不知道自己是否正在被监视,边沁指出:"权力应该是可见的但又是无法确知的","全景敞视建筑在被囚禁者身上造成了一种有意识的和持续的可见状态,从而确保权力自动发挥作用。"③受边沁的启发,福柯发现了"规训权力"的运作规律。可以说"全景敞视模式"是"规训权力"的完美表现,并可推而广之拓展适用于监狱之外形形色色的应用场景。生物识别本质上是身体特征的数字化表达。"现代数字信息技术的出现,使得对个体的监视变得更容易、更严密、低成本和高效能。"④"狭义的人脸识别只是固态机器的认证,而广义的人脸识别,则涉及整个生存空间的数字化和监控化。"⑤随着生物识别技术的普及应用,"生物性个体与依赖于数据和统计为基础的治理体系之间建立起准确的对应关系"⑥,对于数字化身体的监视技术在整个社会中扩散,一个"透明社会""规训社会"正在来临。然而,我们每一个人都是独立自由的个体,不喜欢被监视。"仅仅被监视就可能构成伤害,因为它贬低了我们作为人的地位。"⑦数字技术在解放人类双手的同时,仿佛又给人类套上了限制自由的枷锁。海德格尔曾发问:是技术将人变成了奴隶,还是人成为技术的主人?⑧ 这是走向数字时代的生命政治所必须面对的灵魂拷问。

①　位云玲.新闻反转的内在机理、影响及治理探究[J].新闻知识,2019(4):86—89.

②　赵国宁.智能时代"深度合成"的技术逻辑与传播生态变革[J].新闻界,2021(6):65—76.

③　米歇尔·福柯.规训与惩罚[M].刘北成,杨远婴译.北京:生活·读书·新知三联书店,2021:215—216.

④　唐皇凤.数字利维坦的内在风险与数据治理[J].探索与争鸣,2018(5):42—45.

⑤　余盛峰.临界:人工智能时代的全球法变迁[M].北京:清华大学出版社,2023:113.

⑥　蓝江.生物识别、数字身份与神人类——走向数字时代的生命政治[J].马克思主义与现实,2021(4):194—202.

⑦　阿里·埃斯拉·瓦尔德曼.隐私即信任——大数据时代的信息隐私[M].张璐译.北京:法律出版社,2022:38.

⑧　蓝江.生物识别、数字身份与神人类——走向数字时代的生命政治[J].马克思主义与现实,2021(4):194—202.

一、智能时代的消费者监控

步入消费时代,我们每一个人都是消费者。商家不一定会把"顾客就是上帝"这句话奉为座右铭,但毫无疑问的是,他们为了洞悉顾客的消费需求,都有监控消费者的动力和冲动。舍恩伯格在《数据资本时代》一书中指出:"在当前的海量数据市场中,基于数据和机器学习的决策辅助系统,可以通过观察消费者所做的事情,追踪消费者所做的决策,全面获取消费者的个人偏好信息,从而识别出最优匹配,帮助改善交易、提高效率,大大降低市场失灵。"[1]"借助每一次点击,算法学习将投喂个性化内容,并为我们推销最佳的体验。"[2]生物识别技术的出现,为商业领域企业精准识别消费者并全面获取个人偏好信息提供了可能。

2021年的央视3·15晚会曝光了多家知名企业在门店安装智能人脸识别摄像头,以搜集海量人脸信息的丑闻。[3] 商家对消费者生物识别信息的收集成为把握消费者心理的前提条件和分析工具。一方面,一旦某位顾客进入门店,其人脸信息就会被自动捕捉、记录,之后该顾客再去了哪几家门店,去了几次,商家便会一清二楚。另一方面,摄像头不仅捕捉了顾客的人脸信息,而且能实时分析顾客进入门店后的情绪和心情。微表情可能泄露人们的心理活动和情绪。[4] 微表情一闪而过,除非受过专门训练,一般的观察者通常难以捕捉到,但对于智能监控设备而言简直毫不费力,这就为商家窥探消费者的主观意图提供了可能性。

物联网和智能家居的兴起,彻底打破了监控消费者的时空界限。新一代的家居设备是能够记录自己行为以及实现人机交互、与其他设备交换数据的智能机器,在出厂时传感器就已经与机器一体化了。[5] 随着物联网设备天衣无缝地融入社交基础架构中,无论消费者是否拥有特定的物联网设备,他在公共场所和私人场所都不可避免地接触到物联网的收集行为,而且这种数据收集行为是全方位、无死角

① 舍恩伯格. 数据资本时代[M]. 李晓霞,周涛译. 北京:中信出版社,2018:6—10.
② 马克·叔伦伯格,里克·彼得斯. 算法社会:技术、权力和知识[M]. 王延川,栗鹏飞译. 北京:商务印书馆,2023:1.
③ 3·15晚会曝多家知名商店安装人脸识别摄像头,海量人脸信息已被搜集[EB/OL]. 2023[2023—08—27]. https://export. shobserver. com/baijiahao/html/350078. html.
④ R. A. 巴伦,D. 伯恩. 社会心理学[M]. 黄敏儿,王飞雪等译. 上海:华东师范大学出版社,2004:52.
⑤ 徐子沛. 数据之巅[M]. 北京:中信出版社,2019:325.

的。① 比如,用户可以通过语音来操控智能电视,以获取个性化的观赏体验。与此同时,麦克风却很容易捕捉并记录下与娱乐无关的周围环境信息(家庭成员间的谈话或电话通话信息),甚至完全可以通过声音识别出特定的说话者。又如,许多家庭为了照看老人或小孩在家里安装监控摄像头,虽然能起到实时监控家庭成员活动情况的作用,但也彻底将家庭私密生活全面暴露给了设备制造商。

　　毫无疑问,为了获取最大利益,物联网设备的制造商和应用者会想方设法不露痕迹地收集尽可能多的数据。有些公司可能会做出对个人信息进行去身份识别的承诺,但这不仅与增加用户个性化体验的目的不相符,而且势必降低数据使用的效率。从技术层面看,完全匿名化几乎是不可能的。"物联网大数据基础设施的使用可能会产生新的数据洞察,数据洞察能够识别出他人身份或生成相当准确的敏感个人信息。"②有的商家甚至大言不惭地在其"隐私政策"中无视消费者的隐私利益。2015 年,韩国三星集团的智能电视隐私政策就深陷舆论旋涡,因为其隐私政策中含有一项免责声明:如果用户说出的内容包含个人信息或其他敏感信息,那么这些信息将被语音识别功能捕获并传输给第三方公司。③ 不过,三星公司只是毫不掩饰地说出了一个事实,对于智能社会中的绝大多数消费者而言,要么还没有意识到个人敏感信息被收集,要么根本没有办法抵御公司的数据收集行为。从物联网的技术演变可以看出,相互连接的普遍化、组织化、标准化,数据收集的大范围、渗透性,系统互动涵盖所有人类感知等,都是大势所趋。④ 数字化生存中的消费者,只能被技术时代的洪流裹挟着前进,毫无抵抗之力,默默忍受"生命不能承受之轻"。

（一）诱惑成瘾

　　营造成瘾环境是智能生物技术的一项重要技能,且发挥作用的过程令人难以觉察。⑤ 遍布消费者周围的传感器,正在持续追踪消费者以获取其消费习惯等数字轨迹。算法决策系统则运用先进的数据挖掘技术对用户信息进行分析提炼,预测消费行为,为用户提供个性化服务。为了收益的最大化,算法系统的首要目的被设置为最大化延长用户的浏览时间,不断地诱惑用户,令他们上瘾,对于个体自由和

---

① 张民安. 物联网隐私权总论[M]. 广州:中山大学出版社,2020:181-183.
② 张民安. 物联网隐私权总论[M]. 广州:中山大学出版社,2020:137.
③ 张民安. 物联网隐私权总论[M]. 广州:中山大学出版社,2020:185.
④ 张民安. 物联网隐私权总论[M]. 广州:中山大学出版社,2020:290.
⑤ 顾理平. 智能生物识别技术:从身份识别到身体操控——公民隐私保护的视角[J]. 上海师范大学学报,2021(5):5-13.

自治权而言,生活环境智能化的程度越来越高也许并不是一件好事。① 一次点击等同于次次点击,算法系统能够敏锐地觉察到消费者的兴趣偏好。伴随着用户使用互联网服务的行为,算法越来越知道什么样的内容会吸引人们在网站上逗留,它可以给你更多它认为你想要的东西,所谓的"用户黏性"就这样产生了。现代人患上的"手机依赖症",从主观上看,是由于人类自身的原因(人性的弱点),即为了填补无聊的空闲,不断寻求外部的刺激;但从客观上看,生物识别技术和算法系统也"功不可没"。智能机器通过"借助对个体神经系统和生理系统在不同信息刺激下的应对变化,分析其兴奋点和失焦期"②,贴心预测到用户的后续行为倾向,准确吸引消费者的眼球。生物识别技术的出现,使商家能更精准地追踪到每一位消费者的每一种情绪。例如,脸书是一家大型监控企业,每天3.5亿张照片的全球覆盖率,使其可以利用人脸识别软件,通过将新图片与之前上传的图片进行匹配,自动识别或标记个人。③ 有研究证实,脸书可以通过用户照片的面部表情、用户与屏幕互动的程度等,分析和评价用户的精神状态。④ 所有这一切的背后都潜藏着商业利益的驱动——谁掌握着消费者未来行为的信息,谁就会从中获利。大卫·萨普特直言不讳地将算法近年来的进展称为"广告智能",而非"人工智能",实际上是大公司变得比以前更擅长收集消费者的数据并向消费者推销商品了。⑤

(二)暗中操纵

当下,"个人智能助手"已成为任何一款智能手机"标配"的系统应用程序,例如,小米手机内置的智能语音服务助手"小爱同学",就可以收集用户的语音指令,识别用户的声纹特征,用来帮助查询信息和获取服务。在用户的持续使用训练下,它会不断学习提升自己,变得更聪明、更好用、更懂得用户的心理。2023年8月,小米公司首席执行官雷军在年度演讲中表示,"小爱同学"将升级生成式大模型,支持智能问答,并能够根据用户的文字要求创作文案,甚至图片内容;在会议等场景中,能够实现实时摘要与翻译等。⑥ 生成式人工智能作为一项新兴技术,在2022年底

---

① 凯伦·杨,马丁·洛奇.驯服算法[M].林少伟,唐林垚译.上海:上海人民出版社,2020:34.
② 顾理平.智能生物识别技术:从身份识别到身体操控——公民隐私保护的视角[J].上海师范大学学报,2021(5):5—13.
③ 伊恩·伯尔勒.人脸识别:看得见的隐私[M].赵精武,唐林垚译.上海:上海人民出版社,2022:9.
④ 大卫·萨普特.被算法操控的生活[M].易文波译.长沙:湖南科学技术出版社,2020:33.
⑤ 大卫·萨普特.被算法操控的生活[M].易文波译.长沙:湖南科学技术出版社,2020:229—230.
⑥ 小米4月组建大模型团队,小爱同学今日起开启邀请测试[EB/OL].2023[2023—08—30].http://stock.10jqka.com.cn/hks/20230814/c649715278.shtml.

因 ChatGPT 的发布而引发全球关注。在 AI 大模型的加持下,"个人智能助手"的功能将变得更强大。手机智能助手有些类似管家的角色,它能倾听主人的声音,揣摩主人的心意,熟识主人的习惯,将各种事务协调安排得井井有条。最终主人与管家之间将形成亲密的依赖关系,管家越贴心,主人就越会放手让其打理更多的私人事务,管家也将如影随形地融入主人的生活。然而,消费者并不是"小爱同学"真正的主人,智能语音助手最终服从于信息控制者在后台的指示。"一个值得信赖的私人助手会令其真正的雇主享有终极权力——对人类的认知施加影响并引导舆论。"①这一论断绝不是毫无根据。在 2016 年美国总统大选之后,一家名为剑桥分析的数据公司宣称,他们可以收集脸书的选民个人资料,绘制出选民的数据人格画像,用来指导竞选活动。② 同样,有人对脸书提出质疑,指责他们的热点新闻工作组曾在 2016 年美国大选中,故意忽视一些保守派关心的话题,通过抑制保守派观点的传播来干预政治选情。③ 这不禁令人感到忧虑:消费者在享用个性化的智能新闻推送体验时,实际上很难觉察到平台对推送内容的筛选和过滤,假如我们的智能管家有针对性地故意屏蔽或释放一些资讯,引导社会舆论向政治竞选中某一方倾斜,我们恐怕会照单全收,浑然不知其中的蹊跷。语音交互的实现是人类进入智能时代的一个重要标志。当下机器主要通过理解人类的语言来适应人、为人服务,在不远的未来,相信人类将可以用眼睛和脑电波直接与计算机交流。④ 在智能生物识别技术的助力之下,智能管家们就如同有了"读心术",能够更加准确地预测和把握用户的情绪和精神状态。至于它们据此做出的种种反应,究竟是出于提供贴心服务的目的,还是在暗中操纵我们的日常生活,那就不得而知了。

(三)抑制表达

正如瓦尔德曼教授所言,披露信息最关键的前提是信任,信任是对隐私期望的核心。⑤ 我们通常只在特定的情境之下,向自己熟悉的、值得信赖的朋友分享私密信息。当有陌生人在场时,即使表达的欲望再强烈,我们也宁可缄默不语。比如,在拨打客服热线时,我们常常听到以下这段熟悉的话语:"为了确保服务质量,您的通话可能会被录音,请您谅解。"于是我们会注意自己的措辞。当入住酒店时,看到

---

① 阿里尔·扎拉奇,莫里斯·E. 斯图克. 算法的陷阱[M]. 余潇译. 北京:中信出版集团,2018:257.
② 大卫·萨普特. 被算法操控的生活[M]. 易文波译. 长沙:湖南科学技术出版社,2020:35.
③ 阿里尔·扎拉奇,莫里斯·E. 斯图克. 算法的陷阱[M]. 余潇译. 北京:中信出版集团,2018:258.
④ 徐子沛. 数据之巅[M]. 北京:中信出版社,2019:345.
⑤ 阿里·埃斯拉·瓦尔德曼. 隐私即信任——大数据时代的信息隐私[M]. 张璐译. 北京:法律出版社,2022:5.

床头柜上摆放着"小爱同学"智能音箱,我们可能感觉不自在,甚至在心理上产生戒备情绪。设想一下,当我们被满屋子的智能家居所包围,就如同身处全方位的监控之中,这种监控将极大损害我们的自治能力。危险之处在于,这种负面影响看似微不足道,却潜移默化,不断累积地减损我们塑造生活的潜力,增强我们的戒备心理。

（四）决策丧失

技术乐观派认为,"我们将会引导机器学习系统去做那些无聊的事情,把那些能给我们带来最大快乐的决策留给自己来做"①。大数据时代,生物识别技术和算法自动化决策,仅仅是一种辅助工具,因为大数据所提供的是参考答案,而不是最终答案,决策权应牢牢把握在人类手中。但这种想法只是一厢情愿,事实上,我们正在逐渐把决策权交给机器。例如,智能手机中的语音助手,在识别用户声音并执行相关指令的同时,也充当了"资讯把关人"的角色,将信息筛选后推送给用户,悄无声息地为用户筑起高墙,隔绝了广阔世界里的不同观点和声音。智能助手打着满足用户个性化需求的旗号,却可能导致"过滤泡""回音室"效应等。"AIGC的演进路径是从辅助、协助再到自主,但社会信息内容完全依赖AI自主生成将会导致人的主体性缺失。"②"人们以为自己做出了独立的选择,自主形成了观点,但实际上,他们受到提供给他们的有限的、定制化的信息影响,限缩了他们对世界的认知。"③生式人工智能正在从"工具""助手"逐渐演变成"把关人"甚至"引导者",将筛选过的信息"投喂"给用户。资讯信息的过滤与筛选,本身就是人类决策权的一部分,而用户却轻易让渡给了智能机器和算法系统。以前,人类是所有重要问题的决策者,而今算法与人类共同扮演这一角色,从开车到股票交易再到公司人员配置等一系列重大决策权,将从人的手中移交到算法手里。④ 全自动化意味着人类几乎完全可以从决策程序中退出,从某种意义上说,自由裁量权转移到设计算法的IT专业人员和识别行为模式的数据分析师手中。⑤ 伴随着自动化程度越来越高,个人的决策权却越来越少,运算机器渗透到人类生活的方方面面,人类仿佛身处一个大型的、复杂的自动化决策系统之中。其实,系统通常是按照系统所有者的偏好设计

① 维克托·迈尔－舍恩伯格,托马斯·拉姆. 数据资本时代[M]. 李晓霞,周涛译. 北京:中信出版集团,2018:83.

② 郭全中,张金熠. AI＋人文:AIGC的发展与趋势[J]. 新闻爱好者,2023(3):8－14.

③ 玛农·奥斯特芬. 数据的边界[M]. 曹博译. 上海:上海人民出版社,2020:47.

④ 克里斯托弗·斯坦纳. 算法帝国[M]. 李筱莹译. 北京:人民邮电出版社,2014:197.

⑤ 马克·叔伦伯格,里克·彼得斯. 算法社会:技术、权力和知识[M]. 王延川,栗鹏飞译. 北京:商务印书馆,2023:2.

的,按照最大商业利益的目标来引导用户的行为和决策[1],如此一来,权力之杖便间接交到了大型科技公司手中。大平台利用先天技术优势,在应用程序中写入有利于自身利益的代码,信息黑箱可以在事前、事中、事后的任何时间点启动监视和干预。[2] 在社会生活中,很多决策与个人息息相关,而在数据和机器的"帮助"下,个人却越来越缺乏决策权。"一些研究表明,私营公司在数字产品和服务的开发、逐步决定公共事务的治理以及影响我们的行为这几个方面具有决定性的作用。"[3]更令人担忧的是,封闭的数字操作系统透明度低,人类甚至无法洞察或解释这些程序,而智能机器却不能像人类决策者那样对其行为负责。

在万物互联互通的当下,随着可穿戴设备、微型传感器等生物特征监测装置的进一步普及应用,人们将与各式各样的智能空间、智能物体进行接触交互,"连接一切的结果必然是识别一切"[4]。"城市是一台计算机,街景是界面,你是光标,你的智能手机是输入设备"[5],这样的场景可能在不久的将来就会实现。人类本来满怀期待地试图借助智能技术,从烦琐无聊的事务性工作中解放出来,却不知不觉掉进了自己精心织就的"数字牢笼"之中,个人自由遭遇限缩,个人的自主权被削弱。

二、科学管理名义下的劳动监控

自人类进入信息社会,特别是随着生物识别技术在数字经济中的广泛应用,传统的劳动场景、劳动方式、劳动关系等都发生了巨大变革,传统劳动图景正在逐步瓦解与经历重构。对劳动者的监控逐渐智能化,对劳动者生物识别信息等个人信息的收集、处理也呈现出规模化、系统化、自动化的特点,大大突破了时间、空间界限,劳动者的私人领域遭遇全面入侵。在算法操控下,劳动者的个人信息被反复加工利用,成为考核评价体系的新指标,而劳动者在被监控的同时,还要不断调整自身行为,以适应不断优化的算法,劳动者正面临"数字奴役"和算法的"规训"。

正如英国大律师 Michael Ford QC 所言,监控几乎和工作本身一样古老,但新

① 凯伦·杨、马丁·洛奇. 驯服算法[M]. 林少伟,唐林垚译. 上海:上海人民出版社,2020:33.
② 余盛峰. 临界:人工智能时代的全球法变迁[M]. 北京:清华大学出版社,2023:11.
③ 马克·叔伦伯格,里克·彼得斯. 算法社会:技术、权力和知识[M]. 王延川,栗鹏飞译. 北京:商务印书馆,2023:301.
④ 余盛峰. 临界:人工智能时代的全球法变迁[M]. 北京:清华大学出版社,2023:118.
⑤ 马克·叔伦伯格,里克·彼得斯. 算法社会:技术、权力和知识[M]. 王延川,栗鹏飞译. 北京:商务印书馆,2023:261.

技术代表了一种日益增长的对不同类型的工人的威胁。① 为了维持劳动秩序、提高生产效率,雇佣者对于监控劳动者有一种天然的需要,但是信息技术的发展极大地提高了雇佣者的监控能力。传统的监控方式以人工观测和图表记录为主,具有时间、空间上的有限性,而互联网的迅猛发展和新技术、新设备的广泛应用,使监控变得隐秘又无处不在。一方面,传统办公设备新功能的植入,为自动化监控创造了条件。办公电话、工作电脑的监控功能日趋成熟,对劳动者通话的监听和录音、对电子邮件的往来记录和具体内容的收集变得非常普遍。"公司投资上百万美元打造监视技术,用以监视雇员之间的交谈,无论是实时聊天记录,还是历史聊天记录,都能够被查阅。"② 电脑摄像头记录下劳动者在屏幕前的一举一动,鼠标和键盘记录着劳动者的点击量和输入量,办公场所的免费 Wi-Fi 则保存了劳动者私人设备上的浏览历史。另一方面,人脸识别设备、可穿戴设备等智能设备的引入,进一步拓宽了劳动者个人信息的收集范围。劳动者的身体数据等个人信息构成了一幅幅动态的"劳动者画像",为雇佣者监督、分析、调控劳动者行为提供依据,劳动者面临全方位的观察和控制。劳动者通过"刷脸"完成上班"打卡"的同时,向雇佣者交出自己的人脸识别信息,无处不在的摄像头让劳动者的人脸识别信息和个人行为信息能够结合在一起,完整记录劳动者的一举一动。

大数据时代,越来越多的企业开始利用生物识别信息来加强对劳动者的管理和考核,不管是指纹、刷脸等考勤方式,还是视频监控、智能手环监控等管理方式,都变得越发普遍。亚马逊就通过让员工佩戴手环来确定员工位置,并且将之与库存物品相匹配,手环可以通过触觉反馈来监控并指导员工找到正确的库存箱;澳大利亚 EdanSafe 公司发明的 SmartCap 可以检测佩戴者的大脑活动,并通过读取员工的脑电波实时向他们发送疲劳程度的数据。③ 智能手环等可穿戴设备可以精确追踪个人行踪轨迹,劳动者仿佛被安装了 GPS 定位系统,自动向雇佣者发送实时位置信息。

可穿戴设备的发明,将监控内容逐渐从行为监控发展至情绪监控,劳动者的脑电波和面部表情也成了分析的对象。澳大利亚 EdanSafe 公司发明的 SmartCap 可

---

① I'll be Watching You[R]. London:Trades Union Congress,2018:1—34.

② 劳伦斯·莱斯格. 代码 2.0[M]. 李旭,沈伟伟译. 北京:清华大学出版社,2018:220.

③ Ajunwa, Ifeoma. Algorithms at Work: Productivity Monitoring Applications and Wearable Technology as the New Data-Centric Research Agenda for Employment and Labor Law[J]. *St. Louis U. L. J*,2018, 63:21—54.

以监测佩戴者的大脑活动,通过读取劳动者的脑电波,实时发送可以显示劳动者疲劳程度的数据,并分析其警觉性水平。Uber 公司不仅通过智能手机收集司机的行车速度、刹车次数等数据,还通过软件分析员工的情绪波动和工作强度。"滴滴"公司也实现了对司机的全自动监控,通过车载摄像头对司机的面部表情变化、言行举止等数据进行实时采集、分析,司机一旦"违规",就会在耳机中听到智能机器人的纠正提醒。与传统雇佣者对劳动过程的监控不同,技术型、平台型雇佣者对劳动者实施的监控更加全面和智能,劳动者的身体状况、行为举止、情感情绪的变化,全部以数据的形式被收集、量化为各项指标,用以分析评价和行为预测。劳动者成为"数据化的个体","个体的主体性正在被资本所工具化、规训化和价值化"①。

在雇佣关系中,劳动者处于弱势地位。由于劳动的从属性,雇佣者对劳动者拥有一定的管理权,劳动者在面对管理方式的"更新换代"时往往没有拒绝的权利。随着雇佣者管理方式的数据化,劳动者的生物识别信息被广泛收集,而一旦这些信息被滥用,劳动者的平等权就容易遭遇侵害。劳动者与雇佣者双方本就存在不对称权力关系,对生物识别信息的收集和滥用能够无限放大雇佣者的权力,以便他们不断加强对劳动者的控制,导致双方之间的不平等权力进一步扩大。出于加强管理和考核、提高员工效率、节约用人成本等需要,企业往往倾向于利用新技术来加强对员工的管理。日立公司发明了一种固定在吊绳上的设备,称为商业显微镜,作为一种先进的员工安全徽章,内嵌有红外传感器、麦克风传感器和无线通信设备,当两名员工在一定距离内佩戴该徽章时,可以通过识别并记录他们的人脸信息和行为信息进行互动,该设备通过向管理层发送信息来跟踪所有事情,包括员工在办公室走动的频率、何时停下来与其他同事交谈,以及在会议上是否做出了贡献等。②生物识别信息和功能越来越多样化的传感设备让劳动者进一步被物化、工具化,雇佣者在控制劳动者的信息的同时,全方位、全时段控制了劳动者。企业对劳动者的管理和控制越严格,劳动者的地位就越弱势。

福柯曾精辟地指出:"当两个自由的主体之间存在着一种不平衡关系,一方可以作用于另一方,而另一方则受到作用或容许自身受到作用时,权力便得以发

---

① 黄再胜.人工智能时代的价值危机、资本应对与数字劳动反抗[J].探索与争鸣,2020(5):124-131.

② Ajunwa, Ifeoma. Algorithms at Work: Productivity Monitoring Applications and Wearable Technology as the New Data-Centric Research Agenda for Employment and Labor Law[J]. *St. Louis U. L. J*,2018,63:21-54.

生。"①根据福柯的权力理论,所谓的权力关系不再是一种奴役的、压迫的模式,而是通过约束而非强制来发挥作用。"全景敞视监狱"设计的精妙之处在于,由全方位的警惕目光所形成的密集网络使规训权力显得无处不在且不易觉察,使犯人们意识到自身的"持续可见性",迫使他们依照监管者的要求来组织自己的行为。"凡是与一群人打交道,又要给每个人规定一项任务或一种特殊的行为方式时,就可以使用全景敞视模式。"②这无疑为我们提供了一个观察劳动关系中权力运作的极佳视角。

管理学之父泰勒提出的科学管理理念,其核心在于剥夺工人规划和管理自身工作的权力,并把这些权力直接交到管理者手中,以此来提高工人的工作效率。③泰勒的目标是使每个劳动者都能够从事与其能力相匹配的最高等级的工作,即每个人都达到效率最大化的状态。④ 而要实现这一目标,管理者必须对劳动者群体进行个体化观察,并在此基础上建构一种可管理的身份。泰勒在《科学管理原理》一书中,细致描述了他反复观察、精确测量铲装工人的劳动过程,以此总结出最佳的劳动方法和科学的管理方案。⑤ 毫无疑问,上文所提到的生物识别技术,使劳动管理、劳动决策更加科学化,进一步将泰勒的管理理论推向极致。一方面,借助生物特征信息的唯一性,对不同的劳动个体进行有效区分,便于展开个性化观察与判断;另一方面,为劳动者量身定制的可穿戴设备,诸如测量运动的传感器、捕捉声音的麦克风、记录面对面交流的红外传感器等,直接将劳动过程予以数据化,可以更加清晰地了解劳动者的工作状态,评估其工作效率。最令人担忧的是,密布于劳动场所的智能传感设备以及随身携带的可穿戴设备,通过记录和分析劳动者的生命体征、微表情等客观数据,可以预测劳动者的心理活动,甚至窥探其主观意图。这简直是泰勒先生在科学管理中梦寐以求的事情。他曾在实验中对挑选出的生铁搬运工进行仔细研究,尽可能查阅工人们之前工作的历史,深入调查每个工人的性格、习惯和志趣,以掌握他们是否"抠门"、是否容易被金钱所激励等特点。⑥ 换作今日,借助生物识别技术,泰勒先生若想深入了解某个劳动者,简直易如反掌。数字泰勒主义让劳动者逃离了装配生产线,却又深陷 App、智能算法等数字机器体系所

① 狄安娜·泰勒.福柯.关键概念[M].庞弘译.重庆:重庆大学出版社,2019:6.
② 狄安娜·泰勒.福柯.关键概念[M].庞弘译.重庆:重庆大学出版社,2019:42.
③ 狄安娜·泰勒.福柯.关键概念[M].庞弘译.重庆:重庆大学出版社,2019:43.
④ 佛雷德里克·温斯洛·泰勒.科学管理原理[M].朱碧云译.北京:北京大学出版社,2013:3.
⑤ 佛雷德里克·温斯洛·泰勒.科学管理原理[M].朱碧云译.北京:北京大学出版社,2013:73-79.
⑥ 佛雷德里克·温斯洛·泰勒.科学管理原理[M].朱碧云译.北京:北京大学出版社,2013:47.

左右的数字漩涡。① 而且,智能设备和监控程序可以帮助雇佣者实现对劳动者的全天候监控,生物识别技术对劳动者个人信息的收集已大大突破了时空界限,不因劳动者离开工作而结束,也不因下班时间的到来而终止,雇佣者对劳动者的控制权进一步加强。

　　建立在大数据基础上的近乎全知全能的监控是当今数字资本主义劳动过程的显著特征②,在技术上拥有显著优势的雇佣者面前,劳动者缺乏话语权和议价能力,不仅遭遇巨大的隐私风险,自由空间也面临限缩之虞。马克思曾经一针见血地指出:"资本的不变趋势一方面是创造可以自由支配的时间,另一方面是把这些可以自由支配的时间变为剩余劳动。"③企业的逐利性驱使其倾向于不断提高劳动者的工作效率,而强大的数据采集和处理能力使互联网平台能够最大程度地调配和利用资源,从而提高生产效率,所以监控设备和监控手段的加强是生产力发展的必然结果。在与劳动如影随形的数字监控之下,劳动者的个人信息被广泛收集、加工、利用,算法一面加强对劳动者的时间管理,另一方面通过建构评价体系来对劳动者的行为进行调控。比如,Uber 在宣扬"放手式"管理、给予司机充分的自由和自主性的同时却在实施更高级别的监控,后台记录司机的在线时长、行程次数等一系列个人信息,计算着司机的接单率、拒单率、评分以及与其他司机的表现对比等。④ 劳动者不得不严格按照互联网平台设置的规则来行事,甚至根据算法的优化不断进行自我"规训",否则就可能丧失劳动机会。规训权力并非要使身体遭受极端的暴力,不会对其加以损毁或强制,而是通过细致的训练对身体加以改造,从而产生新的姿态、习惯和技能。⑤ 规训技术的目标在于,使规训对象重建其行为模式。福柯以近乎诗意的方式描述了这种征服的过程:"人们向我们描述的人,让我们去解放的人,其本身已经体现了远比他本人所感觉到的更深入的征服效应。有一种灵魂占据了他,使他得以存在——它本身就是权力驾驭肉体的一个因素。这个灵魂是一种权力解剖学的效应和工具;这个灵魂是肉体的监狱。"⑥在福柯看来,身体所代表的是

　　① 黄再胜.人工智能时代的价值危机、资本应对与数字劳动反抗[J].探索与争鸣,2020(5):124—131.
　　② 王蔚.数字资本主义劳动过程及其情绪剥削[J].经济学家,2021(2):15—22.
　　③ 中共中央马克思恩格斯列宁斯大林著作编译局.马克思恩格斯全集(第 46 卷)[M].北京:人民出版社,2003:221.
　　④ 陈龙."数字控制"下的劳动秩序——外卖骑手的劳动控制研究[J].社会学研究,2020(6):113—135.
　　⑤ 狄安娜·泰勒.福柯.关键概念[M].庞弘译.重庆:重庆大学出版社,2019:109.
　　⑥ 米歇尔·福柯.规训与惩罚[M].刘北成,杨远婴译.北京:生活·读书·新知三联书店,2021:31.

一个自由的维度,"身体是理解历史之影响和现代权力机制的核心"①。可以说,劳动监控作为一种秘而不宣的外部力量,从实际上影响了劳动者思考和行为的方式,甚至塑造了劳动者能成为怎样的人。

三、智慧城市愿景下的社会监控

"智慧城市概念是建立在技术乌托邦愿景基础上的,其核心是数据、数字基础设施和技术能够实现建立全面管控的城市治理。"②智慧城市本身就是扩大版本的人脸识别技术,城市即 AI,空间即摄像头。③ 如果说现代生命政治包括了宏观上的人口控制、微观上的个体识别两个层面④,那么数字生物技术嵌入社会治理之中所形成的人口身份数据化系统,其实就代表了一条现代生命政治国家治理的技术实现路径。智能技术赋能社会治理的好处是显而易见的。"人工智能为国家权力对个人和社会的监管提供了数据基础,借助人工智能可以提高国家权力能效和延伸权力范围。"⑤例如,"随申办""苏服办"等政务平台都为社会治理提供了有力技术支撑,但在洞察一切的"数据之眼"下,个体可以随时被识别,随时被追踪,个人的很多行为、活动都不再是秘密。

智能技术不是从零开始建设新城市,而是以管理为名,将进行数据收集的传感器等监控设备,融入现有的城市基础设施以及人们的日常生活之中。⑥ 例如,加拿大多伦多海滨"人行道实验室"的智能城市项目⑦,意大利特伦托市启动的"开放数

---

① 狄安娜·泰勒.福柯.关键概念[M].庞弘译.重庆:重庆大学出版社,2019:105.
② 马克·叔伦伯格,里克·彼得斯.算法社会:技术、权力和知识[M].王延川,栗鹏飞译.北京:商务印书馆,2023:211.
③ 余盛峰.临界:人工智能时代的全球法变迁[M].北京:清华大学出版社,2023:113.
④ 蓝江.生物识别、数字身份与神人类——走向数字时代的生命政治[J].马克思主义与现实,2021(4):194−202.
⑤ 王小芳,王磊."技术利维坦":人工智能嵌入社会治理的潜在风险与政府应对[J].电子政务,2019(5):86−93.
⑥ 马克·叔伦伯格,里克·彼得斯.算法社会:技术、权力和知识[M].王延川,栗鹏飞译.北京:商务印书馆,2023:212−213.
⑦ 马克·叔伦伯格,里克·彼得斯.算法社会:技术、权力和知识[M].王延川,栗鹏飞译.北京:商务印书馆,2023:213.

据城市"项目①,非洲科特迪瓦涵盖全国人口的"大数据公地"②都是智慧城市项目,这些项目其实就是"可穿戴设备之父"彭特兰提出的"生活实验室"的现实样本。所谓的"生活实验室",即通过一系列智能设备记录和观测社区成员所有的个人信息(包括生物识别信息)和行为细节,再将收集到的整个社区的所有数字痕迹,运用"现实挖掘"技术分析社区成员活动的内在规律,以此来构建日常情况下人类复杂行为的定量预测模型。所有智慧城市设计者的终极目标,是创建一个所有行动、互动、事件、交流都可被监控、可被记录、可形成标准化数据,以及可以网络化的城市区域。③ 对每一位社区居民的脸、虹膜、步态等生物特征的监测,将被视为对肉体的"露天开采",技术行业的新数据掮客通过对物理主体进行货币化来实现个体的个性化。④

　　从某种意义上说,"生活实验室"或许就是"数字化全景监狱"的雏形。"在数字化的身份系统下,我们不仅将自己数据化,也将自己透明化,我们不再是独立的理性自律个体,而是高度依赖于巨大的数字控制网络的身份个体。"⑤在一个被实时监控的物理时空中,人们根本不清楚究竟是谁在控制数据,更无从知晓为什么要这样做、个人数据将被派作什么用场。对生物识别信息的收集利用大幅度提升了个体的"可见性",一旦人们意识到这种"可见性"是持续的、无处不在的,权力效应就加强了。意大利思想家阿甘本指出,福柯的全景敞视监狱是一种"可普遍化的功能模式",全景敞视监狱的空间构造方式不断扩散到整个社会的管理中。⑥ 实时监控距离我们并不遥远,"自斯诺登事件以来,所有社交网络用户的元数据都受到监控,由此产生的焦虑降低了对服务提供商的信任,并从一定程度表明政府机构不负责任"⑦。当下,整个地球正在发展成为一个全景监狱,而且人们自愿地将自己交付给全景注

①　阿莱克斯·彭特兰.智慧社会——大数据与社会物理学[M].汪小帆,汪容译.杭州:浙江人民出版社,2015:179.

②　阿莱克斯·彭特兰.智慧社会——大数据与社会物理学[M].汪小帆,汪容译.杭州:浙江人民出版社,2015:201.

③　马克·叔伦伯格,里克·彼得斯.算法社会:技术、权力和知识[M].王延川,栗鹏飞译.北京:商务印书馆,2023:271.

④　马克·叔伦伯格,里克·彼得斯.算法社会:技术、权力和知识[M].王延川,栗鹏飞译.北京:商务印书馆,2023:271.

⑤　蓝江.生物识别、数字身份与神人类——走向数字时代的生命政治[J].马克思主义与现实,2021(4):194－202.

⑥　徐太军.阿甘本生命政治思想研究[M].北京:中国社会科学出版社,2020:41.

⑦　伊恩·伯尔勒.人脸识别:看得见的隐私[M].赵精武,唐林垚译.上海:上海人民出版社,2022:151.

视,主动为数字化全景监狱添砖加瓦。① 为了抵御这种对个人空间的入侵,人们唯一能做的就是断网和足不出户,但这恐怕会使个体自绝于经济社会网络之外。

从历史上看,利用生物特征信息进行群体识别监控由来已久。《圣经》中基列人通过"示播列"单词的发言,用以识别敌人法莲人。② 发音上的区别可以成为辨别不同身份的依据,发不出"schi"音的法莲人成为原始的生物识别的对象。③ 同样,指纹作为一种身份识别技术,曾被英国殖民者拿来用作治理印度人的工具,指纹系统是档案化的"示播列",只需要印度人出示,就被纳入盎格鲁撒克逊人的统治秩序之下。④ 出于维护统一和秩序的现实需要,国家机器有着从宏观层面进行人口识别、管理和控制的强烈意愿。生物识别信息的唯一性和稳定性,使之成为人口识别和管控的不二选择。清晰性是有效控制的前提,大规模社会干预意味着需要可清晰识别的个体单位,它们必须按照一定方式被组织起来,从而可以被识别、观察、记录、计数、统计和监测。⑤ 当下,只要掌握了一个人的生物识别信息,就意味着可以对其进行精准识别和定位,个人将难以摆脱这种控制。例如,指纹识别虽是见证殖民统治屈辱的产物,如今却被印度政府用来开发唯一身份识别项目:政府委托唯一身份识别机构(UIDAI)收集包括指纹、人脸、虹膜等生物特征信息,为每位居民分配唯一身份识别码。⑥ 印度公民对于这一项目没有拒绝的权利,因为一旦拒绝,就意味着难以享受政府给予的政策福利,甚至在日常生活中遭遇因身份识别失败而导致的多种不便。

生物识别信息的应用让掌握了一定技术的资本也可以拥有他们不曾拥有的控制权,普通人的生物识别信息一旦完全被权力精英所掌握,被控制和剥削的风险将成倍增加。生物识别技术如同"普罗米修斯之火"——既可以用作善果,也可以用于恶途。普罗米修斯盗火启蒙为人类带来技术文明的同时,也给凡人注入了"盲目的希望"。⑦ 人类的野心和盲目的自信是无限的,我们永远不要高估人性。在人们乐观拥抱生物识别技术的同时,应对其带来的风险常怀警惕之心。

① 韩炳哲. 透明社会[M]. 吴琼译. 北京:中信出版社,2019:84－85.
② 徐太军. 阿甘本生命政治思想研究[M]. 北京:中国社会科学出版社,2020:137.
③ 蓝江. 生物识别、数字身份与神人类——走向数字时代的生命政治[J]. 马克思主义与现实,2021(4):194－202.
④ 蓝江. 生物识别、数字身份与神人类——走向数字时代的生命政治[J]. 马克思主义与现实,2021(4):194－202.
⑤ 詹姆斯·C. 斯科特. 国家的视角[M]. 王晓毅译. 北京:社会科学文献出版社,2019:248.
⑥ 伊恩·伯尔勒. 人脸识别:看得见的隐私[M]. 赵精武,唐林垚译. 上海:上海人民出版社,2022:22.
⑦ 刘小枫. 普罗米修斯之罪[M]. 北京:生活·读书·新知三联书店,2012:55－57.

第五章

生物识别伦理风险

随着大数据时代的到来,人工智能技术的应用范围越来越广泛,对个人生物识别信息的收集、利用也越来越普遍。层出不穷的新兴技术正在逐渐渗透、改变人们的生活,同时给人们带来难以预料的伦理风险。正如德国社会学家乌尔里希·贝克所说的那样,"生产力在现代化进程中的指数式增长,使风险和潜在自我威胁的释放达到了前所未有的程度","风险是现代化的副产品"。① 人们已经意识到,大规模的、飞速发展的数据化所带来的偏见、歧视等方面的伦理问题正在不断增多。于是,世界各国纷纷出台法律法规和政策,希冀能够对这些问题做出回应。早在1990年,《联合国计算机化数据文件管理准则》就专门提出了"不歧视原则",即"不应汇编可能引起非法或任意歧视的数据,包括关于种族或族裔出身、肤色、性生活、政治观点、宗教、哲学和其他信仰以及协会或工会会员资格的资料"②。美国纽约大学于2018年发布的《人工智能报告》指出,在众多由人工智能所支持的监视和跟踪技术中,生物识别引起了人们对自由的特别关注,例如人脸特征是一种非常个人化的生物特征识别形式,很难改变,人们也难以"选择退出"其操作。③ 2020年11月,欧洲议会和欧洲数据管理委员会发布《数据治理法案》,专门针对数据使用的透明度、公正性、非歧视性等提出要求,明确指出"数据共享服务对数据持有人和数据用户都

---

① 乌尔里希·贝克. 风险社会[M]. 张文杰,何博译. 南京:译林出版社,2018:3—14.

② 联合国. 电脑个人数据档案的管理准则[S]. 1990.

③ Crawford, Kate, Roel Dobbe, Genevieve Fried, Elizabeth Kaziunas, Amba Kak, Varoon Mathur, Rashida Richardson, Jason Schultz, Oscar Schwartz, Sarah Myers West, and Merecith Whittaker. AI Now 2018 Report[R]. New York:AI Now Institute, 2018:13—14.

是透明和非歧视的,包括在价格方面""公共部门机构重新使用受保护数据的条件应是非歧视性的、相称的和客观合理的"。① 2021 年 9 月,我国新一代人工智能治理专业委员会发布了《新一代人工智能伦理规范》,提出了增进人类福祉、促进公平公正、保护隐私安全、确保可控可信、强化责任担当、提升伦理素养 6 项基本伦理要求。② 这些法律法规和政策的出台说明,伴随生物识别信息被广泛收集利用,人们对伦理风险的担忧正在不断加剧。生物识别信息与个人身份紧密相连,对生物识别信息的收集和利用令个人遭遇歧视的风险成倍数增加,有组织(如美国公民自由联盟等)甚至呼吁彻底禁止生物识别和人工智能技术的应用。为了消除偏见和歧视,除了进行法律规制外,人们还试图诉诸技术手段,如设计更加"公平"的算法等。然而,利用技术解决偏见和歧视问题也存在局限性。正如《人工智能报告》指出的那样,如果没有一个框架考虑到政治和社会历史背景,关于公平的数学公式几乎不可避免地会忽略关键因素,并可能掩盖更深层次的问题,最终增加伤害或忽视正义。③ 不可否认,生物识别信息的过度收集和滥用将给人们带来系统性伦理风险,掌握先进技术和海量信息的信息控制者能够轻易将生物识别发展成一种监视、控制和区隔的技术工具。这一工具的泛滥正在对人们的基本权利发起挑战,可以说,谁掌握了海量信息,谁就在很多事务上掌握了话语权和决定权,而个人隐私和自由、平等权都将受到影响。"数据垄断造就资本主导的数字利维坦,技术背后的资本逻辑形成群体性的权利侵害"④,如果缺乏有力的规制手段,一些人可能会因其生物识别信息被提取和分析而永久性处于弱势地位。

第一节　生物识别应用加剧弱势群体被歧视风险

贝克指出:"持续不断的冲突易于针对先赋特征而起,今天,这毫无疑问是和歧视联系在一起的,种族、肤色、性别、族群、年龄、同性恋和残疾,这些就是主要的先

---

① 欧盟理事会. 欧洲数据治理法案[S]. 2022.
② 国家新一代人工智能治理专业委员会. 新一代人工智能伦理规范[S]. 2021.
③ Crawford, Kate, Roel Dobbe, Genevieve Fried, Elizabeth Kaziunas, Amba Kak, Varoon Mathur, Rashida Richardson, Jason Schultz, Oscar Schwartz, Sarah Myers West, and Meredith Whittaker. AI Now 2018 Report[R]. New York: AI Now Institute, 2018:32—36.
④ 郭森,檀晓涓. 人脸识别技术对数字个体的增权与抑制[J]. 未来传播,2021(2):52—58.

赋特征。"①生物识别信息能够直接把人们的先赋特征呈现出来,把那些"与众不同"的个体或群体筛选出来,从而令信息控制者能轻易区分出人群中的弱势群体和异类,进而加以区别对待。正如齐格蒙特·鲍曼所言:"数据库是一种选择、分割和排斥的工具。"②信息控制者只要掌握了生物识别信息数据库,就掌握了数据库所关联的所有信息主体的身份信息与关键特征,就拥有了进行筛选的权力。我国蓝江教授亦指出:"今天的生物识别已经不再仅仅是识别恐怖分子的工具,它本身就成了一套标准,一套规训正常人并管制异端个体的安全体系。"③从学者们的悲观态度不难看出,一旦生物识别信息数据库成为社会治理的依据,必将给某些群体带来风险,社会中的"边缘群体""弱势群体""异类个体"等都可能被迅速筛选出来,并遭受差别对待。

一、过度收集和滥用生物识别信息加剧社会既有偏见和歧视

对于弱势群体和少数群体而言,在社会中获得平等对待是一项重要的基本权利,但是生物识别信息的收集和利用不仅对这种权利造成了威胁,而且导致他们的某些机会被剥夺的风险大大增加。唯一性是生物识别信息的核心特征,现有的技术已经能够实现对个体的精确识别。所以,生物识别信息一旦成为一种普遍的身份识别和认证工具,弱势群体将会面临精准识别,甚至遭遇歧视。例如,生物识别信息可以反映某些疾病,而带有污名的疾病曝光不仅会导致个人名誉受损,而且可能导致其很难获得贷款和就业机会。又如,一旦护理人员对黑人患者进行标记和负面评价,黑人群体的处境会变得更为艰难。④

"歧视加剧了不平等并使人们持续处于不利地位,损害人们获得和保住工作、获得负担得起的保险、寻找住房以及追求其他重要的平等机会的能力,歧视不仅涉及对自主性的限制,还造成进一步巩固边缘化群体的不利地位的社会后果"⑤,总

---

①　乌尔里希·贝克.风险社会[M].张文杰,何博译.南京:译林出版社,2018:101.

②　齐格蒙·鲍曼.现代性与大屠杀[M].杨渝东等译.南京:译林出版社,2022:49.

③　蓝江.生物识别、数字身份与神人类——走向数字时代的生命政治[J].马克思主义与现实,2021(4):194-202.

④　Solove, Daniel J. Data Is What Data Does: Regulating Use, Harm, and Risk Instead of Sensitive Data[J]. *Management Journal for Advanced Research*, 2022, 2(6):12-15.

⑤　Danielle Keats Citron, Daniel J. Solove. Privacy Harms[J]. *Boston University Law Review*, 2022, 102:793-863.

之,歧视会导致社会阶层固化、贫富差距扩大,歧视可能同时是风险和结果。然而,除非彻底远离社会生活,人们根本不具备抵抗这种"现代化风险"的能力,因为生物识别信息被收集是人们参与现代化生活的必然结果。首先,人脸信息非常容易被捕捉,遍布于大街小巷的高空摄像头让人们在公共场合几乎避无可避。社交网络、视频网站让人们在分享生活(照片、视频)的同时分享着他们的人脸信息。美国的一家人脸识别软件公司 Clearview AI 从互联网(包括 Facebook 等社交媒体网站)上抓取了数十亿张照片,以便在网站上追踪几乎所有人,2022 年 3 月,Clearview AI 宣布其"人脸索引"包括 200 亿张图像,并有望年底前在数据库中拥有 1 000 亿张图像。[①] Clearview AI 的这一抓取行为并未征得任何人的同意,照片上的人大多对此毫不知情,但即便知晓了,也无法阻止这样的抓取行为。其次,当前绝大多数智能手机可以提供指纹、人脸等生物识别解锁功能,Siri 等语音助手也颇为流行,大量支持高清图像、语音、视频的 App、网站等亦能轻易收集人们的人脸和虹膜信息,智能手机、智能手环等设备已经成为人们随身携带的传感器,全方位、全时段地收集着人们的信息。并且,伴随着以智能技术为核心的支付系统和门禁系统的普及,人们不得不交出自己的生物识别信息。曾经,老年人、残障人士等因较少使用电子设备,被视为数字化转型浪潮中的"科技弃民",而今,越来越普遍的刷脸支付等支付方式真正实现了"零载体无感支付",改变了这一现状。[②] 先进的智能支付技术让很多人毫不犹豫地抛弃了传统的支付方式,即便是"科技弃民",也有机会享受便捷的新技术,从而进入数字化织就的网。纸币、银行卡和密码正逐渐被指纹识别器和摄像头所取代,因参与社会生活的需要,越来越多的弱势群体的生物识别信息也在数字化生存中被同步收集。

　　然而,数字弱势群体对技术鸿沟的跨越并不代表他们能够获得平等的待遇,在技术这把"双刃剑"面前,弱势群体往往最容易受到伤害。例如,老年人、儿童、黑人女性等群体的误识别率远高于其他人群,导致他们不得不承担误识别所带来的风险。又如,移民、少数族裔、性少数群体等,可能因为社会固有的偏见和歧视而受到特别"关注"。美联储的数据显示,种族财富差距在过去 50 年里增加了两倍多,2018 年美国行政命令甚至削减了为该国最贫穷公民服务的社会项目的资金,同时

---

① 生物识别时代的隐私[R]. 华盛顿:美国众议院科学、空间和技术委员会调查和监督小组委员会,2022:6—7.

② 唐林垚.刷脸支付的法律挑战及规制路径[J].北方法学,2022(1):15—25.

拟议的联邦预算提议削减低收入老年人和残疾人的食品援助福利。[①] 这一基于生物识别信息的自动化决策系统,服从于缩减财政预算的总目标,实际做出的决策却牺牲了弱势群体的利益。另一个显著例证是,欧盟的出入境部门要求寻求庇护者和非法穿越欧盟边境的个人参与生物识别系统,对欧盟公民却不作要求,然而没有任何证据表明外国公民比欧盟公民构成了更大的安全威胁。[②] 正如欧盟第 29 条数据保护工作组所指出的,生物特征数据不可逆转地改变了身体和身份之间的关系,因为它们使人体的特征"机器可读",并受到进一步使用的影响。[③]

大数据时代,一旦人的身体被"数据化",就不可避免地面临被量化、分析、评价的风险,生物识别信息正是海量个体被"数据化"的关键。一旦所有人的生物识别信息暴露在信息控制者面前,偏见和歧视将最先施加于弱势群体。正如贝克所言:"风险分配的历史表明,风险同财富一样附着在阶级模式之上,只不过是以颠倒的方式,财富在顶层极具,而风险在底层积聚。"[④]

二、生物漏识别和误识别侵害弱势群体利益

从技术角度而言,针对弱势群体的漏识别、误识别现象并不少见。人脸识别技术的算法永远不会提供明确的结果,只能提供两张脸属于同一个人的概率,因此存在一定的误差范围,导致人们被错误标记。[⑤] 而一旦生物识别信息被大规模收集应用,即便再小的错误率,也会导致大规模的误识别。例如,当人脸识别技术应用于数百万人访问的场所时——火车站或机场,相对较小的错误比例(例如 0.01%)仍然意味着数百人被错误标记。[⑥] 幼儿和老年人是生物识别错误发生率较高的人群,随着幼儿的成长和老年人的面部老化,人脸识别的准确率会相应降低。欧盟委员

① Crawford, Kate, Roel Dobbe, Genevieve Fried, Elizabeth Kaziunas, Amba Kak, Varoon Mathur, Rashida Richardson, Jason Schultz, Oscar Schwartz, Sarah Myers West, and Meredith Whittaker. AI Now 2018 Report[R]. New York: AI Now Institute, 2018:23.

② Chris Jones, Jane Kilpatrick, Yasha Maccanico. Building the Biometric State:Police Powers and Discrimination[R]. London:Statewatch,2022:3—26.

③ Opinion 3/2012 on Developments in Biometric Technologies[R]. Brussels: Article 29 Data Protection Working Party,2012:4.

④ 乌尔里希·贝克. 风险社会[M]. 张文杰,何博译. 南京:译林出版社,2018:25.

⑤ Facial Recognition Technology:Fundamental Rights Considerations in the Context of Law Enforcement[R]. Vienna:European Union Agency for Fundamental Rights,2020:9.

⑥ Facial Recognition Technology:Fundamental Rights Considerations in the Context of Law Enforcement[R]. Vienna:European Union Agency for Fundamental Rights,2020:9.

会指出,当收集到幼儿时期记录的人脸图像在超过 5 年后再进行比较时,错误匹配的风险就会增加,对于 13 岁以下的儿童,人脸识别技术的准确性明显较低;如果将老年人的面部图像与多年前拍摄的图像进行比较,情况也是如此。① 基于客体老化而导致的漏识别、误识别不仅侵害老年人的利益,而且容易引发老年人的恐慌情绪。此外,体力劳动者等弱势群体也会受到误识别、漏识别带来的权益侵害。从 2009 年开始,印度唯一身份识别机构(UIDAI)要求所有印度人提交十个指纹、两次虹膜扫描和一张面部照片,以证明个人身份,并作为政府为公众提供服务的依据,然而,数百万最贫穷的印度人被剥夺了至关重要的口粮,因为长期从事体力劳动,他们的指纹无法被正确识别。② 这一错误实际上并非印度的体力劳动者所导致,后果却需要他们自己来承担。

误识别、漏识别在种族歧视问题上也较为突出。欧美国家的研究指出,在面对妇女、有色人种等群体时,人脸识别技术的错误率较高,这导致有色人种遭遇歧视性待遇的风险更高。美国麻省理工学院对于微软、Facebook、IBM 等公司人脸识别系统的研究表明,检测肤色较深女性的出错率比检测肤色较浅的男性高出 35%。③ 斯坦福大学的研究人员也发现,最先进的语音识别系统表现出明显的种族和性别差异——它们误解黑人说话者的频率是白人说话者的两倍。④ 在执法领域,误识别、漏识别对种族歧视的加剧会严重伤害少数群体的权益。种族歧视在西方社会长期存在,十多年前,纽约警察局就曾经开展过名为"拦截、审问、搜身"的预防犯罪行动,但是被拦截的人约 85% 是非洲裔或拉美裔的年轻人,很多人还遭遇多次拦截,纽约公民自由联盟指出,黑人男性入狱的可能性是白人男性的 6 倍,被警察击毙的可能性是白人的 21 倍。⑤ 在这样的情况下,一旦生物识别信息被大规模应用,无疑会增加种族歧视的风险。麻省理工学院一个工作组的研究表明,人脸识别技术对非白人个体识别的准确率要低于白人个体,非白人个体更容易被打上"嫌疑人"标记,这使得执法机关在判断某一犯罪或违法行为的犯罪嫌疑人身份时将种族

---

① Facial Recognition Technology: Fundamental Rights Considerations in the Context of Law Enforcement[R]. Vienna: European Union Agency for Fundamental Rights, 2020: 29.

② Michael Odden. Biometric Crisis: Legal Challenges to Biometric Identification Initiatives[J]. *Wisconsin International Law Journal*, 2022, 39(2): 366—389.

③ 蒋洁. 人脸识别技术应用的侵权风险与控制策略[J]. 图书与情报, 2019(5): 58—64.

④ Artificial Intelligence Index Report[R]. San Francisco: Stanford, 2021: 71.

⑤ 凯西·奥尼尔. 算法霸权[M]. 马青玲译. 中信出版集团, 2018: 100—101.

特征列入考虑因素,从而对非白人群体造成歧视。[①] 欧洲议会 2021 年发布的关于规范人脸识别的报告指出,人脸识别技术对有色人种的影响,甚至改变了刑事案件中传统的无罪推定原则,因为嫌疑人和被告需要承担更多的负担,以证明他们不是系统所识别的人。[②] 并且,伴随着生物识别技术的进步,大规模的群体监控将变得轻而易举,少数族裔可能更容易成为受到关注的对象。在圣地亚哥,警察不仅要问被拦截人的身份,对他们进行搜身,还会用 IPAD 拍下被拦截者的照片,将之发送到云端的人脸识别服务器,再将照片和数据库中的罪犯和犯罪嫌疑人进行比对,一些被拦截者甚至被采集了 DNA 信息。[③] 但是,假阳性可能导致个人受到错误的指控、搜查和询问,或被拒绝进入某些场所。由于种族歧视在一些地区客观存在,被警察拦截的对象将依旧以少数族裔为主。只要少数族裔有犯罪记录,即便是轻微犯罪,也会被记录在案,进而对其他少数族裔产生影响,形成一种凯西·奥尼尔口中的"规模化的、产业化的不公平"。生物识别信息在执法领域的应用让少数族裔陷入一种需要"自证清白"的恶性循环,被当街拦截、比对生物识别信息的过程不仅侵犯了少数族裔的尊严,而且会加深人们对少数族裔的刻板印象。美国佛罗里达州迈阿密市的智能化治安监控系统对于白种人的监控力度和范围较小,重点关注的对象是当地的黑人群体和西班牙移民群体。[④] 这导致黑人群体和移民群体将遭遇比白种人更为严格的监控,无疑有违公平原则。

　　人类固有的认知偏见长期损害着弱势群体的利益,使公民的平等权遭遇挑战。一旦生物识别信息被滥用,大规模的歧视将轻而易举地实现。肯尼亚的 NIIMS 系统收集了大约 4 000 万人的生物特征信息,然而在初始登记阶段,许多少数民族未能通过登记系统的登记,这在很大程度上是因为肯尼亚的少数群体成员,如努比亚人,在申请获得 NIIMS 系统登记所需的国民身份证或出生证明所需的文件时,已经面临歧视,伴随着 NIIMS 登记成为日常生活大多数方面的必要条件,少数群体成员在社会上可能会陷入更加不利的地位。[⑤] 这种漏识别是由肯尼亚社会中固有的认知偏见所导致的,是一种人为造成的风险。当生物识别信息成为参与社会生活、享

---

① 洪延青. 人脸识别技术的法律规制研究初探[J]. 网境纵横,2019(8):85—87.

② Tambiama Madiega,Hendrik Mildebrath. Regulating facial recognition in the EU[R]. Strasbourg:European Parliamentary Research Service,2021:7.

③ 凯西·奥尼尔. 算法霸权[M]. 马青玲译. 北京:中信出版集团,2018:110.

④ 吴小帅. 大数据背景下个人生物识别信息安全的法律规制[J]. 法学论坛,2021(3):152—160.

⑤ Michael Odden. Biometric Crisis:Legal Challenges to Biometric Identification Initiatives[J]. *Wisconsin International Law Journal*,2022,39(2):366—389.

受社会福利的必要条件,任何漏识别都将是一种对公民基本权利的侵害。

三、生物识别信息滥用增加劳动者遭遇不平等待遇的风险

当前,企业已经不满足于利用生物识别信息加强对劳动者行为的控制,开始尝试从面部图像、语音语调等信息推断劳动者的其他个人特征,比如情绪、性格、性取向、疾病等,给劳动者的平等就业权带来挑战。伴随着情感计算技术应用越来越普遍,人们利用面部动作编码系统来测量个体的情绪变化,如喜悦、悲伤、愤怒等,并对个人进行分析和分类。HireVue视频面试软件就声称,通过点播视频面试,求职者可以在不到30分钟的时间里对结构化面试问题做出回答,从而被评估其就业能力,包括性格特征等,该软件会自动分析候选人的回答记录,并对候选人进行平均评分和平均推荐,已有100多家公司使用HireVue对100多万名求职者进行招聘。[①] 不同于传统的、依赖面试官经验判断的面试方式,视频面试软件似乎能够排除面试官的个人喜好等主观因素。然而,基于面部图像的自动化决策较之传统面试模式是否更加客观、公正,对求职者情绪、性格的分析是否科学、合理,则缺乏证据支撑。如果求职者并非因其工作能力与求职岗位不匹配,而因在面试期间的一些面部表情变化就被淘汰,无疑遭遇了不公正对待。求职者处于弱势地位,一旦企业将情感计算的结果作为自动化决策的关键因素,求职者往往难以补救,因为其不仅无法知道自己被淘汰的真正原因,而且可能对面试过程中情感计算技术的应用毫不知情,更加无权对数据的准确性和自动化决策的结果提出异议。

有证据表明,"生物识别信息能够揭示个人患特定疾病的概率或趋势"[②],一旦劳动者的生物识别信息(病史、家族遗传信息等)被企业过度收集和分析,就容易引发就业歧视,导致差别对待,侵害劳动者的平等就业权。并且,"雇主基于生物识别信息,可以更加容易地掌握劳动者可能出现的身体残疾和精神疾病等信息,预测性数据带来的歧视缺乏法律规制"[③],劳动者对此无能为力。所以,美国2008年颁布的《基因信息反歧视法》(GINA)专门用以禁止雇主在做出就业决定时使用员工的遗传信息,包括雇用、解雇、工作安置或晋升等,美国还有多个州颁布了保护员工免

① Andreas Häuselmann. Fit for purpose? Affective Computing meets EU Data Protection Law[J]. *International Data Privacy Law*,2021,11(3):245—256.
② 于洋.论个人生物识别信息应用风险的监管构造[J].行政法学研究,2021(6):101—114.
③ 魏广萍.劳动者生物识别信息的立法保护[J].工会理论研究,2021(6):30—41.

受工作场所基因歧视的立法。① 然而,基因检测和基因歧视仍旧在以非常隐秘的方式进行着。因为基因的独特性,基因歧视给个人带来的影响可能非常久远,生成DNA 图谱所需的时间已经从几天缩短到几小时,甚至不到一小时,与指纹、声音和人脸识别进行的认证相比,该系统的准确性更高,从 DNA 样本(基因座)获得的基因数据可能揭示与健康状况、疾病易感性或种族出身有关的信息。② 基因信息具有家族性,歧视一旦发生,负面影响可能波及所有家族成员,例如"DNA 分析可能被用于识别与未解决的犯罪或被定罪的人有关的家庭成员或亲属"③,所以,同一基因图谱上的人可能都会遭遇就业歧视。

此外,人们对某些群体的刻板印象使得企业利用生物识别信息对他们展开的监控程度远超他人。例如,残疾人、女性、少数族裔等劳动者,就可能面临比其他劳动者更为严格的管理。已经有雇主和健康保险公司通过访问女性与周期跟踪应用程序共享的信息(包括她们的喜怒无常和抽筋)来分析女性劳动者,导致她们成为被恶意区别化对待的目标④,这将进一步固化弱势群体在职场中的不利地位。

四、生物识别无感性导致弱势群体对歧视的无知无觉

对于绝大多数信息主体而言,生物识别是无感的,因为人们已经习惯在数字化生存中交出部分个人信息,例如,对于高空摄像头,人们往往选择视而不见。而且,并非所有对生物识别信息的收集和处理行为都会导致歧视性后果,因此,大多数人并不会察觉到自己是否因为生物识别而遭遇歧视。但是,生物识别的无感性会导致弱势群体后知后觉,难以在第一时间发现自己遭遇了不公平对待;发现遭受歧视后,又存在维权困难等问题。在信息收集阶段,摄像头对人脸的捕捉、互联网公司对人们在社交平台上分享的照片的分析等,都难以被及时发现;人们在拨打银行、保险公司的客服电话时,也不会意识到自己的声音信息可能在被同步收集。并且,传感技术的发展进一步提升了生物识别信息收集的无感性。"随着物联网技术的

① 魏广萍. 劳动者生物识别信息的立法保护[J]. 工会理论研究,2021(6):30—41.
② Opinion 3/2012 on Developments in Biometric Technologies[R]. Brussels:Article 29 Data Protection Working Party,2012:3.
③ Opinion 3/2012 on Developments in Biometric Technologies[R]. Brussels:Article 29 Data Protection Working Party,2012:25.
④ Solove,Daniel J.,Keats Citron, Danielle. Privacy Harms[J]. *GW Law Faculty Publications & Other Works*,2022,102:793—863.

快速发展和各类传感器的广泛设置,人们暴露于服饰之外的身体部分则都有可能成为智能生物识别的对象。"①在边防、安检、金融支付、考勤打卡等明确需要收集生物识别信息的场景下,即便人们对于生物识别信息的收集已经有了心理准备,也难以预料这些信息会被哪些信息控制者接触,以及会被如何分析、应用。一旦歧视被发现,往往是信息主体已经遭遇了不公平对待,例如丧失了本应得到的待遇、机会、资源等。"在旧式的竞争环境中,一个人可以明确地感受到歧视的存在,如有些餐厅会在入口处摆出'仅限白人顾客'的牌子,但在当下,用户无法察觉这种变化"②,现实是,对生物识别信息的过度收集和滥用放大了对弱势群体的伤害,而伤害一旦发生,将难以补救。印度女性作者 Rana Ayyub 因发表了一篇具有挑衅性的报道,被人深度伪造了一段以其为主角的色情视频,致使她不得不远离网络,Citron 指出,这种现象发生在越来越多的弱势群体身上,深度伪造技术让污名化女性、"色情报复"成为可能。③ 对 Rana Ayyub 而言,照片上的人脸信息被收集是难以察觉的,对于深度伪造的色情视频的传播,亦无法控制。女性作为社会中的弱势群体,常常成为深度伪造的色情视频的受害对象,如果想要澄清和维权,需要耗费大量的时间和精力,受到的精神损害也难以弥补。在金融、信贷等领域,生物识别信息和自动化决策的应用越来越普遍,歧视不仅难以发现,也难以补救。弱势群体如果遭遇不公正对待,人们想要获得司法救济,往往面临举证难题,因为不论是证明数据的错漏还是算法的错误,都需要一定的技术门槛,而普通用户显然不具备这样的能力。生物识别信息的收集利用和歧视性后果之间是否存在因果关系通常难以证明,一些人为造成的歧视,如信息控制者的固有偏见等,也可以用其他理由来掩盖。例如,信贷公司拒绝某些群体的贷款请求,可以给出看起来与生物识别信息毫不相干的解释,公司在信息和技术上的优势进一步加大了弱势群体维权的难度。如果雇佣者在升职、留任、解聘等决定中使用了劳动者的生物识别信息和健康数据,劳动者也难以察觉,算法总是能够遮蔽雇佣者的真实意图。"算法在掩盖歧视方面可能特别有效,因为受保护的特征不容易观察到,例如遗传特征和某些类型的残疾。"④

由于生物识别信息的唯一性和稳定性,生物识别信息一经采集,就会永久指向

---

① 顾理平. 身份识别与复制:智能生物识别技术应用中的隐私保护[J]. 湖南师范大学社会科学学报, 2021,50(04):123-130.

② 阿里尔·扎拉奇,莫里斯·E. 斯图克. 算法的陷阱[M]. 余潇译. 北京:中信出版集团,2018:164.

③ 曹建峰,方龄曼. "深度伪造"的风险及对策研究[J]. 信息安全与通信保密,2020(2):89-97.

④ Pauline T. Kim. Data-Driven Discrimination at Work[J]. *William & Mary Law Review*,2016,58: 857-936.

具体的个人,所以弱势群体可能因此面临永久性风险。一方面,如果遭遇歧视,弱势群体想要消除生物识别带来的歧视性后果需要耗费大量成本;另一方面,他们在精神上遭受的损害往往难以弥补。一旦弱势群体的诉求得不到解决,无疑会加深其精神伤害,并且进一步强化他们的弱势地位和边缘地位。在人类的偏见、生物识别信息的过度收集和滥用、有害的算法共同造成的恶性循环中,弱势群体的利益被大规模掠夺,社会不平等进一步加剧。

第二节　生物识别算法黑箱加剧社会不平等

生物识别信息的分析和应用离不开算法,而有害的算法加剧了歧视和不平等。算法本质上是一种复杂的数学模型,凯西·奥尼尔将有害的数学模型称为"数学杀伤性武器",并指出这种杀伤性武器具备三个特征:不透明、规模化、毁灭性。[①] 生物识别信息与算法的合谋能够实现对信息主体大规模的监控、分析和操纵,信息控制者的权力被无限放大,信息主体的隐私权和自主权等遭遇限缩,部分弱势群体的合法权益则被进一步压榨,最终导致社会公平被腐蚀削弱。正如贝克所言:"风险引发的损害是系统性的,通常不可逆,大多也不可见。"[②]算法黑箱已经不再是一个新名词,人们逐渐意识到,技术并非中立,在数据输入和结果输出之间,似乎存在一些难以解释的东西,普通大众通常无法深入了解算法的运行机制。还有许多公司将算法视为知识产权或"商业机密",人们并没有机会去审查算法的科学性和公正性。这种难以解释性和不透明性使得个体的权利被进一步削弱。美国阿肯色州曾出台一个州级残疾计划,由州政府派出护士对残障人士进行评估,以确定他们需要的护理时间,然而这项计划所使用的自动化决策系统存在巨大缺陷,导致数百名残疾人的护理时间大幅减少,但普通人没有机会去了解或质疑这一分配机制。这一算法方案最终被判定违宪,但是对这些残障人士的生活所造成的损害大多已经完成。[③]阿肯色州的事例说明,"有害算法"带来的风险往往需要具体的个人去承担,若政府

　　① 凯西·奥尼尔. 算法霸权[M]. 马青玲译. 中信出版集团,2018:21.
　　② 乌尔里希·贝克. 风险社会[M]. 张文杰,何博闻译. 南京:译林出版社,2018:8.
　　③ Crawford, Kate, Roel Dobbe, Genevieve Fried, Elizabeth Kaziunas, Amba Kak, Varoon Mathur, Rashida Richardson, Jason Schultz, Oscar Schwartz, Sarah Myers West, and Meredith Whittaker. AI Now 2018 Report[R]. New York:AI Now Institute, 2018:18.

将个人信息作为一种决策依据，就必须确保个人信息的准确性及决策的科学性和合理性，否则会给某些群体带来大规模的伤害，而这种伤害通常是难以弥补的。

一、生物识别信息与有害算法的合谋影响个体权利和社会公正

生物识别信息是个人的唯一识别符，但是个人在生物识别信息被采集后往往会失去对其的控制，既无法掌握这些信息会被哪些人控制和储存，也无法决定这些信息会被应用于何种场景。生物识别信息的唯一性意味着一次收集可能会给个人带来永久风险，层出不穷的算法不断扩宽生物识别信息的应用边界，个人需要承担的风险变得越来越难以预料。

当前，不管是在公共安全领域还是商业领域，生物识别信息都已经成为一种不可或缺的身份认证工具。"个人作为生物识别信息实质上的所有者，在公共安全、信息安全与金融安全保障要求下被迫退居次要地位。"[①]生物识别信息具有一定的公共性，为了参与社会生活，人们几乎无法拒绝被采集指纹、人脸等信息，以备再次识别和身份验证。

"现阶段的信息共享属于数据技术与算法等科技的强制共享，信息主体的个人生物识别信息被迫与主体分离，失去主体的支配与控制"[②]，这种强制共享一定程度上给社会治理和个人生活带来了便利，可一旦生物识别信息成为自动化决策的依据，就可能反过来对信息主体造成不利影响。例如，现实生活中存在的性别歧视和种族歧视，可以经由生物识别信息和有害的算法被延续和放大。首先，当人脸、DNA 等信息被采集，信息主体的性别就不再是秘密，相比之下女性更容易受到负面影响。例如，谷歌向男性推送高薪工作指导服务广告的频率远远高于向女性推送的频率，这不仅会导致对女性的歧视，还会拉大性别收入差距。[③] 调查研究证实，当 500 名男性代理和 500 名女性代理浏览一组预先设定好的与工作相关的网站后，尽管浏览记录相似，男性代理更有可能被展示来自巴雷特集团网站（careerchange.

---

① 杜嘉雯，皮勇.人工智能时代生物识别信息刑法保护的国际视野与中国立场——从"人脸识别技术"应用下滥用信息问题切入[J].河北法学，2022(1)：144—167.

② 曾昌.分离困境与整合路径：大数据时代下个人生物识别信息保护制度之完善[J].云南社会科学，2021(5)：114—122+187.

③ Amit Datta, Michael Carl Tschantz, Anupam Datta, Automated Experiments on Ad Privacy Settings: A Tale of Opacity, Choice, and Discrimination[J]. *Proceedings on Privacy Enhancing Technologies*, 2015(1)：92—112.

com)上的一则特定广告,标题是"年薪 20 万以上的工作——仅限高管",而女性代理则更有可能被展示一般招聘网站的广告。① 在现实生活中,女性在就业、服务等领域本身就容易受到不公正对待,一旦算法与生物识别信息合谋,女性利益在涉及自动化决策的多个领域都将受到冲击。其次,算法对种族歧视的扩大也多次得到验证。非盈利研究和倡导组织 AIgorithm Watch 证实,谷歌旗下的计算机服务 Google Vision Cloud 会将手持测温计的深肤色人员图像标记为"枪",而相同条件下,浅肤色人员图像则被标记为"电子设备",这与深肤色的人员图像在数据训练时在暴力场景出现的高频率有关。② 还有证据显示,黑人的再次犯罪风险更容易被高估,而白人的再次犯罪风险则更容易被低估。③ 美国的司法系统广泛使用的一种算法对非裔美国人持有偏见,即便该算法已经将罪犯的年龄、性别、犯罪史和未来行为一并考虑在内,这一算法将非裔美国人划分到高风险犯罪类别的可能性仍然高出其他族裔 45%。④ 这些结果会导致黑人的外在形象和社会处境难以改善,甚至陷入恶性循环。看似中立的算法并没有消除偏见与歧视,而是进一步固化了弱势群体在社会中的不利地位。

二、生物识别信息与有害算法合谋加剧商业领域的歧视和不平等

越来越多的企业为了实现利益最大化,开始将生物识别信息用于投放定向广告、进行个性化服务等,歧视的风险便伴随而来,有害算法导致的掠夺式广告极大地加剧了社会不平等。不同于姓名、性别、年龄、联系方式等普通个人信息,生物识别信息难以变更,是一种非常稳定的个人身份识别符,如指纹、基因等都是独一无二的。所以,欧盟《通用数据保护条例》将生物识别信息明确为特殊类别的个人信息,我国立法也将生物识别信息明确为敏感个人信息。因为一旦被信息控制者掌握,生物识别信息就可能作为一种核心资源,成为资本增殖的工具,而信息主体在这一过程中是被动的、脆弱的、缺乏话语权的。当前,零售商和广告商已经不再满足于收集用户的浏览记录、搜索记录、购买记录等行为信息,而是迫切地需要知道

① 大卫·萨普特. 被算法操控的生活[M]. 易文波译. 长沙:湖南科学技术出版社,2020:15.
② 脸脸. Google AI 再曝黑人女员工离职,这是所有科技公司都将面对的问题[EB/OL]. 2021[2023-07-10]. https://www.geekpark.net/news/274371.
③ 凯伦·杨,马丁·洛奇. 驯服算法[M]. 林少伟,唐林垚译. 上海:上海人民出版社,2020:95.
④ 大卫·萨普特. 被算法操控的生活[M]. 易文波译. 长沙:湖南科学技术出版社,2020:16.

客户的真实身份，为他们描绘清晰完整的数字画像，进行更加有针对性的营销。生物识别信息将具体的个人和碎片化的行为信息联系在一起，让零售商和广告商能够清楚地知道自己的营销目标是谁，以及应该针对其开展什么样的营销策略。信息控制者在资本逐利性的驱使下将生物识别信息与算法利用到极致，最终伤害的是信息主体的权益。

　　"在算法的帮衬下，企业可以绕过反歧视约束，实现对特定人群的分组，通过自动化的开发与改进分组的过程，将特定种族、婚姻状况、年龄、性取向和宗教信仰的人划分到一起。"①当前，生物识别技术被广泛应用于广告和营销领域，生物识别信息被用于识别用户和分析用户的真实喜好和购物习惯，用户的面部表情常常能够泄露用户的真实想法。基于此，用户往往会被推荐不同的产品、服务，甚至遭遇价格歧视，如"大数据杀熟"等。算法自动将用户的信息与特定的商品、服务、价格等进行匹配，在这一过程中，用户往往是被动接受的、无知无觉的。算法既不可见又难以解释，"消费者可能永远不会知道他们被排除在某些广告、优惠或基于歧视性自动决策的列表之外"②。如果 Facebook 的算法确定年轻人的数据比老年人的数据更有价值，它可以继续向年轻人免费提供 Facebook，而向老年人提供的只是一个经过精简的、更裸露的平台，因为公司可能不希望将昂贵的服务器空间浪费在产生较少广告收入的用户身上。③ 2020 年，我国一些售楼处安装人脸识别系统，并以此对客户进行识别和分类，引起了全社会的广泛关注。人们在走进售楼处时并不知道自己的人脸信息已经被高空摄像头抓取，更无法想象自己的资金情况、征信情况、购房需求等都可能在大数据分析后，被同步发送给销售，他们甚至遭遇差别化接待。算法可以识别语音模式中的特定特征，分析一个人在电话交谈中的反应，以识别重音模式等。④ 语音识别可以用来对说话者进行分类，在对话过程中，信息主体的人格特质可能被同步分析，基于此，商家可能会在用户再次来电时为其有针对性地分配话务员。还有研究证明了情绪与语言之间的联系，例如，音高、声音水平和语速等声学特征被分解，以便与说话者的情绪状态联系起来，换句话说，交流方

　　① 阿里尔·扎拉奇，莫里斯·E. 斯图克. 算法的陷阱[M]. 余潇译. 北京：中信出版集团，2018：164.
　　② Solove，Daniel J. Data Is What Data Does：Regulating Use，Harm，and Risk Instead of Sensitive Data[J]. *Management Journal for Advanced Research*，2022，2(6)：12—15.
　　③ Ariel Dobkin. Information Fiduciaries in Practice：Data Privacy and User Expectations[J]. *Berkeley Tech. L. J.*，2018，33：1—49.
　　④ Opinion 3/2012 on Developments in Biometric Technologies[R]. Brussels：Article 29 Data Protection Working Party，2012：24.

法提取表征情感语音的声音信号特征,并将其映射为情感表征,德国语音和音频智能应用公司 AudEERING 就声称其设备能够识别说话者,并检测到 50 多种情绪状态。① 所以,即便用户并未露面,只是通过电话和商家进行交流,也可能遭遇语音识别、情绪分析,甚至被区别对待。凯西·奥尼尔指出,人们被放在数百种模型中进行排名、分类以及评分,掠夺式广告精确地找到有迫切需求的群体,以寻找不平等并大肆利用不平等为己任,结果是进一步巩固了现有社会分层。② 在社会中处于弱势地位的人群往往更为脆弱、更容易受到欺骗和算法的伤害。在资本逻辑下,基于生物识别信息的分析与决策非但没有给弱势群体提供更多帮助,反而导致弱势群体的权益受损、贫富差距进一步扩大。

三、生物识别算法歧视原因溯源

算法是复杂的数学模型,自动化决策需要经过复杂的系统运算,在设计、数据采集录入、运算、结果输出的过程中,不仅包含了设计师的设计,还包含了机器的自主学习,所以不能简单地将算法歧视归因于信息控制者的主观意图,算法歧视可能是由多种原因导致的。

第一,数据的错漏必然影响算法的结果。例如,即便人脸识别技术的错误率已经不到 1%,在大规模运行时仍旧会导致大规模的错误结果。在人们的数字档案中,本身就可能存在大量错误。而这些错误对模型的污染,助推了数学杀伤性武器的诞生。③ "'垃圾进来,垃圾出去'是当下机器学习领域的真实写照,糟糕的数据可能在将来的使用中输出极端错误的决策,受污染的原材料的有害影响可以迅速广泛传播。"④样本的缺失也会导致某类群体的权益受损,例如,某些少数族裔的样本数量就远低于其他人,这可能导致少数群体难以享受到某些福利待遇。错漏的生物识别信息必然导致错误的结果,而这种结果给个人带来的不利影响可能呈指数级增长。即便原始数据没有错漏,参照系数或变量的错误选用也有可能导致算法歧视。在美国一些州评估假释所采用的 COMPAS 算法中,黑人罪犯的误报(假阳

---

① Andreas Häuselmann. Fit for Purpose? Affective Computing Meets EU Data Protection law[J]. *International Data Privacy Law*,2021,11(3):245—256.
② 凯西·奥尼尔.算法霸权[M].马青玲译.北京:中信出版集团,2018:73.
③ 凯西·奥尼尔.算法霸权[M].马青玲译.北京:中信出版集团,2018:178.
④ 凯伦·杨,马丁·洛奇.驯服算法[M].林少伟,唐林垚译.上海:上海人民出版社,2020:259.

性)率比白人高得多,发生在白人罪犯身上则更多的是漏报(假阴性),算法供应商 Northpointe 却坚持他们的算法是公正的,究其根源,在既往 2 175 例历史案件中, 黑人罪犯的再次犯罪频率更高,所以他们被错误归类于高风险类别的概率更大。① 该算法将罪犯的再犯罪率作为参照系数,在数据没有错漏的情况下仍旧导致了歧 视性的结果。

第二,信息控制者或算法设计者可能会在编写算法的过程中将其固有的认知 偏见纳入算法,导致算法歧视。凯西·奥尼尔指出,有许多模型把人类的偏见、误 解和偏爱编入了软件系统,模型能够反映出建模者的目标和思想观念,人们的价值 观和欲望会影响选择,包括选择搜集的数据和要问的问题,模型正是用数学工具包 装出来的各种主观观点。② 美国下议院特别委员会也提出,偏见是算法固有的,换 句话说,算法的主要目的就是"筛选"。③ 如果在模型设计的初始阶段,设计者就将 特定的歧视性目标植入算法,在算法运行的过程中又不断进行人工干预,算法产生 的结果就不可能是客观中立的。并且,在智能算法的自动累积学习中,人的主观选 择效应将被无限次叠加,从而引发"标签化"的歧视问题。④

第三,算法可能在资本的操控下故意走向歧途,影响社会公正。"资本追求利 益最大化使其在操纵技术过程中有意识进行带有明显算法偏见的筛选,数据造假 和故意进行算法程序过滤都是资本驱动下的技术行为,没有消费能力以及对技术 没有使用能力的数字新穷人将在算法的过滤中逐渐被边缘化。"⑤资本具有逐利的 天性,资本增值是其根本目的。在数字经济中,生物识别信息作为一种生产原料而 存在,其工具性远超其公共性和公益性。"大数据杀熟"现象并不罕见,名义上的 "个性化服务"背后往往是差别化对待,只要对用户生物识别信息的分析能够实现 利润的最大化,资本就会毫不犹豫地进行算法操纵。

第四,算法本身的自主学习能力可能导致其在运行过程中逐渐偏离设计者的 预期目标,引发新的歧视。丹尼尔·索洛夫教授指出,算法可以根据它们认为突出 的特征引入新的歧视形式,这些特征可能不是传统的令人讨厌的特征,如种族、性 别或年龄,而是随机的,进而被系统地用来造福或损害人们,导致新的不平等出现,

---

① 大卫·萨普特. 被算法操控的生活[M]. 易文波译. 长沙:湖南科学技术出版社,2020:54—56.

② 凯西·奥尼尔. 算法霸权[M]. 马青玲译. 北京:中信出版集团,2018:10.

③ 凯伦·杨,马丁·洛奇. 驯服算法[M]. 林少伟,唐林垚译. 上海:上海人民出版社,2020:232.

④ 石佳友,刘思齐. 人脸识别技术中的个人信息保护——兼论动态同意模式的建构[J]. 财经法学,2021 (2):60—78.

⑤ 郭淼,檀晓涓. 人脸识别技术对数字个体的增权与抑制[J]. 未来传播,2021(2):52—58+125.

这种不平等更加隐蔽,因为算法可能相当复杂。[①] 算法并非完全可控,算法的自主学习功能意味着它能够不断地抓取新的数据,自主决定提取哪些特征用以分析和筛选。在算法的加持下,即便信息控制者不直接使用生物识别信息,信息主体也可能遭遇不公正对待。伴随算法自动化分析决策与深度挖掘技术的成熟,生物识别信息不仅关联公民的基础性信息,同时经过数据加工、整合以获取行踪轨迹、征信、财产等其他敏感信息。[②] 只要信息主体曾经在互联网上留下自己的生物识别信息,那么算法就可能实现对信息主体个人身份的永久识别,并自动关联、储存信息主体其他的个人信息。在分析 Facebook 上的"赞"时,研究人员能够在 95％ 的时间里正确识别出人们的种族,在另一项研究中,研究人员能够根据医生的记录推断出患者的种族,即使所有明确的种族迹象都被删除了。[③]

　　所以,即便算法工程师在分析数据时有意识地去掉了信息主体的唯一识别符,算法也能够从蛛丝马迹中找出"真相"。最新的例证是,一问世便受到广泛关注的 AIGC 技术就存在内生性的算法歧视。尽管有人认为预训练模型使用更多、更多元全面的数据量与参数进行模型训练,能够避免算法歧视,但使用了 1 750 亿参数、45TB 预训练数据的 GPT－3 仍存在明显的性别歧视。[④] AIGC 的算法拥有强大的自主学习能力,不仅能够从广阔的互联网世界中抓取尽可能多的数据,而且能够发现规律,自主运行。在数据被广泛抓取的同时,无数的不确定因素也嵌入了 AIGC 的算法之中。AIGC 强大的自主性也令算法歧视的风险成倍增加。充满不确定因素的数据源极大降低了 AIGC 生成内容的可信度,冲击着当前被广泛应用于各个领域的生物识别安全系统。一旦 AICG 算法利用自主采集的生物识别信息成功绕过各个生物识别系统,不仅人们的生命和财产安全会受到极大威胁,歧视风险也将随之而来。并且"在风险传递的过程中,算法主体的固有局限会进行交互作用,特别是多个不同算法主体进行交错和叠加时,AIGC 技术本身携带的主体局限也会交错叠加,导致最终的风险大于单个主体局限所包含的风险之和,呈现出一种乘积式

　　① Solove, Daniel J. Data Is What Data Does: Regulating Use, Harm, and Risk Instead of Sensitive Data[J]. *Management Journal for Advanced Research* ,2022,2(6):12—15.
　　② 王文娟. 生物识别信息传播风险的刑事规制向度——基于 525 份刑事裁判文书的内容分析[J]. 新闻与传播研究,2022(7): 75—88＋127—128.
　　③ Solove, Daniel J. Data Is What Data Does: Regulating Use, Harm, and Risk Instead of Sensitive Data[J]. *Management Journal for Advanced Research* ,2022,2(6):12—15.
　　④ 郭全中,张金熠. AI＋人文:AIGC 的发展与趋势[J]. 新闻爱好者,2023(3):8—14.

的放大效应。"①

　　值得注意的是,即便个人生物识别信息被删除,算法也可以从"个体歧视"转向"群体歧视",使某一类人遭遇差别对待。例如,"自动驾驶技术中的图像识别、警务预测系统中的集体识别往往并非以识别特定个人或身份为诉求,算法决策过程并不考虑个体本身,而是将其作为群体的一部分,挖掘这些信息中的共同性因素并预测未来行为"②。这意味着,算法可能会主动挖掘某一类人的共性,为这一整个群体进行"打标",再进行差异化处理。凯西·奥尼尔指出,许多数学杀伤性武器是依靠自己的内置逻辑来定义其所处理的情况,然后再以自己的定义证明其输出的结果的合理性的。③ 算法的主动学习功能能够使其在运行过程中发掘出新的线索和功能,甚至超越设计师的构想。丹尼尔·索洛夫教授指出,算法可能会通过使用"受保护类别的代理变量"而无意中导致歧视性结果,即使不故意使用敏感数据作为非敏感数据类型的代理,非敏感数据和敏感数据之间的相关性也可能产生有害影响,例如,机器学习模型不太可能将黑人患者推荐给高风险护理管理项目,更有可能将黑人识别为高风险,不太可能批准黑人抵押贷款申请人,这些模型都没有明确地将种族作为预测的变量。④ 所以,是否生成歧视性结果,既关乎算法,也关乎选择什么样的个人特征,简单地排除生物识别信息可能无法达到反歧视的效果。当服务提供商收集的数据可以让他们通过数百种类别来识别和分类用户时,就更容易孤立和歧视一个新的群体:那些不那么"有价值"的人;只向"有价值的"群体提供某些服务或产品,进一步巩固已经存在的分歧或孤岛。⑤ 总之,群体识别并非意在识别出具体的个人,所以那些看起来并不敏感的数据完全有可能被算法所挑选分析,最终导致某些类别的群体在不知不觉中遭遇差别化对待。

---

　　① 谢梅,王世龙. ChatGPT 出圈后人工智能生成内容的风险类型及其治理[J]. 新闻界,2023(8):51—60.

　　② 杜嘉雯,皮勇. 人工智能时代生物识别信息刑法保护的国际视野与中国立场——从"人脸识别技术"应用下滥用信息问题切入[J]. 河北法学,2022(1):144—167.

　　③ 凯西·奥尼尔. 算法霸权[M]. 马青玲译. 北京:中信出版集团,2018:9.

　　④ Solove, Daniel J. Data Is What Data Does: Regulating Use, Harm, and Risk Instead of Sensitive Data[J]. *Management Journal for Advanced Research*,2022,2(6):12—15.

　　⑤ Ariel Dobkin. Information Fiduciaries in Practice: Data Privacy and User Expectations[J]. *Berkeley Tech. L. J.*,2018,33:1—49.

第三节　生物识别信息有害使用引发隐私风险

1890 年,美国律师沃伦(Samuel D. Warren)和布兰代斯(Louis D. Brandeis)在《隐私权》中指出,隐私权是广泛的人格权的一部分,包括不被打扰的权利,肖像不被公开的权利,私人事务不被新闻报刊描写、议论的权利,以及私密事务不被公开的权利等。① 经过一个多世纪的发展,隐私权内涵也在不断变化,由于文化差异,各国对隐私的理解不尽相同,但人们普遍认可隐私权是一种生活安宁权和个人私密信息受到保护的权利。随着科学技术的不断进步,个人信息与隐私的联系越来越紧密,个人信息传播对个人隐私的暴露也引起了广泛的担忧。如今,个人信息传播的速度和广度远超 19 世纪,数据储存和传播的成本急剧下降,由个人信息泄露和滥用所引发的隐私侵权也越来越常见,可以说,在当下,人们的隐私权较之 19 世纪更加容易受到侵犯。生物识别信息由于和个人的高度关联性,其收集和处理是否安全和妥善,正成为人们在数字化生存中保护隐私的关键因素。

一、生物识别技术引发"关联隐私"风险

单纯的生物识别信息难以构成个人隐私。我国《民法典》将隐私定义为自然人的私人生活安宁和不愿为他人知晓的私密空间、私密活动、私密信息。② 生物识别信息一般指"人脸、指纹、掌纹等生理特征及步态、声态等行为特征经过技术处理后得到的,可单独或与其他信息结合识别特定自然人或特定自然人身份的数据。"③人们的人脸、步态、声态往往是参与社会生活的必备要素,人们主动上传至社交网络的照片也并非私密信息;指纹、DNA 等信息则需要专门的采集设备、数字模板、算法等方能提取和分析,单纯的指纹也无法反映个人的私密活动,所以,生物识别信息并不能够直接反映个人隐私,不能简单将生物识别信息视为隐私权的客体,我国法律也是将生物识别信息作为一种敏感的个人信息加以保护。

---

① 路易斯·D. 布兰代斯等. 隐私权[M]. 宦盛奎译. 北京:北京大学出版社,2014:3－31.
② 中华人民共和国民法典[S]. 第十三届全国人大三次会议 2020 年 5 月 28 日通过,2021 年 1 月 1 日实施。
③ 林凌. 生物识别"关联隐私"保护机制的构建[J]. 青年记者,2022(05):93－95.

然而,生物识别信息与其他个人信息的整合能够暴露个人隐私,即"关联隐私","关联隐私"侵权即计算机深度挖掘生物识别信息后的隐私画像。① 不同于姓名、年龄、出生日期、住址等存在重复的、可以变更的个人信息,生物识别信息能够直接指向特定的个人。掌握了一个人的生物识别信息,就意味着能够精确识别其个人身份,令"匿名化""去标识化"等技术手段即刻失效。碎片化的、去标识的个人信息难以直接反映个人身份,生物识别信息能够将这些信息链接起来,即将个人身份和个人活动相关联。"构成个人历程的数据常态下是片段或离散的,但只要对它们进行有意挖掘、整合,就能拼贴出一段相对完整的时间线或相对完整的图景"②,一旦信息控制者利用技术手段掌握了生物识别信息,并深度挖掘个人的其他信息,为其描绘数字画像,就很可能导致个人私密信息和私密活动被知晓。此外,如果信息处理者在提取生物识别特征时放大局部生理特征,还可能关联出某些疾病等个人隐私。③ 生物识别传感器所收集到的数据量越多、越精确,就越有可能从生物特征样本中获得额外信息,例如,个人生物功能的特殊性、疾病的症状、有关其当前状态或身份的信息,这些信息都可以借助特殊的算法得到。④ 对于一些身患特殊疾病的个人而言,疾病信息不仅关乎个人隐私,而且关乎其是否能够有尊严、不受歧视地参与社会生活,而生物识别信息的传播和滥用可能会导致这些患者被"污名化",个人基本权利受到侵犯。

可以说,对生物识别信息的收集和利用打破了信息主体在现代社会"隐身"的屏障,极大地增加了人们不愿意为他人所知道的信息暴露的风险,而这种风险自生物识别信息被收集之时起就一直存在。例如,一家零售店的虚拟试衣间从客户那里收集到的生物识别信息可能没有任何参考数据库可供比较,但如果零售店将今天记录的生物识别信息与一年前(或任何其他时期)记录的所有其他信息进行比较就可能暴露客户的私密信息。⑤ 即便在数据分析阶段,将一些所谓的敏感数据排除,也不能彻底排除隐私风险。点击流数据(行为信息)通常不包括在敏感数据列

---

① 林凌.生物识别"关联隐私"保护机制的构建[J].青年记者,2022(05):93—95.

② 彭兰."数据化生存":被量化、外化的人与人生[J].苏州大学学报(哲学社会科学版),2022(2):154—163.

③ 林凌.生物识别"关联隐私"保护机制的构建[J].青年记者,2022(05):93—95.

④ Krausová, Alzbeta Solarczyk et al. Biometric data vulnerabilities: privacy implications[J]. *The Lawyer Quarterly*,2018,8(3):295—306.

⑤ Jain, Chirag. Virtual Fitting Rooms: A Review of Underlying Artificial Intelligence Technologies, Current Developments, and the Biometric Privacy Laws in the US, EU and India[J]. *SSRN Electronic Journal*,2022,4:1—42.

表中，但可以用作敏感数据的代理，揭示很多关于人们的种族、宗教、政治观点和哲学信仰等敏感信息。[①] 所以，一旦生物识别信息与其他信息进行关联、整合，就可能给信息主体的隐私带来威胁。

　　基因是重要的生物识别信息，伴随基因检测技术的进步，基因数据的收集和处理所带来的问题逐渐进入人们的视野。尽管单一的基因数据不太可能对个人隐私构成威胁，但伴随着遗传学研究的进步，基因数据所能揭示的内容越来越多，隐私风险逐渐增大。当前，遗传学研究已经达到了"文本化"的程度，基因数据可以以前所未有的规模进行阅读、比较和共享，由于这种"文本性"，当一个人的遗传数据被询问时，产生的信息可以被读取，并与其他信息相结合，以产生一个既具有高度启示性又具有特异性的个人资料——揭示其独特的遗传特征，这种特殊性是其他形式的数据所不能提供的。[②] 基因数据的独特性导致其一旦泄露，就可能给个人带来广泛而持久的隐私伤害。一方面，只要保留了一部分毛发、皮肤等身体组织，就可以通过基因数据关联或识别到他/她，即便信息主体离世也无法避免，而指纹等其他生物识别信息则不具备这种能力。另一方面，同一家族的基因往往具有相似性，所以个人的基因数据可能会关联到其近亲属，甚至扩展至整个家族，导致与其有遗传关系的人都被识别出来。欧洲人权法院已经承认，对个人基因数据的收集是对隐私的初步侵犯——因为它揭示了个人敏感的特征，也因为它揭示了家庭关系，并允许它们被绘制出来。[③] 基因数据不仅能够揭示信息主体的身体特征，还能够揭示其家族图谱和遗传性疾病等信息。伴随基因检测服务的普及，基因检测公司掌握的用户基因信息也越来越多。2019 年 2 月，美国基因检测公司 FamilyTreeDNA 承认，在未经用户允许的情况下向 FBI 提供了他们的 DNA 数据，导致那些没有购买该公司基因检测服务的人群也受到波及。因为只要一个家族成员进行了基因检测，其他成员的基因信息就可能暴露，而他们对此往往不知情，个人隐私遭遇严重侵犯。

---

① Solove, Daniel J. Data Is What Data Does: Regulating Use, Harm, and Risk Instead of Sensitive Data[J]. *Management Journal for Advanced Research*, 2022, 2(6): 12—15.

② Róisín Á Costello. Genetic Data and the Right to Privacy: Towards a Relational Theory of Privacy?[J]. *Human Rights Law Review*, 2022, 22: 1—23.

③ Róisín Á Costello. Genetic Data and the Right to Privacy: Towards a Relational Theory of Privacy?[J]. *Human Rights Law Review*, 2022, 22: 1—23.

二、生物识别信息泄露引发个人隐私风险

生物识别信息的大规模泄露并非危言耸听。美国国土安全部监察长办公室的一份报告显示,涉及美国海关和边境保护局人脸识别试点项目的数据泄露导致了超过 18 万张旅行者图像被暴露,而这些图像后来出现在暗网上。[①] 2019 年 2 月,印度国有天然气公司 Indane 由于网络安全措施不到位,泄露了百万条生物识别数据库信息,受影响人数超过 670 万人。[②] 公共部门收集的信息一旦被泄露,往往是大规模的,因为人们通常无法拒绝被收集。如果公共部门无法采取严密的安保措施来确保个人信息安全,人们的隐私权无疑会面临极大的挑战。2019 年,被近 6 000 个组织(包括跨国公司、政府、银行和英国大都会警察局等)采用的一款由生物科技公司施普玛(Suprema)提供的一款名为 BioStar 2 的生物识别软件发生了数据库泄露,涉及超过一百万人的生物识别数据,研究人员能够查看到员工的家庭住址和电子邮件、员工记录和安全级别等敏感数据。[③] BioStar 2 主要用于收集员工的个人信息,由于工作需要,人们不得不同意被采集生物识别信息,然而作为服务提供商的 Suprema 却未能尽到数据安全保障义务,导致人们的生物识别信息和其他敏感信息大量泄露,这种大规模的数据泄露不仅涉及人数众多,而且极大地增加了侵害个人隐私的风险。无独有偶,2019 年 2 月,中国一家计算机公司深网视界遭遇黑客入侵,超过 250 万人的数据被获取,680 万条记录泄露,其中包括身份证信息、人脸识别图像及捕捉地点。[④] 该公司与不少地方的公安部门开展人工智能安防合作,其主营业务为人脸识别、AI 和安防,却未对内部数据库做密码保护,导致泄露事件发生。

伴随生物识别信息越来越多地应用于商业领域,信息采集者和处理者不再局限于公共部门,生物识别信息为大量的私营企业或个人所掌握,信息泄露的风险也呈指数级增长。一方面,无法保证众多的信息控制者都能够提供完备的信息安保

---

① Michael Odden. Biometric Crisis: Legal Challenges to Biometric Identification Initiatives[J]. *Wisconsin International Law Journal*,2022,39(2):366—389.

② 金元浦. 大数据时代个人隐私数据泄露的调研与分析报告[J]. 清华大学学报(哲学社会科学版),2021(1):191—201+206.

③ Lindsey O'Donnell. Fingerprints of 1M Exposed in Public Biometrics Database[EB/OL]. 1998[2023—08—01]. https://threatpost. com/fingerprints — of — 1m — exposed — in — public — biometrics — database/147345/.

④ 金元浦. 大数据时代个人隐私数据泄露的调研与分析报告[J]. 清华大学学报(哲学社会科学版),2021(1):191—201+206.

措施,处于行业领先地位的施普玛就发生了数据泄露;另一方面,出于逐利的目标,处理个人信息的"目的限制原则""最小化原则"和"透明度"等要求往往很难被严格遵循,这无疑增加了信息主体的隐私泄露风险。生物识别信息泄露引发的个人隐私风险首先体现为身份泄露危机。一旦生物识别信息流出,人们就对个人身份的隐秘或公开失去了控制。人们的担忧集中于对个人控制他/她愿意向他人提供的关于他/她的信息的能力被削弱,许多人更愿意保持他们的生物识别信息的私密性和机密性,并且只根据他们自己的意愿将其提供给其他人。[①] 对于普通人而言,个人的真实身份以及与之关联的一切个人活动、个人信息通常局限于一部分人群。如果将个人信息传播的范围想象成一个圆形,由中间向四周发散,那么传统模式应该是位置越核心的人群对特定人的信息掌握得越多,越外围的人掌握的信息越少,个人还可以有选择地安排他人所处的位置。例如,微信好友通常知道我们的真实身份,在微博上互相关注的人却并非如此,我们还可以仅对部分人群设置朋友圈可见;又如,我们选择戴口罩参加某一活动,但亲朋好友可能对此并不知情。曾经,人们对于个人身份的暴露和个人私密信息的传播范围是有选择的,生物识别信息的泄露却有可能剥夺人们选择的权利。一旦隐私主体的身份被泄露,当事人感到"精神痛苦",公民的隐私就会因此受损。[②] 当生物识别信息与个人其他信息、活动相关联,信息控制者将掌握越来越多的个人隐私,无疑会使个人产生一种恐慌感。"每一个生命体的生物特征相对有限,一旦提供可供生物识别技术识别的特征(信息),就意味个人的身份会被永久识别。"[③]当信息主体的身份暴露,甚至被永久识别时,会导致其丧失控制自己个人信息传播的权利,不仅再也无法控制"亲疏远近",而且面临私密信息和私密活动全面暴露的风险。

三、从"无害识别"到"有害使用"

当前,生物识别信息因其唯一性和稳定性已经成为较为普遍的身份认证工具,被应用于公共安全、金融支付、考勤管理等场景。除了人们常见的指纹识别、人脸

[①]   EBELOGU Christopher U, AMUJO Oluyemi E, Adelaiye Oluwasegun I, FAKI Ageebee S. Privacy Concerns in Biometrics[J]. *IEEE-SEM*, 2019, 10(7):45－51.

[②]   顾理平. 身份识别与复制:智能生物识别技术应用中的隐私保护[J]. 湖南师范大学社会科学学报, 2021, 50(04):123－130.

[③]   顾理平. 智能生物识别技术:从身份识别到身体操控——公民隐私保护的视角[J]. 上海师范大学学报, 2021(05):5－13.

识别、虹膜识别、掌纹识别，还有声音识别、静脉识别、笔迹识别等技术手段也越来越多地被使用。作为一种身份认证工具，生物识别信息给人们生活带来了极大的便利，不管是智能手机，还是智能汽车、智能家居系统，都越来越多地开始利用生物识别技术来识别用户。伴随生物识别信息应用越来越普遍，生物识别技术的应用成本越来越低廉，生物识别信息似乎正在变得不那么"敏感"。一个简单的数据采集器就可以抓取人们的指纹，随处可见的高空摄像头可以轻易抓取人脸和步态，网络上浩如烟海的照片也可以被用来提取人们的人脸信息。在过去的三十年里，生物识别技术在安全领域的应用发展最为迅速，从遍布大街小巷的摄像头就可见一斑。生物识别技术的精确性令其在边检、刑侦、反恐等领域发挥着不可或缺的作用，生物识别信息的应用极大地提高了识别的准确性和效率。单纯的"识别""认证"等技术的应用不一定就导致个人信息主体权益受损，然而一旦收集和使用生物识别信息的原始目的发生改变，或者违背了"最小必要"原则和"透明度"原则等，"无害识别"就可能走向"有害使用"。如果生物识别信息以"公共安全"为名遭到滥用，将给信息主体带来多种形式的侵害，隐私侵害便首当其冲。

欧洲慈善机构 Statewatch 的报告指出，生物识别技术的应用从警察局、领事馆（例如签证处理）、拘留中心等固定地点逐步扩展至边境，全球多个国家的过境点在采集和核实旅客的指纹和人脸图像，一些地区还试图为警察和移民官员配备移动生物识别设备，使他们能够在街上通过扫描指纹或人脸来验证个人身份。[①] 在美国第 35 届"超级碗"期间，球迷的外表就被扫描，并使用人脸识别技术将其与已知罪犯的人脸照片进行了比较。[②] 除了执法机构，银行、商场、学校、医院等，也都出于公共安全的需要纷纷安装了大量的摄像头，甚至，一些智能汽车的制造商也在研发智能识别技术，以监控司机是否有困倦或注意力不集中的情况。欧洲委员会的调查显示，公共场所越来越多地使用远程生物识别系统，人脸识别似乎正在迅速成为常态，无论这种系统在哪里运作，数据库所列人员的行踪都可以被跟踪。[③] "一个理性

① Chris Jones，Jane Kilpatrick，Yasha Maccanico. Building the biometric state：Police powers and discrimination[R]. London：Statewatch，2022：3—26.

② EBELOGU Christopher U，AMUJO Oluyemi E，Adelaiye Oluwasegun I，FAKI Ageebee S，Privacy Concerns in Biometrics，IEEE-SEM，Volume 10，Issue 7，2019，45—51.

③ Tambiama Madiega，Hendrik Mildebrath. Regulating facial recognition in the EU[R]. Strasbourg：European Parliamentary Research Service，2021：3.

人无论如何都会期待他在一段较长时间内匿名或不会连贯地被他人知晓"①,生物识别系统对个人行踪轨迹的精确把握无疑侵犯了个人合理的隐私期待。

然而,当生物识别信息成为一种新的"密钥"时,其应用技术的研发和创新似乎是不可逆转的,包括公共部门在内的信息控制者都无法抗拒新技术应用对效率的提升。欧盟委员会自 2013 年起就持续为一项新型监测技术 ENLETS 提供资金,该技术能够使警察即时、全天候地访问每一个被拦截、检查或监视的人的数据、个人资料、图像、视频和生物识别信息。② 正如顾理平教授所言,以"行走的电脑"方式存在的现代公民,被密布于身边的各类传感器无时不在、无处不在地收集、储存、分析着各类数据,人不断被数字化,个人成了移动的数据库。③ 个人的数字化是别无选择的,人们被迫贡献出各种数据,这些数据又成为生活中必不可少的"通行证",人们不仅要依靠这些数据来证明自己的身份,而且要以此来进入各种场所、参与社会生活。移动技术的发展,让千千万万的数据能够被轻易地整合在一起,为信息主体勾勒出一个数字化的"自我",这个数字化的"自我"所展现出来的信息,甚至比信息主体自己所了解的自我都更为清晰和全面。可穿戴设备完成的身体数据化,往往要通过网络传递出去,于是身体与网络之间形成了更紧密的连接,"身联网"(Internet of Body)成为现实后,影响身体的因素也会变得更为复杂。④ 人们的私密信息和私密活动,就这样通过密布在各处的传感器设备、移动端、互联网被汇聚和传播。数据已经成为证明个人身份的必要条件,数据一旦遭到泄露,不仅会给个人身份的证明带来障碍,而且会侵害个人隐私。想象一下,如果 ENLETS 技术在全世界范围内得到应用,任何一个看似可疑的人都可能在公共场合被拦下,在移动设备的扫描下,暴露其生物识别信息和活动轨迹等,个人隐私将不复存在。此外,今天的技术已经能将人全面数据化并拆解为数字化的"元件",不仅可以实现对这些"元件"的外部重组,还可以将"元件"嵌入未来与人交流的机器之中,甚至包括那些不在身边或已逝去的人的"元素"。⑤ 伴随着人的"元件化",生物识别信息对个人隐私的影

---

① 李延舜. 位置何以成为隐私?——大数据时代位置信息的法律保护[J]. 法律科学(西北政法大学学报),2021(2):107—118.

② Chris Jones, Jane Kilpatrick, Yasha Maccanico. Building the biometric state:Police powers and discrimination[R]. London:Statewatch,2022:3—26.

③ 顾理平. 身份识别与复制:智能生物识别技术应用中的隐私保护[J]. 湖南师范大学社会科学学报,2021,50(04):123—130.

④ 彭兰."数据化生存":被量化、外化的人与人生[J].苏州大学学报(哲学社会科学版),2022(2):154—163.

⑤ 彭兰. AIGC 与智能时代的新生存特征[J]. 南京社会科学,2023(5):104—111.

响将越来越深远,看似微不足道的身体零部件都可以被用来对个人进行标记和追踪,甚至延续到个人离开人世后。一旦人机结合技术的发展令"数字永生"成为现实,生物识别信息就会成为开启个人隐私的钥匙。

四、数字经济放大生物识别技术的"隐私侵害性"

在商业领域,越来越多的企业开始收集和利用生物识别信息以实现利益最大化。人们使用生物识别信息的初始目的通常是识别和认证,然而,智能技术的飞速发展不断挖掘着生物识别信息的潜力,在利益的驱动下,生物识别信息的应用范围越来越广,应用形式也越来越丰富,给个人隐私带来的风险也越来越高。欧盟第29条数据保护工作组指出,自生物识别技术和系统首次使用以来,功能蠕变一直是一个严重的问题,新计算机系统的更高技术潜力提高了数据被用于违背其原始目的的风险。[①] 一旦生物识别技术的应用是以资本的利益最大化为导向的,那么技术就将不再"中立",最终导致个人的隐私和自由遭遇侵犯。

出于营销等目的,企业总是倾向于更加深入地了解其用户,除了用户的基本信息,用户的情绪和态度等已经成为企业新的目标。密布于人们生活周边的智能传感设备,不仅可以记录和分析个体的客观数据,如心跳、血压等,还可以据此推断人的主观意图,某汽车商店为增加销售收入就曾经通过人脸识别探头来判断顾客的情绪和对价格的敏感度,进而采取有针对性的销售策略。[②] 浙江大学的最新研究成果也表明,可利用手机内置加速传感器采集手机扬声器所发出声音的震动信号,实现对用户语音的窃听,随着传感器精度与采集频率越来越高,如果数据被恶意获取,将引发用户个人身份信息泄露的风险。[③] 当生物识别信息的收集和利用突破了最初"身份认证"的目的,开始挖掘信息主体更多的私密信息,窥探其内心世界,甚至试图以此来影响、操纵信息主体的行为(又被称为"轻推"[④]),个人的隐私和自由无疑会遭受极大的挑战。

① Opinion 3/2012 on Developments in Biometric Technologies[R]. Brussels:Article 29 Data Protection Working Party,2012:17.
② 顾理平. 智能生物识别技术:从身份识别到身体操控——公民隐私保护的视角[J]. 上海师范大学学报,2021(5):5—13.
③ 2020生物识别隐私保护研究报告[R].北京:中国信息通信研究院,2020:11.
④ Ariel Dobkin. Information Fiduciaries in Practice:Data Privacy and User Expectations[J]. *Berkeley Tech. L. J.*,2018,33:1—49.

　　伴随移动终端、智能传感器的发展,个人身体的数据化开始变得越来越普遍,人的某个"元件"(如人脸、指纹、声音等)与其身体分离,进入数字空间。① 近年来在电子商务领域颇为流行的"虚拟试衣间"(VFR)就实现了人身体全方位的数据化。商家开始使用 AR、VR 等技术来增强客户的体验,这些技术不可避免地要收集一部分生物识别信息。VFR 通过单独或结合使用各种身份验证机制,如面部识别、语音识别、指纹识别、步态或身高测量或其他类型的生物特征数据识别机制来收集大型数据集,来为用户推荐最佳尺寸。② VFR 就是通过采集用户的生物识别信息和各项身体数据,为用户在线"克隆"出一个虚拟的个人形象,进而分析用户的购物习惯和个人偏好,使商家可以深度了解消费者偏好并提供个性化营销策略。然而,VFR 对生物识别信息的采集给信息主体带来了极大的隐私风险,因为这些信息一旦上传,信息主体就不再掌握自主权,而是作为分析和营销的对象存在于零售商的数据库中。VFR 还可以实时跟踪消费者和设备之间的互动,例如消费者的眼睛移动到哪里,他们的眼睛在一个特定的点上停留多长时间,以及他们面部表情的变化等。③ 在这一新型营销监控模式下,信息主体暴露的不仅是身体数据、生活习惯、兴趣偏好,甚至包括心理活动、情感状况、情绪变化等更为私密的信息。

　　作为唯一识别符的生物识别信息令个人身份变得透明,打破了"匿名化"等保护措施,伴随可穿戴设备的普及和个人身体的数据化,这种透明逐渐蔓延至人的行为活动、生理状况、心理变化等。大量的网站和 App 在访问者的设备上安装了数据追踪工具,利用 Cookies 等程序展开数据追踪,并通过搭建移动广告网络,进而与广告客户和发布商合力开展数据追踪与行为定向广告投放,令那些已经成气候的广告网络平台获利。④ 不论是我们的智能手机、智能手环,还是笔记本电脑、平板电脑,都有可能被植入成百上千种数据追踪工具,来观测和记录使用者的一举一动,进而以数据形式发送出去,作为自动化决策的依据。如果家庭成员共用同一台设备,信息控制者可能无法判断使用者的具体身份,仅仅依靠收集到的行为信息等来

---

① 彭兰."数据化生存":被量化、外化的人与人生[J].苏州大学学报(哲学社会科学版),2022(2):154—163.

② Jain, Chirag. Virtual Fitting Rooms: A Review of Underlying Artificial Intelligence Technologies, Current Developments, and the Biometric Privacy Laws in the US, EU and India[J]. *SSRN Electronic Journal*,2022,4:1—42.

③ Jain, Chirag. Virtual Fitting Rooms: A Review of Underlying Artificial Intelligence Technologies, Current Developments, and the Biometric Privacy Laws in the US, EU and India[J]. *SSRN Electronic Journal*,2022,4:1—42.

④ 阿里尔·扎拉奇,莫里斯·E. 斯图克.算法的陷阱[M].余潇译.北京:中信出版集团,2018:237.

进行决策,这种情况下的决策往往不够精准,因为每个家庭成员的习惯和偏好是不一致的。然而,摄像头、指纹和语音识别设备等对生物识别信息的收集,令用户的身份变得再清晰不过。人脸、指纹等生物识别信息还可以作为 Cookies 的隐蔽替代品,将信息主体在不同设备上留下的信息串联起来,跟踪其在一段时间内的行为活动。一旦明确了使用者的身份,数据追踪工具就可以实现对个人全方位的行为监控和数据分析,进而开展自动化决策。当前,智能手机的功能越来越强大,人们已经习惯使用人脸、指纹识别等功能一键解锁,而非输入 4—6 位数的密码。智能手机成为 24 小时陪伴个人的移动监视器和监听器,即使个人独自在家中,一举一动也不再是秘密。

伴随人工智能技术的飞速发展,Siri、小度等虚拟助手的应用也越来越广泛。虚拟助手以高效的执行力完成用户交办的任务,同时对用户的个人电子档案、日常行为等数据进行分析整合,成为人们与生活琐事的交互界面;通过机器学习,虚拟助手可以越来越好地"把准我们的脉"。① 大多数虚拟助手是通过语音对话的形式完成用户的指令,通过语音识别,虚拟助手可以轻易辨别出用户的身份。如同"管家"一般,在无数个指令的完成过程中,虚拟助手越来越了解用户的习惯和偏好,不仅可以推测出用户的潜在需求,而且可以用潜移默化的方式操控用户的行为、改变用户的决定。而一旦虚拟助手和智能家居系统、智能汽车、智能手环等连接,虚拟助手将成为远超人类管家的"全知全能"的存在。通过智能照明控制系统、室温调节、水温把控等,虚拟助手可以对用户进行全天候的监控,它还可以从智能传感设备上读取数据,告知用户其生理特征;一旦我们对虚拟助手形成依赖,它将有机会了解到用户的社会阶层、政治观点、日常行为以及对各种事务的成见和看法。② 在万物互联互通的时代,虚拟助手逐渐成为最了解我们的存在,人们仿佛身处牢笼之中,每时每刻都处于虚拟助手的监控之下。然而,在虚拟助手背后,是谁控制着这些信息,又将如何利用这些信息,人们无从知晓。信息控制者可以是虚拟助手的软件服务商,可以是生产智能家居系统、智能汽车和智能手环的厂家,也可以是手机等移动设备的制造商,甚至可以是专门收集、整理数据并以此牟利的数据经纪人。在数字经济中,作为资本一方的信息控制者总是有着无尽的冲动去挖掘信息主体

① 阿里尔·扎拉奇,莫里斯·E. 斯图克. 算法的陷阱[M]. 余潇译. 北京:中信出版集团,2018:248—251.

② 阿里尔·扎拉奇,莫里斯·E. 斯图克. 算法的陷阱[M]. 余潇译. 北京:中信出版集团,2018:256—259.

的身份信息、消费需求,再匹配个性化的商品或服务,以实现利益最大化。然而,信息主体在全天候、全方位的监控中,逐渐丧失了隐私,成为数字化的、可分析的、可操控的营销对象。

五、群体监控大规模侵害个人隐私

伴随生物识别技术的不断进步,生物识别成本不断降低,群体监控也变得越来越普遍,个人隐私和自由将遭遇大规模侵犯。使大规模监视成为可能的技术是通过政府和私营企业的合作而发展起来的,而国家的监视权力也越来越多地通过私人技术来行使。[1] 在政治领域,一旦生物识别技术被应用于大规模的群体监控,就容易引发"寒蝉效应",使人们因担忧被轻易地识别出真实身份而不敢发表意见,言论自由、集会自由也会相应地受到影响。当前,人脸识别技术可以实现对游行、集会者的人脸进行自动化捕捉,再和数据库中的模板数据进行对比,从而挖掘出游行、集会者的真实身份。即便游行、集会者采用戴口罩等保护措施也无法躲避,因为现有技术已经可以完成对戴口罩者的人脸识别。联合国人权委员会指出,一个人的形象是一个人性格的关键属性之一,因为它揭示了一个人区别于其他人的独特特征,在未经本人同意的情况下记录、分析和保留他人的面部图像,构成对个人隐私权的干涉。[2] 人脸识别技术极大地提高了对游行、集会者的识别效率,导致部分人群可能因为参加了游行、集会而暴露真实身份,进而遭遇政府部门的特殊标记或长期监控,于是不再敢公开发表意见。此外,现阶段技术上无法避免的误识别还将对不在现场的人造成干扰。除了人脸识别技术,情绪识别技术也可能被应用于政治监控。"情绪识别技术"被认为是生物识别技术应用发展的下一步,可以用于评估个人的政治取向。[3] 一旦这项技术得到应用,人们的心理、情绪、情感就不再是内心深处的秘密,而是可以被分析、判断和预测的,人们的隐私将通过摄像头和算法,以数据的形式呈现在信息控制者面前,在这一过程中,新的不平等又将产生。Facebook(已更名为 Meta)正在系统收集、处理和分析用户的情绪状态,并且研究如

---

[1] Mary Anne Franks. Democratic Surveillance[J]. *Harvard Journal of Law & Technology*,2017,30(2):425-453.

[2] 新技术对在包括和平抗议在内的集会背景下促进和保护人权的影响[R].日内瓦:联合国人权理事会,2020:9.

[3] Tambiama Madiega,Hendrik Mildebrath. Regulating Facial Recognition in the EU[R]. Strasbourg:European Parliamentary Research Service,2021:27.

何从用户的帖子、照片中的面部表情以及用户和屏幕互动的程度来评价用户的精神状态。① Mary Anne Franks 教授指出，监控对边缘人群和非边缘人群的影响往往不一样，对社会中较弱势的成员来说，监控并不仅仅意味着互联网搜索被抑制或在线购物意愿的降低；它还可能意味着整个存在都处于监视之下，个人的每一个选择都有受到伤害的风险。② 对生物识别信息的收集和利用令群体监控变得容易且精确，一些人群将得到"特殊关注"，即便个人隐私受到侵害，也缺乏申辩的机会。

在政治领域之外，群体监控的应用也越来越普遍。企业利用群体监控来寻找和分析客户，用人单位利用群体监控来筛选求职者、管理劳动者，学校则利用群体监控来观察学生的表现并进行各种评比，人们的人脸信息和行为举止被暴露在无数镜头之下，却往往毫无察觉，抑或只能被动接受。在求职时，劳动者可能会遭遇"情感计算"，即公司根据人脸、声音等生物识别信息，来分析员工情绪变化和人格特质，判断其是否适合某一岗位，而这一决定往往是由专门的自动化决策软件做出的。通过情感计算技术，机器可以获得个人的情感生活，以及非常私人、亲密和私密的信息，并且，所有的情绪从定义上来说都是个人的，表露出来可能会让一个人变得更脆弱。③ 在求职过程中，如果生物识别信息被用来推断求职者的情绪是快乐或愤怒的，或者监测其是否在说谎，求职者将毫无隐私可言。当前，已经有大量公司开始利用情感计算技术来筛选求职者，求职者被迫受到了情绪和情感的监控，他们不仅被广泛收集生物识别信息，而且遭遇了性格和人格特质的分析。这种分析不仅侵害了求职者的隐私权，而且可能对求职者的人格尊严造成持续的威胁。针对劳动者的管理和考核，国外已有公司利用 GPS 追踪器来记录数据，为每个员工建立详细的档案，并创建"生物特征简历"；还有公司利用可穿戴技术，如仿生服装、外骨骼和头盔，来改善工人的工作表现和安全，同时对员工进行生物特征分析。④ 乔治城大学研究员席琳指出，如果将隐私理解为个人"不受打扰"的权利，员工在工作时就不能指望得到高度的隐私保护，因为工作场所是一个"社会和合作的环境"，这

---

① 大卫·萨普特. 被算法操控的生活[M]. 易文波译. 长沙：湖南科学技术出版社，2020：33.

② Mary Anne Franks. Democratic Surveillance[J]. *Harvard Journal of Law & Technology*，2017，30(2)：425－453.

③ Andreas Häuselmann. Fit for Purpose? Affective Computing Meets EU Data Protection law[J]. *International Data Privacy Law*，2021，11(3)：245－256.

④ Ajunwa，Ifeoma. Algorithms at Work：Productivity Monitoring Applications and Wearable Technology as the New Data－Centric Research Agenda for Employment and Labor Law[J]. *St. Louis U. L. J*，2018，63：21－54.

需要雇主在一定程度上进行监督,雇主有合法的权利知道员工的某些个人信息,只要这些信息与工作表现有关。① 然而,一旦雇主收集的员工信息过多且与工作内容无关,或者对员工的监控延续至下班时间,抑或是工作场所以外,无疑就超过了必要的限度。当前,亚马逊等公司已经为员工配备了智能手环等设备,科技公司Three Square Market 还将微芯片植入了员工皮下,以便通过安全门和购买食物等。这些传感器设备能够轻易获取员工的生物识别信息,监控员工的一举一动,而公司可以利用这些数据来分析员工的生活习惯和健康状况等。员工往往不知道公司会从这些设备中收集哪些信息,也无法控制这些信息的具体用途,但可以确定的是,只要员工佩戴或安装了这些传感器设备,就将一直处于监控之中,而这种超越了必要限度的全时段、全方位监控无疑将对员工隐私权造成侵犯。

在教育领域,利用生物识别信息对学生开展的监控也不罕见。我国记者调查发现,一款覆盖3 000万学生的教育类App"班级优化大师"在全国部分中小学校应用甚广,这款App记录学生在校的几乎全部行为,并通过加减分给学生排名、公开评比,有的学校排名结果还与评先评优挂钩,引发了家长和学生的焦虑。② 以学校管理之名,未成年人的人脸和行为特征等信息被学校和App供应商轻易获取,未成年人的一举一动都暴露在镜头之下,导致其私密信息和私密活动被知晓,隐私权遭遇侵犯。在校园的公共区域安装监控,本意是为了维护校园的安全和学生的权益,当监控目的和信息收集的功能发生改变,无疑超出了必要的限度,"如果未成年人的人脸信息泄露或被侵权,其侵权影响将可能伴随一生"③。此外,在一些智慧招聘和智慧课堂中,生物识别信息被用来进行情感计算,受聘人群被划分为"高情绪控制力"和"低情绪控制力",学生被区分为"精力集中""精力不集中",这种带有价值导向的分类无疑会对人格尊严形成侵犯。④ 对群体监控技术的滥用破坏了人们合理的隐私期待,加剧了人们的精神紧张和痛苦,以此为依据的自动化决策还将导致不公平和歧视性的后果。

可穿戴式虚拟现实技术(VR)和增强现实技术(AR)的发展为群体监控提供了

①　Ce'line Brassart Olsen. To Track or not to Track? Employees' Data Privacy in the Age of Corporate Wellness, Mobile Health, and GDPR[J]. International Data Privacy Law,2020,10(3):236—252.
②　章润."班级优化大师",别以教育之名物化孩子[EB/OL]. 2023[2023—06—11]. https://www. thepaper. cn/newsDetail_forward_23295836.
③　石佳友,刘思齐. 人脸识别技术中的个人信息保护——兼论动态同意模式的建构[J]. 财经法学,2021(2):60—78.
④　王禄生. 论"深度伪造"智能技术的一体化规制[J]. 东方法学,2019(6):58—68.

技术便利,与此同时,给个人隐私带来的风险进一步扩大。虚拟现实技术能够给个人带来身临其境的感觉,增强现实技术则能够带给个人超越现实的感官体验。AR/VR 技术本质上是传感器和显示器的集合,为了在三维物理空间中创造虚拟元素的幻觉,甚至是完全虚拟的世界,这些技术需要用户提供某些基本的信息作为起点,然后是用户在与虚拟环境交互时产生的持续不断的新反馈数据流,这些数据流就包括多种形式的个人信息,也有生物识别信息。① 智能头盔、智能眼镜等设备在给用户带来全方位、立体化的感受的同时,也一定程度上消除了用户和现实世界之间的"噪音",让用户的生物识别信息、情绪变化、心理波动等都能够被悉数收集。人们一旦戴上智能设备,就可能同步进入被监视的状态,有时一个简单的动作就足以启动监控,而人们对此往往毫无意识,毫不觉察,反而是沉浸其中,甚至最终达到一种"永远在线"的状态。对个人而言,越是沉浸其中,虚拟现实和增强现实等设备能收集到的数据就越丰富,对个人的了解也就越透彻,因为这些设备不仅能够实现对个人的精确识别,还可以对人脸、虹膜等进行连续拍摄,不间断记录个人的心率、动作等,进而对个人进行深度分析。通过电影《头号玩家》,我们不难想象,当虚拟现实、增强现实等技术深入渗透人们的生活后,类似《绿洲》游戏的开发者和所有者,就成为最了解每一个玩家的人。并且,虚拟现实和增强现实技术不仅可以监控特定的个人,还可以监控与他有关联的每一个人,即监控无数个大大小小的社交网络,导致人们的私密信息、私密活动、私密关系都被一览无余。"增强现实设备可以被任何个人使用,这将形成一个监视社会,在这个社会里,每个人都可以通过参与某项活动来监视某项活动,或者说,每个人都可以监视其他人"②,一旦监视社会形成,身处其中的每个人都将受到影响,因为人们的一举一动都存在被监视、记录、曝光的风险,久而久之,人们将产生一种隐私不再的焦虑心理,进而有意识地调整自己的行为。

---

① Ellysse Dick. Balancing User Privacy and Innovation in Augmented and Virtual Reality[EB/OL]. 2021[2023-08-16]. https://itif. org/publications/2021/03/04/balancing-user-privacy-and-innovation-aug-mented-and-virtual-reality/.

② Andreas Kotsios. Privacy in an augmented reality[J]. *International Journal of Law and Information Technology*,2015,23:157-185.

第六章

生物识别法律风险

　　生物识别是人工智能技术的重要应用。近年来,伴随人工智能技术的高速发展,生物识别也逐渐渗透到人们生活、工作和学习的方方面面。无论是在公共场所,如国境边防、公共交通、城市治安等,还是在日常生活中,如进出小区身份验证、手机软件登录解锁等,都能见到生物识别应用。生物识别在为人们工作生活带来便利、促进社会进步的同时,生物识别信息保护所面临的法律风险也日益凸显。有些生物识别信息采集者和处理者为了经济利益突破法律规定,滥用生物识别技术,导致信息主体合法权益受到侵害,引起公众的广泛关注和担忧。

　　从法律角度看,生物识别信息采集和处理面临如下风险:突破"告知同意规则"使个人信息自决权受到损害、突破"目的限制规则"使个人知情权受到损害、不合理使用生物识别信息易侵犯人格权益和财产权益。

第一节　突破"告知同意规则"使生物识别信息自决权受到损害

一、"告知同意规则"起源

　　"同意"被赋予法哲学意义源于洛克的《政府论》,"一切自然人都是自由的,除了他自己同意以外,无论什么事情都不能使他受制于任何世俗的权力"①。洛克所

---

① 　[英]洛克.政府论(下篇)[M].叶启芳,瞿菊农译.北京:商务印书馆,2017:74.

言的"同意"是绝对同意。同意赋予个人自由意志的设立,证明个人在平等和理性状态下有权力决定任何事情。

告知同意(Notice-Choice)是个人有权决定如何使用个人信息,它是个人信息保护的一项重要规则,也是个人信息保护法实施原则的具体方法。

20 世纪 60、70 年代,美国政府和企业大规模采集和使用个人信息给隐私和个人信息保护带来诸多挑战,社会、学界与政府意识到要保证个人对此类信息采集的知情权和选择权。[1] 1973 年,美国政府发布的《公平信息实践准则》报告五项准则中就包含告知同意内容[2],该准则确立了美国个人信息保护的基本框架,对个人信息隐私立法产生了巨大影响。[3]《隐私保护与个人数据跨国流通指南》(1980 年)、《关于自动资料档案中个人资料的指南》(1990 年)和《APEC 隐私框架》(2004 年)均保留和延续了《美国公平信息实践准则》的同意规则,加强个人信息保护。[4] 随着信息技术和计算机技术的不断发展,个人隐私和信息保护不断面临新挑战,美国又先后出台《影视隐私保护法》(1988 年)、《加利福尼亚州消费者隐私法案》(2020 年)等,进一步将告知同意作为信息隐私利用的正当性要件加以规定。

欧盟始终致力于保护人的尊严,1995 年颁布的《个人数据保护指令》第 7 条明确规定个人同意的内容,2018 年施行的《通用数据保护条例》被称为"史上最严格的个人数据保护条例",第 6 条明确指出处理个人信息的合法性包括"数据主体已经同意……对其个人数据进行处理",第 7 条规定同意的条件,具体包括"控制者需要能证明,数据主体已经同意对其个人数据进行处理""应当以一种容易理解的形式,使用清晰和平白的语言""数据主体有权随时撤回其同意""对契约的履行是自由的"。[5] 第 29 条工作组发布《关于 2016/679 号条例(GDPR)下同意的解释指南》,在解释 GDPR 对"同意"要求的基础上,较为细致地阐述了对于 GDPR 项下"同意"的理解,并针对"自愿作出""具体的""知情的",以及"明确的意思表示"等关于有效同

① See Joel R. Reidenberg, Resolving Conflicting International Data Privacy Rules in Cyberspace[J]. *Stan. L. Rev.* 1999,52:1315.

② 《公平信息实践准则》报告中规定个人信息处理必须确保"个人了解其被采集的档案信息是什么,以及信息如何被使用""个人能够阻止未经同意而将其信息用于个人授权使用之外的目的,或者将其信息提供给他人,用作个人授权之外的目的"。

③ 参见张新宝. 个人信息采集:告知同意原则适用的限制[J]. 比较法研究,2019(06):1—20.

④ See Daniel J. Solove. Introdution:Privacy Self—Management and the Consent Dilemma[J]. *Harvard Law Review*. 2012,126:1880.

⑤ 本章所使用《通用数据保护条例》的版本为丁晓东译,参见《一般数据保护条例》,http://www.docin.com/p-2115299935.html.

意的要件做了解释。① 尽管第 29 条工作组对"同意"的解释不具有法律效力,但对于我们更好地理解、适用 GDPR 提供了指南。

我国个人信息保护立法借鉴和吸收了欧美法律告知同意规则的基本精神。2012 年全国人大常委会颁布的《全国人大常委会关于加强网络信息保护的决定》第 2 条强调告知同意规则在个人信息保护中的重要作用,这是告知同意规则最早被写进我国立法条文。为了保护电信和互联网用户的合法权益,2013 年工业和信息化部制定的《电信和互联网用户个人信息保护规定》第 9 条规定,电信业务经营者采集和使用个人信息时,要明确告知方式和告知范围等。2017 年施行的《网络安全法》明确规定告知同意规则,第 22 条强调凡是"网络产品、服务具有采集用户信息功能的,其提供者应当向用户明示并取得同意"②,《民法总则》(2021 年 1 月 1 日废止)第 111 条有关个人信息保护的法条中没有明确规定知情同意规则,但 2021 年施行的《民法典》第 1035 条将告知同意规则和其他个人信息处理规则相并列。《信息安全技术 个人信息安全规范(GB/T 35273—2020)》以国家标准形式明确采集个人信息时"授权同意"的具体要求以及具体的例外情形。2021 年施行的《个人信息保护法》是个人信息保护专门立法,明确了"实质性的告知同意",即"由个人在充分知情的前提下的自愿,明确作出"(第 14 条)和告知的具体内容(第 17 条),以及个人的撤回同意权(第 15、16 条)、信息转移时的重新取得同意要求(第 22、23 条)等特别要求。③ 可以说,《个人信息保护法》对个人信息各种应用场景的告知同意规则进行了详细规定,标志着我国保护个人信息的告知同意规则框架已经基本形成。

二、"告知同意"规则内涵

关于"告知同意"规则内涵存在诸多争议,学界主要有意思表示说、法律行为说、处分说、委托说、法律上的行为说、双重属性说等观点。"意思表示说"和"法律

---

① 第 29 条工作组《对第 2016/679 号条例(GDPR)下同意的解释指南》中译文,王少倩,罗为,何杨梅译. https://mp. weixin. qq. com/s/6vbRHJvTumCIo_LxAPaPvg.
② 中华人民共和国网络安全法[S].第十二届全国人民代表大会常务委员会第二十四次会议 2016 年 11 月 7 日通过,2017 年 6 月 1 日实施.
③ 参见冯健鹏.个人信息保护制度中告知同意原则的法理阐释与规范建构[J].法治研究,2022(03):31—42.

行为说"的核心都是意思表示。① "处分说"和"委托说"在意思表示的基础上做出进一步分析,或者认为同意构成个人信息权益的处分,或者认为同意成立的委托关系或信息关系。"法律上的行为说"认为个人信息处理同意欠缺效果意思,应界定为法律上的行为,属于法定免责事由,否则将导致意思表示规则的错误使用。"双重属性说"基于传统的同意在不同场景中的性质差异,以及意思表示规则的不完全适用,认为个人信息处理同意在合同场景中属意思表示,在侵权场景中属受害人同意,分别适用相应的规则。②

从上述观点中不难看出,"同意告知"规则内涵的主要争议点在于究竟是个人意思表示还是法律规定。笔者认为,"告知同意"规则是个人意思表示,主要体现个人自主的基本价值,是一种私法上的意思自治。"意思自治赋予自然人根据自己的自由意志设立、变更、终止民事法律关系的权利。"③而"'同意'则是体现法律对个人根据自己意思自由决定自身事务的承认,是对人格尊严和主体性的尊重。"④如此理解和界定"同意"内涵,更符合法律对个人信息保护规则的设计初衷。但是,私法上的意思自治是一种非典型意思自治。"个人信息处理中的个人同意不是法律行为核心要素的意思表示,不属于人格权商业化利用中权利人的许可。"⑤换而言之,非典型的意思自治是指赋予个人信息自决权而不是赋予一项绝对权利,如个人有权决定向企业或他人让渡肖像使用权,因此,"告知同意"规则强调信息主体的意思表示,旨在为保护个人基本权益不受损害而设定的相对权益,允许信息控制者和处理者按照法律规则使用个人信息。

三、"告知同意"规则的实践困境

"告知同意"规则包括"告知"和"同意"两个要件,告知是信息控制者和处理者

---

① 参见刘召成.人格商业化利用权的教义学构造[J].清华法学,2014,8(03):118-136;See Jennifer Barrigar, Jacquelyn Burkell & Ian Kerr, Let's Not Get Psyched Out of Privacy: Reflections on Withdrawing Consent to the Collection, Use and Disclosure of Personal Information, 44 Canadian Business Law Journal, 7 (2006);See Jack M. Balkin, Information Fiduciaries and the First Amendment, 4 U. C. Davis Law Review, 1183 (2016);丁晓东.个人信息权利的反思与重塑——论个人信息保护的适用前提与法益基础[J].中外法学,2020,32(02):339-356.

② 参见于海防.个人信息处理同意的性质与有效条件[J].法学,2022(08):99-112.

③ 常宇豪.论信息主体的知情同意及其实现[J].财经法学,2022(03):80-95.

④ 常宇豪.论信息主体的知情同意及其实现[J].财经法学,2022(03):80-95.

⑤ 程啸.论个人信息处理中的个人同意[J].环球法律评论,2021,43(06):40-55.

需要履行的法律义务,同意是信息主体允许信息控制者和处理者执行被告知的法律义务。同意的构成要件包括同意能力、充分知情、自愿和明确作出。[①] 在"告知同意"规则中,同意是一切法律行为执行义务的前提条件,如果告知同意效果遭到质疑,则规则适用性失灵。

所谓同意能力,"关键在于能否认识到行为的后果,即有无识别能力,而这需要根据案件的具体情形予以个别的判断"[②]。生物识别信息主体看似属于理性个体,有明确的识别判断能力,但使用场景对生物识别信息挖掘往往超过个人对信息使用后果的判断,以及数据技术对个人生物识别信息的不断使用、分析与重构,致使信息主体难以判断生物识别信息控制者和处理者深度挖掘、使用个人生物识别信息所造成的危害性。如果个人不具备独立判断生物识别信息使用后果的能力,那么,"告知同意"规则必然失灵。

充分知情是信息主体需要对信息控制者和处理者的告知完全知情。从生物识别实践看,信息主体如果无法充分知情,必然导致信息主体理性人标准难以实现。一是信息主体的自我放弃。信息主体基本上不会认真阅读隐私声明或政策,直接点击"同意"按钮,享受平台提供的智能化服务。比如使用手机 App 指纹、刷脸验证功能前,都需要阅读冗长的专业隐私声明或政策,手机 App 隐私声明或政策普遍在15 000—20 000 字之间,普通用户基本没有耐心阅读全文。为落实程序正义,最近几年申请使用手机 App 指纹、刷脸功能前,用户必须在隐私声明或政策上停留一段时间,默认他们做了阅读。二是信息控制者、处理者与信息主体之间的信息鸿沟致使信息主体充分知情名存实亡。信息控制者、处理者与信息主体之间存在持续性不平等的信息关系,生物识别信息平台拥有隐私声明或政策制定权,它们对隐私条款的设置烦琐且冗长,表述高度专业化,普通用户如果不具备相当程度的生物识别、计算机网络和法律专业知识,根本读不懂隐私声明或政策;用户为了使用该平台服务,干脆放弃充分知情权,选择无底线信任平台能够合法采集和处理个人生物识别信息。目前,隐私声明或政策经常通过"改善用户体验""产品服务升级"等模糊表述,设置一些"修订条款"和"未来条款",最大限度地采集和处理用户生物识别信息。以哈啰《个人信息及隐私政策》[③]为例,在"为您提供给商品或服务"下详细列

---

① 参见程啸. 个人信息保护法理解与适用[M]. 北京:中国法制出版社,2021:149—156.

② Soergel-Siebert,§823,1988,Rn. 196f. 程啸. 个人信息保护法理解与适用[M]. 北京:中国法制出版社,2021:151.

③ 哈啰 App 2023 年 3 月 15 日版本。

举了"您使用哈啰平台单车、助力车、景区车服务时,我们会收集您的以下信息"等
24 种应用场景,如是采集和使用个人信息,普通用户根本不可能逐字逐句阅读全
文;"基于相机/摄像头的附加服务""基于相册(图片库/视频库)的图片/视频访问
及上传的附加服务"等条款规定平台经过允许后可以使用人脸识别信息,如果用户
拒绝平台采集和使用这些信息,将"可能无法获得这些附加服务给您带来的用户体
验",但是,对于附加服务带来什么体验以及如何利用生物识别信息帮助用户获得
附加服务体验,哈啰《个人信息及隐私政策》没有作出明确说明。如果哈啰深度挖
掘用户生物识别信息,进一步改善用户体验,由此而产生的侵害个人隐私后果,《个
人信息及隐私政策》的担责承诺模糊不清,因此,法律所规定的用户充分知情处于
名存实亡状态。

自愿和明确作出是指信息主体必须在有真正选择权的情形下作出的同意,并
且是以清晰、明白而非含糊的、模棱两可的方式表示同意。① 目前,生物识别信息外
部性使得信息主体已经失去真正行使选择权的自由。在商业利益驱使下,有些平
台设计出含糊的、模棱两可的"格式合同"征得信息主体同意,用户为了享受平台提
供的信息服务,根本不考虑让渡生物识别信息的后果,不假思索地点击"同意",否
则无法使用该平台服务。对于平台来说,设置单一选项模式,只要用户点击"同
意",就代表已经获知本平台的隐私政策并同意条款内容。但烦琐冗长的隐私条款
很可能包含"显失公平"的内容,比如搜集"个人信息的范围,对自身授权内容极其
宽泛,将包括身份验证、与第三方分享、广告营销等使用方式均涵盖在内,而赋予用
户可行使的权利却极少"②。不得不说,"显失公平"条款已经将"告知同意"规则架
空,成为各平台为完成合规合法义务的"避风港",实际上没有起到保护用户隐私的
作用。平台与关联公司共享个人信息往往忽视用户自愿和明确的同意权。比如,
"为便于我们关联公司基于哈啰平台账号向您提供服务,推荐您可能感兴趣的信息
或者保护哈啰平台关联公司或者其他用户或公众的人身财产安全免遭侵害,您的
个人信息可能会与哈啰平台关联公司和/或指定的服务提供商共享"③。为用户推
荐感兴趣的信息是哈啰提供给你服务的基本内容,用户为享受此项服务向哈啰平
台提供个人信息,符合自愿且明确同意规则;为"保护哈啰平台关联公司或者其他
用户或公众的人身财产安全免遭侵害"而共享用户个人信息,只要不超出为用户提

① 参见程啸.个人信息保护法理解与适用[M].北京:中国法制出版社,2021:154-155.
② 个人信息保护课题组.个人信息保护国际比较研究[M].北京:中国金融出版社,2017:179.
③ 哈啰 App 2023 年 3 月 15 日版本。

供信息服务的目的,无须得到用户授权即可共享,显然超出用户使用该平台信息服务的主观意图,需要重新授权,对于损害了哪些关联公司或公众的人身财产安全,平台应该以明确的形式列出并取得用户授权后方可共享使用个人信息。对于关联公司改变个人信息的使用及处理目的的信息共享,哈罗公司虽然提出"我们将在共享前以推送通知或者类似方式再次征得您的同意",但是,基于对个人信息共享的危害性大于平台单独使用个人信息的危害性,用户以哈啰应用场景判断且同意关联公司使用个人信息,产生了张冠李戴的自愿且明确同意的法律效果。

综合起来看,在信息服务边界模糊和信息共享带来巨大商业利益等因素共同作用下,用户利用"告知同意"规则已经难以控制平台对个人信息的过度采集、处理和使用,平台借助法律解释的模糊性及技术创新使个人信息使用、共享不断出现新场景,"告知同意"规则的功能逐渐嬗变,仅仅是信息处理者满足个人信息保护要求的程序要件,难以满足实质要求。

平台拥有强大的技术团队和法律团队,知道如何通过设置有利于平台获利的个人信息及隐私政策条款,来规避过度、不法使用个人信息,尤其是使用生物识别等敏感个人信息所应该承担的法律责任,实现经济利益最大化,这样就使得"告知同意"规则在实践中处于悬空状态。

四、"告知同意"规则在生物识别应用中的挑战

中外识别技术实践和立法实践都表明,生物识别信息作为敏感个人信息除适用个人信息保护的一般性法律规定外,还应该受到特别保护。"告知同意"规则在保护智能传播环境下的个人信息时已经面临被悬空的困境,而保护生物识别信息则面临更全面的挑战。

(一)非接触性和不易察觉性采集突破"告知同意"规则

生物识别是基于个人生理特征和行为特征而进行的身份验证,像人脸识别、虹膜识别、人耳识别、身影识别和步态识别等技术无须接触人体就能完成识别和身份验证工作。比如,使用广泛的人脸识别具有非接触性和不易察觉性等特点,不需要人们主动或被动配合,利用摄像设备即可采集和获取人脸图像信息。高阶人脸识别技术在个人没有任何察觉的情况下甚至能够拍摄不同侧面影像,再结合传感器采集到的个人活动轨迹,可以对其进行精准画像。利用生物识别非接触性和不易察觉性的特点采集和处理生物识别信息虽然方便快捷,提高了工作效率,但是它直

接冲击"告知同意"规则。

在公共场所采集和识别个人信息,无须单独征得个人同意,但应设置显著的提示标识。《个人信息保护法》第 26 条明确指出:"在公共场所安装图像采集、个人身份识别设备……设置显著的提示标识。"①所谓公共场所包括街道、广场、体育场等空间,人们进入这些场所,应该知道为了公共安全,比如维持社会秩序、甄别犯罪嫌疑人等,个人生物识别信息将被采集和处理,这时,维护公共利益优先于个人生物识别信息保护。

机关、事业单位和企业为提高管理效率,采用人脸识别等方法进行门禁管理,需要落实告知同意规则。因人脸识别的非接触性和不易察觉性,被识别人进入门禁内不会让他们感到丝毫不适,因而被广泛使用。如,在体育场内安装人脸识别设备和进入体育场门禁的人脸识别设备应该进行区分,前者是为了体育比赛安全,公共安全利益优先个人信息保护,场内人脸识别系统还可以连接公安部门的安保系统,因而无须征得观看比赛者的同意;后者是体育比赛组织方和观众之间达成的进入体育场的验证方式,如果观众认为人脸识别侵害个人敏感信息,比赛组织方应该提供其他方式验证入场,而采用人脸识别验证观众身份事先需要征得他们的同意。从课题组对体育场、高校、高铁站等单位采用人脸识别验证公众身份的实际情况看,处理者基本采用默认同意的方法采集和使用人脸识别信息。由于人脸识别信息属于敏感个人信息,根据《个人信息保护法》第 29 条规定,应当取得个人的单独同意。体育场、高校、高铁站等单位未对各种人脸识别作出细分,甚至在公众不知情,也没有征得同意的情况下整齐划一地开展人脸识别活动,显然违背了法律规定。

随着我国从资产经济时代进入服务经济时代,提升智能化水平成为企业增强市场竞争力的重要方法。比如,很多门店通过引进人脸识别提高服务能力,对顾客进行精准化营销。市场上主流的人脸识别技术供应商采取"客户端采集—云端分析识别"技术架构采集、处理和使用客户信息,冲击"告知同意"规则。门店属于公共场所,门店作出采集人脸信息的明确标识,可以无须征得顾客同意通过摄像头拍摄顾客活动影像,如果仅仅用于店内安全监控,未将拍摄信息上传至云端,做进一步深度处理和分析,那么,拍摄的人脸信息类似于传统社会的人脸信息,不具有敏

---

① 中华人民共和国个人信息保护法[S].全国人民代表大会常务委员会 2021 年 8 月 20 日通过,2021 年 11 月 1 日实施。

感性。如果门店出于营销目的,将采集的人脸信息上传云端,进一步分析门店顾客流量、性别比例、职业身份特征等内容,作为产品售卖的数字依据,那么,就需要按照《个人信息保护法》规定,征得门店顾客的单独同意后才能深度处理和使用人脸识别信息。2021 年,上海小鹏汽车销售服务有限公司在旗下门店安装了 22 台具有人脸识别功能的摄像设备,用于采集消费者的面部识别数据,以此进行客流统计和客流分析。2021 年 1 月至 6 月期间,共采集上传人脸照片 431 623 张。上海市徐汇区市场监督管理局对上海小鹏汽车销售服务有限公司进行行政处罚,认定上海小鹏汽车销售服务有限公司旗下门店安装人脸识别摄像系统采集、分析消费者面部识别数据,违反"告知同意"规则,最终,罚款人民币十万元整。从这个案例可以看出,商家采集顾客人脸识别信息是否违背"告知同意"规则不在于是否单独征得顾客同意,而取决于对所采集的人脸识别信息是否进行深度处理,一般性安全监控没有脱离顾客感知和监控,而深度处理人脸识别信息完全脱离顾客感知和监控,看似一步之遥,实则挑战"告知同意"规则的可执行性。

(二)生物识别侵害个人信息自决权

"告知同意"规则体现信息主体处理个人信息的主导地位,尊重和保障信息主体的信息自决权。数据企业在处理和共享个人信息时,往往突破个人信息自决权,擅自使用用户个人信息。2016 年北京市海淀区人民法院在审理新浪微博诉脉脉案时提出了"三重授权原则",即用户授权数据企业共享其数据,数据企业授权第三方企业获取其数据,用户授权第三方企业使用其数据。[①] 2019 年天津市滨海新区人民法院审理腾讯微信/QQ 诉今日头条、抖音/多闪案时又重申这个原则。"三重授权原则"是数据企业采集、处理和使用个人信息时适用"告知同意"规则时的具体保护规则,它同样适用于作为敏感个人信息的生物识别信息保护,但是,生物识别信息使用的广泛性与法律保护的高标准之间的冲突、个人同意的法律实现难等原因致使个人自决权受到损害。

第一,数据企业采集和处理生物识别信息既存在没有严格遵循法律规定明确告知的问题,也存在无法预知深度挖掘和处理将侵害个人哪些权益而无法明确告知的问题。《个人信息保护法》第 30 条规定:"除本法第 17 条第 1 款规定的事项外,还应当向个人告知处理敏感个人信息的必要性以及对个人权益的影响;依照本法

---

① 本案的审判长在之后发表的文章中将"三重授权原则"的表述改为"三重同意原则"。参见张玲玲,田芬.涉及用户数据信息商业利用的竞争行为是否属于正当的司法判断——评上诉人淘友技术公司、淘友科技公司与被上诉人微梦公司不正当竞争纠纷案[N].中国知识产权报,2017－04－19(003).

规定可以不向个人告知的除外。"①该规定的重点和难点是如何理解"必要性"和"对个人权益的影响"。一是如何判断采集和处理生物识别信息的必要性,以及由谁判断将要影响"告知同意"的实施效果。如果由数据企业判断生物识别信息采集和处理是否具有必要性,那么,它很可能将用户数据解释为非敏感个人信息而不予告知;如果把采集和处理生物识别信息是否必要完全交由个人决定,则用户很可能认为所采集和处理的信息属于敏感个人信息,不同意数据企业采集和处理,进而影响数据企业的业务活动。二是生物识别信息对个人权益的影响不予告知,或者难以作出准确判断而不予清晰告知。在处理个人信息对个人权益造成影响时,无论该影响是有利的还是不利的,造成的影响概率大或是小,信息处理者都应当告知信息主体。② 目前很多数据企业采集和处理生物识别信息,未明确告知其对个人权益所产生的影响,避免用户拒绝数据企业采集和处理个人信息;数据企业只有对生物识别信息进行深度挖掘和处理后才能变成有商业利用价值的信息,而深度挖掘和处理生物识别信息,比如多模态识别、单一生物特征的挖掘等,将在多大程度上关联个人隐私、财产和人身安全等信息,事先无法知晓,因而无法作出明确告知,致使用户信息自决权处于悬空状态。

第二,对于同意或单独同意尚存在诸多争论,导致信息主体难以实现生物信息自决权。《个人信息保护法》第 29 条规定:"处理敏感个人信息应当取得个人的单独同意;法律、行政法规规定处理敏感个人信息应当取得书面同意的,从其规定。"③《最高人民法院审理使用人脸识别技术处理个人信息相关民事案件适用法律若干问题的规定》第 2 条第(3)款规定"基于个人同意处理人脸信息的,未征得自然人或者其监护人的单独同意,或者未按照法律、行政法规的规定征得自然人或者其监护人的书面同意"④,属于侵害自然人人格权益的行为。由于人脸识别信息具有高度敏感性,也是生物识别信息中最容易被采集、传播属性很强的信息,一旦泄露将对个人的人身和财产安全造成极大危害,甚至威胁公共安全。因此,对人脸识别信息的告知同意,有必要设定较高标准,合理考虑对自己权益所产生的后果而作出同

---

① 中华人民共和国个人信息保护法[S]. 全国人民代表大会常务委员会 2021 年 8 月 20 日通过,2021 年 11 月 1 日实施。

② 参见程啸. 个人信息保护法理解与适用[M]. 北京:中国法制出版社,2021:274—275.

③ 中华人民共和国个人信息保护法[S]. 全国人民代表大会常务委员会 2021 年 8 月 20 日通过,2021 年 11 月 1 日实施。

④ 最高人民法院审理使用人脸识别技术处理个人信息相关民事案件适用法律若干问题的规定[S]. 2021 年 6 月 8 日最高人民法院审判委员会第 1841 次会议通过,2021 年 8 月 1 日实施。

意,让个人更加充分地参与到人脸识别信息处理的决策之中。① 此规定提出的"单独同意"目的是避免通过"一揽子授权""捆绑授权"等方式使用和处理人脸识别信息,破除"强迫采集和使用"人脸识别信息的情形,充分保护用户的人脸识别信息。这里的主要争议点是将"单独同意"置于"同意"之中。有些平台为了避免承担更多的责任,降低个人信息保护成本,在隐私保护政策中提到对于人脸识别等生物识别信息的使用和处理,这显然不符合法律规定,即生物识别信息采集、处理和使用没有获得用户的"单独同意"。同时,有学者认为"单独同意"的前提是"同意",倘若是不基于同意处理的个人信息,则无须获取单独同意。例如,程啸认为,"处理敏感的个人信息应当取得个人的单独同意,当然是指那些基于个人同意处理敏感的个人信息的情形"②。简言之,"单独同意"是"同意"的子集。但问题是,"单独同意"并不单纯是"同意"的子集,如果将"单独同意"置于"同意"之中,可能会侵害信息主体对于生物识别信息的自决权。"单独同意"可以说是一种更高标准的"同意",当《个人信息保护法》因为具备其他合法性基础而豁免"同意"时,并不意味着"单独同意"也被一并豁免,两者需要单独考虑。因此,平台在处理一般个人信息豁免"同意"时,并不等同于生物识别信息不需要"单独同意"或豁免,而是应该严格遵守《个人信息保护法》关于处理敏感个人信息应取得"单独同意"或"书面同意"③的规定。

第三,生物识别信息的强制可见性致使信息主体无法拥有自决权。"三重授权原则"的授权,实际上是赋予信息主体同意数据企业处理个人信息,即知情并同意。信息主体有权决定个人信息是否被使用以及在何种应用场景下被使用。杂乱无章的个人数据不具有任何社会价值,信息主体倘若想获得信息化服务,个人信息必须经过人工智能技术的加工和处理。个人有权决定是否同意平台采集、处理和使用个人信息。具体地说,信息主体决定是否同意平台制定的相关条款,包括是否同意条款内容,以及平台如何使用个人信息及其他用途等。与此同时,信息主体有权决定个人信息以何种方式、目的和什么范围被平台采集、处理和使用。虽然信息主体与平台签订了许可使用的协议,但平台不能以损害信息主体利益为前提来获取商业利益。一旦信息主体发现个人信息遭到泄露,有权决定收回平台使用个人信息

① 参见杨万明主编,郭锋副主编.最高人民法院审理人脸识别技术处理个人信息案件司法解释 理解与适用[M].北京:人民法院出版社,2021:57.
② 参见程啸.个人信息保护法理解与适用[M].北京:中国法制出版社,2021:273.
③ 书面同意指的是纸面同意书,即必须取得本人亲笔签名的针对某类敏感个人信息处理表示同意的纸质同意书。

的权能。但生物识别信息,尤其是人脸识别信息的强制可见性使得个人信息自决权逐渐失效。所谓"强制可见性"是指随着人脸识别技术的不断发展和应用,人脸无论是用于调查、安全目的识别还是出现于社交网络上都始终暴露于他人注视之下,导致个人自决权的丧失。一是信息主体无法直接控制和支配人脸识别信息的采集、处理和利用。很多应用场景下,识别用户人脸是场景构成的重要元素,个人无法拒绝场景对人脸的识别,即人脸被强制性暴露于应用场景中。二是个人信息权益被削减。"可见性的强制程度是由其所在场景决定的。场景影响了可见性的自愿程度,也影响了自主权或选择。"[①]公共场所人脸可见性的自愿程度最低,为了维护公共安全,个人需要默认因人脸识别而引发的隐私减损;社交网络中,个人看似能够自主决定人脸识别信息的可见性程度,但是注册或享受特定网络服务时面临"是或否""进入或退出"的二元决策,实际上已经限制了信息主体的自主选择,影响信息主体对人脸识别信息的自决权。

第二节　突破"目的限制规则"使个人知情权受到损害

为了制约和规范平台采集、处理和使用个人敏感信息,法律规定平台必须遵守"目的限制规则"处理和应用敏感个人信息。个人对平台采集、处理和使用生物识别信息具有知情权,但是,生物识别信息的采集、处理和使用的特殊性不能够保证个人有效地行使知情权。

一、"目的限制规则"起源

第二次世界大战结束后,国际社会开始呼吁建立尊重基本人权的法律制度,不得以牺牲人格尊严为代价,挖掘和使用涉及个人隐私的信息利益。

1967 年美国学者艾伦·威斯汀在《隐私与自由》中最早提出"目的限制规则",主张政府所采集的个人信息只能用于特定目的,超出使用目的需要获得进一步同

---

① ［英］伊恩·伯尔勒. 人脸识别:看得见的隐私［M］. 赵精武,唐林垚译. 上海:上海人民出版社,2022:102.

意或完全移除识别身份特征的信息。[1] 当时，提出这项规则主要是为了规范政府采集和使用个人信息行为，防止政府利用所掌握的公权力随意采集和使用公民个人信息，侵犯人权；个人信息只有经过脱敏，无法识别出本人后，才能自由流转，否则，个人信息将被限制在特定范围内使用。

1973 年，欧盟理事会第(73)22 号决议和(74)29 号决议将"目的限制规则"写进立法文件，"信息应与信息存储之目的相关……未经授权，不得将信息用于存储目的之外或传输给第三方"[2]。1980 年，经济合作发展组织在《关于隐私保护与个人数据跨境流动的指南》中对"目的限制规则"作了进一步规范表述。随后，澳大利亚、日本以及亚太经济合作组织等国家、组织也陆续通过立法确认个人信息采集和使用时应该遵循"目的限制规则"。[3]

美国为了保护个人信息采取了分散立法和行业自治模式，"目的限制规则"在美国法上缺乏坚实基础。[4] 美国企业在美国和欧盟之间开展跨境信息传输，必须遵守美欧在 2000 年签署的安全港协议。根据要求，美国企业在采集、处理来自欧盟的个人信息时，必须以清晰和显著的自然语言告知信息主体，采集和使用的目的。[5] 随着互联网技术的普及和个人信息使用全球化，个人信息保护越来越突破国家地域界限，各国只有制定和遵守共同保护规则，才能维护个人合法权益。

二、"目的限制规则"的法律性质

很多国家的个人信息或数据保护立法确立了"目的限制规则"，保护个人信息或数据安全，防止个人信息或数据被滥用。例如，欧盟《通用数据保护条例》第 5 条

---

① See Alan Westin, Privacy and Freedom 387(Atheneum 1967). 参见梁泽宇. 个人信息保护中目的限制原则的解释与适用[J]. 比较法研究，2018(05)：16－30.

② Nikolaus Forgo, IInold S, Benjamin Schutze. The Principle of Purpose Limitation and Big Data[J]. New Technology, Big Data and the Law. 2017：17－42.

③ 参见梁泽宇. 个人信息保护中目的限制原则的解释与适用[J]. 比较法研究，2018(05)：16－30.

④ See Pau l De Hert, Rocco Bellanova. Data Protection from a Transatlantic Perspective：The EU and US Move towards an International Data Protection Agreement? 18 (DG IPOL Publications 2008). 参见梁泽宇. 个人信息保护中目的限制原则的解释与适用[J]. 比较法研究，2018(05)：16－30.

⑤ Commission Decision of 26 July 2000 Pursuant to Directive95/46/EC of the European Parliament and of the Council on the Adequacy of the Protection Provided by the Safe Harbour Privacy Principles and Related Frequently Ssked Questions Issued by the US Department of Commerce (Notified under Document Number C (2000)2441) (Text with EEA relevance)Official Journal L215,25/08 /2000：0007－C047. 参见梁泽宇. 个人信息保护中目的限制原则的解释与适用[J]. 比较法研究，2018(05)：16－30.

第 1 款(b)项规定:"为特定、明确、合法的目的采集个人数据,且随后不得与该目的的相违背的方式进行处理。"日本《个人信息保护法》第 15 条规定:"个人信息处理业者在处理个人信息时,应当尽可能地将利用该个人信息的目的特定。"韩国《个人信息保护法》第 3 条第 1-3 款规定:"个人信息处理者应当明确个人信息处理目的,并限于其目的之必要范围内合法、正当地采集最低限度的个人信息。"①

我国高度重视保护个人信息,在《关于加强网络信息保护的规定》《民法典》《个人信息保护法》《消费者权益保护法》等一系列法律中规定了"目的限制规则"。《民法典》第 1035 条规定:"处理个人信息的,应当遵循合法、正当、必要原则……符合明示处理信息的目的、方式和范围。"②《网络安全法》第 41 条规定:"网络运营者采集、使用个人信息,应当遵循合法、正当、必要的原则……并经被采集者同意。"③《个人信息保护法》是保护个人信息的专门法,第 6 条规定:"处理个人信息应当具有明确、合理的目的,并应当与处理目的直接相关……不得过度采集个人信息。"④该条规定是《个人信息保护法》中最基本的原则之一,贯穿于个人信息处理活动全过程,任何类型的个人信息处理者实施的任何类型的个人信息处理活动,都受到这一原则的拘束。由于目的限制规则是个人信息保护的基石和大多数其他基本要求的先决条件⑤,所以,有学者认为,所谓目的限制规则其实是目的拘束原则,是个人信息保护法中的"帝王条款"。⑥

"目的限制规则"包含"合法、正当和必要"三项原则,即采集、处理和使用个人信息必须出于合法、正当和必要目的。"合法"是指制度层面的目的合法。法律制度是基于经济社会发展水平、历史文化传统及个人信息保护现实需求而作出的刚性规定,能够统筹协调社会发展与保护利用、静态保护与动态利用、现实关切与未来发展之间的冲突,任何单位、机构和个人只要不逾越法律规定采集、处理和使用个人信息,就能控制个人信息采集和使用风险,达到保护个人信息的目的。"目的

---

① 程啸.个人信息保护法理解与适用[M].北京:中国法制出版社,2021:86.
② 中华人民共和国民法典[S].第十三届全国人大三次会议 2020 年 5 月 28 日通过,2021 年 1 月 1 日实施.
③ 中华人民共和国网络安全法[S].第十二届全国人民代表大会常务委员会第二十四次会议 2016 年 11 月 7 日通过,2017 年 6 月 1 日实施.
④ 中华人民共和国个人信息保护法[S].全国人民代表大会常务委员会 2021 年 8 月 20 日通过,2021 年 11 月 1 日实施.
⑤ 参见程啸.个人信息保护法理解与适用[M].北京:中国法制出版社,2021:85.
⑥ 参见程啸.个人信息保护法理解与适用[M].北京:中国法制出版社,2021:85.

合法是信息处理的最低要求，信息处理者处理他人个人信息应当具备合法性事由。"①通常情况下，目的合法性是平台与用户之间通过合同或隐私保护政策加以体现的。

"正当性"是指价值层面的目的正当，"目的正当性的判定依附于个案具体情境，随着社会的发展以及立法理念的变迁而动态调整"②。法律条文难以穷尽所有个人信息应用场景，技术发展驱动和创造的应用场景越来越丰富，对法律规定的挑战性也越来越大，因此，需要从价值比较角度衡量采集和处理个人信息是否具有正当性。信息处理者所具有的采集和处理个人信息正当理由，如果不足以超越个人权益而让个人让渡个人信息权益，采集和处理行为则不具有"目的正当性"；信息处理者虽然不具有采集和处理个人信息的正当理由，但基于应用场景所产生的公共利益超越个人信息权益，则信息主体让渡个人信息权益。"正当性"是基于比较而得出的价值判断，逾越"合法"而实施的"正当性"不具有天然合理性，只有事后证明"正当性"，才能确认采集、处理和使用个人信息的合理性。

"必要"是对平台采集、处理和使用个人信息的限制，防止过度采集和滥用个人信息。平台提供算法推荐、个性化服务需要利用个人信息进行精准画像，平台服务内容和对象差异决定采集个人信息种类、范围及处理方式不尽一致，平台只有秉持非必要不采集原则，才能保护个人信息。比如，有些平台使用一般个人信息即可开展信息服务，就无须再采集敏感个人信息；有些平台对采集信息做一般性处理即能满足服务需求，就无须对所采集的个人信息进行深度处理。"必要"不是法律标准本身，抽象的法条无法规定采集哪些个人信息属于必要，哪些属于非必要；"必要"根植于个人信息采集的技术和价值判断，只有技术上可行且价值上判断为平台信息服务所必需，才能认定为法律意义上的"必要"。

对于"目的限制规则"历来有两种理解思路。一是"合法"统领下的"正当性和必要性"。采集个人信息不合法，必然没有正当性和必要性；即使采集、处理和使用给用户、平台和社会带来利益，这种超越法律规定的做法也不被允许。这种思路虽然严格保护个人信息，但是不利于鼓励和保护技术服务和信息服务创新。二是将"合法、正当和必要性"理解为法律维度的"合法"和价值维度的"正当和必要性"，容

---

①　朱荣荣.个人信息保护"目的限制原则"的反思与重构——以〈个人信息保护法〉第6条为中心[J].财经法学,2022(01):18-31.

②　朱荣荣.个人信息保护"目的限制原则"的反思与重构——以〈个人信息保护法〉第6条为中心[J].财经法学,2022(01):18-31.

忍平台基于"正当和必要性"突破"合法"规定采集个人信息,鼓励平台开展技术服务和信息服务创新。但是,如此解释有可能纵容平台在价值判断正义幌子下过度采集和滥用个人信息。为此,《个人信息保护法》对"目的限制规则"作了进一步规定,包括目的特定、直接相关、采取对个人权益影响最小的方式等三个层次,协调法律维度判断和价值维度判断的冲突。

三、"目的限制规则"实践困境

"目的限制规则"设计初衷是保护信息主体权益,促进平台服务发展,但在个人信息采集和处理实践中仍然面临各种挑战。

(一)信息处理目的自身存在悖论

"目的限制规则"要求信息处理目的不迟于信息采集之时予以确定,目的必须是明确的、合理的。[①] 随着个人信息被不断采集、分析与重构,平台对信息的使用目的会发生改变,最初的目的限制目标和范围自然会受到挑战。一是限制信息处理目的将制约和控制挖掘个人信息的利用价值。对于信息主体来说,虽然限制使用目的能够充分保护信息主体相关权益,但从数据企业角度看,严格实施目的限制规则不利于信息主体获得优质信息服务。信息主体使用平台是一个动态过程,一方面享受平台所提供的信息服务,另一方面又源源不断地生产新信息或在网络空间留下使用痕迹,为平台改善和提高信息服务能力提供数据支撑。但是,平台延伸的个人信息有可能突破目的限制。如果平台严格按照"目的限制规则"采集和使用个人信息,信息主体在享受信息服务过程中所衍生出的合理服务需求将难以获得满足,比如,通过人脸识别购票欣赏大型演唱会,根据目的限制规则,平台采集和使用个人信息仅限于为用户提供欣赏演唱会服务;如果进一步挖掘和分析用户互动和关联信息,发现其身体和心理等方面的问题,及时提醒或预警就超过了当初采集和使用人脸识别信息的目的和范围。对于平台而言,严格限制个人信息采集、处理目的和范围,将无法基于用户的动态信息变化进行画像,为其提供更加个性化的动态适配服务,而限制平台深度挖掘个人信息的各种潜在价值,将不利于提升平台的市场竞争力。欧盟《通用数据保护条例》和我国《个人信息保护法》的立法宗旨都注重数据(信息)保护和数据(信息)利用之间的平衡,"目的限制规则"实践一定程度上

---

① 参见王秀哲.大数据时代个人信息法律保护制度之重构[J].法学论坛,2018,33(06):115-125.

也有悖于立法初衷,强调采集、处理和使用个人信息的合法性即包含对个人信息采集和使用正当性、必要性的价值反噬,反之亦然。二是严格执行反复同意授权不仅提高用户和平台的信息服务使用成本,而且执行程序存在困难。"目的限制规则"要求平台经过用户同意后,在一定范围内采集和处理个人信息,如果采集或处理个人信息目的超出协议规定时,平台必须及时通知用户"同意"变更的内容、缘由及如何变更,只有再次获得用户同意后,才能继续实施个人信息采集、处理和使用。生物识别技术发展对个人信息采集、处理、分析、重构和储存等各阶段都可能产生外溢性目的,即超出当初双方的目的约定,如果基于"目的限制规则"向用户频繁告知个人信息处理变更事项,将使个人不胜其扰,同时大幅度增加平台的信息保护工作强度,平台需要不断变更隐私保护政策,而频繁变更隐私保护内容,势必让用户感觉隐私保护政策只是一种摆设,效力低且维持时间较短,没有法律应有的威慑力。因此,向用户频繁告知执行难度比较大。

（二）"目的限制规则"内涵比较丰富和抽象

按照字面意思理解,"目的限制规则"包含三个要件:一是明确、合理的目的;二是个人信息处理活动必须与处理目的直接相关;三是对个人权益影响最小的方式。[①] 明确的目的包括隐私保护政策表述明确和使用范围限制,即平台需要使用清晰、明确的语言表达处理目的,不得使用隐匿的、秘密的和含混不清的语言表述隐私保护协议。课题组通过分析 B 站、抖音、美团、亲邻开门等平台的隐私保护协议后发现,涉及生物识别的个人信息及隐私保护规定非常专业,没有法律专业背景的普通用户根本看不懂个人信息及隐私保护政策,只能被动同意平台采集和处理,所谓保护目的明确的法律规定形同虚设。平台为了逃避责任,规避法律风险,经常使用相对宽泛的词语模糊规定处理目的,例如,一些网络企业在隐私保护政策中宣称"本公司有权将所采集的个人信息用于任何本公司业务发展所需之合法用途"或"本公司有权根据服务适时调整隐私保护政策",这些模糊话语所规定的处理目的具有很大的弹性,对用户而言,采集和使用目的显然具有不明确性。

平台不仅对生物识别信息处理目的规定模糊,而且对后续处理活动是否符合法律、行政法规规定以及如何采取相应的个人信息保护措施也缺乏明确的说明。法律上生物识别信息采集和处理目的合理性是指目的合法,即平台处理生物识别信息需要符合《个人信息保护法》第 13 条第 1 款所列举的情形。但合法处理只是最

---

① 参见程啸.个人信息保护法理解与适用[M].北京:中国法制出版社,2021:88－93.

低标准和要求,实际操作过程中还有诸多需要考虑的问题。例如,如何针对不同信息主体采取相应的保护措施,如何平衡信息主体和信息处理者之间的利益冲突,如何适应新技术迭代和使用等,都不是几条法律规定就能解决的难题,因此,只有对"目的限制规则"进行具体阐释,才能指导生物识别信息保护实践。比如,"个人信息处理活动必须与处理目的直接相关"的"直接相关"应该如何理解和判断,如何处理才能称作是直接相关的处理呢? 有学者指出,"在判断是否'直接相关'上,应当采取非常严格的标准"[①]。具体采取怎么样的严格标准,合理人的具体指向以及关于密切联系的要求是模糊不定的。再如,关于"采取对个人权益影响最小的方式"这条规定,指的是个人信息处理活动可能影响自然人的各种权益。看似充分保护个人的所有权益,但是如何针对不同信息主体的需求,既有效保护个人权益又让其能获得优质信息服务,则需要对法条规定作进一步解释。对某些用户而言,生物识别信息是隐私,需要特别加以保护,而对其他用户来说,生物识别信息并不敏感,他们更愿意享受便捷服务。比如,亲邻开门通过人脸识别体验小区等公共场所的开门服务,有些用户认为泄露个人隐私,仍然使用传统开门方式出入小区,还有用户选择人脸识别出入小区,享受其所带来的便捷性。所以,信息主体的差异化个人信息保护诉求对"目的限制规则"提出了重大挑战。

四、"目的限制规则"在生物识别应用中的挑战

实践中,平台通过"目的限制规则"赋予用户信息知情权,将其视为采集个人信息的"万能法则",但平台不遵循或者突破"目的限制规则"现象比比皆是。如前所述,貌似设定个人信息保护政策,遵循目的限制规定,但平台有意无意间又模糊使用目的和范围,利用宽泛设定的规则产生对己有利的采集和处理结果。随着生物识别技术的发展,数据企业既借助生物识别信息非接触识别、无感识别等方法绕过"目的限制规则"采集和使用生物识别信息,又利用生物识别信息采集与处理所产生的外溢效应,反噬"目的限制规则"理应发挥的保护效果,挑战"目的限制规则"的适用性和可操作性。

(一)生物识别信息采集使用突破明确、合理目的

《最高人民法院关于审理使用人脸识别技术处理个人信息相关民事案件适用

---

① 参见程啸. 个人信息保护法理解与适用[M]. 北京:中国法制出版社,2021:91.

法律若干问题的规定》第 2 条第 2 款规定"未公开处理人脸信息的规则或者未明示处理的目的、方式、范围"①，人民法院应当认定侵害自然人人格权益。如果采集和使用用户人脸识别信息，需要获得"单独同意"。只有获得用户单独同意后，平台才能识别用户的人脸信息并将其转换为数字安全码，再与其他关联实体或数据库进行交叉对比。"单独同意"是指用户已清楚知道平台采集人脸识别信息的范围、方式和用途，而平台对人脸识别信息采集、处理和使用不得超过用户"单独同意"的内容限定。实践中，平台为了获取更多的商业利益，有意无意地突破"目的限制规则"，刻意模糊采集、使用的真实目的和范围。

　　2020 年 11 月 12 日起，明熙府楼盘(以下简称"明熙府")为促销启用"明源云客智慧案场系统"(以下简称"明源云客")，通过摄像头抓拍顾客人脸，识别消费者来源。截至 2021 年 4 月 16 日，明源云客系统平台共记录人脸头像 109 029 张(存在重复摄取)，案场(访客)记录到访人数 13 737 人(无对应人名)。截至 2021 年 4 月 19 日，明源云客平台共记录 157 名含有完整流水的消费者，其中包含消费者人脸识别在内的所有来访记录，并可以导出打印。事发后，杭州市监局对明熙府进行了行政处罚，责令其改正并罚款人民币 250 000 元。② 此案发生时，《民法典》已经颁布施行，其中第 1034 条将生物识别信息列为个人信息加以保护，第 1035 条第 1 款规定，处理个人信息应"征得自然人或者其监护人同意"。明熙府虽然提醒顾客售楼处安装有人脸识别系统，承诺保证人脸信息安全，但是广而告之的明示提醒不足以产生"征得自然人同意"的法律效力。质言之，明熙府对人脸识别信息采集提醒和信息安全保护承诺不构成对人脸识别信息采集、处理和使用目的和范围的法律约束，事实上，很多企业通过不加限制或者故意突破人脸识别信息采集使用范围和用途，肆意分析客户身份及购买意愿，违反人脸识别明确合理原则。由于平台和用户对采集使用人脸识别信息处于信息不对称、技术不对称状态，在商业利益驱动下平台势必曲解和违背明确合法原则而滥用用户人脸识别信息，因此，保障人脸识别信息采集使用的公开透明十分必要。"如果个人信息处理者不以公开、透明的方式处理个人信息，那么该处理行为就侵害了自然人对其个人信息享有的知情权和决定权，是非法的处理行为。"③明熙府采用广而告之的明示提醒采集和使用人脸识别信息，不

　　① 最高人民法院审理使用人脸识别技术处理个人信息相关民事案件适用法律若干问题的规定[S]. 2021 年 6 月 8 日最高人民法院审判委员会第 1841 次会议通过，2021 年 8 月 1 日实施。
　　② 行政处罚决定书文号：杭江市督局市监罚处〔2021〕32105151 号。
　　③ 参见程啸. 个人信息保护法理解与适用[M]. 北京：中国法制出版社，2021：94.

能保证客户知道企业采集人脸识别信息的目的、方式和使用范围,损害用户知情权。

人脸识别信息是自然人重要的人格利益之一,如果失去人脸识别信息采集和使用知情权,必将失去是否使用的决定权。用户失去人脸识别信息决定权有两种情形,一是企业直接剥夺用户决定权,代替其决定如何使用人脸识别信息,《民法典》和《个人信息保护法》颁布施行前,这种情况比较突出;二是企业通过缩减用户知情内容,全部或者部分剥夺用户知情权,使其难以对企业使用人脸识别信息所导致的后果做出清晰判断,企业隐性剥夺用户决定权。比如,有些企业或公司在制定个人信息保护协议时存在以"包含但不限于"条款无限扩大用户人脸识别信息采集和使用范围,采集使用超出信息服务范围所必须的人脸识别信息。人脸识别信息边界始终比较明确,不易与其他敏感个人信息混淆或者出现边界交融,因此,协议中"包含但不限于"不是指企业采集人脸识别信息之外的生物识别信息,而是指对人脸识别信息的使用超过同意所约定的使用目的。换言之,平台和信息主体签订协议时就预设了突破采集使用人脸识别信息的协议后窗,为非法使用留下"依据"。① 这违背了生物识别信息采集使用明确合理目的。

(二)突破采集使用情景—目的约定

无论是隐私边界说还是隐私控制说,传统隐私保护理论都强调隐私主体能够意识到个人隐私在公共场所将被入侵、偷窥,隐私主体有权决定隐私不受他人或其他因素干扰。当前,生物识别信息采集法律规定具有一定的解释空间,平台既可以与用户单独签订协议采集使用生物识别信息,如 App 协议,也可以基于某种法定理由不签订协议而采集众多用户的生物识别信息,如基于公共安全采集分析公共场所的生物识别信息,尤其是很多生物识别技术比如人脸识别、步态识别和声音识别等,可以在个人视野之外远程处理生物识别信息,非接触式系统通过实时跟踪个人动作、表情,对个人进行深度挖掘和分析,容易突破双方对采集使用的情景—目的约定。

对于生物识别系统的使用,各国的态度并不一致。欧盟拟禁止在公共场所使用人工智能相机扫描和识别人脸,越来越多的欧盟议员支持全面禁止面部识别技

① 参见林凌. 人脸识别信息保护中的"告知同意"与"数据利用"规则[J]. 当代传播,2022(01):108—112.

术。① 新加坡对于公共场所摄像头如何使用人脸识别也设定了合规评估示范模版。我国法律没有绝对禁止平台或数据企业采集和使用生物识别信息，相反在符合相关法律规定的前提下，国家鼓励企业采集、处理和使用用户生物识别信息，促进数据在合规情况下高效流通和使用。但是，使用这些信息有可能突破采集情景－目的的约定，例如，国内有些城市在地铁试点开通人脸识别安检通道和人脸识别付款出站通道。地铁安检处设置人脸识别安检通道是为识别乘客是否携带危险用具，而非识别乘客的具体身份；人脸识别付款出站通道是为了方便公众出入闸机，但需要识别乘客的具体身份。通常情况下，地铁运营企业与乘客之间签订的隐私保护协议，不会分开约定乘客进入安检通道和出站通道时生物识别信息的采集和使用规则，结果平台基于相同识别情景而实施不同目的的识别活动，违背人脸识别信息采集情景－目的一致性的约定。

平台突破情景－目的约定还来自对公共利益目的的解释和企业对经济利益追求所产生的目的异化，当数据企业开展群体人脸识别活动时，很难从识别活动是否被授权而判断违法与否。② 对于信息主体来说，即使在相同识别场景中，也存在识别目的差异，进而采取不同的生物识别信息保护措施。在公共场所人们一般不会将人脸、指纹、声音等生物特征视为个人隐私，默认平台等相关机构公开采集生物识别信息是为了打造更优质的服务环境和安全环境，产生对自己有利、对他人也有利的结果。但是，公共场所的生物识别信息采集和使用有可能产生外溢效果。一是生物识别信息采集和使用场景基本属于公共场所，它既是平台从事商业服务之地，也是维护公共安全的重要场所。如果平台所提供的隐私保护协议没有包含个人生物识别信息可以为公共管理部门使用的内容，实践中相关部门为了维护公共安全而调用生物识别信息，虽然于法有据，但突破了商业层面的生物识别信息保护情景－目的约定。二是平台对生物识别信息使用目的的应用产生异化，违背情景－目的约定的本来法益目的。用户允许平台采集和使用生物识别信息是为了享受更好的服务体验，即用户进入特定应用场景即能获得理想的服务，但实际情况往往是，平台利用生物识别信息对用户进行筛选而提供差异化服务，与情景－目的约定背道而驰。

---

① 数据法盟.欧洲拟立法全面禁止人脸识别[EB/OL].2022[2022－09－25]. https://mp. weixin. qq. com/s/Zi6T2yy55zRYKA7pZWnM9Q.

② 参见林凌.人脸识别信息保护中的"告知同意"与"数据利用"规则[J].当代传播，2022(01)：108－112.

（三）突破对生物识别信息再识别再处理的预期

随着人们越来越沉浸于平台带来的便捷化服务,越来越多的离散信息已经汇集在各种数据库中,数据在用户并不知情的情况下聚合和分发。伴随生物识别数据采集的不断扩散,人们已经逐渐习惯于在日常生活中被采集各种生物识别信息,在特定情况下甚至对面部隐私的诉求也随之消失。一旦社会习惯了某种类型的监视,对隐私的合理期望将开始消失。① 在智能传播时代,人们对政府机构、企业、商场、餐馆安置摄像头的警惕性大不如以前,甚至并没有加以注意或者干脆选择视而不见。人们通过让渡个人信息换取便利的服务并不是完全任由信息处理者采集和使用个人生物识别信息的理由,而是认为信息处理者会按照双方约定在合理范围内使用个人生物识别信息,由于处理者的采集和使用不会使得个人产生过度焦虑和恐慌,所以个人对于信息隐私的保护期望也逐渐消失。

"人脸识别可能是解锁、整理或聚合个人生成的数据和信息归集的关键。从监控视角来看,凭此提供更为完整的个人'肖像'属于更为严重的隐私问题。"②单一数据可能并不能充分摹画某件事情或者侵犯用户的隐私,如果各种生物识别信息彼此孤立,也无法统摄起来形成个人画像;只有当各种零散的生物识别信息彼此组合,加上关键的人脸识别信息,才会产生协同作用,创建更为详细的个人画像。③ 其中,人脸识别系统可以在用户没有做任何动作（比如注册)且不知情的情况下辨别出本人,或者在识别设备所有者和特定人没有任何关系的情况下识别出用户的姓名、身份等信息。比如,从电视屏幕、照片上抓取人脸图像经过数字化处理后,可以对任何识别目标进行人脸识别和数据分析,用户根本无法准确预测平台如此开展人脸识别和数据分析所产生的后果。

对生物识别信息的再识别和再处理将产生识别几何效应。人脸识别技术的发展迭代和应用革新释放出巨大的商业价值,利用其对数据库中的人脸信息再处理、再利用,必将突破原协议所约定的使用目的。④ 一是对单一生物体开展再识别和再

① See Gray M. Urban Surveillance and Panopticism:Will We Recognize the Facial Recognition Society? Surveill Soc 1(3):314—330[EB/OL]. 2003[2019—08—26]. https://ojs. library queensu. ca/index. php/sur-veillance—and—society/article/view/3343.

② [英]伊恩·伯尔勒. 人脸识别:看得见的隐私[M]. 赵精武,唐林垚译. 上海:上海人民出版社,2022:37.

③ See Solove D J. *Understanding privacy*[M]. Cambridge:Harvard University,2008,pbk 2009.

④ 参见林凌. 人脸识别信息保护中的"告知同意"与"数据利用"规则[J]. 当代传播,2022(01):108—112.

处理。平台反复采集和处理用户的特定生物特征体,比如人脸、指纹、声音等,经过比对分析,能够发现用户生理特征变化,甚至发现疾病、精神状态变化,进而进行商业利用。对单一生物体的再识别和再处理,虽然符合用户隐私保护协议规定的内容,但是,其所挖掘的用户敏感个人信息和隐私显然超出隐私保护协议约定的目的。二是各种生物识别信息之间的再识别再处理及生物识别信息与一般个人信息的再识别再处理,将突破约定的使用目的。从理论上说,平台可以使用几种生物识别方法同时采集人脸、指纹等信息,彼此比对和互证,提高识别度;基于识别成本考虑,实践中却很少被使用,但是对用户生物识别信息再识别再处理,则经常被使用。如果对用户各种生物识别信息进行再识别再处理,必然关联出用户更多的社会信息和生物信息,尤其是生物信息关涉用户健康等隐私,这将突破当初的生物识别目的的约定。较为常见的情况是,平台使用基于特定生物体的生物识别信息,比如人脸识别信息、指纹识别信息等去关联一般个人信息,比如个人行为轨迹信息、Cookies所采集的上网痕迹等,通过对这些信息再识别再处理,可以挖掘出用户更多的社会信息,而这些信息往往是用户不希望平台掌握的。因此,对用户生物识别信息和一般信息的再识别再处理,必然突破隐私协议对生物识别信息使用的目的约定。

第三节　不合理使用生物识别信息易侵犯人格权益和财产权益

生物识别信息作为敏感个人信息,具有人格权益和财产权益双重权益,不合理使用生物识别信息势必侵犯用户人格权益和财产权益。

一、生物识别信息具有人格权益

《民法典》将个人信息置于人格权编下,意在保护其人格权益。生物识别信息属于个人信息,是一类特殊的个人敏感信息,同样具有人格权益。

生物识别信息有别于一般个人信息,自然人(信息主体)的人格权益受到特殊保护。首先,生物识别信息与一般个人信息存在本质区别。《个人信息保护法》第4条规定:"个人信息是以电子或者其他方式记录的与已识别或者可识别的自然人有关的各种信息,不包括匿名化处理后的信息。"①已识别是指特定自然人已经被识别出来,而可识别是指具有识别出特定自然人的可能性,所谓的已识别与可识别是从自然人是否已经被识别进行区分。② 而有关的各种信息是指自然人已识别和可识别的所有信息。关于个人信息定义更加强调其相对性,有关的各种信息是否属于个人信息具有相对性,对于某些处理者来说可能是个人信息,而对于其他处理者来说可能就不是个人信息。生物识别信息具有唯一性,根据欧盟 GDPR 与 Regulation(EU)2018/1725 规定,生物识别信息是指经过特定技术处理的自然人身体、生理或行为特征,以此允许或确认该自然人的唯一标识的个人数据。③ 根据上述规定,只有经过对自然人身份的独特识别或特定技术手段处理后,才符合 GDPR 规定的生物识别数据的定义。因此,生物识别信息需要通过特定技术处理,且能够识别特定个体。一是生物识别信息需要通过特定技术处理,眼睛、鼻子、嘴巴甚至脸部照片未经过生物识别技术处理形成数字符,不能视为生物识别信息。除非技术进步到可以通过照片提取生物识别信息并形成数字符进行比对,照片才符合生物识别信息的定义。二是能够识别特定个体。生物识别信息形成的数字符不需要与其他信息进行综合识别,便能直接识别自然人。与身份证等号码相比,生物识别信息是从自然人生物体中内生出来的数字代码,虽然不同的算法使得数字代码表达不同,但是本质上这些数字代码指向的生物体是唯一的,而身份证等个人身份标识是后天赋予的,可以通过人为方法加以改变。

其次,生物识别信息与一般信息保护法益存在差异。鉴于生物识别信息的高度敏感性,各国将保护重点放在生物识别技术对于个人隐私的威胁上,因此生物识别信息的保护制度主要采取隐私权保护模式。④《民法典》第 1034 条规定:"个人信息中的私密信息,适用有关隐私权的规定;没有规定的,适用有关个人信息保护的规定。"⑤根据我国法律界定,隐私包括私人生活安宁和不愿为他人知晓的私人空间、私密活动和私密信息,旨在保护隐私不被公开或被他人知悉,适用侵权救济路

① 中华人民共和国个人信息保护法[S].全国人民代表大会常务委员会 2021 年 8 月 20 日通过,2021 年 11 月 1 日实施。
② 参见程啸.个人信息保护法理解与适用[M].北京:中国法制出版社,2021:63.
③ GDPR,Art.4(14);Regulation(EU)2018/1725,Art.3(18).
④ 参见商希雪.生物识别信息公共与商业使用的制度定位与规范构建——兼论对人格权保护模式的反思[J].青海社会科学,2021(02):141-152.
⑤ 中华人民共和国民法典[S].第十三届全国人大三次会议 2020 年 5 月 28 日通过,2021 年 1 月 1 日实施。

径。隐私侵权的发生场景主要包括私人利益或私人生活受到侵害,是否被干扰往往取决于案件所发生的具体场景和事实,因此,隐私认定是一种主观判断,自由裁量空间相对较大。生物识别信息一般不触及私人生活安宁和不愿为他人知晓的私人空间、私密活动等领域,它属于不愿为他人知晓的私密信息,但是,生物识别信息尤其是人脸识别信息是公开向社会展示的用以区分主体的标识符,一般情况下不属于"私密信息",只有当生物识别信息经过技术处理并与数据库结合,并指向自然人的某些活动、特征和属性,才属于敏感信息,与隐私具有相似属性。因此,如果将生物识别信息纳入隐私权保护模式中,生物识别信息不仅需要符合法律界定的隐私概念,而且侵犯生物识别信息的法律救济也需要符合侵权责任的构成要件。由于生物识别信息平时就暴露于公众视野中,生物体并不具备私密性,它不符合个人隐私"隐"的标准,因此,难以认定生物识别信息适用隐私权保护模式。

二、生物识别信息具有财产权益

进入信息化社会后,生物识别信息和个人信息一样,能够产生经济价值,已经成为社会生产与再生产的重要生产资料。目前,各种智能传播平台纷纷利用智能数据处理技术分析与重构个人信息,通过为用户画像,为其提供便捷化服务,同时在虚拟空间共享与互通,开展数字交易活动,包括生物识别信息在内的个人信息已经成为驱动各智能传播平台发展的核心动能。比如,个人信息经智能平台分析重构后,可以进行精准营销,帮助商家获取利益。在我国相关案例判决中,法院支持关于数据能够带来经济利益的观点,如淘宝(中国)软件有限公司诉安徽美景信息科技有限公司不正当竞争纠纷案中,原告淘宝公司提出,"生意参谋"数据产品是在合法采集网络用户信息和网络原始数据的基础上,经过深度分析处理整合加工而成的大数据产品,本身就独立于网络用户信息和原始网络数据,该大数据产品能为淘宝公司带来经济利益。浙江省高级人民法院支持这种观点:"在性质上,数据产品虽表现为无形资源,但可以为运营者实际控制和使用,能够为运营者带来相应经济利益,在实践中已经成为市场交易的对象,具有实质性的交换价值。"①但是,数据财产权或者说数据财产所有权归谁所有,学术界存在不同观点。

早在20世纪60、70年代,学者Alan F. Westin就提出"将个人信息看作一项财

---

① 浙江省高级人民法院民事裁定书(2019)浙民申1209号。

产权。因此，可考虑引入产权保护的方法保护个人信息。"①学者 Heitmann 指出："人格的商业化利用独立于一般的人格权，是一种可转让和继承的财产权。"②其实不仅仅是学者们认为个人数据应予以财产权保护，美国的相关判例③也体现出对人格权的商品化二元保护模式，即隐私权保护个人的精神利益，而公开权保护个人的财产利益。例如，姓名、肖像等个人数据具有商品性，被商业利用后应保护个人的财产利益。美国很多州的立法确定了个人隐私的公开权，公开权的客体也从仅仅保护姓名、肖像等人格紧密型个人信息的商业利用，发展到保护具有识别性的一切个人信息。④ 持这种观点的学者坚信，个人信息具有财产属性。

是否直接赋予个人信息财产权保护，学界还存在争论，争论的焦点是权利归属于谁。如果完全把个人信息财产权归为个人，将使得该权利与人格权利一样具有绝对性，不利于数据自由流通与平台利用。况且，所谓"个人信息所有权"几乎不具有实质性的权利内容，不符合权利理论的要求。如果将个人信息财产权完全归为平台，不仅导致用户的数字付出与收益不对等的问题，而且个人信息作为平台开展经济活动的原料，本身蕴含的经济价值被忽略了。生物识别信息不同于一般个人信息，平台通过对生物识别信息深度分析和处理后，不仅能反映市场总体需求及趋势，而且能够清晰地描绘个人需求，进而产生市场收益，也就是说，个人为市场收益提供了基础性的原材料，有必要为其提供财产权保护。

首先，生物识别信息的规模化挖掘和市场化应用将产生巨量市场增值。随着生物识别技术越来越广泛地应用于机场、车站和海关等公共场所，以及各种商业应用场景，政府及各种数据企业采集和拥有了大量生物识别信息，它们是发展数字经济的"石油"。党中央和国务院高度重视数据在经济发展中的重要作用，提出："充分保护数据来源者合法权益，推动基于知情同意或存在法定事由的数据流通使用模式，保障数据来源者享有获取或复制转移由其促成产生数据的权益。"⑤所谓数据来源者，既包括数据处理者，也包括个人。从现有生物识别信息收集和使用情况

① Westin, Alan F. *Privacy and Freedom*[M]. London: The Bodley Head Ltd, 1967.
② 转引自李延瞬. 个人信息财产权理论及其检讨[J]. 学习与探索, 2017(10): 77－85.
③ 例如, 美国法院在 1953 年"Haelan Laboratories, Inc. v. Topps Chewing Gum, Inc."案中承认个人在姓名、肖像等个人信息上的财产价值应该得到法律保护。在此案中, Frank 法官指出, 人格权上的商业利益不受保护, 在姓名、肖像等个人信息之上存在一种个人对自己的个人信息经济利益享有公开权, 并进一步指出这种权利具有可转让性, 为保护个人信息财产价值找到一个恰当的权利基础, 宣告公开权理论的诞生。
④ 参见项定宜. 论个人信息财产权的独立性[J]. 重庆大学学报(社会科学版), 2018, 24(06): 169－180.
⑤ 中共中央国务院关于构建数据基础制度更好发挥数据要素作用的意见[EB/OL]. 2023[2023－12－10]. https://www.gov.cn/zhengce/2022－12/19/content_5732695.htm.

看,个人所提供的生物识别信息难以产生巨额财产,只有处理者对海量生物识别信息进行结构化处理后,才具有广泛的市场价值。正因为如此,个人往往忽略生物识别信息的财产属性。我们认为,虽然目前技术条件下所收集和处理的个人生物识别信息很难产生巨额财产,但财产权界定不能以金额多少作为标准,只要具有财产属性,都应该得到法律保护;随着识别技术和计算机通信技术的进步,生物识别信息正在向海量和深度方向累积,未来也有可能产生明显的财产效益,因此,需要从生物识别信息法律属性上赋予其财产权。

其次,利用个人生物识别信息开展个性化服务产生经济收益。生物识别信息作为核心资产,正被用于平台经济发展和数字经济竞争。数字经济竞争力来自两个方面:一是数字经济规模。在边际效应作用下,数字经济规模越大越具有市场竞争力。二是数字经济结构。通过对经济供给侧的商品和消费侧的用户标签化,准确打通市场供给和消费渠道,大幅度提升经济运行效率。生物识别技术通过对消费侧用户的准确识别及标签化,帮助企业、平台获得更多的经济收益。正如有专家所言,识别分析导致个性化的社会和经济活动,成为数字经济的"基因",也是社会和经济变革的引擎。[①] 平台通过技术采集和处理自然人的生物识别信息具有过程性、连续性特点,对平台而言,无须分析、整合与重构生物识别信息,就能利用其产生经济收益,比如通过给用户提供个性化、精准化服务产生市场增值。传统经济学理论把土地、劳动和资本视为生产三要素,以地租、工资和利润形式回报所有者,这就意味着,在生产劳动过程中,不限于劳动创造财富,土地和资本也创造财富并获得回报。生物识别信息作为生产要素为个人所有,类似于土地和资本为地主和资本家所有,如果参与生产而产生财富增值,个人理应从中获得相应的回报,法律上以财产权予以保护。

根据生物识别信息参与数字经济服务与生产的功能性作用,进一步对其进行确权。一是平台根据告知同意规则使用个人生物识别信息提供个性化服务,其产生的经济收益归平台所有,个人享受生物识别信息人格权益和安全权益保护,不享受生物识别信息财产权。二是平台根据告知同意规则使用个人生物识别信息不仅提供个性化服务,而且通过开展深度挖掘将数据用于市场规模化应用,这时个人如同土地主和资本家一样贡献了基础性生产资源,他们理应分享生物识别数据市场

---

① 参见高富平.论个人信息处理中的个人权益保护——"个保法"立法定位[J].学术月刊,2021,53(02):107-124.

化应用所产生的经济收益,即享有生物识别信息财产权。党中央和国务院指出:
"探索由受托者代表个人利益,监督市场主体对个人信息数据进行采集、加工、使用
的机制。"①"受托者代表个人利益"已经提出了解决个人维护生物识别信息权益的
方法,通过建立受托者机制,代表个人维护人格权和安全权益,而且代表个人维护
生物识别信息财产权益。

三、不合理使用生物识别信息易侵犯用户人格和财产双重权益

生物识别信息具有人格权益和财产权益双重属性,但两种权益的重要性及实
现方式差异较大。自然人是人格权益的唯一享有者,任何时候都不容侵犯;对智能
平台来说,只有对群体性信息主体生物识别数据再处理后才更具有商业利用价值,
因此个体生物识别信息财产权益主要表现为平台使用生物识别信息时侵害他人财
产利益。从信息主体角度看,人格权益始终是生物识别信息保护的核心权利,财产
利益是生物识别信息保护派生的权益,当智能传播平台不合理使用自然人的生物
识别信息时,极易侵犯其人格和财产双重权益。所谓的不合理使用主要表现在几
个方面:一是对生物识别信息的滥用或泄露;二是对生物识别信息的不间断重复使
用;三是对生物识别信息超出范围的深度挖掘和处理。

首先,不合理使用生物识别信息容易侵犯信息主体的人格权益。生物识别隐
私信息和生物识别公开信息之间存在模糊地带,例如,有些人脸识别信息不属于隐
私,确又是为人脸信息主体所不愿意公开披露和曝光的内容,根据《民法典》《个人
信息保护法》《最高人民法院关于审理使用人脸识别技术处理个人信息相关民事案
件适用法律若干问题的规定》等法律规定,这部分人脸识别信息也受法律保护,人
脸识别信息采集者和处理者不能随意处理、公开和使用。比如在宾馆、商场、银行、
车站、机场、体育场馆、娱乐场所等经营场所、公共场所违反法律、行政法规的规定
使用人脸识别技术进行人脸验证、辨识或者分析,将被人民法院认定为侵害自然人
人格权益的行为。前文已多次提到公共场所对生物识别技术的使用,很多国家都
对公共场所实施人脸识别持否定态度,目的是防止技术对信息主体人格权的伤害。
我国虽然没有明确禁止公共场所使用生物识别技术,但对于安装人脸识别设备有

---

① 中共中央 国务院关于构建数据基础制度更好发挥数据要素作用的意见[EB/OL]. 2023[2023－12－
10]. https://www.gov.cn/zhengce/2022－12/19/content_5732695.htm.

具体规定,并且在公共场所安装人脸识别设备必须符合维护公共安全所必需、遵守国家有关规定、设置显著的提示标识和采集的人脸信息一般只能用于特定目的这几个条件。[①] 在此种情况下,人脸等生物识别信息最容易被不合理使用的情形就是技术"远距离、无感性"等问题,一些经营企业(如房地产销售中心)往往将自身定义为公共场所,但其主要目的又不是维护公共安全,同时不单独征得自然人或其监护人的同意采集人脸识别信息,这显然属于侵害信息主体人格权益的行为。处理者如果对生物识别信息不断重复分析,不仅深入了解信息主体,而且能够精准描绘信息主体与应用场景的黏性,比如,个人在一段时间内频繁前往售楼中心,一定程度上说明其购房意愿较为强烈。生物识别信息是信息主体进入相关场景的钥匙,但个人无法控制钥匙何时使用及如何使用,处理者使用生物识别不仅掌控个人行为轨迹,而且进一步分析其内在需求和愿望,则侵害其隐私权。

将生物识别信息作为唯一的身份验证方式使用易侵犯信息主体人格权益。在学校、小区、单元楼、办公楼等场所安装人脸识别设备作为出入门禁,是人脸识别应用的重要场景,用户通过人脸识别验证身份,具有便捷、防伪度高等优势,并且省去了刷卡、钥匙开门等麻烦。随着生物识别尤其是人脸识别被广泛使用,公众越来越担心采集的人脸识别信息是否能够按照法律要求储存,人脸识别信息是否会滥用、泄露。在天津人脸识别案中,一审法院的判决认为,原告顾某并未提交被告对其信息存在泄露、篡改、丢失的相关证据,且提供的相关证据不能证明被告侵犯了其隐私权。故原告的诉讼请求没有事实和法律依据,不予支持,驳回全部诉讼请求。[②] 顾某不服一审判决,上诉至天津市第一中级人民法院。二审法院对一审法院查明的事实予以确认,但认为本案系因处理个人信息引发的纠纷,案由应确定为个人信息保护纠纷。最终二审法院撤销一审判决,要求城关天津公司删除顾某人脸信息,并提供其他通行验证方式,赔偿合理费用 6 200 元。[③] 二审法院正确地适用了 2021 年 8 月 1 日施行的《最高人民法院关于审理适用人脸识别技术处理个人信息等相关民事案件适用法律若干问题的规定》中的相关规定,物业公司必须给业主或者其他有权进出的人提供人脸识别之外的其他合理验证方式。如果物业公司将刷脸作为唯一的身份验证方式,将导致不同意授权的业主不能进出小区,违背"告知—同意"

---

①　参见杨万明主编,郭锋副主编. 最高人民法院审理人脸识别技术处理个人信息案件司法解释 理解与适用[M]. 北京:人民法院出版社,2021:50—51.

②　天津市和平区人民法院民事判决书(2021)津 0101 民初 10334 号。

③　天津市第一中级人民法院民事判决书(2022)津 01 民终 349 号。

规则。生物识别信息作为敏感个人信息,直接关乎个人尊严、隐私等人格利益,法律赋予个人保障人格利益不受侵犯的权利,对学校、小区等公共场所的门禁而言,使用生物识别验证身份不具有法律规定的必要性前提,因而,应该按照最小化原则使用生物识别信息,让用户有选择使用其他进出门禁的身份验证方式。

其次,生物识别信息不合理使用易侵犯信息主体的财产权益。"大多数生物识别系统需要注册和参与,个人需提交扫描件或照片。广大群众似乎普遍对此表示接受。"[①]但是,当信息主体同意网络条款和术语才可能在社交网络中广泛应用人脸识别技术时,信息主体通常没有对同意之后的影响进行适当考量,包括未经同意的个人数据不合理使用。[②] 因为包括个人生物识别信息在内的个人信息具有商业利用价值,而生物识别信息作为身份识别标识,身份盗窃的风险更高,并且可能被迫退出由生物识别支持的交易,这绝非人格权制度所能保护的利益,而是侵犯个人的生物识别信息财产权益。

一是滥用生物识别信息易会造成个人财产损失。按照学界说法,损失可分为直接损失、间接损失和纯粹经济损失。直接损失是指现有利益减少,这种财产损失是可以计算的;间接损失应当包括其他经济利益损失,其特点在于未来的损失;纯粹经济损失是指受害人因他人的侵权行为遭受经济上的损害。[③] 对于信息主体来说,直接损失包括侵犯人格权益造成的精神损伤,及医院诊治产生的医药费和维权所需要的合理开支等;间接损失包括因信息滥用泄露使得名誉权、隐私权等人格权益受损后影响工作生活应该取得的经济收入机会,或者因为名誉受损导致信用降低而不能贷款等损失;纯粹经济损失包括信息主体直接遭受财产损失,如银行卡被盗等。例如,2020年12月26日上午作案人黄某辉打电话给被害人董某,说要当面商量偿还恋爱期间借董某6万余元的事情。黄某辉以还钱为由到董某家中,看到董某正在生病,便主动做饭,给董某喂感冒药。趁董某睡着后,指纹解锁董某手机,

① Gregory P,Simon M A(2008). *Biometrics for Dummies*. Wiley Publishing Inc. ,Indianapolis. E1-Abed M et al(2010). A Study of Users'Acceptance and Satisfaction of Biometric Systems. IEEE International Carnahan Conference on Security Technology(ICCST),2010,San Francisco,United States[EB/OL]. 2010 [2019-08-08]. https://hal. archives-ouvertes. fr/hal-00991086.
② 参见[英]伊恩·伯尔勒. 人脸识别:看得见的隐私[M]. 赵精武,唐林垚译. 上海:上海人民出版社,2022:47.
③ 参见杨万明主编,郭锋副主编. 最高人民法院审理人脸识别技术处理个人信息案件司法解释 理解与适用[M]. 北京:人民法院出版社,2021:133-134.

利用系统的人脸识别登录功能进入董某的支付宝,分多次共转账 15.41 万元。[①] 这是典型的利用指纹和人脸信息盗取他人财产,给信息主体造成直接经济损失。

二是生物识别信息深度挖掘导致诸多信息主体的财产权益同时被侵犯。生物识别信息的采集和使用,一方面方便信息主体使用智能传播平台,另一方面也不断丰富和扩充平台数据库,提升关联业务水平。平台为了提升服务水平和信息服务竞争力,不断持续提升生物识别信息分析和处理能力,将难免出现对生物识别信息的不合理使用。其一,把合法处理后的信息主体生物识别信息纳入数据库,随着数据库容量及可比对的数据增加,极有可能溢出生物识别信息最初处理用途。其二,部分平台出于为用户提供服务和自我发展需要,在"告知—同意"协议中就预留超出实际用途的条款,对生物识别信息进行深度挖掘,使得平台和信息主体对生物识别信息的实际应用被置于持续性不平等关系中,容易导致平台以损害个人权益来牟取市场利益的结果。例如,美国公司 Clearview AI 从许多网站上采集超过 200 亿张照片,包括可以在网络上直接访问的照片,即无须登录账户就可查看的照片或从所在平台上的在线视频中提取的照片。该公司在市场上以搜索引擎形式反问其图像数据库,可以用照片搜索一个人。为了做到这一点,该公司建立了一个"生物识别模版",即一个人的身体特征(在这种情况下是面部)的数字表示。这个案例说明,一是该公司并没有获得信息主体的同意就采集和使用他们的照片,并将这些图片存储起来以建立"生物识别模版";二是该公司的人脸识别信息处理对信息主体的基本权利(人格权益和财产权益)造成非常严重的风险。截至 2020 年 5 月,法国数据保护机构——国家信息与自由委员会(CNIL)收到很多网络用户对 Clearview AI 人脸识别软件的投诉,用户要维护自身的相关权益。[②] 生物识别信息侵权不同于隐私侵权,如果隐私受到侵害,个人感到精神痛苦即可寻求法律救济;生物识别信息滥用、侵权主要不是以个别自然人生物信息受到侵害为表现形式,而是许多自然人(如上述案例)的生物识别信息集合被平台滥用而受到侵害,对个人而言可能处于信息"无知"状态,或者这种侵害所带来的后果也许没有达到不可忍受的程度,比如频繁的信息骚扰、数据杀熟等,企业为了牟利或者增强竞争力会不断恶意使用信息主体的生物识别信息,而用户个人难以对抗平台滥用所带来的损害后果。用

---

① 男子趁前女友熟睡翻开眼皮刷脸转走 15 万,法院判了[EB/OL]. 2022[2022-09-04]. https://baijiahao. baidu. com/s? id=17189905488529103318&wfr=spider&for=pc.

② 数据法盟. 人脸识别案｜法国 CNIL 对美国公司处以 2000 万欧元罚款[EB/OL]. 2022[2022-10-21]. https://mp. weixin. qq. com/s/Zi6T2yy55zRYKA7pZWnM9Q.

户即使寻求法律救济,搜寻和固定平台滥用生物识别信息证据以及完成漫长的司法程序所需要的时间、精力和经济成本,也与法律诉求结果之间极不匹配。个人生物识别信息往往是和他人生物识别信息集合起来被加以不合理使用,个人难以将他人生物识别信息剥离出来而单独保护自己的生物识别信息,可能需要集体诉讼,这无疑又需要考虑不同信息主体对生物识别信息的使用分析被侵害后果的态度不同。[①] 这种生物识别侵权状况,大幅度增加了司法救济的难度。

　　我国积极探索生物识别信息财产权益及集体侵权司法救济,《最高人民法院关于审理使用人脸识别技术处理个人信息相关民事案件适用法律若干问题的规定》第 8 条规定:"信息处理者处理人脸信息侵害自然人人格权益造成财产损失,该自然人依据民法典第一千一百八十二条主张财产损害赔偿的,人民法院依法予以支持。"第 13 条规定:"基于同一信息处理者处理人脸信息侵害自然人人格权益发生的纠纷,多个受害人分别向同一人民法院起诉的,经当事人同意,人民法院可以合并审理。"[②]前条规定明确生物识别信息受到损害并造成财产损失的,个人有权请求予以财产补偿;后条明确如果很多人因生物识别信息被处理者滥用而造成损害,将采取并案处理的方式审理,把个人维权转变为集体诉讼,解决个人维权难的问题。

---

① 参见林凌. 人脸识别信息"人格权—用益权"保护研究[J]. 中国出版,2021(23):41—46.

② 最高人民法院审理人脸识别技术处理个人信息案件司法解释[S]. 2021 年 6 月 8 日最高人民法院审判委员会第 1841 次会议通过,2021 年 8 月 1 日实施。

第七章

构建生物识别信息二元保护机制

纵观世界各国生物识别信息保护立法,不仅多种立法模式并存,而且对于法律规制客体和规制对象也不尽一致。从立法模式看,无论是被概括为以欧盟为代表的"完整式体例"和以美国为代表的"有限式体例"[①],还是被概括为以用户告知同意为核心的欧盟统一立法模式、突出个人数据权利的俄罗斯严格立法模式、规范商业化利用的美国分散立法模式和平衡个人信息保护与数据合理利用的日本"选择退出"模式[②],生物识别信息保护同时受到公法和私法调整。我国除《民法典》《个人信息保护法》之外,还有很多法律涉及生物识别信息保护,如《反恐怖主义法》《国际刑事司法协助法》《刑事诉讼法》等涉及公权力主体保护个人生物识别信息的责任,《网络安全法》《电子商务法》等涉及民商主体保护个人生物识别信息的责任。概括起来看,无论各国采用何种立法形式规制生物识别信息,都呈现出公法和私法二元保护的特点。

从法律规制客体看,生物识别信息表现为一个客体多种权益,一方是个人享有生物识别信息权益,另一方是政府拥有为社会安全和公共利益使用个人生物识别信息的权力,或者数据企业享有收集和处理个人生物识别信息的信息数据权利;对个人而言,生物识别信息又表现为人格权和财产权。从规制对象看,既要保护个人生物识别信息合法权益,也要保护政府为社会安全和公共利益使用个人生物识别信息的权力,尤其是数据企业收集和处理个人生物识别信息的信息数据权利。因

---

① 石佳友. 隐私权与个人信息关系的再思考[J]. 上海政法学院学报(法治论丛),2021,36(05):81—98.
② 国外数据安全与个人信息保护监管模式各有侧重[N]. 社会科学报(第3版),2022—03—31.

此,协调各利益主体的合法权益,最大限度保护个人生物识别信息权益、规范政府合法使用个人生物识别信息、释放生物识别信息对数字经济发展的能量,成为构建生物识别信息二元保护机制的关键。

第一节　生物识别信息政府使用和商业使用的二元规制模式

我国《个人信息安全规范》(2020 年版)列举了 7 种生物识别信息:面部特征、指纹、声纹、个人基因、掌纹、耳廓和虹膜。从理论上说,以上 7 种生物体都可以使用"1∶1"或"1∶N"方式予以比对识别,即将新采集的生物识别信息与存储于计算机系统里的个人生物识别信息进行比对,判断其是否为同一生物体。生物识别应用时,生物识别必须满足普遍性、独特性、持久性、可收集性、重复性、可接受性、防欺骗性要求。从当前的生物识别技术看,只有指纹、虹膜和人脸识别能同时满足上述七方面要求,它们更具实用性。

生物识别信息应用主体主要有两个:一是政府机构(亦称公权力机构)基于公共安全和公共管理目的的应用;二是非政府组织(如商业机构、公益组织等)基于商业目的或者非商业目的的应用。政府机构和商业机构的法律属性及社会结构功能和作用不同,它们具有不同的法律价值诉求。政府机构的核心价值诉求指向安全、秩序,而商业机构的核心价值诉求指向自由、发展。二者的法律属性和社会功能差异,决定了二者与自然人之间的法律关系也不同。[①] 从世界各国生物识别信息立法看,无论是采用综合立法模式还是专门立法模式,都对政府使用和商业使用严加区分,公权力主体和民商事主体分别承担不同的法律责任和义务。

一、域外:政府使用生物识别信息强规制模式、商业使用生物识别信息强规制模式,以及政府和商业使用生物识别信息平衡规制模式

迄今为止,很多国家通过立法限制政府或者数据企业收集使用生物识别信息。是单独限制政府使用生物识别信息或者数据企业使用生物识别信息,还是同时限制政府和数据企业使用生物识别信息,各国立法差异很大,并没有出现为世界各国

[①] 雷丽莉.论个人信息保护的"二元规则"[J].中国网络传播研究,2021,(02):55-69.

公认的统一立法模式;即使同一国家前后颁布的生物识别信息立法、各州(市)和部门立法也存在差异。

(一)政府和商业使用生物识别信息平衡规制模式

欧盟《通用数据保护条例》将"自然人、法人、公共机构、代理机构或其他组织"并列起来,规定为"控制者""处理者""接收者"和"第三方",可以简单地理解为政府机构和数据企业享有相同的收集和处理生物识别信息义务。《通用数据保护条例》第5条对包括生物特征数据在内的个人数据处理行为作了限制性的原则规定,包括合法性、合理性、透明性原则,目的限制原则,数据最小化原则,准确性原则等。第9条单独规定了对包括生物特征数据在内的特殊类型的个人数据予以保护:原则上禁止处理包括生物识别数据在内的特殊个人数据,同时做出9种例外规定,包括数据主体明示同意、维护公共利益等。最后还规定了数据主体享有更正权、删除权、携带权以及能够单独向监管机构提起司法诉讼等实质性权益,以及基于物质或非物质损害可获得民事赔偿等相应的司法救济。这些规定表明,政府机构和数据企业处理生物识别信息都执行较为类似的严格规则,但二者法律程序存在差别,政府机构收集和使用生物识别信息等价值诉求指向安全、秩序,而数据企业的价值诉求指向自由、发展。

《通用数据保护条例》第9条第4款特别规定"成员国可就基因数据、生物识别数据或者健康相关的个人数据处理维持或采取其他条件,包括限制",这项条款授权欧盟成员国根据本国社会经济发展需要维持或者特别限制处理生物识别信息。事实上,欧盟成员国对处理生物识别信息始终秉持谨慎态度。从各国立法情况看,虽然欧盟成员国还没有对生物识别信息保护单独立法,但是司法判决表明滥用生物识别信息将面临处罚。2018年,英国的爱德·布里奇斯向当地法院提起诉讼,诉称南威尔士警方使用人脸识别技术获取他参加和平游行时的人脸信息。他认为,警方未经本人同意获取其脸部照片,侵犯其隐私权,违反了《欧洲人权公约》《2018年数据保护法》《平等法》等法案。此案是英国乃至世界上第一个有关人脸识别应用的诉讼案件。2019年9月,加的夫最高法院判决:南威尔士警方使用人脸识别技术确实存在侵犯原告隐私权的可能性,但根据现行法律规定,南威尔士警方使用人脸识别技术并不违法。瑞典谢莱夫特奥市一所高中使用人脸识别技术记录学生考勤,但没有在合理时间内将学校应用人脸识别技术的情况告知学生、家长以及瑞典数据保护局,2019年8月,瑞典数据保护局根据《通用数据保护条例》规定,对谢莱夫特奥市政府处以 20 万瑞典克朗（约 14.8 万元人民币）的行政罚款。^① 从执法结果看，欧盟保护生物识别信息严格遵守《通用数据保护条例》及相关法律规定，采用严格标准保护个人生物识别信息不被违法采集和滥用。从现有案例看，生物识别信息侵权案主要是政府机构或学校等公益组织执行公务活动时产生的纠纷，司法判决结果是严格限制政府机构收集和处理生物识别信息。

2024 年 3 月 13 日，欧洲议会正式投票通过并批准欧盟《人工智能法案》。该法禁止某些威胁公民权利的人工智能应用，包括基于敏感特征的生物识别分类系统，以及从互联网或闭路电视录像中无针对性地抓取面部图像以创建面部识别数据库。它进一步强化了《通用数据保护条例》第 9 条第 4 款对生物识别信息的保护范围力度，从视频中抓取人脸信息开展识别活动也被禁止，将政府和商业机构的生物识别信息活动严格限制在法律许可范围内。

（二）商业使用生物识别信息强规制模式

世界上第一部生物识别信息法律是美国伊利诺伊州的《生物识别信息隐私法》，当时，伊利诺伊州一家运营指纹识别系统的公司面临破产，用户们担心被公司大量收集的指纹会被任意处理。由于指纹具有不可变更性和识别本人的特性，如果泄露将使公民身份面临被盗窃的风险。伊利诺伊州议会注意到公众对指纹识别信息安全的焦虑、对新技术使用的警惕以及生物识别技术商用化应用的潜在未知风险，因而颁布了《生物识别信息隐私法》，内容主要是规制私营公司收集和使用生物识别信息。随后，得克萨斯州颁布实施《生物特征符获取或取得使用法》，立法价值取向也是严格保护生物识别信息的商业利用。

美国伊利诺伊州《生物识别信息隐私法》、得克萨斯州《生物特征符获取或取得使用法》对私营实体收集、使用和销毁生物识别信息作出了超出其他敏感个人信息的规定。对收集生物识别信息，《生物识别信息隐私法》规定私营实体在收集之前，必须本人（或者其合法的代理人）将收集生物识别信息通知，明确告知收集和储存生物识别信息的目的和时间；告知必须以书面形式呈现，本人（或者其合法的代理人）提供同意的书面声明后才能实施收集。《生物特征符获取或取得使用法》要求商业机构通知本人并获得同意后才能收集生物特征数据。对生物识别信息存储、传输和保护，伊利诺伊州《生物识别信息隐私法》要求商业机构必须将生物识别信

---

① 王鸿. 人脸识别技术应用的现行规制综述及立法趋势分析[J]. 东北师大学报（哲学社会科学版），2022，(02)：97－101.

息视为机密和敏感的信息,并给予与其他敏感和机密信息相同或更高的保护,第15条规定"存储、传输和保护所有生物识别标识符和生物识别信息不被披露的方式应与私人实体存储、传输和保护其他机密和敏感信息的方式相同或更具保护性"[①]。而得克萨斯州《生物特征符获取或取得使用法》规定,拥有个人生物特征符的处理者进行商业目的使用时,应当以任何其他机密信息相同或更具保护性的方式储存、传输和保护,防止其被披露。[②]

美国参议院于2020年8月3日通过的由Sens. Jeff Merkley和Bernie Sanders提出的隐私保护提案《2020年国家生物识别信息隐私法案》同样作出了类似规定。2020年,以伊利诺伊州的《生物识别信息隐私法》(BIPA)为蓝本,由Sens. Jeff Merkley和Bernie Sanders提出《国家生物识别信息隐私法》(National Biometric Information Privacy Act),该法将适用于"私人实体",所谓"私人实体"包括拥有任何个人的生物识别符或生物识别信息的企业。联邦、州和地方政府机构和学术机构不在该法的适用范围内。该法案包含三个关键条款:(1)要求在收集和披露个人生物识别符和信息之前,必须获得个人的同意。(2)对违反该法保护的实体的私人诉讼权,使受侵害的个人有权追回,除其他外,(i)1 000美元的违约赔偿金或(ii)实际赔偿金,以较大者为准,因为他们疏忽地违反了该法所赋予的保护。(3)有义务以类似于组织保护其他机密和敏感信息(如社会安全号码)的方式保护生物特征识别器或生物特征信息。从法案文本可以看出,美国《国家生物识别信息隐私法》的立法重点是规制商业使用生物识别信息。[③]

(三)政府使用生物识别信息强规制模式

鉴于使用生物识别信息将给个人造成不可逆转的损害,美国部分州政府对使用人脸识别技术持审慎态度,旧金山、奥克兰、马萨诸塞和萨默维尔等州市相继发布禁令,不允许政府机构使用人脸识别技术。2020年2月,美国国会参议员提出《人脸识别道德使用法案(草案)》,由于人脸识别应用存在侵犯隐私权,以及宪法第一修正案保护的公民自由权利,要求政府机构在发布有关人脸识别技术使用准则和限制原则之前,暂时禁止使用人脸识别技术。加拿大法律规定政府机构和数据

---

① 伊利诺伊州《生物识别信息隐私法》(Biometric Information Privacy Act,BIPA),第(740 ILCS 14/15)节第(e)条,https://www.ilga.gov/legislation/ilcs/ilcs3.asp? ActID=3004&ChapteID=57。

② 得克萨斯州《生物特征符获取或使用法》(Capture or Use of Biometric Identifiers Act,CUBI),第503.001节第(c)条,https://statutes.capitol.texas.gov/Docs/BC/htm/BC.503.htm。

③ 网安寻路人. 美国《2020年国家生物识别信息隐私法案》全文翻译[EB/OL].（2020－11－17)[2024－08－31]. https://www.secrss.com/articles/27102.

企业使用人脸识别信息,适用不同的法律,政府和金融行业等特定的非政府机构使用人脸识别技术适用《隐私法》,商业领域的生物识别技术应用适用《个人信息保护和电子文件法》,分别规制人脸识别信息使用可以平衡保护与应用间的冲突。① 总体而言,几乎所有国家都将私营实体使用生物识别信息作为法律规制重点,但也有部分国家和地区的法律法规、司法判决对政府使用生物识别信息实施严格规制,不允许政府随便使用生物识别技术收集和处理生物识别信息。

美国很多州颁布实施了生物识别信息保护法,还有更多的州和联邦层面的立法议案正在讨论中。从州和联邦层面提出的各种立法议案看,美国立法对生物识别技术使用持谨慎甚至限制的态度。一方面,为防止政府滥用公权力,通过限制措施规范政府机构使用生物识别技术;另一方面,为了适应信息化时代数字经济发展需要,各种立法议案又未完全禁止生物识别技术的商业应用。

二、我国:商业使用生物识别信息强规制模式

我国高度重视生物识别信息保护立法工作,初步形成了由法律、行政法规、司法解释和国家推荐行业标准共同组成的生物识别信息规制体系。我国法律、行政法规和地方立法将生物识别信息作为敏感个人信息(早期被视为个人信息)进行规制,随着人脸识别技术的广泛使用,尤其是杭州野生动物园人脸识别案、清华大学法学教授劳春燕认为小区安装人脸识别装置违背现行法律规定,以及 2021 年 3·15 晚会曝出汽车 4S 店与科勒卫浴等通过监控摄像头盗取消费者人脸信息并上传至后台保存与分析处理等事件广泛传播后,我国加快了生物识别信息保护立法的进度和力度。

我国鼓励和保护数据企业依法收集和使用包括生物识别信息在内的个人信息。党的十九届四中全会首次提出,数据作为生产要素要由市场评价贡献、按贡献决定报酬,这是一项重大产权创新制度。《数据安全法》第 7 条规定:"国家保护个人、组织与数据有关的权益,鼓励数据依法合理有效利用,保障数据依法有序自由流动,促进以数据为关键要素的数字经济发展。"②这里的"权益"是指公民、法人与数据有关的权利和利益。个人信息权益构成比较复杂,不完全属于私权,它是数字

---

① 王鸿.人脸识别技术应用的现行规制综述及立法趋势分析[J].东北师大学报(哲学社会科学版),2022,(02):97—101.

② 《中华人民共和国数据安全法》(2021 年 6 月 10 日主席令第八十四号),第七条。

经济发展的"石油",在充分保护个人信息权益基础上,要依法合理有效利用数据并推动其依法有序自由地流动。因此,《网络安全法》《民法典》《数据安全法》《个人信息保护法》和《最高人民法院关于审理使用人脸识别技术处理个人信息相关民事案件适用法律若干问题的规定》等法律法规对政府和数据企业使用生物识别信息做了详细规定。

一方面,我国法律对商业使用生物识别信息采取强规制模式,要求数据企业只有遵守相关法律法规才能收集和处理生物识别信息;如果违反保护义务,给个人造成损害的,将由主管部门予以处罚,同时承担损害赔偿等侵权责任,或者依照《民法典》等法律规定,追究"民用""商用"生物识别信息的违法行为。《个人信息保护法》规定处理敏感个人信息必须遵守处理个人信息一般规则外,还要遵守敏感个人信息处理规则,即28、29和30条所规定的具有特定的目的和充分的必要性、取得个人单独同意及告知处理个人敏感信息的必要性以及对个人权益的影响,处理年满十四周岁以下未成年人的个人信息需要得到监护人同意。生物识别信息作为个人敏感信息,必须遵守上述各项规定。由于人脸识别信息、指纹识别信息被广泛应用于各种商业应用场景,数据企业有可能为牟取商业利益而违法收集和处理生物识别信息,因此,《最高人民法院关于审理使用人脸识别技术处理个人信息相关民事案件适用法律若干问题的规定》(以下简称《规定》)、《信息安全技术 个人信息安全规范》(GB/Z35273—2020)等司法解释和国家推荐标准对数据企业使用生物识别信息作出了比其他敏感个人信息更加严格的保护规定。《最高人民法院关于审理使用人脸识别技术处理个人信息相关民事案件适用法律若干问题的规定》除了重申《民法典》处理人脸识别信息必须遵守告知同意规则外,还特别规定处理者不能在商场、体育场馆、车站、宾馆、银行、机场、娱乐场所等经营场所、公共场所违反法律、行政法规的规定进行人脸验证、辨识或者分析;禁止在未采取必要保护措施下采集人脸信息,确保收集、存储人脸信息安全,防止发生人脸信息泄露、篡改和丢失;不得违反信息收集者明示或者双方约定的处理人脸信息的目的、方式、范围等;不得违反法律、行政法规的规定或者双方的约定,向第三方提供人脸信息;不得违背公序良俗处理人脸信息。由于数据企业和个人处于生物识别信息不平等地位,《规定》专门强调处理者不得要求自然人同意处理人脸信息才能提供产品或者服务,不得以与其他授权捆绑等方式要求自然人同意处理其人脸信息,不得强迫或者变相强迫自然人同意处理其人脸信息。

总之,我国法律对数据企业收集、存储、使用、加工、传输、提供和公开生物识别信息作出了比较详细的规定,处理者必须承担生物识别信息保护义务。如果违反法律规定,承担罚款、暂停相关业务或者停业整顿、吊销相关业务许可或吊销营业执照等行政处罚,同时承担损害赔偿责任。

另一方面,对于国家机关收集和使用生物识别信息采用弱规制模式。《网络安全法》《民法典》《数据安全法》等法律规定国家机关作为管理者的法律责任,基本不涉及国家机关作为生物识别信息收集者和使用者所应承担的保护义务,没有规定承担相应的责任。《个人信息保护法》对国家机关处理个人信息做了特别规定,强调处理个人信息不得超过履行法定职责所必需的范围和限度,要履行告知义务,所收集的信息要存储于国内等。这些规定比较概括,国家机关对收集和处理生物信息所承担的法律义务更多地适用于个人一般信息保护规定。由于国家机关收集和使用生物识别信息存在很多法律例外情形,行使一般信息保护义务,势必弱化生物识别信息保护力度。

国家机关违法收集和处理生物识别信息承担内部处罚措施的法律规定,使国家机关履行弱保护义务。《个人信息保护法》第 68 条规定国家机关不履行保护个人信息保护义务的责任形式是处分,即国家机关的内部惩罚措施,法律没有规定个人请求救济途径和行政赔偿责任,也就是说,如果国家机关违法收集和处理生物识别信息给个人带来损害,个人无法根据《个人信息保护法》寻求救济。对国家机关来说,公职人员只有构成刑事犯罪才承担刑事责任,其他违法行为主要依靠内部纠错机制予以纠正,这使得国家机关处理生物识别信息所受的约束相对有限。正如有学者指出得那样,诸多涉及公权力机构和工作人员个人信息处理行为的立法在规定违法责任时,没有规定对权利人的赔偿责任,而是将处分作为主要责任形式,于是产生了法律衔接中的空隙。因此,这些专门法中对个人信息保护的条款在司法中几乎没有被援引过,即公权力的个人信息违法行为鲜有受到处罚的情形,更不会产生对被侵权人的赔偿。[①]

三、生物识别信息公用、商用二元规制

生物识别信息为国家机关、数据企业广泛用于公共管理和商业领域,但个人与国家机关、个人与数据企业不属于同一法律关系,前者为行政法调整,后者为民商

---

① 雷丽莉.论个人信息保护的"二元规则"[J].中国网络传播研究,2021,(02):55—69.

法调整。虽然欧盟、美国和我国生物识别信息立法没有明确提出个人信息公用、商用二元规制,但无论是从法律条文分别规定国家机关、数据企业承担法律责任和义务,还是司法实践区别对待国家机关和数据企业收集、处理生物识别信息所遵守的侵权责任和赔偿形式,事实上,形成了生物识别信息公用、商用二元规制。其中,法律直接授权是生物识别信息公用的规则基础,告知同意是生物识别信息商用的规则基础。

(一)基于法律直接授权是生物识别信息公用的基本规则

为了维持社会公共秩序和保障个人合法权益,政府机构将基于法律授权,依职权处理生物识别信息。欧盟《执法指令》(2016)和《欧盟机构、团体和部门数据保护规定》(2018)分别对欧盟信息执法活动和欧盟组织机构处理个人信息进行了规定。比如,处理人脸识别信息,《执法指令》要求:a)合法、公正和透明;b)遵循特定的、明确的和合法的目的(在成员国法律或联盟法律中明确定义);c)符合数据最小化、数据准确性、存储限制、数据安全性和问责制的要求。[①] 对政府机构来说,法律所保障的不是国家机关和个人之间对生物识别信息收集和处理的平等磋商权,而是明确规定国家机关处理生物识别信息的条件、权限、时限等。这些内容包括:不同国家机关基于不同职责可以处理哪些生物识别信息、如何处理这些生物识别信息以及承担哪些保护责任等。

收集和处理生物识别信息时,国家机关不完全适用生物识别信息一般处理规则。公权力的正当性来自公众的授权,国家通过立法将公众对公权力的授权加以确认和固定,成为国家机关、组织和个人等所有社会成员必须遵守的"契约"。国家机关收集和处理生物识别信息不能基于商用告知同意规则实施,由于国家各个行政机关所担负的公共职责不同,所收集和处理的生物识别信息种类及处理边界存在差异,比如边界安检同时收集和处理人脸、指纹信息,而医疗健康管理只收集和处理人脸信息。因此,政府机关根据法律直接授权实施生物识别信息处理。我国《反恐怖法》第50条规定:"公安机关调查恐怖活动嫌疑,可以依照有关法律规定对嫌疑人员进行盘问、检查、传唤,可以提取或者采集肖像、指纹、虹膜图像等人体生物识别信息和血液、尿液、脱落细胞等生物样本,并留存其签名。"《居民身份证法》第3条规定,居民身份证的登记信息包括本人相片和指纹信息,根据这项规定,相

---

① 欧盟《执法指令》(Directive (EU) 2016/680),第4条,https://eur—lex. europa. eu/legal—content/EN/TXT/? uri=CELEX%3A32016L0680。

关部门在查证居民身份信息无须得到个人授权，即可以收集和处理人脸、指纹信息。国家机关在行使职责时，难以完全遵守告知同意规则，在得到个人授权后再实施生物识别信息的收集和处理，比如利用生物识别信息甄别犯罪嫌疑人、监督和限制失信人消费等，可以根据法律授权直接实施，无须事先得到当事人的授权才收集和处理其生物识别信息。

实践中，政府机关通过商业机构履行公共管理职责，或者商业管理机构为了社会安全、秩序收集和使用生物识别信息，适用法律授权还是告知同意规则，存在很大争议。在天津的人脸识别案中，一审天津市和平区人民法院认为，鉴于诚基经贸中心居住人员众多，使用顾城人脸信息，是按照天津市疫情防控的相关规定和要求，"确为疫情防控的必要措施和需要"，物业公司使用原告人人脸识别信息，没有侵害个人信息权益。①《个人信息保护法》第 13 条第 1 款第 4 项规定为应对突发公共卫生事件，可以不经过本人同意收集和处理人脸识别信息，但是物业公司收集和处理人脸信息是为了提高小区管理效率，而非直接处置疫情之需，因而，不能无限扩大应对突发公共卫生事件收集和处理人脸识别信息例外情形范围。

（二）基于告知同意是生物识别信息商用的基本规则

数据企业利用技术优势，收集和处理生物识别信息，使其与个人处于持续不平等信息关系中。为保障个人信息权益，法律要求数据企业保障生物识别信息数据的透明性、披露生物识别信息数据处理规则、阐明算法决策机制和生物识别信息数据用途，保护个人享有知情、查阅、复制、转移、更正、补充、删除以及请求解释说明等救济性权利，使个人在充分知情的前提下能够自由处分自己的生物识别信息。数据企业在生物识别信息收集、储存和使用不同阶段履行相应的告知同意义务，比如收集生物识别信息履行弱告知同意义务，而储存和使用生物识别信息履行强告知同意义务。美国奈斯特公司（Nest）生产的门铃配有人脸识别摄像头，用来区分熟人和陌生人脸部。奈斯特公司在伊利诺伊州销售该门铃时，使用人脸识别功能不符合该州法律规定而被禁用。根据 BIPA 要求，企业发出书面通知并获得用户书面同意后才能收集生物特征数据，但是，当陌生人来访时，房主先向访客发出书面

---

① 封面新闻. 天津"人脸识别第一案"终审落锤 当事人：物业赔了钱，却还没删除我的"脸"[EB/OL]. (2022－07－01)[2024－08－31]. https://baijiahao. baidu. com/s? id＝1737123182781875800&wfr＝spider&for＝pc.

告知通知,获得书面同意后才能使用门铃开门是不现实的。① 数据企业基于不同的应用场景履行相匹配的告知同意义务。"1∶1"比对验证广泛应用于门禁系统、手机解锁、微信和支付宝等应用程序,生物识别风险相对较低,处理者履行弱告知同意义务。在体育比赛等应用场景中,管理者利用摄像头记录观众行为轨迹和面部表情,再进一步分析他们的行为特征和心理需求,防止出现骚乱等意外事件,属于"1∶N"身份识别,存在较高的识别风险,处理者履行强告知同意义务。

法律规制数据企业的核心问题是提高生物识别信息收集和处理的透明性,使个人有能力评估收集和处理生物识别信息给自己带来的影响及可能面临的风险,因此,生物识别信息告知同意商用规则对数据企业施加强制性的救济义务,保障个人正确评估生物识别信息收集和处理所带来的影响。

实践中,生物识别信息商用规制面临数据企业保守商业秘密与个人生物识别信息保护之间的冲突。数据企业为保障和提高信息服务水平高,为收集和处理生物识别信息投入大量人财物,生物识别技术及信息数据库成为其核心竞争力,只有保守商业秘密,数据企业才能具有持久的发展动力和产业竞争力。但是,商业秘密不应成为妨碍其向个人提供必要信息的理由。民法上,数据企业和个人属于平等的法律主体,二者之间形成对世权,个人如果向数据企业让渡生物识别信息,那么,数据企业也要向个人公开收集和处理生物识别信息的规则、目的和用途等,体现私法关系的公平原则。

第二节　个人生物识别信息的人格权和财产权二元保护规制

欧盟《通用数据保护条例》、美国伊利诺伊州、得克萨斯州、华盛顿州及联邦立法,我国《个人信息保护法》等都将生物识别信息列入敏感个人信息(特殊类型的个人数据)加以保护。仔细加以比较不难发现,各国(地区)立法采取了人格权兼顾财产权保护,以及财产权兼顾人格权保护的两种立法进路,即各个国家和地区立法均采用了人格权和财产权二元规制进路。

---

① Familiar face detection[EB/OL]. [2024－08－31]. https://nest. com/support/article/Familiar-face-alerts.

一、构建以告知同意为基本规则、以侵权法为底线的生物识别信息人格权二元保护模式

从隐私权保护到个人信息保护构成了生物识别信息保护的法律史背景。无论是欧美法律还是我国法律，都将生物识别信息归于敏感个人信息，同时适用于个人隐私防御性保护和个人信息积极性保护规则。

（一）我国关于生物识别信息二元法律保护规则

我国有多部法律涉及或者对使用生物识别信息做出过规定。《反恐怖主义法》第 50 条规定公安机关调查恐怖嫌疑人时，可以依照法律规定对嫌疑人强行提取或者采集肖像、指纹、虹膜图像等人体生物识别信息。《网络安全法》第 76 条第 5 款定义个人信息时将生物识别信息包括在个人信息内。这两部法律都没有对如何保护个人生物识别信息作具体规定。《民法典》第 1034 条将生物识别信息列为个人信息，规定"个人信息中的私密信息，适用有关隐私权的规定；没有规定的，适用有关个人信息保护的规定"，确立了隐私和个人信息的二元保护规则。《个人信息保护法》第 28 条把生物识别信息归为敏感个人信息，规定"只有在具有特定的目的和充分的必要性，并采取严格保护措施的情形下，个人信息处理者方可处理敏感个人信息"。

对于生物识别信息适用于《民法典》规定，将其作为私密信息加以保护，还是适用于《个人信息保护法》规定，适用于敏感信息加以保护，学术界存在争议。笔者认为，只从两部法律个别条款规定看，确实出现生物识别信息适用《民法典》私密信息规定又适用《个人信息保护法》敏感信息规定的相悖之处，但是，两部法律在规制包括生物识别信息在内的私密信息（敏感信息）时具有内在的逻辑一致性。《民法典》第 1034 条和《个人信息保护法》第 4 条先后界定个人信息，两者虽然有文字表述差异，但对个人信息定义并无本质性差别。根据《立法法》第 92 条确立的新法优先适用规则，应以《个人信息保护法》第 4 条第 1 款关于个人信息定义为准。据此，个人信息是"以电子或者其他方式记录的与已识别或者可识别的自然人有关的各种信息"，但"不包括匿名化处理后的信息"。《个人信息保护法》第 4 条没有对哪些客体属于个人信息进行列举，但从第 28 条规定看，生物识别信息等敏感个人信息显然属于个人信息，受到《个人信息保护法》规制和保护。

既然生物识别信息同时适用于《民法典》和《个人信息保护法》，那么，个人生物

识别信息受到侵害，自然人既可能认为侵害隐私权而寻求保护，也可能认为侵害个人信息权益而寻求保护，由此构成了我国生物识别信息的隐私和个人信息二元保护规则。

（二）私密信息与敏感信息的关系

传统隐私权理论将隐私分为实在性隐私事实和私密信息，前者如私人生活安宁、私密空间、私密活动等，以实在性将私人领域和公共领域加以区隔，法律保护个人不为外界打扰的权利；私密信息作为隐私保护的信息或者能够关联出个人隐私的信息，包括个人不愿为他人知晓的私人信息，比如银行存款、患病状况等，以及可能关联隐私的个人信息，比如行踪信息。传统社会受制于信息收集和处理能力，一般情况下难以通过个人信息关联出隐私，因此，像家庭住址、电话号码等私密信息不认为可以关联出隐私而加以特别保护。进入信息化社会后，收集和处理个人信息的技术得到迅猛发展，深度挖掘和处理一般个人信息也能关联出个人隐私，但是，一般个人信息毕竟不等同于私密信息，它们在特定场景下或者借助技术处理才能关联个人隐私。

有学者认为，法律视角下敏感个人信息不是"使人敏感的个人信息"，敏感也并非个体心理特征，即每个人对相同的个人信息是否敏感的判断标准并不一致，因而敏感是指法律规制的高反应度。从法律角度看，对敏感个人信息采用客观的权益侵害风险基准可以增加法律的可操作性，只有当个人信息处理后产生更高权益的侵害风险，该信息才属于敏感个人信息，否则，将被认定为一般个人信息。从这个角度审视，敏感个人信息与私密信息呈现交叉关系：敏感个人信息不一定属于私密信息，如特定身份属于敏感个人信息，但在一定范围内是公开的，它不一定具有民法层面的私密性；私密信息未必属于敏感个人信息，如考试成绩个人不愿公开则属于私密信息，对其处理难以产生更高权益的风险，因而不属于敏感个人信息；私密信息如果达到敏感所要求的风险基准时，二者发生重叠，如个人不愿透露的身份信息、行动轨迹等，既是私密信息，也是敏感个人信息。[①] 生物识别信息经过技术挖掘和处理后容易关联出个人隐私，这些隐私是个人不愿公开和披露的信息，同时又引发法律规制的高反应性，因此，他们既是私密信息又是敏感信息。

首先，对关联个人隐私的生物识别信息作为敏感信息加以保护。国家推荐标

---

① 宁园. 敏感个人信息的法律基准与范畴界定——以《个人信息保护法》第 28 条第 1 款为中心[J]. 比较法研究, 2021, (05): 33—49.

准《信息安全技术 个人信息安全规范》附录 A"个人信息示例"指出个人生物识别信息主要包括个人基因、指纹、声纹、掌纹、耳廓、虹膜、面部识别特征等。如果不经过技术处理,这些生物识别信息都是公开的,不属于私密信息;即使经过技术处理得到的数字化模板,普通公众不借助专门识别技术也不能公开阅读,所以,数字化模板所附属和表示的生物识别信息也不是私密信息。但是,利用识别技术阅读和处理生物识别信息,可以关联出个人隐私,甚至侵害人格尊严和人身财产安全,这时生物识别信息为敏感信息。

一方面,生物识别信息如同一般个人信息被用于满足社会交往需求或者科学研究、医疗用途,无须特别加以保护。指纹、掌纹、耳廓和脸部等身体特征,以及声纹、步态等行为特征,长久以来就被用于人们的社会交往活动,以区分自然人的社会身份或者满足人类的审美需求,公开查看和欣赏他人指纹、掌纹、耳廓和脸部特征从来不被视为是对他人的亵渎和冒犯。基因、虹膜等生理特征是现代科技对人身体的发现,普通人不借助专门的科学仪器难以观察、收集和利用他人的基因、虹膜等生理特征信息,事实上,它们不能进入人们的公共生活领域,也无须加以特别保护。因此,在非生物识别环境下,生物识别信息如同自然人的姓名、身份证件号码、家庭住址、电话号码、电子邮箱等一样,属于非私密信息,无须做严格保护。

另一方面,生物识别信息经过生物技术、计算机技术和通信技术处理后能进一步识别个人身份,乃至关联个人隐私。无论是身体、生理特征还是行为特征经过生物识别处理后,可以比对或者关联个人,对自然人进行全时空全方位监视;运用算法综合其他相关信息,可以准确描绘个人兴趣爱好、性格特点、消费能力、婚姻状况、性取向等私密内容;对特定生物识别信息的收集和处理还能挖掘个人隐私,如某些特殊类型的指纹跟某些染色体异常,如唐氏综合征、特纳综合征、克氏综合征等有关,视网膜微血管的变化可能与 2 型糖尿病和高血压有关,也与脑卒中和心血管疾病死亡有关等。[①] 因此,滥用生物识别信息蕴含巨大的社会风险。

其次,作为敏感信息的生物识别信息即为隐私。随着生物信息识别和处理自动化技术迅猛发展,"隐私信息化"和"信息隐私化"正成为两个明显的发展趋势:随着信息技术的发展,很多传统的隐私内容被生物识别技术反复收集和处理,以数据库形式被储存和利用;大规模和不断更新的生物识别数据库不仅包含传统隐私内容,而且有可能被进一步挖掘和关联出新的隐私,信息呈现隐私化趋势,使得传统

[①] 胡海明,翟晓梅.论生物识别技术应用的隐私保护[J].中国医学伦理学,2018,31(01):60—64.

隐私边界不断扩展。在将私密信息以外的隐私定性为事实状态本身,并认为个人信息包括(但未必限于)对事实状态的描述以后,便不难发现,隐私与个人信息并非简单的平面式交叉关系,而是在立体上处于完全不同的层次。正因如此,私密信息便不仅仅是隐私与个人信息的重合部分,而是处于事实层的隐私在信息层上的投射。换言之,私密信息是对私密空间、私密活动、私密部位等隐私事实的信息化表达。①

生物识别信息是对自然人身体、生理和行为特征的数字化收集和处理,是对私密部位的信息化表达。如前所述,生物特征虽然不属于人体私密部位,但是,经过技术处理和识别后的生物特征将关联出个人隐私,有必要将其作为隐私加以保护。指纹不是私密部位,但经过技术识别指纹后发现其关联染色体异常,则构成个人隐私,这时,技术化的生物识别信息变成描述性隐私。对于生物识别信息描述性隐私,从隐私事实角度看,它适用于隐私保护;从生物识别信息描述性隐私存在形态看,它以信息而非事实形态出现,因而适用于敏感信息表述与保护。

(三)以告知同意为基本规则、以侵权法为底线的生物识别信息人格权二元保护模式

生物识别信息是对个人生物特征的描述和反映,在收集、处理和使用阶段都涉及乃至危害人格尊严和人身财产安全,适用于告知同意保护规则。只有在少数应用场景下生物识别信息能够关联个人隐私,适用侵权法。

(1)基于生物识别信息应用场景差别适用差异化的告知同意规则

众所周知,告知同意规则起源于对信息隐私或数据隐私的保护。20世纪60、70年代,美国政府、学术界和实务界意识到大规模收集和使用个人信息将给信息隐私或数据隐私带来挑战,必须赋予个人知情权和选择权,对抗数据企业对个人信息的过度收集和滥用。1973年美国政府"关于个人数据自动系统的建议小组"发布《公平信息实践准则报告》,报告所确立的处理个人信息五项原则包含告知同意规则,"必须确保个人能够阻止未经同意而将其信息用于个人授权之外的目的,或者将其信息提供给他人,用作个人授权之外的目的"②。1977年美国政府"隐私保护学习委员会"将收集和使用个人信息扩展为八项原则,其中"个人访问原则"进一步明

---

① 申卫星.数字权利体系再造:迈向隐私、信息与数据的差序格局[J].政法论坛,2022,40(03):89-102.

② 丁晓东.论个人信息法律保护的思想渊源与基本原理——基于"公平信息实践"的分析[J].现代法学,2019,41(03):96-110.

确了告知同意规则。此后从美国联邦立法到各州关于生物识别信息保护立法，都将告知同意规则作为收集和使用包括生物识别信息在内的个人信息的基本规则。1980 年欧洲议会《关于自动化处理个人数据的个人保护公约》规定，个人有权知晓自动化处理个人数据的目的，有权确认个人数据是否被储存，有权查看、纠正或删除数据等，体现了告知同意规则。此后，1995 年《关于个人数据处理和自由流动的个人保护》和 2016 年《通用数据保护条例》重申和丰富了告知同意规则。欧美关于个人信息保护立法几乎都赋予个人或者信息主体某些种类的权利，如个人在其信息被收集时的被告知权和选择权；个人对于其信息的访问权、更正权等权利。[①]

近些年，"在处理个人信息的各项合法性基础中，尽管对用户同意原则的质疑和反思从未停止，但不可否认的是，以用户的知情、同意、选择、控制为核心来建构整体个人信息保护制度，以对抗强大的商业组织和政治力量的模式，其必要性取得了大多数人的共识，且在可见的未来，其他情形都难以撼动同意原则的主流和基础地位"[②]。我国《个人信息保护法》把告知同意作为收集、处理和使用个人信息的法律基石，第二章第一节"一般规定"对如何告知同意及例外做了详细规定，第二节"敏感个人信息的处理规则"规定处理敏感个人信息要具有特定目的和充分的必要性，收集和处理敏感个人信息应取得个人单独同意，告知对个人权益的影响，加大了对生物识别信息等敏感个人信息的保护力度。

但是，生物识别信息并非在所有应用场景下都属于敏感信息，生物识别信息种类、用途和在收集处理的不同阶段，对个人将产生不同程度的损害风险，因此，应该差异化适用告知同意规则。

首先，不同应用场景适用不同程度的告知同意义务。生物识别信息只有被用于特定商业服务用途时，才有可能成为敏感信息，法律对该信息反应强度的高低取决于商业用途。一般应用场景下，生物识别信息发挥类似身份证、电话号码等身份识别功能，数据企业承担较低的告知同意义务。《最高人民法院关于审理使用人脸识别技术处理个人信息相关民事案件适用法律若干问题的规定》第 2 条第 1 款所列举的在宾馆、商场、银行、车站、机场、体育场馆、娱乐场所等经营场所、公共场所违反法律、行政法规的规定使用人脸识别技术进行人脸验证、辨识或者分析，侵害自然人人格权益。这里所谓"违反法律、行政法规的规定"排除特别情形，主要指上述

---

① 丁晓东. 个人信息保护原理与实践[M]. 北京：法律出版社，2021：43.
② 申卫星. 大数据时代个人信息保护的中国路径[J]. 探索与争鸣，2020，(11)：5-8.

经营和管理机构要履行告知同意义务。自然人进出这些公共场所需要利用身份证、手机号码等方式登记，如果使用人脸、指纹等方法进行身份识别，其功能类同于身份证和手机号码登记，数据企业无须采用严格的——书面告知同意方式获得个人同意；只要自然人不反对数据企业采用人脸、指纹等方式进行身份识别，则可以视为没有违反法律、行政法规的规定收集和使用生物识别信息。

收集、处理和使用生物识别信息有可能危害自然人的人格尊严和人身财产安全，引发法律高强度反应，基于生物识别信息特别用途，数据企业履行严格的告知同意义务。比如生物识别信息被中国人民银行归为敏感级别最高的 C3 类个人金融信息，《个人金融信息保护技术规范》认为，该类信息一旦遭到未经授权的查看或未经授权的变更，就会对金融信息主体的信息安全与财产安全造成严重危害。C3 类个人金融信息包括：(1)银行卡磁道数据(或芯片等效信息)、卡片验证码(CVN 和 CVN2)、卡片有效期、银行卡密码、网络支付交易密码；(2)账户(包括但不限于支付账号、证券账户、保险账户)登录密码、交易密码、查询密码；(3)用于用户鉴别的个人生物识别信息。[①] 基于生物识别信息对个人银行账户安全的重要性，法律对使用生物识别信息管理个人银行账户具有高强度反应，因此，银行为处理个人银行账户而收集和使用生物识别信息时必须履行更严格的告知同意义务。如果个人不同意采用生物识别信息管理个人银行账户，银行应该提供其他身份识别方式代替。

其次，基于生物识别信息种类履行不同的告知同意义务。《个人信息保护法》立法讨论时，就有学者指出："随着个人信息方位的扩大，信息类型日益多样化，应用场景也日益丰富和细化，不同信息的正当价值和安全风险不同，分级分类成为个人信息保护的基本思路。"[②]国家推荐标准《信息安全技术 个人信息安全规范》附录 A"个人信息示例"所列举的个人生物识别信息中，各类生物识别信息所承担的交往功能不尽一致，数据企业履行不同的告知同意义务。

自然人行为特征信息主要用于公共交往，所承担的私人性功能比较少，比如声态、步态等主要用于社会交往活动，个人很难按照告知同意规则阻止他人在公共场进行观察和采集，因此，数据企业可以依据个人隐私合理期待规则收集自然人行为特征信息。基因是重要的生理信息之一，既涉及个人的人身安全，又关系到国家安全，需要严格保护。从收集和处理角度看，如果没有专业机器，就不能收集、处理和

---

① 《个人金融信息保护技术规范》，JR/T 0171—2020 号，第 4.2 条。
② 申卫星. 大数据时代个人信息保护的中国路径[J]. 探索与争鸣，2020，(11)：5—8.

使用基因,这为数据企业在各种应用场景下都履行严格告知义务提供了便利的实施条件,只要数据企业严格履行书面逐一告知义务,就能保障个人基因信息安全。

人脸、指纹等绝大多数生物识别信息属于自然人身体特征信息,对自然人人格尊严、身体和财产安全及国家安全的危害性介乎个人行为特征信息和生理特征信息之间,只要基于不同收集和处理用途承担相应的告知同意义务,就能履行生物识别信息保护法律义务。

最后,在生物识别信息收集、处理和使用等不同阶段承担差异化告知同意义务。生物识别信息从收集到使用涉及多项技术、多个使用主体,有些国家法律将生物识别信息数据主体分为拥有者和处理者,也有些国家法律将二者合二为一,统一命名为处理者。从生物识别信息数据收集、处理和使用流程看,生物识别信息在收集、存储、处理和使用等环节具有不同的法律规制反应强度,数据企业承担与其相适应的告知同意义务。

数据企业如果只收集和使用生物识别信息,但不储存,那么,生物识别信息被泄露和被盗取的可能性很小,数据企业承担公告式告知义务。收集是生物识别信息应用的初始阶段,数据企业履行公告式告知同意义务。除基因信息外,其他生物识别信息都公开暴露于公众面前,数据企业所实施的无感和无接触收集类同于他人的公开观察、拍照,无须履行特别的告知同意义务。数据企业和自然人依据隐私合理期待规则收集和保护生物识别信息。从数据产业角度看,深度挖掘和处理收集的生物识别信息是如何危害个人尊严、人身和财产安全的,数据企业也难以预先做出准确判断,因此,履行公告式告知同意义务既符合个人信息收集规律,又有利于促进数据产业发展。数据企业基于"特定的目的和充分的必要性"收集和处理生物识别信息,用于特定商业服务领域,可以采用公告式告知同意形式履行法律义务;如果超出最初约定的使用目的,则需重新履行告知同意义务。

生物识别信息泄露严重危害个人权益,数据企业应该明确告知生物识别信息存储和处理方式、时间。生物识别信息以数字化模板储存于计算机系统里,如果没有适配的算法,数字化模板将无法被破解,因此,应明确告知储存生物识别信息时必须删除生物特征信息、不将生物识别信息数字化模板与算法一起储存等内容。生物识别信息属于敏感个人信息,是技术处理后的个人信息,技术处理标准不属于告知同意规则的内容,数据企业无须告知算法内容。《通用数据保护条例》第3章第15－22条规定个人对信息数据享有一系列重要权利,最重要的当属访问权、更正权、被遗忘权和携带权。储存和处理生物识别信息是实施这些权利的基础,即对储存于计算机系统里的生物识别信息访问、更正、被遗忘和携带。生物识别信息携带比较特殊,行使携带权受到较多限制。《通用数据保护条例》第 20 条规定:"数据主体有权获得其提供给控制者的相关个人数据,且其获得个人数据应当是经过整理的、普遍使用的和机器可读的,数据主体有权无障碍地将此类数据从其提供给的控制者那里传输给另一个控制者。""如果技术可行,数据主体应当有权将个人数据直接从一个控制者传输给另一个控制者。"①根据这项规定,个人行使生物识别信息携带权具有如下特点:(1)个人所携带的生物识别信息是机器处理过的信息,即数字化模板。(2)机器可读的。数据企业根据某种技术标准收集和处理的生物识别信息,如果被个人携带至其他数据企业,该企业的机器未必能直接阅读。(3)让原控制者把个人信息数据和算法一起转移给其他控制者,从保护企业商业秘密和财产所有权角度看皆不可行。因此,技术上把个人生物识别信息从控制者直接传输到其他控制者是可行的,但没有适配算法的生物识别信息没有实用价值,个人可携带生物识别信息的实践意义不大。综上所述,数据企业履行告知同意义务确保个人生物识别信息安全,不保证个人行使携带权时所衍生的义务。

(2)对关联个人隐私的生物识别信息适用侵权法保护规则

众所周知,隐私权概念起源于美国。美国法院基于普通法,尤其是侵权行为法创设隐私权。② 创设这项权利是为了保护私人信息不受公开以及私人领域不受干涉,所以,最初隐私权被定义为一种独处而不受打扰的权利。有学者认为,隐私权的实质就是"独享(私人空间)""独处(避免他人关注的安宁)""独断(独立决定私生活事务)",隐私以三种形态存在,即传统的"物理隐私(物理上与他人的隔离而独处)""信息隐私(免受他人的评价)"和"关注隐私"(免受他人的关注、打扰尤其是商业目的的骚扰)。③ 美国法规定侵害隐私的四种行为中,"公开披露他人的私人事实"即为信息隐私。④ 我国《侵权责任法》第 2 条将隐私权列为受保护的民事权益,适用侵权法保护规则。使用侵权法保护隐私的最主要特征是,隐私保护的方式属于消极防御,是对隐私侵占的条件和程序进行规范,处理侵犯主体权利的行为,而不是让个人决定隐私的处理。

---

① 中国信息通信研究院互联网法律研究中心,京东法律研究院. 欧盟数据保护法规汇编[M]. 北京:中国法制出版社,2019:70.

② 王泽鉴. 人格权的具体化及其保护范围·隐私权篇(上)[J]. 比较法研究,2008,(06):1—21.

③ 石佳友. 隐私权与个人信息关系的再思考[J]. 上海政法学院学报(法治论丛),2021,36(05):81—98.

④ 唐·R. 彭伯,克莱·卡尔弗特. 美国大众传媒法[M]. 张金玺译. 北京:中国人民大学出版社,2022:213—224.

　　生物识别敏感个人信息和生物识别私密信息之间存在交叉关系,有些生物识别信息既是私密信息又是敏感个人信息,如医疗健康信息、财产信息等。《民法典》第1034条第3款明确"个人信息中的私密信息,适用有关隐私权的规定",在隐私和个人信息二元保护规制中,对那些既属于敏感个人信息又属于私密信息的生物识别信息,按照侵权法规定实施隐私权保护。

　　首先,生物识别信息只有同时具备识别性、秘密性和私人性特点,才能被纳入隐私权保护。生物识别信息属于敏感个人信息,但未必是私密信息,如利用生物识别技术收集和处理人脸、指纹、声态等生物特征符,能够识别个人身份,但未必危及人身和财产安全,不构成生物识别信息层面的隐私。生物识别信息如果构成个人隐私,必须同时满足以下条件。一是能够识别出特定自然人。个人生物特征符具有唯一性,理论上通过任何生物特征体都能识别出个人,具有"可识别性"。由于生物识别必须借助技术完成识别工作,生物特征体识别状态呈现不同的私密性。对生物特征体几何扫描而得到的原始信息,能够直接识别自然人,如果被用于金融账户、医疗账户等,它们就是个人隐私。对扫描的生物特征体进行信息化处理得到的数字化模板,如果没有原始信息和算法支持,无法识别特定自然人,即使被用于金融账户和医疗账户,这些数字化模板也不是个人隐私;只有同时掌握数字化模板和算法,才算了解个人隐私。二是具备秘密性和私人性特点。"隐私利益可以拆分为两个方面:不愿为他人所知的'隐'和与公共利益、他人利益无关的'私',由此,私密信息可以理解为秘密的私人的信息,判断私密信息的标准可以简化为'秘密性'和'私人性'。"①生物识别信息满足隐私的条件还必须具备秘密性和私人性特点。生物识别信息基本不具备秘密性特点,但作为信息媒介,它们容易关联出个人不愿意为他人所知的客观事实;如果属于与他人和公共利益无关的私人事务,则具有私人性。比如,银行大厅属于公共场所,个人置身其中有暴露隐私的合理期待,人脸不具有私人性;进入大厅后人脸被用于识别个人身份,因其不关涉个人金融账户,则人脸识别信息不具有秘密性,因此,进入银行大厅的人脸识别信息不成为隐私。如果人脸被用来识别金融账户,因其符合秘密性和私人性特点,故人脸信息属于个人隐私,需要加以严格保护。

　　其次,基于告知同意规则使用生物识别信息而侵害个人隐私,将按照侵权法予

---

　　① 张璐. 何为私密信息?——基于《民法典》隐私权与个人信息保护交叉部分的探讨[J]. 甘肃政法大学学报,2021,(01):86-100.

以保护。个人与数据企业基于生物识别信息签订隐私(信息)保护协议,个人同意数据企业使用生物识别信息,而非让渡个人隐私。生物识别信息的媒介性使其在挖掘、处理和使用过程中经常出现信息外溢,关联出个人隐私,对此,个人将采用严格的隐私保护标准保护生物识别信息。

数据企业不能以个人同意收集和使用生物识别信息主张免于承担侵害隐私权责任。目前,数据企业在收集个人生物识别信息前都与个人签订收集、处理和使用一揽子告知同意协议,而非分阶段分别签订差异化告知同意协议。一揽子协议的告知同意规则理应包含生物识别信息隐私,甚至包含数据企业挖掘和处理生物识别信息所关联的个人隐私,由于处于技术、法律和使用等多重弱势地位,个人很难对抗或者排除数据企业收集和使用生物识别信息隐私或关联隐私。事后发现数据企业使用生物识别信息侵害个人隐私,法律优先保护个人隐私权、人身安全和财产安全等,数据企业不能以告知同意规则对抗个人生物识别信息隐私保护。

个人不能以生物识别信息隐私换取其他利益。隐私权不是绝对权,为了公共利益,个人经常要让渡部分隐私,维持个人利益和公共利益的平衡。生物识别信息隐私损害具有整体性和长久性特点,如果被泄露或者商业化利用,将对个人生活和生存的安全性造成持久性危害,甚至将危害性延伸至公共领域,比如不当或者非法使用人脸识别信息进入医疗账户,将持续收集和处理个人健康信息,危及生命安全。相对而言,传统隐私是局部性、短期性侵害,危害程度不及生物识别信息隐私。如果个人坚持让渡生物识别信息隐私换取某些利益或者服务,有可能将危害性延伸至公共领域,比如数据企业乱用个人让渡的金融、医疗生物识别信息隐私,将降低该领域的信息隐私保护标准,进而危及整个信息系统。因此,鉴于生物识别信息隐私损害的整体性和长久性,必须按照法律规定施行严格保护,个人不能主张弱化隐私保护或者以隐私换取信息服务或利益。

二、构建生物识别信息新型财产权保护规则

半个世纪前,就有学者试图将"在个人数据中引入产权"[①],《民法典》第 127 条把数据和虚拟财产并列作为财产权确立下来。但是,从现有生物识别信息收集和使用状况看,个人所提供的生物识别信息难以产生巨额财产,只有处理者对海量生

---

① Alan F. Westin. *Privacy and Freedom*[M]. New York:Athenum,1967:324.

物识别信息进行结构化处理后,才具有广泛的市场价值。正因为如此,实践中个人往往忽略生物识别信息的财产属性。理论界和实务界的普遍解释理由是处理者通过收集和处理个人生物识别信息为其提供各种服务,个人不宜主张生物识别信息财产权。笔者认为,对个人而言,虽然目前技术条件下所收集和处理的个人生物识别信息很难产生巨额财产,但财产权界定不能以金额多少作为标准,只要具有财产属性,都应该得到法律保护;随着技术进步,生物识别信息必然向收集海量和处理深度方向累积,也有可能产生明显的财产效益,因此,需要从生物识别信息法律属性上赋予其财产权。

(一)生物识别信息财产权

对于个人信息是否具有财产权,理论界和实务界始终存在不同观点。否定者认为,我国的人格权制度可以同时实现对精神利益和经济利益的保护,只要明确个人对其个人信息享有人格权益,即可将经济利益也纳入保护范围,无须叠床架屋地另行赋予个人以财产利益。[①] 个人对其个人信息享有的主要是人格利益,如果承认个人同时还具有财产利益,则表明此等人格利益可被估值,由此导致普通人和名人的人格具有不平等的价值。[②] 肯定者则认为,应当对个人信息中蕴含的商业价值给予财产权保护。个人信息财产权是指个人对其个人信息中所蕴含的商业性使用价值而非人格利益的支配权,它能且只能存在于对个人信息的商业性利用环境之中。[③] 早期的数据财产经常被纳入个人信息加以保护,但随着数字经济的迅猛发展,数据必然要与信息相分离并成为法律所关注的独立权利客体,类似载体与作品的区分。作为人格权客体的个人信息,其保护的内容是其所反映的与特定个人有关的人格利益,而作为财产权客体的(个人)数据所保护的则是经过电子化设备采集而形成的客观存在物。应当对数据的原发者(包括个人)赋予数据所有权。[④]

随着生物识别信息被更加广泛地应用于公共管理和商业领域,其对商业运作模式和财富生产方式将带来越来越深远的影响。前瞻性地、合理地界定生物识别信息财产权有利于数字经济发展,也有助于更好地保护生物识别信息。

首先,生物识别信息不能完全由个人决定、控制和使用。保护生物识别信息的最终目的是人格尊严、人身和财产安全,但个人自决权不是实现这个保护目标的唯

---

① 程啸. 论我国民法典中个人信息权益的性质[J]. 政治与法律,2020,(08):2-14.
② 张新宝. 论个人信息权益的构造[J]. 中外法学,2021,33(05):1144-1166.
③ 刘德良. 个人信息的财产权保护[J]. 法学研究,2007,(03):80-91.
④ 申卫星. 论数据用益权[J]. 中国社会科学,2020,(11):110-131+207.

一法律路径,如果生物识别信息被严重侵犯,需采用公法加以救济。如果生物识别信息被收集、处理和使用,将脱离个人而独立存在,包含个人权益、公共安全和国家安全等多种利益。"个人信息实际上是社会整体信息的一部分,有时可能流向公共机关,成为公共数据进行披露使用,也可能流向私人领域,以隐私名义进行保护,其并不完全隶属于信息主体。"①收集、处理和使用的生物识别信息,要从宪法层面平衡个人与社会、国家之间的利益,而不是将所有权利都交给个人。

生物识别信息的实用价值表现为数据企业对个人生物识别信息的反复收集、处理和使用,由个别生物识别信息累积而成的数据库越大越能产生经济效益。各种生物识别数据库已经成为数据企业提高市场占有率、提升市场竞争力的重要工具,其所带来的经济收益难以完全排除生物识别信息初始者的基础性贡献。"数据权是数据控制者对'数据集合'享有的占有、处理、处分的新型财产权,个人生物识别信息是数据财产的重要前提和基础。"②如果个人行使强自决权,完全排除数据企业对生物识别信息的结构化处理,数据企业将难以利用数据库参与市场竞争。因此,在充分保护生物识别信息人格权益基础上,赋予个人一定形式的财产权,更有利于生物识别信息的有序流动和利用。

其次,数字经济时代,生物识别信息数据已成为重要的生产要素,个人通过许可而产生衍生性财产利益。人类进入数字经济时代后,发展大数据技术、促进个人信息交流和使用是经济社会发展创新的必然要求,数据已经成为创造价值的数字经济来源。党的十九届四中全会首次将数据与土地、劳动力、资本、技术并列为最重要的生产要素。"充分确定个人信息的有效流动和合理利用、实现权利控制与激励机制并行的治理理念转变,已成为大家的共识。"③而"激励机制"就是在保障个人人格权益基础上最大程度释放生物识别信息数据服务数字经济的能量。

生物识别在商业领域有着广泛用途,"一些经营者通过人脸识别生物识别系统,识别消费者个人信息,为消费者提供更加便捷高效的服务,也从中获取商业利益"④。生物识别信息作为数字经济发展的重要媒介和生产要素,"生物识别信息能更好地标识个人,一旦和其他信息相结合,便能精准地勾勒信息主体的社交网络、

---

① 胡凌.个人私密信息如何转化为公共信息[J].探索与争鸣,2020,(11):27－29.
② 冉克平.论个人生物识别信息及其法律保护[J].社会科学辑刊,2020,(06):111－120.
③ 申卫星.大数据时代个人信息保护的中国路径[J].探索与争鸣,2020,(11):5－8.
④ 陈东强.个人生物识别信息保护的消费民事公益诉讼救济路径探析[J].山东法官培训学院学报,2022,38(01):105－117.

行为偏好等,形成数字画像。脸书、谷歌等公司推出的引发大量 BIPA 诉讼的人脸识别功能就是这样的例子"①。正因如此,对用户照片进行人脸识别,并做出标签,会使得个人生活更多地暴露给其他人。个人依法向数据企业提供生物识别信息,让数据企业处理,进而对个人生产、生活和消费能力等实施画像,处理者能够提供个性化、便利化商业服务;海量个人生物识别信息组成数据库,能为政府和企业精确了解市场动态和需求提供指引。中国信息通信研究院发布的《中国数字经济发展报告(2022 年)》显示,2021 年中国数字经济规模达到 45.5 万亿元,同比名义增长 16.2%,占 GDP 比重达到 39.8%。2005-2021 年,数字经济成几何比例增长,在国民经济中的地位更加稳固、支撑作用也更加明显。② 随着数字经济向纵深发展,生物识别信息数据在生产领域将成为不可或缺的生产要素。目前,国内从事生物信息识别的企业多达千余家,市场规模约为千亿元。我国生物识别市场规模复合年均增速为 50% 左右,发展态势迅猛,商业化步伐还在加速中。③

生物识别信息具有鲜明的人格要素,而商品化或财产化又可为自然人带来一定的财产利益,有学者称之为人格要素的释放。对生物识别信息人格要素的利用可以间接产生经济价值,从而衍生出生物识别信息的财产属性。④《民法典》规定个人可以许可他人使用自己的姓名、肖像等,获得精神性和物质性利益,生物识别信息作为个人信息被纳入人格权编,同样适用经过各人许可而获得物质性利益的权利。

从财产权角度看,生物识别信息是私有和共有之混合,而共有又涉及多数权利人的共有,完全靠自治难以取得成效。⑤ 确定个人享有生物识别信息财产权,要考虑个人私有和数据企业共有的混合性财产权构成。尽管如此,生物识别信息仍然具有财产权一般特点。(1)排他性。生物识别信息数据的排他性特点保护其所产生的收益可以由所有者获得,鼓励所有者对生物识别信息数据进行能够提高其价值的投资。生物识别信息属于非消耗性资源,越是共享越产生巨大的经济收益,因

① 陆海娜,赵赓.个人生物识别信息商业利用的法律规制:美国州立法经验的比较与反思[J].人权研究,2021,(02):86-105.
② 东莞经济.中国将引领第四次工业革命?[EB/OL].(2022-07-20)[2022-07-29]. https://m.thepaper.cn/baijiahao_19106163.
③ 王丽.生物识别信息滥用催生灰色产业[J].方圆,2019,(24):18-23.
④ 温世扬.人格权"支配"属性辨析[J].法学,2013,(05):87-92.
⑤ 陈东强.个人生物识别信息保护的消费民事公益诉讼救济路径探析[J].山东法官培训学院学报,2022,38(01):105-117.

而具有不同于金钱、物资、土地等传统财产的特点，一定程度上不具有排他性。但是，生物识别信息被数据企业收集、处理和使用来源于个人授权和控制，个人有权排除数据企业对生物识别信息过度、非法使用，即具有排他性。(2)可转让性。生物识别信息具有使财产从相对不具潜力的所有者向相对具有潜力的所有者转移的可能，实现财产价值最大化。个人可以同意数据企业收集和使用生物识别信息，还可以利用携带权将生物识别信息在数据企业间转移，保护个人人格权益，实现财产利益增值或者不受损害。(3)受到法律保护的权利。一般认为，来自更高层次的法律保护，有利于保证财产安全。无论是欧美法律还是我国法律都保护生物识别信息不受侵犯，从个人生物识别信息所衍生出来的财产权，理应受到法律保护。

综上所述，虽然生物识别信息具有某些传统财产所不具有的特征，但是，从人格权衍生出来的财产权是数字经济发展无法忽略和逾越的要素，严格保护才能更好地利用。反之，确定生物识别信息财产权属性，也有利于全方位保护个人生物识别信息。

(二)生物识别信息财产权构成

对生物识别信息的挖掘和处理所产生的经济收益，是自然人、数据企业共同劳动的结果。"与有形财产的所有权人与相对人(承租人、抵押权人)相比，单个信息主体对于信息所享利益与信息控制者所享利益之间的法律关系存在本质差异而且更为复杂。"①从个人角度界定和划分其所享有的生物识别信息财产权，不仅法律关系复杂，而且显然不同于传统财产所有人与承租人或抵押人之间的关系。"数据财产的价值包含信息控制者自身的研发成本以及付出的劳动，这显然与承租人或者抵押权人不同，因为后者所享有的利益仍然与所有权人相同。"②由于生物识别信息相比于一般个人信息具有更多的人格利益，并且必须经过生物技术、计算机技术收集和处理后才能产生经济收益，因此，必须审慎且具体地分析个人生物识别信息的财产权构成。从法律角度分析，个人生物识别信息可财产权必须同时满足以下三个条件。

首先，个人对单数状态的生物识别信息不具有财产权，只对复数状态的生物识别信息具有财产权。有学者从技术处理角度认为个人信息享有人格权，数据享有财产权。"个人信息属于人格权益的范畴，以人格属性的内容作为保护对象；而个

---

①　冉克平. 论个人生物识别信息及其法律保护[J]. 社会科学辑刊,2020,(06):111—120.
②　龙卫球. 数据新型财产权构建及其体系研究[J]. 政法论坛,2017,35(04):63—77.

人数据则是将个人信息以电子化形式记录的客观存在作为保护对象,属于财产权范畴。"①如此区分个人信息和数据存在两个问题,一是个人信息和数据都是抽象存在物,附着于一定物质载体而呈现,比如纸质媒介、电子媒介等,"以电子化形式记录的客观存在"作为标准,无法区分个人信息和数据。二是无论个人生物识别信息还是处理者的生物识别信息数据,都以电子化形式记录呈现,很难区分其属于个人信息还是个人信息数据。

数据企业收集、处理和使用生物识别信息所产生的经济收益因信息应用规模大小而出现不同盈利模式。企业利用收集和处理生物识别信息形成的数据库,对市场整体变动和发展趋势进行预测,可以提升企业市场竞争力和占有率;对庞大的数据库而言,个人生物识别信息仅仅属于数据库的分子,其重要性和显著性不高,即使去标识化和匿名化生物识别信息也能被数据企业用来预测市场发展趋势。企业利用已识别和可识别个人生物识别信息,对个人投放广告,开展个性化服务,是数字经济发展的重要手段之一,它同样能产生巨大的市场效益,从这个意义上说,已识别和可识别生物识别信息比匿名化的生物识别信息对数据企业更具经济吸引力。② 企业所使用的已识别和可识别生物识别信息,既可能是复数状态的生物识别信息,也可能是单数状态的生物识别信息,前者等同于去标识化和匿名化生物识别信息所构成的数据库,后者则需要单独加以讨论。

对于个人来说,保护生物识别信息主要是保护其包含的人格权益,财产权是人格权益所衍生出来的权益。个人和数据企业基于收集、处理生物识别信息产生对价关系的基础是信息服务,个人同意数据企业收集和处理生物识别信息的单次过程中,仅仅为了享受某种服务,比如进入银行、宾馆等公共场所,进入银行 App 账户等,在此过程中,数据企业收集和处理个人生物识别信息的目的是完成这次服务,因此,无论是个人还是数据企业都不产生直接经济收益。如果相同的信息服务反复进行,数据企业将利用积累的生物识别信息数据库扩大相关服务,便能衍生出市场经济收益。基于生物识别信息数据库建立于个人生物识别信息基础上,且可能关联个人,因此,个人对复数状态的生物识别信息拥有混合财产权。

其次,个人对能识别和关联到本人的生物识别信息主张财产权。生物识别信息数据即复数状态存在的生物识别信息。《数据安全法》第 3 条第 1 款规定:"本法

---

① 申卫星. 论数据用益权[J]. 中国社会科学,2020,(11):110-131+207.
② 曾昌. 分离困境与整合路径:大数据时代下个人生物识别信息保护制度之完善[J]. 云南社会科学,2021,(05):114-122+187.

所称数据,是指任何以电子或者其他方式对信息的记录。"生物识别信息数据作为机器记载和处理后的生物特征,根据是否具有可识别性的判断标准,可分为三种形态:已识别的个人生物识别信息数据、可识别的个人生物识别信息数据以及匿名化的个人生物识别信息数据。

已识别的个人生物识别信息数据是数据企业经过个人同意而收集的生物识别信息,既有可能是企业几何扫描人体生物特征的原始模板,也有可能是利用算法能够解析的被处理后的数字化模板,总之,数据企业利用所掌握的数据库能够识别或者关联个人。企业利用这样的数据库开展生产活动能够实现财富增值,个人理应享有生物识别信息数据所带来的经济收益,主张财产权益。

可识别的个人生物识别信息数据主要以去标识化形态存在和呈现,依照《个人信息保护法》第 73 条第 3 项的规定,去标识化是指个人信息经过处理,使其在不借助额外信息的情况下无法识别特定自然人的过程。去标识化的生物识别信息数据虽然经过处理者的特殊处理,但随着算法技术发展和数据库的丰富,无法识别的生物识别信息也能识别出特定自然人。"只要有足够的时间和资源,人们可以从无数公开的信息中识别出某个特定个人,并使得这些信息全部成为具有可识别性的个人信息,但这是私家侦探的工作模式,而非法律的运作模式。"[①]对个人来说,如果同意数据企业采用去标识化技术处理个人生物识别信息,该信息相对于其他数据企业而言,处于去标识化状态,而对该数据企业来说,处于可识别状态。数字经济发展过程,不能利用算法破解生物识别信息数字化模板的生物识别信息数据库,不产生市场经济收益,因而,去标识化对个人而言既保护人格权益,又不产生财产权纠纷。但对原数据企业所产生的经济收益,个人理应主张财产权。

匿名化生物识别信息是一种修改个人信息的方法,结果是使生物识别信息无法关联个人,匿名化信息无法识别出特定自然人,因而无论如何使用都无害于个人权益,也无关于个人人格权益和财产权益。"从现有技术和行业实践来看,真正匿名化后的数据实际上已经将个人信息转化为抽象信息或知识,不再具有识别个人的分析价值,不再属于数据资源。"[②]由于匿名化的生物识别信息完全脱离个人而存在,因此,数据企业利用匿名化生物识别信息数据而产生的经济收益,个人不能主张财产权。

---

①　程啸.论个人信息权益[J].华东政法大学学报,2023,26(01):6—21.

②　高富平.制定一部促进个人信息流通利用的《个人信息保护法》[J].探索与争鸣,2020,(11):12—14.

最后,个人对生物识别信息的劳动贡献是其享有财产权的重要依据。学术界论证财产权时,总是引证洛克的财产权劳动理论来说明个人、企业等主体为财富生产付出了劳动,进而享受相应的财产权。"我们可以说,他(每个人)的身体从事的劳动和双手做的工作严格意义上归他所有。因而,只要他使任何东西脱离了自然存在的状态,并加入了自己的劳动,即附加了他自己的东西,那么它们就变成了他的所有物。"①数据企业为收集、处理和使用生物识别信息投入资金、技术和人工,"加入了自己的劳动",因而享有生物识别信息财产收益。

对于个人在生物识别信息收集、处理和使用过程中付出的劳动,学术界始终存在不同看法。普遍流行的观点认为,数据企业在收集和处理个人生物识别信息过程中以可验证的方式付出了劳动,而个人仅仅享受信息服务而没有付出劳动。从个人感觉和参与角度看,生物识别信息分为无感收集处理和有感收集处理两种形式。在一些公共场所和商业服务场所,数据企业基于隐私合理期待收集个人生物识别信息,个人基本在无感状态下被收集人脸、声态和步态等信息,个人不知觉和不改变这些生物识别信息自然存在状态,因而对数据企业基于这些生物识别信息而产生的经济收益,不能主张财产权保护。收集指纹、虹膜等信息,以及经过单独同意甚至书面同意而收集人脸信息时,个人参与信息收集活动,如调整脸部姿势、眨眼等可以理解为个人用劳动改变了信息的自然存在状态;生物识别信息收集和处理是彼此联系的自动化过程,收集生物识别信息的同时也进行信息处理,当个人配合数据企业收集信息时,也在配合和参与生物识别信息处理,为生物识别信息收集、处理和使用付出劳动,因此,无论是出于主动还是被动,个人只要知晓并配合数据企业收集、处理和使用生物识别信息,就对该信息数据享有财产权。

综上所述,虽然个人享有生物识别信息财产权,但是这种从人格权衍生出来的财产权应当同时具备如下条件:个人连续提供生物识别信息成为复数状态的信息,经过处理的生物识别信息能够识别或关联个人,并且个人对生物识别信息收集和处理付出了劳动。不满足上述任何一项条件的生物识别信息,个人不享有财产权。

---

① 约翰·洛克.政府论(下篇)[M].丰俊功,张玉梅译.北京:北京大学出版社,2014:36.

第三节　生物识别信息数据个人所有权与处理者用益权的二元规则

生物识别信息保护与数据企业开发使用之间并不存在实质性冲突，生物识别信息保护不能阻碍数字经济发展，数据企业开发利用也不能以牺牲生物识别信息保护为代价。数据企业通过聚合、挖掘生物识别信息获得合法收益的基础是个人提供的生物特征信息。"不论是平台企业还是数据公司对数据的采集、存储、加工投入多少，都不足以使其超越数据的原发者——用户而成为数据所有权人，只能取得类似于邻接权的他物权。这符合数据产生的实际情况，也客观呈现了各方参与者对于数据形成所发挥的不同作用。"[①]因此，借助传统用益物权理论构建生物识别信息用益权保护制度，不仅有利于加强个人对生物识别信息的主动控制，还有利于规范数据企业有序处理和使用生物识别信息。

一、基于权利分割思想的生物识别信息权利二元结构

生物识别信息是随着科学技术进步而出现的新型法律客体，它既不同于隐私，也不同于传统的物，既有的法律规制方法都不适用生物识别信息保护。数据企业所收集和建立的生物识别信息库，是企业扩大市场竞争力和影响力的硬实力，很多高科技公司收集和掌握了海量人脸、指纹信息数据，比如 Facebook（已改名为 Mate）曾经掌握超过 10 亿人的个人面部识别模板，2008 年美国伊利诺伊州通过《生物识别信息隐私法》是因一家运营指纹识别系统的公司大量收集个人指纹，因公司破产用户担心被任意处理而出台的法律，它从侧面反映了很多数据企业运营离不开个人生物识别信息。既依法保护数据企业的合法权益，又保护贡献原始生物识别信息数据的个人财产权益，必须推动法律制度创新。

对于个人信息保护及数据企业使用个人信息数据财产权益保护模式，国内外司法界积极探索使用著作权、合同及赋予经营者营业权、数据资产权等多种方案，这些理论探讨为探索平衡个人与数据企业生物识别信息数据权利冲突具有启发和

---

①　申卫星. 论数据用益权［J］. 中国社会科学，2020，（11）：110－131＋207.

借鉴意义。

欧盟最早立法通过著作权保护数据库的方式保护数据财产。1996 年发布的《欧盟数据库保护指令》用著作权保护原创型数据库,赋予特殊权利保护非原创型数据库,权利期限为 15 年。随后欧洲法院在 British Horseracing Board v. William Hill 案、美国联邦最高法院在 Feist v. Rural 案中进一步明确数据库适用著作权保护的范围,明确未经加工创造的原始数据不适用著作权保护,数据库的著作权保护模式也是基于静态的数据库加工技术而产生的,不再适应物联网时代的原始数据动态利用情况。我国著作权法并未对数据库作特殊对待,相关司法实践表明,原始数据因为不具有独创性而不受保护。2020 年 11 月通过的《著作权法修正案》将"数字化"列入著作权的内容,更加明确我国著作权法仅仅保护具有独创性作品的数字化形式,并不包括客观记录而获取的数据。[①] 按照著作权法对可著作权作品的界定,人类只有对投入创造性劳动的作品才享有著作权,因此,客观记录的数据不享有著作权。数据企业在收集和处理生物识别信息过程中,个人无须加工生物识别信息,甚至生物识别信息是在无感无知状态下被收集和处理的,其所形成的生物识别信息数据库即使享有著作权,也归对数据进行结构化处理的数据企业,个人不享有著作权。

数据企业收集和使用个人生物识别信息要事先征得个人同意,双方以协议方式约定收集、处理和使用的目的、范围及用途;有些协议还包含数据企业内部共享数据,向第三方转让生物识别信息数据的条款。签署协议的初始目的虽然是保护个人的人格尊严和人身财产安全,但是,协议不排除财产利益保护,有些数据企业利用所掌握的技术优势在协议中侧重保护企业的经济收益权利。有学者据此认为,数据企业可以通过合同安排,保护其商业模式以及在数据收集和处理过程中的资本投资,并通过技术保护措施排除未经授权的第三方访问数据。但是,生物识别信息收集、处理和使用是动态过程,利用合同保护个人生物识别信息数据,必须让合同也处于不断修改、变动的过程中,这在实践层面不具有可操作性。

有学者提出,将用户提供并存储在网络平台上的数据作为网络平台经营者营业财产的一部分,经营者对其享有营业权。[②] 数据经营权是一种经营限制权,数据经营者据此可以对他人数据以经营为目的而从事各种活动,具体包括收集、分析、整理、加工等。数据资产权是数据经营者对自己合法数据活动形成的数据集合或

① 申卫星. 论数据用益权[J]. 中国社会科学,2020,(11):110−131+207.
② 周学峰. 网络平台对用户生成数据的权益性质[J]. 北京航空航天大学学报(社会科学版),2021,34(04):28−38.

其他产品(数据库、数据报告或数据平台等),可以占有、使用、收益和处分。从功能上说,数据资产权是法律对数据经营者的数据资产化经营利益的一种绝对化赋权,既是对其经营效果的一种利益归属确认,更是通过提供便利和安全的保障而鼓励数据资产化交易的一种制度基础。[①]　上述方案极大地保护了数据企业开发和使用生物识别信息数据积极性,有利于促进数字经济发展,但是,如何保障个人在生物识别信息数据使用过程中的财产收益缺少有效救济途径。

　　用益物权制度起源于罗马法,以赋予权利主体对物的支配、利用以相应法律效力的方式确立了人对物的权利,这一权利被称为对物权。[②]　"权利分割思想是所有权以及债权、著作权等其他财产权上之定限权利的共同基础,即财产权的(完全)权利人可以从其权利中分离出用益权能与变价权能。"[③]"与所有权人对物的完全支配不同,用益物权源自所有权,是不完全支配权。"[④]在传统法律观念中,物权法上的物等同于财产,用益权派生于财产权。在数字经济时代,信息对人的重要性日益凸显,个人信息所有权不仅是新型权利,而且对于个人身份、财产构成作用也越来越大。生物识别信息所有权不仅是占有、使用、收益和处分的积极权能,而且所有权人在法律限制内有排除他人干涉的权利,从而构成生物识别信息保护与数据企业合法使用的完整法律框架。

　　从生物识别信息来源看,数据企业收集和处理的原始生物识别信息,既可能来自个人可财产权的生物识别信息,即个人付出劳动的生物识别信息,也可能来自个人不可财产权的生物识别信息,如数据企业依法收集的个人无感生物识别信息。"为了平衡数据归属和数据利用需求之间的张力问题,更为妥当的方式是通过意思自治或者法定调整的方式分割数据所有权的权能,并将这些权能部分保留给数据原发者,部分分配给数据处理者,从而创建数据所有权＋数据用益权的二元结构。"[⑤]如果个人主动配合、参与数据企业收集和处理生物识别信息,则享有该信息数据的所有权,数据企业享有数据用益权;如果数据企业收集和处理的生物识别信息属于单数状态、不可识别和没有付出劳动的信息,不具有个人可财产性,则生物识别信息数据"所有权属于国家,而数据用益权依然归于合法的数据采集企业"[⑥]。

　　①　龙卫球.数据新型财产权构建及其体系研究[J].政法论坛,2017,35(04):63-77.
　　②　彼德罗·彭梵得.罗马法教科书[M].黄风译.北京:中国政法大学出版社,2005:139.
　　③　申卫星.论数据用益权[J].中国社会科学,2020,(11):110-131+207.
　　④　蔡立东.从"权能分离"到"权利行使"[J].中国社会科学,2021,(04):87-105+206.
　　⑤　申卫星.论数据用益权[J].中国社会科学,2020,(11):110-131+207.
　　⑥　申卫星.论数据用益权[J].中国社会科学,2020,(11):110-131+207.

二、用益权赋予个人处分生物识别信息的主动性权利，积极防范数据企业滥用生物识别信息

欧盟立法间接确认个人生物识别信息所有权。长期以来，欧盟采取比较严格的个人信息人格权保护模式，明确用户个人信息具有人格权地位的隐私意义，以此严格规范互联网企业。但面对数据企业大量使用个人信息和数字经济发展需要，欧盟也采取了一些变通措施，比如，突破人格权不可让渡的原则，将个人信息权由消极人格权向积极自决人格权方向加以改造；允许用户通过合同方式，约定或授权网络服务商收集、控制、使用甚至处分数据，使得数据从业者从事数据活动得到一定程度的容忍，特别是可以通过合同方式获得对个人信息的收集、处理权利。《关于在个人数据处理过程中保护当事人及此类数据自由流通的 95/46/EC 指令》颁布后，欧盟不再以强制性条款规范数据交易和使用市场，2018 年实施的《通用数据保护条例》虽然强调保护数据的人格权益，但是，也积极回应个人对包括生物识别信息在内的个人信息保护的需求，赋予个人数据控制权，本质上包含用户对个人信息的所有权。一是《通用数据保护条例》赋予数据主体"删除权"，用户有权删除网上个人数据。虽然"删除权"可以视为传统隐私权保护的救济措施，即权利主体能够有效处置侵害隐私的个人数据，提高隐私保护能力，但是，"删除权"不是经过司法程序后由司法机构赋予的一项措施，而是法律所规定的先于司法程序存在的权利，因此，个人数据如同财产一样可以为数据主体支配、使用。归而言之，"删除权"是为保护隐私权而设置的救济措施，但救济措施指向数据主体拥有自由支配、使用个人数据的财产权。二是《通用数据保护条例》赋予数据主体"可携带权"，数据主体可以将个人数据在平台之间乃至国家之间转移，真正实现数据的自由流通。虽然"可携带权"是为了给有效有序利用个人数据建立规则，但其强调个人对数据的全面控制，无疑把个人数据从实施数据收集处理的网络平台剥离出来，认为个人数据的拥有者不是实施个人数据收集和处理的网络数据控制者和数据处理者，而是提供原始数据的用户。"财产法中的一个核心概念是财产所有权，即所有人依法对自己的财产享有占有、使用、收益和处置的权利。"[①]因而，个人数据控制权是对个人财

① 邵国松."被遗忘的权利"：个人信息保护的新问题及对策[J].南京社会科学，2013，(02)：104-109＋125.

产的控制。①

在生物识别信息商业化使用过程中,个人很难自主控制数据企业对生物识别信息的处理和使用,其对生物识别原始信息享有的所有权容易沦为名义所有权,个人无法支配和控制数据企业反复、深度挖掘和处理生物识别信息。实践中,数据企业对生物识别信息的控制,早已超出了广义的使用权范围,涵盖对信息的占有、处分权能,从而成为一种实质的所有权。如,在生物识别信息收集和使用过程中,数据企业通过技术手段确保数据不被其他企业和个人复制、使用,从而独占生物识别信息数据;通过组建、分析生物识别信息数据库,判断和预测人群社会趋向、经济趋向和文化趋向,向消费者发布定向推送广告,提前布局新产品生产销售线等;销售生物识别信息数据库,与第三方共享和交易生物识别信息数据,极尽可能地开发生物识别信息数据可交易价值;企业还可设置生物识别信息数据访问权限,自主决定数据的公开范围、内容和用途等。② 如此一来,数据企业拥有完全独立、不受自然人监督和制约的生物识别信息数据使用权。

生物识别信息所有权的权能多于用益权,特别是作为核心权能的收益权能更是不可或缺的权能。个人行使生物识别信息权利时,用益权生成于所有权人对生物识别信息所有权的行使,而不是生物识别信息所有权的部分权能与其分离。也就是说,从生物识别信息所有权中派生出用益权后,作为用益权核心权能的收益权能虽然为数据企业所有,但个人仍然拥有完整的生物识别信息所有权。它既包括个人对单数状态生物识别信息享有所有权,也包括个人对复数状态生物识别信息即数据库享有所有权。如果数据企业聚合、挖掘生物识别信息侵害隐私权,个人将通过行使处分权恢复生物识别信息所有权圆满状态,排除数据企业对生物识别信息的滥用。数据企业如果违反与个人之间的识别协议,超出目的、用途和范围处理生物识别信息,个人将通过行使生物识别信息所有权排除数据企业滥用生物识别信息。当数据企业聚合、挖掘生物识别信息及 N 次识别,以提供更广泛的信息服务和市场应用时,个人行使所有权制约和控制数据企业的聚合、挖掘行为,防范其侵害隐私、财产权益。

生物识别信息用益权保障用户生物识别信息所有权及数据企业用益权各自的

① 林凌,李昭熠.个人信息保护双轨机制:欧盟《通用数据保护条例》的立法启示[J].新闻大学,2019,(12):1—15+118.
② 冯果,薛亦飒.从"权利规范模式"走向"行为控制模式"的数据信托——数据主体权利保护机制构建的另一种思路[J].法学评论,2020,38(03):70—82.

完整性和独立性。生物识别信息所有权人为他人设定生物识别信息使用权,可以理解为通过为他人设定独立权利的方式行使所有权。从权利构成及行使看,个人采用这种方式实现所有权,不等同于出让生物识别信息,更不是将部分所有权划归他人;即使设立独立的生物识别信息用益权负担,也只是限制生物识别信息所有权部分权能功能的发挥,生物识别信息所有权本体仍保持完整。

保护生物识别信息人格权益是个人维权的根本目的,而人格权益来自个人对生物识别信息的所有权,通过维护生物识别信息所有权实现维护人格权的目的,为生物识别信息保护提供一条经济化和均衡化的维权路径。数据企业行使生物识别信息用益权时,必须保持生物识别信息应用场景的完整性,深度聚合、挖掘和共享识别生物识别信息不能破坏个人所有权的完整性和独立性,否则,个人将收回生物识别信息使用权。由于数据企业的用益权建基于个人所有权基础上,所以,个人利用所有权对抗数据企业用益权滥用,相比于使用消极性人格权保护措施对抗数据企业滥用生物识别信息,提高了维权效率。

三、赋予数据企业对生物识别信息再用益权,提高生物识别信息开发利用效率

数据企业通过向个人提供免费线上服务换取生物识别信息,并一定程度追踪、监视、聚合和挖掘个人信息和行为以不断拓宽其获取生物识别信息的广度和深度。生物识别信息聚合、挖掘及共享,对数据企业来说至关重要,将决定其经济收益率和市场竞争力。很多数据企业借助协议后窗或者干脆违规深度处理生物识别信息,目的是获取更多的经济利益。从个人维权角度看,如果生物识别信息被数据企业与他人进行市场化共享,个人很难有能力制止这种共享行为。

首先,赋予数据企业对生物识别信息再用益权,提高数据使用效率。人们对信息、数据的利用能力越高,对新型用益权的需求就越高,用益权的种类及效力必将随之扩张。信息权利的行使势必催生出新型权利。"权利人依凭自己的意愿为其他数据企业设定独立权利,允许他人依该权利利用标的物。权利的这一实现方式不限于所有权人为他人设定用益物权,完全可以延展至用益物权人为他人设定次级用益物权,由此得以创建多层级用益物权体系,为实现对物的多元、多层次、多时

段分割利用提供法权支持。"[①]数据企业通过用益权直接获取生物识别信息市场收益,并利用所拥有的生物识别信息数据库为他人设置次级用益权,实现对生物识别信息的多元、多层次、多时段分割利用,提高生物识别信息市场化使用效率。

基于敏感个人信息的书面授权而收集和处理的生物识别信息,只能在协议约定的目的、范围和用途内使用,数据企业如果将处理后的数据库分享给第三方,需要得到个人重新授权。2016 年,新浪微博诉脉脉案中,二审法院所提出的"三重授权"规则,即为强化用户对个人信息控制,而数据企业不能随意将数据分享给第三方。[②] 如果认为基于信息安全,用户有权控制个人信息使用和流动,则只能控制个人通过协议交给数据企业的个人信息,而这些信息基本上以非结构化形态呈现。数据企业对于收集的个人信息进行处理,使其变成结构化数据,结构化数据不等同于个人信息,包含了数据企业资金、技术和人力的投入,如果个人仍然对其享有完全控制权,那么,将损害数据企业合法正当使用数据资源的权力。设置用益权制度将规范和保护数据企业使用数据资源的合法权利。

生物识别数据企业按照告知同意规则依法收集和处理个人生物识别信息,并基于深度处理的生物识别信息形成数据库,无论其是否能够关联和识别个人,根据用益权制度,数据企业按照使用目的一致性原则与第三方分享数据库,无须通过"三重授权"规则获得个人同意。所谓使用目的一致性原则是指第三方和数据企业收集、处理和使用生物识别信息的目的一致,承担与数据企业完全相同的保护义务。第三方使用生物识别信息数据所产生的经济收益,通过用益权制度反向传导至个人,换而言之,如果说数据企业收集和使用生物识别信息用于特定领域能产生经济收益,且能够与第三方共享,那么,个人有权享有从数据企业和第三方数据处理和使用而产生的相应的财产收益。

此外,数据企业行使用益权及次级用益权时如果违法使用生物识别信息,个人依据用益权设置路径,分级实施维权。清晰的法律规制路径让数据企业和个人承担各自义务,共同制止生物识别信息的滥用。识别技术越发达,生物识别信息数据库越大,去匿名化和去标识化的再识别风险就越高,理论上来说,完全匿名化的个人信息数据并不存在。用益权制度将有效防范去匿名化和去标识化所带来的再识别风险。允许数据企业设置次级用益权,与第三方共享生物识别信息数据库,将几

　　① 蔡立东.从"权能分离"到"权利行使"[J].中国社会科学,2021,(04):87-105+206.
　　② 张玲玲,田芬.涉及用户数据信息商业利用的竞争行为是否属于正当的司法判断[N].中国知识产权报,2017-04-19(008).

何级增加生物识别信息量,而生物识别信息数据库越大,越增加识别和挖掘个人隐私、财产信息的风险。所谓"私家侦探的工作模式"是比喻说法①,既指数据企业不计经济和技术成本破解生物识别数字化模板,也指随着数据库增加后数据企业以较低的经济和技术成本破解生物识别数字化模板,后者显然具有生产价值。为了保护个人生物识别信息权益在信息处理活动中不受侵害,个人对经过数据企业处理后的个人生物识别信息数据行使所有权,但对所有权支配程度将随着生物识别信息可识别性的降低而不断减弱直至消亡。如果数据企业滥用生物识别信息数据损害个人人格和财产权益,个人通过用益权收回生物识别信息所有权;如果第三方滥用共享的可识别生物识别信息数据库而损害个人权益,个人通过数据企业收回生物识别信息所有权;如果第三方滥用共享的去标识化和匿名化生物识别信息数据库而损害个人权益,数据企业收回生物识别信息所有权。

其次,政府机关利用用益权制度提高生物识别信息数据使用效率。我国《十四五规划和 2035 年远景目标纲要》提出,应当"扩大基础公共信息数据安全有序开放,探索将公共数据服务纳入公共服务体系,构建统一的国家公共数据开放平台和开发利用端口,优先推动企业登记监管、卫生、交通、气象等高价值数据集向社会开放。开展政府数据授权运营试点,鼓励第三方深化对公共数据的挖掘利用"②。李克强总理指出:"目前我国信息数据资源 80％以上掌握在各级政府部门手里,'深藏闺中'是极大浪费。"③在数字经济时代,依法开放和使用国家机关控制的生物识别信息数据资源,是激活数据要素潜能、推进政府治理能力现代化的必然选择。

很多国家机关如海关、公安、财政税收、文化、教育、卫生等行政部门,在履行法定职责过程中收集、处理和储存了海量的个人生物识别信息数据,成为社会主要的个人信息数据保有者。这些数据既有来自通过单独书面同意形式收集的生物识别信息,也有来自公共场所基于默示同意而收集的生物识别信息。《个人信息保护法》第 29 条规定:"处理敏感个人信息应当取得个人的单独同意;法律、行政法规规

---

① Arkhipov V , Naumov V. The Legal Definition of Personal Data in the Regulatory Environment of the Russian Federation: Between Formal Certainty and Technological Development[J]. *Computer Law & Security Review: The International Journal of Technology Law and Practice* ,2016,32(6):868—887.

② 新华网.十四五规划和 2035 年远景目标纲要[R/OL].(2021—03—19)[2024—8—31].http://fzzfyjy. cupl. edu. cn/info/1022/12787. htm.

③ 李克强:信息数据"深藏闺中"是极大浪费[EB/OL].(2016—05—15)[2024—08—31].http://www. jjckb. cn/2016—05/15/c_135359958. htm? from＝groupmessage.

定处理敏感个人信息应当取得书面同意的,从其规定。"对于国家机关取得个人同意收集和处理的生物识别信息,个人应该享有所有权。但是,国家机关与数据企业收集和处理生物识别信息目的存在很大差别,依照《个人信息保护法》第 34 条和《数据安全法》第 38 条的规定,国家机关处理个人信息、收集并使用数据的目的是"为履行法定职责",而非获得或者增加财产。因此,政府机关对所掌握的生物识别信息数据原则上不对外开放,如不管是通缉逃犯、边境管理,还是寻找失踪人口,都不可能基于告知同意规则而收集和处理个人生物识别信息,这些生物识别信息数据不应对外开放;只有匿名化和去标识化生物识别信息才对外开放,比如利用生物识别信息海关所掌握的人员流动趋势、卫生机构所掌握的卫生健康趋势等,政府机关对这些信息享有用益权。政府机关对开放的生物识别信息数据依法保护个人合法权益,同时享有生物识别信息数据所产生的经济收益,用于相关公共福利。

再次,国家机关从数据企业获取生物识别信息数据,来自人民对公权力的授权,不产生用益权关系。我国无论是《民法典》《网络安全法》,还是其他专门法,都没有对政府机关向数据企业获取生物识别信息数据做出明确规定或限制。政府机关基于职权从数据企业获取生物识别信息数据,在现行法律中尚缺乏明确有效的屏障;当政府机关以履行职责的名义要求数据企业提供其所掌握的生物识别信息数据库时,数据企业难以找到法律依据予以拒绝,将配合把生物识别信息数据交给政府机关使用。

政府机关和商业机构具有完全不同的价值目标,政府机关的核心价值目标是安全、秩序,而商业机构的核心价值目标是自由、发展。"公权力的正当性基于人民的授权,人民对公权力的授权需要通过立法,即人民和政府的'契约',以人民'集体决策'的方式进行,而不能根据个人信息保护相关立法的要求进行告知和获取权利人同意。"[①]政府机关为履行职责从数据企业获取生物识别信息数据,不受告知同意规则限制,可识别生物识别信息往往更具有执行公务价值,比如从人群中筛选犯罪嫌疑人、失信人等。对于从数据企业获取的生物识别信息数据,政府仅限于用于特定公务活动,不能依据用益权再次产生经济收益。数据企业配合政府机关共享生物识别信息数据,是依法维护社会安全秩序,而非自由发展的商业活动,因而也不适用于用益权制度。

---

① 雷丽莉.论个人信息保护的"二元规则"[J].中国网络传播研究,2021,(02):55—69.

总之,确立生物识别信息用益权制度,释放数据企业收集和处理生物识别信息的积极性,有利于提高生物识别信息数据使用效能。同时,个人通过行使个人信息所有权,加强对生物识别信息控制和利用,有利于平衡生物识别信息人格权与财产权保护冲突。

第 八 章

构建生物识别信息传播法律规制体系

生物识别信息传播风险不是单一的传播风险,而是由技术风险、社会风险、伦理风险和法律风险等构成的风险集,具有损害不可逆转、关联隐私、威胁人身财产安全等可能的危害性,它比任何传统的信息传播风险都要复杂,采用单一的风险治理方法难以机制性地解决生物识别应用所面临的问题和困境,更难以防范生物识别技术和应用迭代所造成的新问题和新风险。只有前瞻性地构建合理、有效、完整的生物识别信息传播法律规制体系,基于场景规范与比例原则,严格规制公权力机构、信息处理者和信息主体的权力(权利)与义务,进一步完善技术审查、平台审查、内容审查和司法救济等规制路径,建设完备、具有可操作性的侵权处罚与问责机制、风险分担机制和多渠道维权机制,才能确保生物识别信息安全传播、健康传播,助力数字经济发展和信息化社会建设。

第一节 规制理念:"场景一目的"原则与"新治理"比例原则

一、"场景一目的"原则

(一)场景理论发展历程

数字空间不是与现实空间完全脱钩的社会领域,也不是纯粹的商业模型,而是整合了虚拟空间与现实空间的整体性体验空间。从特定的网站到搜索引擎，再到平台及"云"，用户生物识别信息的传播跨越多领域、多场景。① "在复媒介化生存的时代，单个平台无法满足用户的使用需求，用户会不断在各个平台间进行切换使用"②，使得生物识别信息传播网络非常复杂。在不同应用场景中，生物识别信息收集、处理的敏感性存在差异：（1）用户。隐私感知与个人信息安全需求程度不同。（2）信息。生物识别信息用于比对密钥、身份挖掘、偏好分析、营销定位等用途时敏感性不同。（3）企业。数据平台技术实力、加密措施、企业信誉等水平不同。（4）场景。生物识别信息传播所处的场景环境、要素、复杂性等不同。而生物识别信息传播过程中，常常"被抽象为剥离了具体情境的静态数据"，"人们复杂的生活、曲折的生命历程"③被简化的数据治理思维"征用"，因此，生物识别信息传播场景的高度复杂性正挑战简化的数据治理思维。

康奈尔大学信息法教授海伦·尼森鲍姆（Helen Nissenbaum）认为情境完整性包含用户信息完整性和用户理解完整性两个向度：一是维护用户信息在跨场景传播中不丢失、不减少、不简化；二是保证用户对于个人信息所处场景或即将面临的场景信息的理解完整性，初步探讨了平台与用户之间基于场景沟通与协调的可能性。④ 在我国司法实践中，"场景理论"作为判断信息私密性或个人隐私范畴理论依据的司法裁判越来越多。从历年有关个人信息传播诉讼中，不难发现"场景理论"的适用案例逐年增加。以"抖音 App"案为例，法官认为不同类型的用户在使用该应用 App 时对隐私的期望和需求有所不同，而且互联网环境的开放性和信息共享特性使得隐私界定具有复杂性。因此，评估是否构成隐私侵权需要结合具体场景进行分析⑤，不能简单地采用一刀切的标准。随着场景识别技术与信息流通监测技术的不断进步，人工核查逐渐被技术核查所替代，技术能够有效地进行"逐案识别"，根据不同情境判断生物识别信息传播是否符合法律要求。但也要看到，目前的场景规制存在很多问题：（1）跨越多家企业、多种平台的各种场景之间难以建立统一性场景规范标准，只能具体场景具体分析，基于场景规范所做出的裁决在实践操作层面的参考价值不足；（2）现有场景规范应用比较笼统、表面，规范弹性不足，

① Nissenbaum H. A Contextual Approach to Privacy Online[J]. *Daedalus*，2011，140(4)：32—48.
② 刘战伟，刘洁."平台/platform"：一个概念史的溯源性研究[J]. 新闻与写作，2023，(08)：70—82.
③ 彭兰. 数字化与数据化：数字时代生存的一体两面[J]. 人民论坛，2023，(17)：42—47.
④ Nissenbaum H. Contextual Integrity Up and Down the Data Food Chain[J]. *Theoretical Inquiries in Law*，2019，20(1)：221—256.
⑤ 参见北京互联网法院民事判决书，(2019)京 0491 民初 6694 号。

难以有效调和用户与平台之间的理念冲突；（3）计算机科学的场景技术与法学基于场景的理论分析有差距，导致场景规制路径缺乏技术支撑。

因此，应从可操作性角度出发，回应生物识别信息传播所面对的场景困境，以个人信息传播法理与伦理为底架，从技术可行性层面切入，构建包含大、中、小场景在内的灵活性场景规范体系。

（二）场景与目的一致性要求

场景一方面勾连个人信息与数据场景，另一方面勾连用户个体与数据价值，是一种以流动性为表征的多边拓扑空间，也是个人信息与技术架构之间的连续的共同实践。突破当下场景规制路径面临的困境，重点是规范生物识别信息传播场景的核心主旨——维护场景在宏观层面的系统稳定、中观层面的衔接稳定和微观层面的要素稳定。生物识别信息传播的根本形态表现为连续性，包括内容连续、技术连续、主体连续等，它是维护场景稳定性的意指，即保证生物识别信息在场景传播不会遭遇断裂。具体而言，对技术供给的生物识别信息传播场景进行概念性认知与实践性把握、应用，在维护信息传播"常量"——目的一致性——的基础上，接受、认可并探索场景的可变性。

首先，生物识别信息在多边拓扑空间传播的目的一致性，是匡内外生物识别信息保护法的既有"常量"。欧盟《通用数据保护条例》中的目的限制（Purpose Limitation）原则就要求收集的数据只能用于事先明确和合法的目的，在以后应用过程中不能以与这些目的不兼容的方式做进一步处理；最少数据原则（Data Minimization）规定数据的收集必须限于与目的直接相关且必要的信息。美国很多州已经出台的生物识别信息保护规定要求企业在收集生物识别信息之前必须得到个人的明确同意，企业需要明确告知信息将被用于什么目的，而且限制信息被用于其他目的。

其次，生物识别信息传播面临的场景十分复杂，目的一致性是统一信息属性与场景主题的对应"常量"。彭兰分析过场景与情境两个概念："场景更偏向于空间环境，而情境更多的是指行为情景或心理氛围。两者都会决定人们的行为特点与需求特征。当然，广义的场景也可以包含情境。"[①]对用户而言，一方面，场景—目的一致性重视信息的空间性转移，规范用户信息在跨场景传播过程中使用目的不变，使用户信息不被挪作他用。以医院使用人脸识别为例，只有获得授权的医生和护士

---

① 彭兰.场景：移动时代媒体的新要素[J].新闻记者,2015,(03):20—27.

才可以进入手术室,在这种情况下,人脸识别信息仅用于医疗安全目的,确保手术室的访问受到严格控制,信息收集和使用的目的(医疗安全)与其应用场景(手术室访问控制)是一致的。如果医生和护士的人脸识别信息被用于员工健康分析与工作状态监控,则与信息初始收集目的(医疗安全)不一致,信息属性与场景主题不对应,因此,人脸识别信息不能被用于员工健康分析与工作状态监控。再如,以音乐、图书分享为服务内容的社交平台收集用户人脸识别信息,用作用户登录账号时比对、识别身份,目的是保证账户安全,如果将用户人脸信息整合到其偏好信息中,被用于用户画像场景,这时,场景主题就与信息收集与使用目的不一致,需要获得用户的单独同意。另一方面,该原则也包含了对用户心理和场景多变性的考量,用户信息使用目的不能脱离具体场景来讨论,维护场景—目的一致性,就是确保用户信息在更安全的大场景系统中传播。例如,某一组用户信息在初始场景(如购物平台)中的使用目的是"购物偏好画像",但经过跨场景传播到新场景(如短视频媒体平台)中,即使短视频媒体平台也提供购物服务,新场景没有改变信息使用目的,但这种情况下也不能允许用户信息跨场景传播。此时需要考虑到用户的合理预期,一般来说,用户希望在短视频媒体平台中浏览自己爱看的视频,不希望刷到太多的广告,或看到很多购物内容,即便新场景没有更改信息使用目的,但此时的信息使用目的(购物偏好画像)与短视频媒体场景中的用户服务预期不匹配,违背了场景—目的一致性要求,影响用户在新场景中的服务体验。

最后,生物识别信息常常在算法"黑箱"中流动,场景—目的一致性原则是促进信息传播透明度实现的"常量"。算法技术与用户之间存在无法消弭的技术壁垒,不仅是用户无法知晓算法如何处理自身信息,就连技术人员也常言"算法具体怎么算的,我们也不清楚"。信息处理者可以对生物识别信息所要应用的场景加注标签,注明信息"灌入"界面的信息使用目的与场景主题,从大场景逐渐细分到小场景,把智能分配、核对算法与可解释人工智能作为中间层,对信息能否"灌入"新界面进行审查,将信息收集目标—使用目标—场景主题这个框架以可理解的形式记录在用户端报告中,实现对"黑箱"的标注。

(三)生物识别信息传播"场景—目的"分级、分类

近年来,无论是智能服务业界还是国家管理部门都高度重视场景应用现状、问题及价值,对大、中、小场景的一体化系统进行研究及规范。2023 年 5 月 23 日,由中国电子技术标准化研究院、清华同衡智慧城市研究院牵头制定的国家标准《GB/Z 42759—2023 智慧城市 人工智能技术应用场景分类指南》,经市场监管总局(标准

委)批准发布,该指南将人工智能技术应用场景分为四大板块:民生服务、城市治理、产业经济以及生态宜居,结合多个人工智能技术应用小场景,指导智慧城市大场景中的人工智能技术开发与应用。在日常生活中,我们也能看到场景分类在划分服务领域、快速引导用户使用等方面的应用。例如在商场指示牌上,将每一层归纳为"美学家"(美妆、首饰类)、"潮流军"(潮流服饰、皮具类)、"美食家"(餐饮类等),主动引导用户匹配所需场景。基于场景的商品分类本质上是希望给用户带来新的场景体验,让用户思维不只停留在商品本身。当把一件商品融入具体需求场景以后,用户除了对商品本身产生兴趣外,也能在同类场景中对不同商家进行对比,享受更为便捷的服务。此外,我国各地区纷纷出台生物识别技术应用场景分级规定,完善生物识别技术应用规范。例如 2023 年上海市发布《公共场所人脸识别分级分类应用规范》(征求意见稿),将人脸识别应用的公共场所按照应用场景和应用领域划分为两级。应用场景分为社会管理、行业应用及其他三类。公共场所实施人脸识别等级风险要素包括五项:应用目的风险、底库规模风险、覆盖密度风险、管理水平风险和网络环境风险。这种分级分类规定为规范使用生物识别技术提供了更细化的系统性思路。

　　生物识别信息分级、分类保护策略的主旨是在明确的法律框架内,将信息处理活动与更广泛的社会场景目的密切结合,实现更加符合法律规定和伦理要求的数据管理。各项智能技术在社会多领域的普及使用,有效提高了人们的生活水平与活动效率。正因如此,应当同时兼顾生物识别信息传播的安全性与灵活度。首先,提升场景风险评估能力,重视技术使用对大面积用户隐私威胁风险,提高生物识别信息收集场景与应用场景的匹配性。其次,以"目的常量"为抓手,在保证生物识别信息使用目的一致性的前提下,尽可能保障技术应用的灵活性。再次,结合风险评判与目的一致性规范,建立更加细致的生物识别信息传播分级分类框架,把握大场景应用整体情况,重视中、小应用场景潜在漏洞,为生物识别技术的后续使用提供切实可靠的应用规范标准。

　　(1)场景风险评估:对生物识别信息处理进行细致的风险评估,包括但不限于数据泄露、不当使用和对隐私权的潜在威胁,以识别与社会场景目的不一致的风险因素。

　　(2)目的常量限制:以生物识别信息在跨场景传播中的必要"常量"为基础,根据场景风险等级限制生物识别信息传播,要求生物识别信息传播必须在不改变"目的常量"的情况下合规传播,根据场景风险程度调节规范要求。

（3）信息安全保护措施分级：针对不同风险级别和社会场景目的，采用相应级别的安全和隐私保护措施。这些措施整合技术、制度和法律多方面要求，如加密存储、访问控制和数据保留政策等，确保生物识别信息在处理周期内得到有效的法律保护。

表 8－1　　　　　　　　生物识别信息传播场景分类、风险分级

场景类型	信息用途	主要风险类型及等级	目的常量限制
政府及公共部门	1. 身份验证 2. 政府服务访问控制 3. 社会福利分发 4. 公民身份认证 5. 应急管理	信息泄露风险：低 隐私侵害风险：低 身份监控风险：高	宽泛型：为政府及公共部门合法活动（多种类型）必要目的，可以收集、传播生物识别信息，尽可能获取个人同意
医疗、科研	1. 患者身份验证 2. 医疗记录访问控制 3. 药物配制 4. 手术室访问控制 5. 生物标本追踪 6. 医疗设备访问控制 7. 临床等科学研究 8. 诊断和治疗规划	信息泄露风险：中 （医院档案系统保密、去标识技术参差不齐） 隐私侵害风险：低 医疗信息滥用风险：中	集中型：为医疗、科研活动必要目的，可以收集、传播生物识别信息，必须获取个人同意。（在医院内非医疗活动目的不许可）
校园、培训机构等教育场所	1. 学生、教师身份验证 2. 考勤管理 3. 实验室安全 4. 园区安全 5. 学生、教师健康管理 6. 教育、科研系统访问控制（图书馆、内部网等） 7. 课程研究	信息泄露风险：中 （各学校、科研机构信息保密、去标识技术参差不齐） 隐私侵害风险：中 （过度监测导致侵害隐私；例如课堂实时人脸捕捉）	严格型：为教育安全管理及教育质量提升两项必要目的，可以收集、传播生物识别信息，应明显标注信息收集行为。（用于提升教育质量时不应让学生、老师感到负担）
金融、银行	1. 身份验证 2. 账户安全 3. 贷款及信用卡申请	信息泄露风险：高 （一旦信息泄露，账户面临损失，且受侵害人的生物识别信息可能永远不可用于金融、银行领域） 隐私侵害风险：低	严格型：为用户身份验证、账号安全、贷款及信用卡申请三项必要目的，可以收集、传播生物识别信息，必须获取个人同意

续表

场景类型	信息用途	主要风险类型及等级	目的常量限制
办公场所	1. 门禁控制 2. 员工考勤 3. 计算机登录 4. 会议室预订 5. 设备控制 6. 打印机与复印机使用 7. 员工离职处理 8. 食堂和自动售货机支付	信息泄露风险:高（各企业信息保密、去标识技术参差不齐） 隐私侵害风险:高（员工难以拒绝雇主的生物识别要求,部分企业雇主会通过生物识别技术监控员工效率）	严格型:为员工考勤或工作种类所必需,可以收集生物识别信息,必须获取个人同意。原则上不允许处理生物识别信息
公共场所安防	1. 入口、出口控制 2. 视频监控 3. 人群管理 4. 失物寻找 5. 事件调查 6. 恐怖分子预防 7. 公共交通安全 8. 活动安全	信息泄露风险:低 隐私侵害风险:低 身份监控风险:高	宽泛型:为公共场所安防必要目的,可以收集、传播生物识别信息,尽可能获取个人同意
旅游与酒店	1. 酒店入住 2. 门锁控制 3. 支付验证 4. 客户身份验证 5. 设施访问控制（如健身房、SPA 等） 6. 行李管理 7. 导游服务	信息泄露风险:高 隐私侵害风险:高	严格型:为公安部门要求的客户身份验证所必需,可以收集生物识别信息,必须获取个人同意。不允许处理生物识别信息
军事与国防	1. 士兵身份认证 2. 访问控制 3. 武器控制 4. 特殊任务身份验证 5. 监测敌对人员 6. 伤员识别 7. 防止军事间谍	信息泄露风险:低 隐私侵害风险:低 身份监控风险:低 数据安全风险:高	宽泛型:为军事与国防活动所必需,可以收集、处理、传播生物识别信息。需加强生物识别技术安全性能,防止技术被敌对势力盗用、入侵
司法系统	1. 嫌疑人身份验证 2. 刑事调查 3. 庭审过程 4. 囚犯管理 5. 证人识别 6. 刑罚执行 7. 失踪人员寻找 8. 犯罪预防	信息泄露风险:低 隐私侵害风险:中 身份监控风险:中 权力滥用风险:高	集中型:为司法活动必要目的,可以收集、处理、传播生物识别信息。（在司法场景中非司法活动必要目的不许可）

续表

场景类型	信息用途	主要风险类型及等级	目的常量限制
用户服务	1. 设备解锁 2. 支付验证 3. 身份验证 4. 社交媒体登录 5. 健康和运动追踪 6. 车辆启动 7. 个性化体验 8. 客户服务	信息泄露风险:高 隐私侵害风险:高 技术失灵风险:高	严格型:为用户身份识别、提供服务所必需,可以收集、处理生物识别信息,必须获取个人同意。尽量不使用生物识别技术,使用该技术时,应提供非生物识别的身份验证方案

二、"新治理"比例原则

(一)风险与效益比例

对生物识别所蕴含的风险与效益应作丰富、立体的理解。目前,面对数据传播形态,传统的"成本—收益""风险—收益"理论遭遇一系列困境。其一,生物识别风险既包含事实判断,亦包含主观性价值判断,具有"客观风险"与"价值风险"两个维度。例如,个人生物识别信息因技术漏洞而被盗取,个人信息泄露,这是客观风险;个人隐私有可能受到侵犯,以及个人并不希望自己的信息泄露,这是价值风险。正如技术风险伦理学者 Hansson S. O. 所言:"真正的挑战是识别风险描述中固有的各种类型的事实和价值成分,并理解它们是如何组合的。"[1]其二,生物识别信息风险与效益相互交织。生物识别信息作为新一代身份密钥具有独特的应用价值,是数据价值挖掘的重要因素,但无论是生物识别信息收集效率的提升,还是对该信息的深入处理,都势必伴随着更多且更为隐蔽的风险。其三,生物识别信息传播涉及损害结果的集体性衡量,而非简单的个体与个体、个体与群体间的权益衡量,加之数字权益本身的无形性,进一步增加了不同利益群体间诉求的衡量难度。[2] 所谓"新治理"比例原则旨在强调在不同因素之间保持动态化的平衡,实现风险管理、权力分配与法律适用的全方位有效调和。对数据传播的无形性,可以通过可解释人工智能、预警界面设计等将风险与效益的无形化转化为可感知、可衡量的具体

---

① Hansson S O. Risk:Objective or Subjective,Facts or Values[J]. *Journal of Risk Research*,2010,13(2):231—238.

② 李晓东. 比例原则视角下网络远程勘验中的个人信息保护[J]. 大连理工大学学报(社会科学版),2024,45(01):97—104.

内容。

（二）多元主体责任与权力比例

当前，平台权力改变了以往"公权力—私权利"二分式的权力（利）结构，使得数字平台具备了主体性，而不仅仅只是一个社会的基础设施。[①] 拥有数据处理能力的平台创造了算法统摄下的社会秩序，正挑战网络世界以及现实世界中的经济、政治、文化与社会生活格局。生物识别信息传播所遭遇的风险背后，反映了数字化时代多元主体"争抢"数据的利益冲突，也反映了平台权力的隐性扩大与责任履行问题。然而，"以个人信息保护为代表的新型数字权益的一个重要特征在于，其规制逻辑的出发点在于规范而非禁止使用"[②]，严格控制信息传播与数据使用，会限制数据市场价值生产与创造。生物识别信息传播过程中的主体具有多元性，包括信息主体、数据收集者、数据处理者、数据使用者、监管机构以及数据第三方等。调和多元主体之间的权责关系，可以同时保护用户个人信息权利和促进数据生产的活力，规范数据处理的安全性。

责任与权力的比例原则源于信托义务、公司治理、社会契约论和问责框架等理论，本质上是为了保持一种平衡，即有权影响他人或管理敏感信息的实体应当承担相应的责任。广义上的比例原则正是规范包括国家与个人、平台与个人在内的主体间权责关系的法律原则，"比例原则权衡公共利益与基本权利之间的冲突，或者权衡基本权利与基本权利之间的冲突，以限制公权力对基本权利的过度侵害"[③]。欧盟在数据产业规制中引入比例原则，基本承袭了德国警察法考察比例原则的三要素，亦称为"三阶"理论，或"三阶"原则。[④] 首先是适当性原则，评估数据处理对于实现其追求的目标是否适当。一方面是数据处理是否基于"正当目的"，目的的正当性需要符合司法参照系统的认可。另一方面是数据处理与目的之间要有"合理联系"，即数据处理的方式要符合所设定的预期目的。其次，是必要性原则，又被称为"手段—目的检验"策略，评估数据处理的方式是否对所涉及的其他主体权利影响最小。最后，是均衡性原则，评估数据处理所带来的益处是否超过对其他主体权利造成的损害。"三阶"理论对数据处理方的责任与权力比例进行了规范，数据处

---

① 仇壁迪.数字平台参与刑事司法治理的角色定位及其完善[J].天府新论,2023,(05):118－130.

② 裴炜.刑事侦查程序的数字化转型[J].地方立法研究,2022,7(04):1－17.

③ 张兰兰.作为权衡方法的比例原则[J].法制与社会发展,2022,28(03):187－205.

④ 张倩雯.政府数据开放中个人信息保护的比例原则限制——基于欧盟经验的比较研究[J].图书情报工作,2023,67(07):24－34.

理方只有遵循正当目的、处理策略必要性以及效益大于损害等责任,才能对所获得的数据进行分析、传输。

从生物识别信息属性角度看,权力与责任比例原则不仅要规范信息处理者,而且要求作为信息主体的个人与监管机构都应遵循比例原则。(1)对于信息处理者而言,生物识别应当是用户身份认证的辅助技术,即同时保留多种身份认证通道,在保障信息安全的前提下,确保所收集的用户生物识别信息的后续使用不脱离原始场景收集目的,如需拓展信息使用场景,应再次获得用户明确同意。生物识别信息能为信息处理者提供 N>1 的价值倍增效果,同时也意味着信息处理者应负有更多的信息开发与保护责任。(2)对于个人而言,在行使对生物识别信息使用的知情权、同意权、删除权等权利时,首先,应评估对敏感个人信息不被人知晓的隐私期待与信息使用之间是否冲突,若收集、处理生物识别信息是为了公共利益、科学研究、提供服务等所必需,则个人对生物识别信息的控制权比例要有所降低;其次,应评估个人在信息处理过程中所受到的影响是否大于其所获得的益处,例如为维护公共场所秩序,如果设置过多的侵入式生物识别设备,则对个人造成的干扰就大于其在公共安全中所获得的益处。(3)监管机构管理与监督生物识别信息传播也应当遵循比例原则,确保平衡公共利益、个人隐私保护以及市场发展之间的冲突。首先应评估执行监管责任是否具有统一度量标准,确保在法律授权下按照法定权限、程序和形式进行决策;其次是评估在市场与个人保护过程中决策的合理性;最后,评估监管过程中对公共利益与个人权利之间的调节均衡性。

(三)部门法适用比例

目前,我国个人生物识别信息保护附属于个人信息保护体系,散见于民法、行政法、刑法和各监管部门的规范性文件中,可以直接援引用于保护个人生物识别信息的法律规范不仅有限而且法出多门。[①] 在民法领域,我国构建了以《民法典》为中心、以 3 部单行法为主干、以其他规范为补充的完整个人信息和数据保护体系[②],在立法层面将生物识别信息囊括在个人信息范畴中加以规范和保护。《民法典》将个人信息置于人格权编之下,同时采用隐私权与人格权保护机制,对生物识别信息概念的界定遵循个人信息认定标准,要具有与特定个体相关联的可识别性。《网络安全法》与《数据安全法》将生物识别信息纳入个人信息保护范围,但未对生物识别信

[①] 曾昌.分离困境与整合路径:大数据时代下个人生物识别信息保护制度之完善[J].云南社会科学,2021,(05):114—122+187.

[②] 韩文.语音数据法律风险防范的本土制度构建[J].法商研究,2023,40(05):90—102.

息的收集、使用、存储等进行细致规定。2021 年 11 月生效的《个人信息保护法》在上述法律基础上,对个人信息收集和处理的具体环节、权利和义务主体进行了规范,明确生物识别信息保护的权限划分,成为生物识别信息保护"软法"与实际诉讼裁判的主要法律依据。在刑法领域,1979 年、1997 年《刑法》都没有关于个人信息的保护规定,2009 年,《刑法修正案(七)》《刑法修正案(九)》对出售、非法提供公民个人信息罪和非法获取公民个人信息罪进行了规定,但公民个人信息仍未包含生物识别信息。2017 年,《最高人民法院、最高人民检察院关于办理侵犯公民个人信息刑事案件适用法律若干问题的解释》第 1 条"公民个人信息"虽然未列举生物识别信息,但学界普遍认为可通过第 1 条的"等"字,将生物识别信息列入公民个人信息,与生物识别相关的刑法裁决也可根据"侵犯公民个人信息罪"以及侵犯公民个人信息罪的入罪标准予以定罪。

　　生物识别信息保护适用不同位阶的法律及规范文件,实则反映生物识别信息日益复杂的属性及保护的多元性。一方面,长期以来,生物识别信息所映射的人格利益是重点保护内容,很早就将其纳入人格权保护。随着数据要素价值的日益凸显,基于传统民法思维,如果仍然局限于人格权保护范围,则无法回应生物识别信息所包含的多元权益属性。同一权利对象可以包含多种(利益)价值,原先认为只包含人格利益的客体,随着生物识别技术的开发使用,也日益凸显财产价值;原先认为只具有财产价值的客体,如相片、纪念物等也具有人格价值,此外,有的对象可能一诞生就兼具人格价值和财产价值,如知识产权。[①] 生物识别信息经过识别、处理后成为数据,作为单一数据使用,可以识别身份、分析情绪及身体状况,同时还可以作为训练生物识别技术模型的"喂养"原料;与其他个人信息结合用于整合数据,可以更全面地了解个人身份、形象、偏好、需求,或结合其他数据分析群体市场等。因此,生物识别信息包含人格、财产等多种权益。另一方面,生物识别信息违法行为的复杂性使其适用于不同的部门法。生物识别信息违法行为分为两类,一类是以生物识别信息为对象的侵权行为,另一类是以生物识别信息为工具的违法行为,目前我国对于生物识别信息使用违法行为没有进行分类,导致民法与刑法之间的适用界限模糊,以及刑法介入限度的难题,因此,应该按照部门法适用比例原则,分类适用不同法律解决生物识别信息侵权问题。

---

　　① 吕江鸿.跨部门法视角下中国个人信息法律保护制度研究[J].南宁师范大学学报(哲学社会科学版),2023,44(03):109-120.

随着算法及网络技术的不断发展,生物识别信息人格利益、财产利益等多种价值日益凸显,"民—行—刑"三大部门法要对生物识别信息的特殊人格属性、财产属性以及其他属性做出回应,必须解决彼此之间的协调问题。以生物识别信息保护检察公益诉讼为例,由于现有法律供给不足,如《网络安全法》《数据安全法》未设置检察公益诉讼条款,行政执法与公益诉讼检察的横向合作也需要优化,部门法之间以及部门法与诉讼程序之间的衔接、协同有待补强立法供给。此外,生物识别信息传播主体具有多元性,包括个人、企业、政府、司法机构等都能成为传播者,生物识别信息可以在政府、企业等多元场景中传播。目前,我国比较强调企业自我治理,但企业收集和处理生物识别信息时往往存在过度挖掘、多次转输等不合规行为,由于算法的隐蔽性和政府审查的滞后性、有限性,企业自我治理效果十分有限。推进企业自我治理与政府合作规制的衔接至关重要,单纯的行政监管抑或企业自律都存在弊端,必须将两者结合起来形成合力,才能在个人信息保护领域发挥最大效用。[①]

第二节　规制对象:公权力机构、信息处理者、信息主体

目前,国内生物识别信息收集和使用过程形成了以公权力机构为主导,以信息处理者为核心,以信息主体为信息供给的多主体生态系统。公权力机构将生物识别技术应用于各种信息处理场景,开展公共管理和公共服务活动;信息处理者收集和处理生物识别信息,将数据库用于各种商业服务和公共服务场景,有时与第三方机构共享数据库;信息主体既向公权力机构和处理者提供生物识别信息,也有可能使用他人的生物识别信息。公权力机构、信息处理者和信息主体在不同层面收集、处理和使用生物识别信息,需要分别承担相应的法律义务。

一、公权力机构

生物识别信息收集和使用过程中,公权力机构既是监管主体,也是信息使用主体。根据相关法律要求,公权力机构既通过公安天眼、海关、行政服务中心等场景

---

① 张继红.大数据时代个人信息保护行业自律的困境与出路[J].财经法学,2018,(06):57—70.

直接收集和处理生物识别信息,也通过联网等方式监管酒店、机场、各 App 等场景所收集的生物识别信息,所收集、掌握的公民生物识别信息数量非常庞大。正因如此,公权力机构必须遵循生物识别信息使用透明及监管授权具有正当性和限制性的要求。

（一）信息使用的透明度要求

党的十九届四中全会作出的《中共中央关于坚持和完善中国特色社会主义制度推进国家治理体系和治理能力现代化若干重大问题的决定》指出,"坚持权责透明,推动用权公开,完善党务、政务、司法和各领域办事公开制度,建立权力运行可查询、可追溯的反馈机制",把推动政府透明建设上升到制度建设高度加以推进。提升政府工作透明度对于建设公众的政府信任、改善政府形象、促进政府问责、增加公众参与、减少腐败等方面至关重要,也是我国完善现代治理体系的重要举措。[①]有学者将政府透明定义为组织披露信息,使外部参与者能够监控和评估其内部运作与绩效。既包括机构开展的"主动"披露活动,也包括机构对外部需求做出反应的"被动"形式的透明。[②] 生物识别技术发展迅速,已经在社会医疗、公共教育、电子政府等公共领域得到广泛应用。目前,我国基本实现人脸、指纹录入系统的全覆盖,公民在政府部门办理各种事务都可使用人脸识别和指纹识别进行身份认证;随着智慧政府的建设与发展,生物识别信息必将成为政府核对、认证公民身份信息的主要方案之一。履行各种社会公共职能的组织机构,对生物识别信息大多具有惊人的收集速度和超强的信息整合能力,并拥有海量的数据库,对个体的监控甚至超过了公共应用所需的限度。[③] 在此背景下,政府如果不加限制地收集、处理公民生物识别信息极易对公众造成困扰。此外,政府对其他社会机构收集、处理生物识别信息的授权及管理,政府如何处理公民生物识别信息,政府如何做好内部监督等问题,都必须作出明确规定。

当下,我国公权力机构的生物识别信息使用安全性参差不齐,个别地方政府的信息保护技术尚不成熟,存在滥用生物识别收集权限、技术系统漏洞等问题。2019年,湖南省长沙市望城区卫生健康局为推进数字化门诊建设,辖区内 17 家医疗卫

① 新华社. 党的十九届四中全会《决定》全文[R/OL]. (2019—11—16)[2024—04—12]. https://www.ccdi. gov. cn/toutiaon/201911/t20191105_96220. html.

② Grimmelikhuijsen S G, Welch E W. Developing and Testing a Theoretical Framework for Computer-Mediated Transparency of Local Governments[J]. *Public Administration Review*,2012,72(4):562—571.

③ 顾秀文. 大数据背景下个人生物识别信息的克制应用研究[J]. 湖北工程学院学报,2023,43(01):95—101.

生机构陆续使用电子签核系统推送疫苗接种知情告知书,疫苗受种者或监护人点击"同意"时系统自动收集指纹和人脸识别信息,收集电子数据的存储主机均由各社区卫生服务中心管理。截至 2022 年 3 月 11 日,共收集 83 万余条指纹、人脸等个人生物识别信息。检察机关接到群众举报,经调查后确认该医疗卫生机构违反个人信息处理的合法、正当、必要和诚信原则,过度收集服务对象指纹和人脸等个人生物识别信息,且未按要求解决电子签核系统的弱口令、数据未加密等安全漏洞,不能防范未经授权的访问及个人信息泄露、篡改、丢失等高风险,未落实网络安全等级保护制度要求,对敏感个人信息保护的内部管理不到位。[①] 目前,对我国政府使用生物识别信息的技术规范、授权规范以及场景规范有待于进一步健全,防止个别地方政府违法、无序收集和处理生物识别信息。

我国政府收集和使用生物识别信息具有特殊性,考虑到政务工作所涉及的公共利益及社会管理职能,政府获得很大的豁免空间。法律需要审慎界定政府收集、处理生物识别信息的"公共目的",并非所有政府机构或政府授权机构都可以以"公共目的"为事由收集、处理生物识别信息。应杜绝无节制、无限制地收集和处理个人生物识别信息。政府在收集和处理公民生物识别信息时,应规定识别信息使用目的、范围及如何存储、处理和传输;授权相关机构收集和处理生物识别信息时,应考虑被授权机构的应用场景是否有必要收集公民生物识别信息,严格审核被授权机构如何存储、处理和传输所收集的生物识别信息,以及被授权机构的识别目的是否与应用场景相匹配。

政府部门建立健全数据安全管理体系尤为关键。加密技术、访问控制、安全审计等措施应当得到有效运用,防止未经授权的信息访问和数据泄露;建立数据泄露应急响应机制,确保及时应对和处理生物识别信息安全事件。2020 年 1 月 1 日实施的《GB 37300—2018 公共安全重点区域视频图像信息收集规范》对公共安全重点区域视频图像信息收集部位、收集种类、技术要求和收集设备要求做了强制性规定,文件"安全要求"表明:"收集设备的安全等级应至少符合《GB 35114—2017 公共安全视频监控联网信息安全技术要求》中的 A 级前端设备的相关要求。"而《GB 35114—2017 公共安全视频监控联网信息安全技术要求》列举了三项国家标准:A 级前端设备只要求"基于数字证书与管理平台双向身份认证的能力,达到身份真实

---

① 新京报. 卫健、公安未尽到监管职责,公民疫苗接种信息存在泄露风险[EB/OL]. (2023—03—30) [2024—07—13]. https://news. hexun. com/2023—03—30/208142178. html.

目标""B级应具备基于数字证书与管理平台双向身份认证的能力和对视频数据签名的能力,达到身份真实和视频来源于真实设备,能够校验视频内容是否遭到篡改的目标,C级应具备基于数字证书与管理平台双向身份认证的能力、视频数据签名能力和视频数据加密能力,达到身份真实和视频来源于真实设备,能够校验视频内容是否遭到篡改,能够达到对视频内容加密保护目标。"可以看出,国家市场监督管理部门对公共安全重点区域视频图像信息收集规定适用最低标准,仅限于识别身份真实目标;如果视频内容遭到篡改,则不能加以识别与管理,更不能对视频内容做加密保护。因此,目前公共安全重点区域视频图像信息收集还停留于较低的安全层面。如此一来,很多政府部门将生物识别系统及数据库开发外包给相关技术公司,使得政府不再是唯一的生物识别信息掌握者,主动权部分转移到了技术公司手中。[①] 鉴于此,我国政府亟须完善生物识别信息收集、处理、存储及传输系统规范,从技术应用和人员培训两方面提升基础设施、信息系统、网络安全等领域的安全风险防范能力,注重各种应用场景下使用生物识别信息数据的安全性。

此外,政府对上述问题都应实时记录、定期审查,尽可能在政府门户网站或生物识别信息收集场所对信息收集目的、使用、处理以及传输网络进行公示,未公示部分也应做好备案以供审查,把保证系统透明度作为提升智慧政府公信力建设的重要内容,缓解公民与政府之间信息不对称问题。通过公共咨询、听证会等方式,让公众参与到透明度标准制定过程中;对于不遵守透明度要求的公权力机构依法追责,包括罚款、公开道歉或其他法律制裁等。

(二)监管授权正当性与限制性

确保公权力授权正当性是社会治理与法治体系建设至关重要的内容,尤其在涉及生物识别等个人敏感信息应用情境中,政府巨细靡遗地利用个人信息,会引发信息主体对隐私泄露的担忧。[②] 首先,授权的合法性是根本,公权力机构收集和处理生物识别信息行为必须有明确的法律依据。不仅如此,授权必须明确和具体,以减少权力滥用或误解。例如,如果某政府机构被授权收集和使用公民的生物识别信息,那么这个授权应明确指出该信息使用目的、收集范围和储存时间等,构成生物识别信息收集和使用的整体性场景框架。将不需要得到主体受权的情形予以法

---

① 张文杰. 人脸识别嵌入政务服务的个人信息安全风险及规避[J]. 科技传播,2022,14(18):139—142.
② 张新宝. 我国个人信息保护法立法主要矛盾研讨[J]. 吉林大学社会科学学报,2018,58(05):45—56+204—205.

定化,并且明确列举出具体的公共利益,以此规范对个人信息的利用。① 与此同时,比例原则也应纳入考量范围,即公权力的行使应与其旨在实现的目的成比例,既不能过度也不能不足。即使在紧急或特殊情况下,权力的行使也必须受到严格的限制和审查,防止因"公共利益"泛化,边界不明晰,众多以维护"公共利益"为由收集、利用个人信息的公权力主体滥用权力的问题出现。②

公权力机构对于生物识别技术使用的内部授权与外部授权应同步加强。一方面,应明确规定政府内部各部门只能收集、使用和存储与其职能相关的生物识别信息,严格限制生物识别信息的使用目的与共享范围,公权力机构对于自身内部使用生物识别的授权不应该是无节制、无限制的,反而应当更加严格地限制生物识别的使用授权。公权力机构如果滥用生物识别,就可能导致社会对于该技术的使用失去谨慎性、严肃性。同时,政府内部一旦出现技术失灵、失范等问题,往往会采用最简单的完善技术、内部通报等处罚措施,这就是一种"有组织地不负责任"现象。因此,强化公权力机构对于内部使用生物识别的授权规范,需要一定程度的授权标准、行为公开,实现管辖权、治理权的开放,使公众、专家与决策者之间的闭门协商转化为多种能动者之间的公开对话。③ 另一方面,可以逐步完善生物识别应用备案及审批授权体系。我国目前并未实施全面的生物识别应用备案制度,监管部门对于生物识别应用基本采取滞后性审查、抽查策略,无法全面摸排技术应用问题与风险。2023 年,国家互联网信息办公室发布的《人脸识别技术应用安全管理规定(试行)(征求意见稿)》第 16 条规定:在公共场所使用人脸识别技术,或者存储超过 1 万人人脸信息的人脸识别技术使用者,应当在 30 个工作日内向所属地市级以上网信部门备案。④ 事实上,很多小区、学校等小场景分批收集、存储的人脸信息不足一万份,不足以触发《人脸识别技术应用安全管理规定(试行)(征求意见稿)》备案要求,但这些机构的技术水平及管理能力参差不齐,各种小场景反而更容易存在安全漏洞。因此,应加强生物识别应用备案制度建设,强化对生物识别信息场景应用的事前审查,对非必要、不成熟的生物识别应用不予授权。生物识别应用必要性审查不仅有助于完善生物识别信息大、中、小场景风险评估体系建设,而且有利于事后审

---

① 王利明. 数据共享与个人信息保护[J]. 现代法学,2019,41(01):45—57.

② 陈琬珠. 重大疫情防控中个人信息的利用与限制[J]. 华南理工大学学报(社会科学版),2021,23(02):83—90.

③ 刘筱勤. 顶层设计抑或边缘革命——新常态下公共政策创新的路径困惑与抉择[J]. 领导科学,2015,(14):24—27.

④ 《人脸识别技术应用安全管理规定(试行)(征求意见稿)》,第 16 条。

查生物识别信息使用目的与备案信息使用目的是否存在异质性,节约治理成本,提升审查效率。

为了防止权力滥用,加强对公权力行使的可问责性,必须实施多层次的监督与审计机制,包括建设由立法机关、司法机关或独立第三方组成的多元化监督体系,定期或不定期地评估公权力是否适当、公正和有效地使用生物识别信息,以及是否符合预先设定的目的与限制要求。此外,关于公权力行使的所有重要信息,如行为的目的、方法、影响和时间表等,都应适当地向公众披露,保证公权力授权正当性的全程监督。当公权力滥用或不当行使时,应有清晰的救济与问责途径,以保护公民的基本权益。若公权力机构通过招标采用的信息保护策略水平不足,则需要对该公权力机构进行处罚。

二、信息处理者

(一)信息传播风险控制义务

如前文比例原则所述,对生物识别所蕴含的风险与效益应作更丰富、立体的理解。其实,将生物识别信息置于其所处的复杂信息传播网络中来看,今天的生物识别信息传播风险不仅限于技术应用层面,如在技术应用中产生的权益争端、私领域侵犯等问题。我们需要通过更深层次的视角看到,以生物识别为代表的技术迭代,背后是智能化生产力的指数级增长,正对社会各个领域、场景带来全面风险。享有盛誉的德国社会学家乌尔里希·贝克在《风险社会:新的现代性之路》中指出技术—经济发展所带来的巨大变化:"风险的增长实际上会穿透所有的伪装,并对所有人构成某种全局性威胁······风险使空间、时间和内容上分离的东西建立了直接而危险的关联。"在贝克看来,不断发展的科学可能会淡化、掩饰这种难以计算的现代化风险与威胁,反之,风险的传播与市场化将资本主义发展提升至新的阶段。[①]可以很明显地观察到,无论是生物识别信息处理者,还是其他个人信息处理者,对技术的使用都极具冒险性,这种冒险性表现为以经济效益为导向,缺乏对技术风险的考量,且无承担风险后果的意愿。

2021年,Lobschat 等学者基于商业道德理论,提出了企业数字责任(Corporate

---

① 乌尔里希·贝克. 风险社会:新的现代性之路[M]. 张文杰,何博闻译. 南京:译林出版社,2018:103+129+31.

Digital Responsibility,CDR)概念,从数据生命周期的四个阶段为技术使用组织(科技公司、个人开发者、设计师等等)提供了一套管理数字化运营价值规范:(1)在数字技术开发阶段,需要确保技术的透明度、可问责性与溯源制度①;(2)在数字技术使用阶段,要考虑到同一种技术可能被不同形式地使用,确保合规责任能在各种状态的技术使用中得到体现;(3)在技术检查与影响评估阶段,要将所有的利益相关方都纳入影响评估中,除了技术开发者和使用者外,由于技术的应用,信息主体(个人)要额外付出的成本以及间接遭受影响的环境等外部性问题都应得到充分评估;(4)在数字技术改进阶段,要持续监控技术的透明度与负责性,让依赖这些算法的用户能够理解算法生成结果的机制与缘由,规定用户信息的保留时长等。CDR 数字生命周期理论是基于纵向的时间细分维度,将企业合规管理分配到技术应用的每个阶段。不难发现,企业使用数字化技术所要承担的责任无时无刻不关联着外部的信息主体、环境、社会文化等要素,企业责任不是一种原子式的存在,它植根于这种包含多重主体的关系网络之中。因此,可以结合行动者网络理论,从横向的主体关联维度,进一步深化对信息处理者风险控制义务的理解。

其一,组织义务。信息处理者应当尽力排除可能造成的外部性影响,包括对技术/数据供应商、合作伙伴、信息主体、人工智能体、社会环境、文化在内的所有要素的考量。2020 年 9 月,G5517 长常北线高速长益段正式通车,这是由百度 Apollo支持建设的我国首个可以使用车路协同系统的高速公路,这种智能车路协同技术(Cooperative Vehicle Infrastructure System,IVICS)通过全时空动态交通信息收集与融合,使车辆能够实时获取道路状况、交通信号、其他车辆位置与速度等信息,并将这些信息通过无线通信网络传输至交通管理中心或其他车辆,真正实现人、车、路之间的相互识别。在这个智能体系中,车辆对驾驶用户的语音、动作的识别与处理,会直接影响本车辆和其他车辆的行程规划、车辆状态,甚至是公共路况等。可以说,此时的车内语音识别技术不仅仅对本车驾驶员有影响,而且已经嵌入整条公路架构中了。随着智能化程度的不断升级,生物识别信息传播网络中多元主体的相互依赖性会越来越强,信息决策影响无可避免地超出信息处理者预期控制边界。因此,信息处理者必须意识到自身负有的组织义务,将自身行为置于整个生物识别信息传播网络中进行评估,考虑行为将带来的整体性影响。

---

① 溯源制度指技术处理二手数据时必须考虑数据来源与生成数据的条件,例如用户是否充分的条件知晓并同意数据收集与使用。

其二,安全义务。信息处理者需要严格遵循场景—目标一致性原则,持续研究生物识别信息使用场景与收集目标的匹配措施和检测手段,激发生物识别信息在同类场景中的应用与传播价值,保护跨场景传播的信息安全。生物识别信息属于敏感个人信息,但这种信息的使用范围越来越广泛,信息处理者必须承担安全控制义务。对于一般个人信息,信息处理者可以在符合信息收集、处理范围要求条件下,享有对数据的持有、使用、处分及收益权。对于生物识别信息,信息处理者的控制权范围不仅被严格限定在收集场景所规划的数据收集及使用目的内,而且对数据使用及处分不应超出初始场景应用所规划的目的。比如,一个社交平台 App 允许用户通过人脸识别登录账号,在账号登录场景中,用户服务协议表明所收集的人脸信息仅仅用于账号登录时的身份认证,以保护个人账号安全。社交平台的信息处理者需要保护好未做匿名处理的生物识别信息,只能将这些信息用于用户登录服务场景,严格禁止将其用于用户偏好分析等场景。因为生物识别信息的使用并非用户偏好分析所必需,也不符合收集场景中的目的限制要求。

其三,转化义务。信息处理者应将处理信息的宗旨、目的、方式以及维护措施转化为技术使用者、第三方和用户的可操作指南,使相关主体有知晓信息处理过程的渠道。随着信息技术和计算机技术的发展,生物识别信息能被挖掘出更多的显性价值与隐性价值,经过技术分析加工后的生物识别信息数据控制权也随之为处理者所拥有。我们谈到信息处理者,首先就会联想到操纵技术的一批人,其实,这仅仅是技术塑造新社会秩序的最初表现。今天,我们需要在智能文明视角下看到信息处理者成为新的媒介。信息处理者既不是远离社会公众的技术孤立体,也不是凌驾于公众之上的技术驾驭者,而是生物识别信息应用的重要环节,其对生物识别信息拥有解读能力、控制能力及再生产能力。作为新型媒介,信息处理者一端连接着个体化的用户,一端连接着被技术不断改写的社会形态。在人与人、人与技术、人与企业、人与政府、企业与政府所构建的复杂的生物识别信息传播网络中,信息处理者必须承担起信息建构与解答的责任,也就是所谓转化义务。以用户为代表,将生物识别信息处理转化为用户可知晓、可理解的形式,不仅仅是在连通用户与技术,而且在更深层次上,促进用户与所有参与生物识别信息传播主体之间的连通性,使用户知道哪些主体使用了自己的信息,了解自身信息以何种方式融入社会进程之中,降低风险的发生与扩散概率。

（二）保证生物识别信息使用的准确性、安全性和合规性

在我国现行法律中,《民法典》《数据安全法》以及《个人信息保护法》等法律为

信息处理者如何合规收集、使用、存储生物识别信息提供了指南：(1)生物识别信息的收集与处理必须征得自然人或监护人同意，告知信息处理必要性以及对个人权益的影响①；(2)处理生物识别信息应当遵循合法、正当、必要、透明原则②；(3)保护生物识别信息的安全性、一致性(防止信息泄露、篡改、丢失等)③；(4)在自然人提出查阅、复制、更改、删除信息时，应依法配合④。由于生物识别信息属于敏感个人信息，生物识别技术也是在近年来才得到广泛应用，因此现有法律对生物识别信息的处理规定还需要作进一步优化。

其一，信息获取目的方面。我国《个人信息保护法》第 28 条规定："只有在具有特定的目的和充分的必要性，并采取严格保护措施的情形下，个人信息处理者方可处理敏感个人信息。""特定目的"这一表述非常模糊，应规定信息处理者只能基于在使用生物识别信息比其他方法(如密码、身份证件、相关账号等)更有显著便捷性⑤、为提供服务所必需、公共安全、学术研究等目的，才能收集生物识别信息。

其二，信息处理方面。(1)《个人信息保护法》第 55 条、第 56 条规定信息处理者处理敏感个人信息应当事前进行个人信息保护影响评估，并列举了评估应当包含的内容，这里的"事前"不应是处理生物识别信息之前，应当规定为收集或获取生物识别信息之前。信息处理者对生物识别信息的使用，会使生物识别信息在"个人信息"属性之外，增加"数据"属性。生物识别信息经过技术处理，以数字化形式呈现，成为只有算法才可以读取的数字化模板，它是个人无法直接理解的形式。同时，生物识别信息也由此发挥出身份比对以外的功能，比如使用多人生物识别信息汇集分析群体形象、个人生物识别信息与其他信息联系深度剖析个体等，生物识别信息转化为数据可以参与智能化信息价值生产循环中。生物识别信息之于个人，关乎人格、隐私；数据之于信息处理者，只是一种生产原料，关乎产权与同业竞争。因

---

① 《中华人民共和国民法典》(2020 年 5 月 28 日主席令第四十五号)，第一千零三十三条、一千零三十五条、一千零三十六条、一千零三十八条；《中华人民共和国个人信息保护法》(2021 年 8 月 20 日主席令第九十一号)，第十三条到第十八条、第二十九条、第三十条等。

② 《中华人民共和国民法典》(2020 年 5 月 28 日主席令第四十五号)，第一千零三十六条；《中华人民共和国个人信息保护法》(2021 年 8 月 20 日主席令第九十一号)，第五条、第六条、第七条、第二十八条等。

③ 参见《中华人民共和国民法典》(2020 年 5 月 28 日主席令第四十五号)，第一千零三十八条；《中华人民共和国个人信息保护法》(2021 年 8 月 20 日主席令第九十一号)，第八条到第十条、第十九条等.

④ 参见《中华人民共和国民法典》(2020 年 5 月 28 日主席令第四十五号)，第一千零三十七条；《中华人民共和国个人信息保护法》(2021 年 8 月 20 日主席令第九十一号)，第四条等。

⑤ 例如很多 App 在用户选择指纹识别方式后，还被要求设置账户密码，这种情况则不具备"显著便捷性"。

此,信息处理者对所掌控的数据进行安全评估的需求与方式,与对生物识别信息进行安全评估的义务与方式有所区别。一般来说,数据使用是信息处理者达成各种价值的手段,需要将单条数据整合进所谓的"大数据"体系中才能产出效益,安全评估环节可以在数据处理之前或之后进行,即便遭遇数据泄露、剽窃、遗失等问题,所造成的部分损失也可以通过反不正当竞争等方式追回。反之,按照我国现有法律,生物识别信息关系到的人格权、隐私权等,难以按照数据加以保护。质言之,需要在生物识别信息处理之前进行预防性的安全评估,防止生物识别信息的不当利用对个人造成无可挽回的损害。因此,在安全评估问题上,信息处理者不能将生物识别信息与数据混同,应当在预备处理生物识别信息之前,即收集或获取生物识别信息这个步骤之前,就对信息处理的全部过程进行安全评估。前置性的安全评估内容不仅要包含《个人信息保护法》第 17 条、第 56 条规定的内容①,还应评估各种外部性因素带来的风险,例如第三方的哪些行动可能会对个人造成损害。并且,应当定期重复个人信息保护影响评估活动,尤其是在生物识别信息处理体系中有新的相关第三方主体加入、信息处理者内部架构调整、信息处理方式或存储措施调整等关键时间点,必须重新评估生物识别信息处理的安全影响。强化这种安全评估要求,不仅有利于保护生物识别信息相关权利的积极预防,同时也有助于信息处理者向监管机关证明信息处理活动的合规性,防止纠纷产生后的责任推诿问题。

(2)生物识别信息使用场景多种多样。在不同场景下,信息处理者应当遵循比例原则,根据信息种类(人脸、指纹、虹膜等)、信息使用目的(公共场所安全与秩序、学校或企业管理、提供网络服务等)、信息使用方式(一对一身份识别、活动率监测、偏好分析等)等因素选择合适的算法处理生物识别信息。②

(3)完善信息处理者设置外部监督机构与个人信息保护负责人规定。《个人信息保护法》第 58 条规定:"提供重要互联网平台服务、用户数量巨大、业务类型复杂的个人信息处理者……应当成立主要由外部成员组成的独立机构对个人信息保护情况进行监督。"由于生物识别信息的特殊敏感性,所有收集、使用或存储生物识别信息的信息处理者都应当履行自我监督责任。如果只要求第 58 条规定的信息处

---

① 包括信息处理者处理个人信息前,要告知个人信息处理者的名称或者姓名和联系方式,个人信息的处理目的、处理方式,处理的个人信息种类、保存期限,以及个人行使《个人信息保护法》规定权利的方式和程序等。

② 郑文阳. 论个人生物识别信息保护中个体权利与公共利益的平衡[J]. 法律科学(西北政法大学学报),2024,42(02):159—168.

理者成立独立的外部成员机构进行自我监督,则无法涵盖部分生物识别信息处理者,例如与小区、学校生物识别信息门禁相关的信息处理者,它们的信息库与关联用户数量都比较小,但这种类型的信息处理者往往无法提供高质量的信息保护技术。要求所有的生物识别信息处理者都要成立由外部成员组成的独立机构,则难免存在为降低组织成本而敷衍了事的情况。因此,可以在第58条规定的基础上,要求所有的生物识别信息处理者设置个人信息保护负责人,不仅能避免信息处理者因不想付出额外成本而敷衍应对的情况,还能通过责任到人的方法提升信息处理者的自我监督效果。

其三,信息保存期限方面。我国《个人信息保护法》第19条规定:"个人信息的保存期限应当为实现处理目的所必要的最短时间。"关于"最短时间"的具体期限语焉不详。2008年,美国伊利诺伊州出台《生物信息隐私法》,规定当收集或获取生物识别信息的最初目的已经满足时,或在信息主体最后一次与信息收集者互动后三年内(两种事项以先发生者为准),应永久销毁信息主体的生物识别信息。2020年美国联邦参议院提出的《2020年国家生物识别信息隐私法案》则将伊利诺伊州规定的三年销毁期限缩短至一年,要求企业必须向公众提供一份书面政策,确定永久销毁生物识别信息的时间期限与准则,时间期限不得超过与信息主体最后一次互动之后的一年。我国相关法律法规中使用"必要目的""最短时间"等用语,体现了面对新型智能技术时所采取的比例原则,在强化个人信息保护力度的同时,保障技术所需的数据量以及未来的创新可能。但长时间存储生物识别信息,就意味着面临更长时间的安全风险,如数据泄露、非法访问或滥用。设定存储时间规定,可以确保信息只在必要期限内保留,避免不必要的数据积累。因此,可以进一步细化保存期限的规定,使法治体系中的比例原则具有实践性,规定信息处理者对于获取的生物识别信息只能保存一年,到期后应再次征得自然人同意,否则应立即删除生物识别信息。对于已经整合到数据库中的生物识别信息,应当进行分离、删除处理,无法分离或暂不删除的生物识别信息必须是匿名处理且无法再次识别到个人的信息。

三、信息主体

(一)个人信息权益
生物识别信息作为敏感个人信息的保护起源于隐私权,随着隐私权法律体系的不断发展与完善,敏感个人信息与个人隐私在范畴、保护目标及法律基础上有一定的重合。① 从法律体系来看,海洋法系国家和大陆法系国家在隐私权保护上表现出不同特点。海洋法系国家,如美国和英国,主要通过侵权法来保护隐私权。当个人隐私权受到侵犯时,被侵权者可以通过提起侵权诉讼寻求法律救济。这种保护模式强调个人权利与自由,注重对侵权行为的制裁和赔偿。大陆法系国家,如德国和法国,倾向于将隐私权纳入民法体系进行保护。这些国家的民法通常包含有关个人隐私权的规定,明确隐私权的法律地位和保护范围,这种保护模式更加注重隐私权的人权属性,强调对个人隐私的尊重与保障。② 随着数字社会的发展,个人信息的产生、收集、处理和利用变得更为便捷、高效,但也带来了隐私边界遭遇冲击的问题,正如有人所言,"私密场所有隐私,公共场所无隐私"的观念现已过时③。由于数字技术的广泛应用,个人信息的流动范围更广,传播速度更快,"数字公民"们的私人生活与公共生活都变得更加数字化、智能化,很多在传统媒体时代属于私密信息或局限于极少数个体共享的秘密活动,在泛媒环境中已脱离私人空间轨道④,私密空间中的个人活动不再是绝对不被人知晓的隐私,公共空间中的活动也不一定不涉及人们的隐私或人格尊严,"私域"与"公域"边界模糊引发私法规范的不适应问题。⑤

　　在美国,很多便利店、商店都安装了人脸识别设备来识别有盗窃记录或退货率高的消费者,联邦贸易委员会曾向联邦法院提起一份诉状指控一家连锁药店通过人脸识别技术禁止这些消费者购物,或在这些人的朋友、家人和其他顾客面前指控他们以前的罪行。此外,还有经常出现识别错误的情况,特别是对女性、黑人、拉丁裔或亚洲裔消费者的人脸识别错误率特别高。有学者指出,数据库分析出的个体形象是"不同于我们"的存在,信息处理者通过生物识别技术应用为个人贴上标签,人们的社会身份也会面临污名化风险⑥,生物识别技术正成为现代化的"黥面"手段。

---

①　郑文阳.论个人生物识别信息保护中个体权利与公共利益的平衡[J].法律科学(西北政法大学学报),2024,42(02):159—168.

②　王学辉,赵昕.隐私权之公私法整合保护探索——以"大数据时代"个人信息隐私为分析视点[J].河北法学,2015,33(05):63—71.

③　丁晓东.个人信息保护:原理与实践[M].北京:法律出版社,2021:14.

④　卢家银.无奈的选择:数字时代隐私让渡的表现、原因与权衡[J].新闻与写作,2022,(01):14—21.

⑤　王学辉,赵昕.隐私权之公私法整合保护探索——以"大数据时代"个人信息隐私为分析视点[J].河北法学,2015,33(05):63—71.

⑥　李学军.数字人身同一认定的技术力量与规制[J].中国法学,2024,(01):145—165.

对于信息主体而言,无论是隐私边界的变化,还是社会化的数字监控与人口管理,在相关风险事件发生或即将发生时,公众都无法立即意识到问题的严重性与风险的危害性。[①] 因此,即便生物识别信息的法理基础、法益权属等与现有隐私权、人格权、消费者权益等范畴有一定重合,国内外还是逐步开展包含生物识别信息在内的个人信息法律保护行动,从国家法律层面限制生物识别信息使用,规范生物识别技术市场秩序。

在个人信息保护视域下,现有研究围绕生物识别信息究竟是赋予信息主体"个人信息权利"还是"个人信息权益"展开讨论。赋予生物识别信息权利的观点认为:(1)构建个人信息权利具有特殊价值。个人信息权可以作为一种与隐私权并列的人格权,有对世绝对性,权利属性可以锚定个人信息传播中主体权力失衡这个重要痛点,只有在法律上明确赋予信息主体对于个人信息的控制权,才能要求信息处理者及公权力机构履行相应的法律义务[②],限制司法裁判中法官的自由裁量权;(2)在法律体系上,可以将《个人信息保护法》视为《民法典》的特别法,《民法典》则是《个人信息保护法》的一般法;(3)对于私法权利保护模式会限制数据流通及价值创造的问题,有学者认为应当将个人信息权利保护与数据保护/流通两个问题分开来看,公法层面所调整的"个人信息",其实是结构化、规模化后的"大数据",对个人信息加以公法层面的保护,不会影响或改变个人信息的私法权利属性,个人信息权利保护模式也不会影响公法层面对于个人信息流通价值的认可。[③]

从生物识别信息权益角度来分析:(1)我国《民法典》及《个人信息保护法》没有对包含生物识别信息在内的敏感个人信息做权利化处理[④],现有法律法规是以"个人信息的受保护权"为中心[⑤],并没有从私法权利意义上构建新的个人信息权,例如《民法典·总则编》第 111 条概括性地规定个人信息受法律保护,只是一种宣示性规定[⑥];(2)从法律体系的稳定性与严谨性来看,应当避免具体人格权的生成与其他

① Chung I J. Social Amplification of Risk in the Internet Environment[J]. *Risk Analysis: An International Journal*, 2011, 31(12): 1883—1896.
② 周汉华. 个人信息保护的法律定位[J]. 法商研究, 2020, 37(03): 44—56.
③ 曾聪. 论个人信息与数据的位阶保护模式[J]. 中国特色社会主义研究, 2022, (Z1): 131—142.
④ 郑文阳. 论个人生物识别信息保护中个体权利与公共利益的平衡[J]. 法律科学(西北政法大学学报), 2024, 42(02): 159—168.
⑤ 林凌. 人脸识别信息"人格权—用益权"保护研究[J]. 中国出版, 2021, (23): 41—46.
⑥ 饶雅文, 张力. 从"权益"到"权利":《民法典》个人信息保护模式的反思与完善[J]. 岭南学刊, 2021, (06): 95—103.

现有法定权利重合、交叉①;(3)从生物识别信息传播过程规定来看,收集、处理生物识别信息时不一定要取得信息主体的明确同意,在更多的情况下,由于信息收集、使用条款非常冗长、复杂,信息主体一般都是做出默示同意,在法律层面允许通过获得信息主体默示同意收集生物识别信息,而非严格限制生物识别信息的收集与使用,其实就是有意降低生物识别信息传播的同意权标准,使信息主体并不享有对信息产生、收集、处理、转让、使用等各个环节的绝对控制权②;(4)从权益分配角度来看,权益保护模式不像权利保护模式那样,将所有的生物识别信息相关权益都划归给信息主体,而是从信息保护与信息流通两个层面切分权益,信息主体享有使自身生物识别信息得到保护的权益,信息处理者也享有使用生物识别信息进行价值生产的权益;(5)从公法与私法角度来看,公民信息隐私问题已经成为公共性问题,智能化的数字技术导致隐私、人格这些范畴需要重新进行理解与界定,隐私权、人格权向"公域"延伸,公法必须介入公民个人信息保护,在规范生物识别信息有序传播、合理使用的同时,要调节信息主体对于自身生物识别信息的滥用与忽视问题。

剖析个人信息传播的现实需求与情况可以发现,随着智能技术的发展,越来越多的个人信息可以转化为数字化形式,经过整合构成人们的数字化身,人们也可以根据不同的观念与偏好,选择是否允许他人收集、使用自己的个人信息。从信息主体、信息处理者到政府,都在个人信息传播与使用层面达成共识——在保证信息安全的基础上发挥其经济效益与社会效益,从根本上消除了个人信息能够作为一种权利的对世属性。保护个人信息只是一种间接保护信息主体隐私权、人格权、名誉权等绝对权利的工具,是一种触及这些利益才引发的抵抗性法益。③ 因此,需要通过公法体系中的权益保护模式来规范个人信息的传播过程。集中到更细致的生物识别信息来看,又会发现此类信息更为特殊。生物识别信息是一种敏感个人信息,生物识别信息权益保护模式应当以场景一致性传播为原则,只有在生物识别信息完全脱敏且不可恢复的情况下,才能允许对信息传播价值的考量大于跨场景—目的传播限制。一是因为生物识别信息不像姓名、手机号等个人信息,自然人可以选择是否公开,生物识别信息的数据化形式一旦被公开,容易涉及身份盗用问题;二是因为未脱敏的生物识别信息,需要强保护模式,其他主体在信息处理及传播的任

---

① 刘召成. 论具体人格权的生成[J]. 法学,2016,(03):26—39.
② 饶雅文,张力. 从"权益"到"权利":《民法典》个人信息保护模式的反思与完善[J]. 岭南学刊,2021,(06):95—103.
③ 林凌. 人脸识别信息"人格权—用益权"保护研究[J]. 中国出版,2021,(23):41—46.

何阶段都没有使之公开的权限;三是生物识别信息脱敏后也可能被反向识别、联合识别。因此,只有完全不可能识别到特定自然人的生物识别信息,才失去可能会对信息主体造成的无可逆转的伤害。生物识别信息保护虽然属于公法层面的权益保护范畴,但需要将"三方平衡"(信息主体、信息处理者和政府三方的利益平衡)的天平倾向于信息主体这一方。生物识别信息传播应当限制在向信息主体告知并取得同意的信息使用场景、目的范围内,如果使用生物识别信息的场景或目的发生改变,致使场景与目的之间不匹配,则需要重新获得信息主体的同意。如果生物识别信息传播突破最初告知信息主体的"场景—目的"范围,信息主体不需要对是否遭受实际损害进行举证,都可以视作生物识别信息权益遭到侵害。随着 ChatGPT、元宇宙等智能技术的不断升级,无可避免地需要使用、分析更多的生物识别信息,"场景—目的"一致性要求有利于在这些新型场景中避免生物识别信息权益面临的未知风险。2023 年,ChatGPT 发生了一起严重的数据泄露安全事故,OpenAI 发表声明承认 ChatGPT 存在漏洞导致部分用户信息泄露,受影响的用户可能看到了另一在线用户的姓名、电子邮件地址、付款地址、信用卡号后四位以及信用卡有效期。信息主体如果使用这种可以结合用户使用信息进行自动化再训练的智能生成技术,那么,初次使用时同意的用户信息分析、处理活动,显然与技术自动化再训练阶段的场景、目的将有很大出入。技术再训练阶段的身份识别与操纵是针对信息主体的虚拟身份权益而言的,虚拟身份权益受侵害不一定影响实在生物识别信息权益。然而,生物识别信息一旦遭遇泄露、滥用则会造成无法挽回的侵害。因此,信息主体生物识别信息的使用必须符合"场景—目的"一致性要求,以避免过度识别、分析虚拟身份信息造成对生物识别信息权益的减损。

(二)权益的可开放性

从历史发展过程看,人们对于网络个人信息的关注焦点经历了从社会公共意义到经济价值,再到法律问题的转变。在互联网发展早期,人们对于网络个人信息的关注主要集中在其作为网络活动内容所具有的社会公共意义或个体关切的意义上。互联网作为一个全新的信息交流平台,为人们提供了表达自我、分享信息、参与社会活动的机会,个人信息成为连接个体与社会的桥梁,具有重要的社会价值与意义。人们关注个人信息的真实性、完整性和可信度,以确保其在网络空间中的有效传播和交流。然而,随着互联网经济的发展,个人信息成为一种重要的商业资源,企业通过分析用户的个人信息,可以了解用户的需求与偏好,从而提供更加精准的产品与服务。同时,个人信息也成了广告商和营销机构的重要目标,通过收集、分析个人信息,可以制定更加有效的营销策略,提高广告投放的准确性与经济效益。在这个过程中,个人信息的经济价值逐渐凸显,引发了人们对于个人信息保护与数据安全的担忧。在网络空间中,个人信息的收集、处理与使用涉及多个利益主体,包括个人、企业、政府等。如何平衡各方利益,确保个人信息的合法、公正、透明使用成为亟待解决的问题。同时,随着智能传播深入生活的方方面面,人们逐渐产生一种"隐私倦怠"心理①,倾向于享受更便捷、有趣的信息服务而忽视难以管理的隐私问题。人们开始期待法律对于个人信息权法律属性、权利内容与行使方式的规范,以及个人信息侵权的法律责任与救济途径等问题的规定,以缓解私人在面对隐私滥用时的无力处境。同时,政府也加强了对个人信息保护的监管力度,制定了一系列法律法规和政策措施,以规范个人信息的收集、使用和处理行为。

生物识别信息与实际的身体特征(例如人脸、指纹)不同,信息化的生物识别特征可以被一个人独享,也可以被很多人共享,基于数字网络的可分享性允许生物识别信息在不同个体之间传递、共享,而不会像一般物品在传递过程中发生损耗、变形等缺失,这种可分享性是生物识别信息权益让渡的客观基础。② 例如在元宇宙或生成式人工智能等虚拟环境中,用户的数字化身份不仅仅是传统的账号与文本性描述,而是可以通过视觉形象、技能和社会互动等多维度来展现用户的个性化特征。③ 这种身份的建立与维护,需要更为精确、独特的认证方式,生物识别信息因其独特性与不可复制性,就成为理想的认证手段。在"用户参与模式"中,用户不仅是技术的消费者,也是内容和模型的创造者。④ 生物识别信息基于可分享性进行传播,不仅是提高交互体验的工具,也是用户参与人工智能发展的重要元素。同时,生物识别信息权益关联到信息主体的人格权,结合国内外通用的"告知—同意"法律保护规则来看,法律认可信息主体拥有对于这种人格权益的自由支配权,有权决定是否以及在何种程度上让渡自己的生物识别信息权益。此外,生物识别信息权益体现出一种相对性特征,是相对于其他价值(如公共安全、社会效益等)存在的一种法益。在公权力机构为维护公共秩序、保障公共利益,或考虑数字产业发展效益的情况下,信息主体需要让渡一部分生物识别信息权益,可视作信息主体在数字化

①　段秋婷,张大伟,陈彦馨."精于算计":社交媒体用户隐私保护脱离形成机制探讨[J].图书馆杂志,2024,43(02):109−121.

②　董淑芬,李志祥.论大数据后疫情时代的隐私让渡[J].齐鲁学刊,2023,(04):62−72.

③　林凌.构建元宇宙敏感个人信息保护二元机制[J].当代传播,2023,(02):99−103.

④　王东方.生成式人工智能对个人信息权益的侵害风险及其法律规制[J].征信,2024,42(02):31−37.

公共空间中生存的信息传播义务。[①]

此时,需要从生物识别信息权益让渡的合理边界与权益计算理论两个方面进行讨论,避免在权益让渡过程中产生信息滥用问题。一方面,生物识别信息传播应当遵循正当性原则、最小化原则、自主性原则以及可控性原则,以"场景—目的"一致性作为生物识别信息权益让渡的实践性标准,确保信息权益让渡始终在合理限度内进行。另一方面,得益于多方安全计算、联邦机器学习、同态加密和可信执行环境等数据加密措施,生物识别信息开发与利用的安全性得到提升,可以结合权益计算理论,促进信息主体通过信息提供成本与传播收益评估做出权益让渡决策。以贵阳大数据交易所为例,2023 年 4 月 25 日,该所宣布监督并协助完成中国首例个人数据的场内交易。数据交易所根据数据质量、准确性、时效性与稀缺性等因素确定数据价值,再通过专业的数据评估模型或第三方评估机构,对数据进行定价,用户可以通过平台获得个人简历数据产品交易潜在的利润分成。对于生物识别信息而言,也可以通过对信息准确性、清晰度及稀缺性等质量评估方法,根据市场对生物识别信息的需求(科研、安全、医疗健康等领域为主),构建生物识别信息权益计算框架,在确保生物识别信息的价值计算与使用符合《个人信息保护法》《数据安全法》等相关法律法规要求的前提下,结合加密、脱敏、访问控制等技术手段,推进生物识别信息权益的价值分配与流通体系的建构。

第三节　规制路径:技术审查、平台审查、内容审查、司法救济

一、技术审查

倾向于技术自由主义的学者们认为技术创新应享有最大程度的自由,应当使监管最小化以避免阻碍技术创新。例如区块链纯粹主义者倡导完全通过"链上"的自动化安全管理,减少人工干预,避免错误或漏洞的增加。[②] 然而,随着技术对社会的影响日益显著,特别是人工智能、数据科学及生物技术的发展,人们开始认识到需要更加审慎地监管技术,以防止潜在的滥用与风险。包容性监管是对创新的包

---

①　龙卫球. 数据新型财产权构建及其体系研究[J]. 政法论坛,2017,35(04):63—77.
②　刘沁予. 智能合约下的消费者权益保护:风险与对策[J]. 学术探索,2024,(03):74—86.

容,审慎性监管是对风险的审慎。[1] 同时,学术界与政策制定者越来越强调法律与技术的共治,即"代码即法律"和"法律即代码"的结合[2],在确保技术发展符合法律规范的同时,让法律能够适应技术发展的脚步。总体来看,目前产生了三种技术规制逻辑:(1)技术中立,使用者为审查对象。这种逻辑基于工具论,认为技术本身是中立的,法律规制的焦点应当集中在技术的使用者身上,而不是技术或其研发者。技术提供者的责任主要体现在产品责任上,即当技术产品无法满足其承诺的性能或存在缺陷时,提供者需要承担责任。(2)技术自主,技术为监管对象。科技实质论认为技术具有自身的特性与影响力,应当被法律所驯化、管制,需要将国家目标和社会观念整合到技术中。如果技术不能满足这些目标或与之冲突,法律将否定或限制其存在。例如,欧盟《人工智能法(草案)》禁止使用某些具有不可接受风险的人工智能技术,并为高风险技术设定了严格的要求。(3)技术是"社会中的技术",强调沟通式治理。社会建构论反对技术自我发展对社会的决定作用,认为技术是社会建构的产物。法律对技术的回应应当采取沟通式治理,关注与技术相关的所有社会群体的互动与协商。这种治理模式强调民主法治过程中的公众参与和利益相关者的协商,以及公共讨论与公私合作的制度平台。技术治理不仅是国家规制的直接协调,还是通过组织非国家主体的有效参与。

近年来,技术发展非常迅猛,尤其是人工智能、生物技术、网络技术等领域的创新给人们带来了难以预测的风险。因此,治理技术的前提应该是对技术进行全方位的审查,通过技术审查识别和预防风险,尽可能确保技术应用不会对社会和个人造成不利影响。同时,技术审查强调技术开发者、使用者应当负有伦理责任,推进企业或研究者在技术开发中考虑社会伦理及影响。此外,人们之所以对于技术治理产生分歧,很大程度上是因为技术的不确定性与未知性,即技术的发展可能超出现有法律与政策的规制范围。在这一层面上,技术审查有助于促进相关法律法规的完善与更新,可以使法治体系及时适应技术变革带来的新问题。

应当构建包含法律审查、行政审查、企业审查与社会监督式审查在内的"四位一体"审查机制。首先,可以通过法律法规层面的合规审查,确保生物识别技术符合法律法规要求。法律审查应涵盖生物识别信息、知识产权、消费者权益等内容。其次,政府部门和监管机构根据国家及各地方政府的文件或技术标准,对技术应用

---

① 侯东德,田少帅.金融科技包容审慎监管制度研究[J].南京社会科学,2020,(10):87—94.
② 林凌.构建元宇宙敏感个人信息保护二元机制[J].当代传播,2023,(02):99—103.

进行监督与评估,确保技术应用不会对社会秩序和公共利益造成威胁。再次,企业内部建立自我审查机制,对技术研发与应用进行自我监督,包括设置伦理委员会、风险评估团队等。最后,促进公民、非政府组织、媒体等参与技术审查,提供多元化监督,通过公众参与、社会调研、媒体曝光等参与方式。"四位一体"审查机制需要各方的合作与协调,明确各自职责与权限,建立有效的移交、沟通渠道,确保审查过程的透明性与公正性。

(一)技术审查法律规律

在我国现行法律中,《民法典》《个人信息保护法》《数据安全法》《网络安全法》以及《消费者权益保护法》对生物识别技术审查提供了总体性规定。我国现行的各种生物识别技术标准,则对生物识别信息收集、处理、存储和使用提供规范指南,形成了包括生物识别信息全生命周期安全要求体系。在法律法规及国家标准适用过程中,应当重点考量法律内部协调性以及法律的技术面向两个重点问题。

一方面,虽然我国尚未颁布生物识别信息保护的专门性法律,但《个人信息保护法》中关于敏感个人信息的规定为生物识别技术审查提供了可操作性标准。在技术审查过程中,遵循特别法优先于一般法的原则,即以《个人信息保护法》为首要参考[①],以《民法典》《数据安全法》等法律为原则性框架。特别法通常是针对某一特定领域或特定事项制定的法律规范,其内容更加明确、具体。这种明确性使得特别法能够提供更为精确的指导,减少法律适用中的不确定性与争议。例如《民法典》第1037条规定了信息主体的查阅权、复制权、异议权和删除权,而《个人信息保护法》进一步丰富个人信息主体的权利,增加了知情权、决定权、可携带权等。同时,特别法反映该领域的专业知识和实践经验,具有更强的专业性。随着社会发展和技术进步,个人信息保护领域会不断出现新的问题与挑战,特别法能够及时针对这些新问题提供法律回应,确保法律规范的适应性与时效性。

另一方面,要强化技术审查过程中法律的技术面向,促进法律与技术融合。在生物识别技术审查过程中,新型法律纠纷不断涌现,例如虚拟身份侵权、智能合约纠纷等,往往涉及复杂的技术问题,需要结合相应的技术知识才能保证审查的科学性。具体而言,可以从以下几个方面调整技术审查:(1)积极运用生物识别信息技术国家标准作为审查依据。国家标准是由国家标准化管理委员会制定或批准的,

---

① 王苑.个人信息保护在民法中的表达——兼论民法与个人信息保护法之关系[J].华东政法大学学报,2021,24(02):68—79.

具有权威性与普遍适用性。在《个人信息保护法》等相关法律中,虽然规定了生物识别技术使用的基本原则与要求,但在具体实施层面还需要依赖国家颁布的标准来明确实施细节。例如,关于技术层面的安全防护措施、数据加密技术、匿名化处理等,国家标准提供了具体的技术标准与操作指南,无论是常规化技术审查,还是涉及司法裁判,都应当积极采用已经出台的国家标准作为审查依据。在 2023 年天津某公司个人信息保护纠纷民事申请再审审查民事裁定书中,就使用了《信息安全技术个人信息安全规范》(GB/T35273－2020)作为参考依据,裁判文书中表示:"国家标准虽不能直接作为裁判依据,但在相关法律规定没有对删除个人信息的标准予以明确的情况下,可以作为认定信息处理者是否规范处理个人信息这一案件基本事实的参考依据。"(2)以技术审查推进实验性立法。实验性立法强调在法律制定过程中采取灵活、开放的态度,允许在一定范围内进行试点和实验。例如,两个同样用于在线购物 App 身份认证的生物识别技术,其中一项技术研发者或使用者将收集的生物识别信息使用目的界定得非常广泛,另一项技术研发者或使用者则将使用目的界定得很小,可以通过调查或约谈要求这两家技术人员对使用目的界定给出合理解释。通过这种市场内部比较与竞争审查,逐渐形成各技术场景使用目的界定惯例[①],并进一步整合到技术审查的国家标准乃至法律法规中,形成以点带面的实验性立法。(3)技术审查不能停留在完全的人工审查层面,应当纳入人工智能自动化取证审查机制中。人工智能技术,特别是机器学习与深度学习,可以用于自动识别、分析生物识别技术运行模式与异常。自动化取证审查流程可以通过预设规则与逻辑自动分析生物识别技术,包括数据的自动收集、处理、存储和分析,以及对异常情况的自动报告,减少人工审查的需求。一方面,应允许技术研发者或使用者提供技术自动化审查报告作为合规证据;另一方面,应提升政府或监管机构内部自动化审查的科学性与专业性,公开自动化审查办法,允许行业审查组织或社会合规组织的外部监督,以提升政府或监管机构自动化审查报告的说服力。

(二)行政审查主体与内容划分

目前我国没有针对个人生物识别技术的专门审查机构,审查职责分散在中央网信办、工业和信息化部、公安部、市场监管总局、中国人民银行、国家金融监督管理总局等多个部门。这种分散化审查模式存在明显的局限性,如审查主体缺失、部门权限不清、专业能力不足等问题。2022 年 11 月,国家市场监督管理总局、国家互

---

① 洪延青.过度收集个人信息如何破解及国家标准的路径选择[J].中国信息安全,2019,(01):90－93.

联网信息办公室联合发布关于实施个人信息保护认证的公告,实施个人信息保护认证模式,鼓励个人信息处理者通过认证方式提升个人信息保护能力。例如北京国家金融科技认证中心和中国网络安全审查技术与认证中心,都可以为个人信息处理者提供认证服务,相当于在技术使用之前,对技术进行安全审查。目前,我国并未要求生物识别技术研发者或使用者在使用技术前通过这种方式进行认定。

因此,一方面要厘清各个生物识别技术审查主体的行政权限与诉讼资格,若行政机关已经拥有行政执法权,可以进行技术审查及作出罚款、强制整改等行政处罚,应尽量通过行政审查活动促进技术合规,减少司法审判负担。[①] 同时,要将国家个人信息保护工作委员会作为主导性的生物识别技术审查机构,通过立法对机构的法律地位、基本职责、行政职权等组织要素予以规定,在省级、地级市设置下级机构,实现从中央到地方的垂直、统一监管。[②] 韩国个人信息保护委员会就是该国个人信息保护监管机构,负责制定个人信息保护政策、指导和监督个人信息处理者的行为、处理投诉和纠纷,并对违反个人信息保护法规的行为进行调查和处罚。另一方面,要明确从国家个人信息保护工作委员会到中央网信办、工业和信息化部、公安部等多个行政主体的审查工作内容。可以要求所有生物识别技术研发者或使用者进行个人信息保护认证机构的生物识别技术安全认证,或直接向国家个人信息保护工作委员会申请技术审查流程,来开展全行业、全场景的生物识别技术审查工作。中央网信办、工业和信息化部、公安部以及市场监管总局根据自身职责与安排,对生物识别技术进行区域性或抽样审查。例如中央网信办在负责审查网络内容是否符合国家法律法规时,按行政工作需要对生物识别技术研发者或使用者进行技术审查;工业和信息化部通过常态性或抽样性审查,检验生物识别技术产品与服务是否符合国家安全要求;公安部主要负责审查生物识别技术产品是否可能被用于违法犯罪活动;国家金融监督管理总局等部门则负责银行业、保险业等专门领域的技术审查工作。

(三)技术的内部自我审查

生物识别技术研发者与使用者在进行内部自我审查时,应遵循以法律合规性为核心,以数据安全与生物识别信息保护为基础,以用户权益与伦理考量为重点,以持续改进与常态化检测为支撑的全面审查,确保技术从研发到应用的每个环节

---

① 杨雅妮.论个人信息保护民事公益诉讼起诉主体的范围与顺位[J].中州学刊,2024,(01):63—71.
② 张涛.个人信息保护中独立监管机构的组织法构造[J].河北法学,2022,40(07):91—118.

均符合法律法规要求。一方面,应构建动态风险评估模型。传统的风险评估往往是静态的,而生物识别技术的发展与创新速度很快,需要构建一种动态的评估模型,实时审查技术发展与应用场景的变化,不断调整风险评估参数与阈值。通过引入机器学习与人工智能技术,构建自适应的风险评估系统,基于历史数据与实时反馈,识别、预测新的安全威胁与生物识别信息可能面临的风险。另一方面,应构建以伦理为导向的自我审查机制。除了法律与监管要求,伦理考量也是生物识别技术自我审查的重要内容。通过建立以伦理为导向的自我审查机制,对技术的道德影响进行评估,包括技术可能带来的社会影响、对生物识别信息权益的潜在威胁以及可能产生的歧视问题。引入伦理委员会和伦理审查程序,在技术研发与使用的早期阶段识别、解决伦理问题。此外,保证技术内部自我审查的透明度,明确审查过程中的责任机制。透明度是提高自我审查有效性的关键,研发者与使用者应当建立透明度机制,如公开审查流程、披露风险评估结果及处理措施等。同时建立责任机制,确保在发现问题时能够追溯责任并采取相应的纠正措施。

(四)社会监督式审查

生物识别技术的社会监督式审查主体包含行业组织、民间团体、媒体机构、学术研究者以及广大公众等,这些主体通过各自角色与渠道对生物识别技术进行监督与评价,利用公众参与和多方协作形成有效的审查网络。目前,智能技术的社会审查还存在一系列问题,例如社会公众往往缺乏与技术专家相匹配的专业知识,导致信息不对称问题,公众难以充分理解技术的复杂性与潜在风险,影响社会性审查的质量与有效性;尽管社会公众具有监督技术的潜力,但实际上他们的参与度并不高,公众往往缺乏实际有效的审查渠道与激励机制;此外,公众意见可能存在较大的分歧,例如媒体机构和学术研究者就可能对于生物识别技术持有不同的看法与期望,如何在多样性中寻找共识,也是技术审查面临的挑战。总体来看,提升社会监督式审查的效率与权重,一是要从多样化的社会公众角度出发,在生物识别技术使用场景或知名度较高的公众讨论平台中增加社会审查与反馈通道;二是推进可解释人工智能在用户界面的应用,提升社会公众对生物识别技术的理解能力,以保障社会审查的有效性与科学性。例如,一些技术企业会采用众包测试方法,邀请普通用户参与到软件或应用程序的测试过程中,用户可以通过使用产品并提供反馈来帮助企业发现、修复问题,包括 Testbirds、UTest 在内的平台就为很多技术企业提供了众包测试服务。众包测试平台可以要求生物识别技术研发者或使用者在技术研发报告中真实记录所有参与众包测试的用户反馈,特别是有关生物识别信息收集和使用等问题的反馈内容,并在技术研发报告中进行标注,以供行政审查时评估平台是否已解决了用户反馈的问题。

二、平台审查

平台作为一种新型组织形态,核心在于构建一个多方参与的交流、交易空间或场所。虚拟网络空间中的平台通过连接不同群体,如用户、服务提供者、内容创作者、技术使用者等,实现资源聚合、协调、重组和交互。这种多边市场模式强调多方供给、多方需求的互动,以及通过平台进行的交易。随着互联网技术的发展,平台已经不仅仅是一个简单的交流、交易场所,它因拥有非常强大的数据处理技术优势,能够控制、分析海量用户数据,从而具有资源配置、数据垄断、交易控制和社会渗透等能力。[①] 平台通过算法等技术手段,将用户的社会活动纳入资本增值的逻辑,形成了强大的正循环与反馈效应,对社会资源配置权力产生了重要影响。正是由于平台可以同时触及用户、服务提供者、内容创作者以及技术使用者等多个主体,平台所设计、使用的数据传输与呈现模型决定了多元主体之间互动的频率、方式以及深度,使得平台在一定程度上扮演了一种"准公共管理者"的角色。[②]

在生物识别信息传播过程中,由于平台特殊的双边架构,即可以同时连接到供应商(内容、产品、服务等供应商)和用户,平台审查可以分为三个维度:平台自身审查,对第三方应用的审查以及对用户行为的审查。平台不是政府部门,没有法律授予的执法权,首先要对平台审查资格进行讨论,需要对平台审查内部所有主体开展生物识别信息传播活动的合法性进行审查。其次要厘清政府监管下的平台行为与平台审查框架的融合方式,从平台遵循的市场规律出发分析审查机制可能存在的问题与解决路径。

(一)平台审查依据

平台审查涉及如何管理平台的双边架构,确保平台自身、第三方以及用户之间的良性互动。在审查过程中,平台扮演着一种类似于政府的监管角色,通过界面标准、开放许可规则等方式实现价值共创与平台生态目标。其实从我国现有法律法

---

① 陈灿祁.平台滥用算法权力的法律规制[J].湖南科技大学学报(社会科学版),2023,26(06):154—161.

② 贺微,张旖华,邓沛东.风险视角下数字平台私权力的法律规制[J].西安财经大学学报,2023,36(05):105—117.

规以及一些政策来看,国家已经赋予平台进行自我审查和多边审查的资格与功能。例如 2019 年施行的《中华人民共和国电子商务法》第 9 条将电子商务经营者分为"平台"和"平台内"经营两大类;第 23 条、24 条、25 条要求平台经营者保护用户信息、确保交易安全,并保存相关交易信息至少三年,及时向主管部门传送相关交易数据;第 27 条、28 条、29 条要求平台登记、核验、归档和更新相关经营者信息,并及时报送相关信息,监控经营者是否获得行政许可、是否能保障人身财产安全和环境保护要求。2020 年施行的《网络信息内容生态治理规定》明确了网络信息内容生产者、服务平台、服务使用者以及网络行业组织在网络生态治理中的权利与义务,强调构建良好网络生态的重要性。2021 年通过的《关键信息基础设施保护条例》要求关键信息基础设施运营者采取必要的安全保护措施,保障关键信息基础设施安全,防止信息泄露、损毁、篡改等。2022 年施行的《网络安全审查办法》规定对可能影响国家安全的网络产品和服务、数据处理活动进行审查。这些法规和文件规定平台有责任确保平台内部流通的信息和传播方式,以及使用的技术符合法律法规的要求,平台必须对生物识别信息的合法使用与传输承担审查与监管责任。

　　平台作为中介性的信息基础设施,通过与用户和第三方签订服务协议,以授权、托付等形式行使着类似准立法权、准执法权和准司法权的职能。[①] 一方面,平台通过服务协议制定一系列规则,涵盖用户和第三方在平台上的行为准则、交易流程、知识产权保护等内容,这些规则对平台内信息传播活动具有普遍约束力。平台根据服务协议对内容进行审查与管控,决定哪些内容可以发布、哪些行为是被允许的;平台设定交易和服务的质量标准,它们对平台内的所有经营者与用户都具有约束力。另一方面,平台有权对违反服务协议的行为进行处罚,比如用户使用他人生物识别信息发布 AI 换脸、声音截取等内容,或第三方通过平台违规收集和处理用户生物识别信息,平台可以限制账户功能、删除违规内容、封禁账号、向第三方追偿等,行使类似于执法机关的执法权。此外,平台还提供在线纠纷解决机制,如投诉处理、仲裁服务等,对用户和第三方之间的争议进行调解和裁决,解决纠纷的职能类似于司法机关行使司法裁决权。当用户认为平台或第三方侵害了自身生物识别信息权益时,可以通过申诉或投诉等方式,要求平台对申诉、投诉内容进行复核,并做出相应的损害赔偿。正是由于用户和第三方对平台的依赖,平台便拥有强大的分析与监测能力,甚至获得显著的市场影响力和支配力,能够通过服务协议塑造市

---

① 　何林翀.网络平台内容审查的制度逻辑与路径优化[J].理论月刊,2024,(01):131－141.

场秩序,在数字空间内建立一套属于自己的规则体系。简单地说,通过算法等技术手段影响并监控用户与第三方行为,使得平台拥有数字审查能力。

(二)受监管的平台审查体系

随着数字平台的快速发展,一些大型平台因其规模与市场影响力可能成为市场的主导者,从而拥有潜在的市场支配地位。数字平台会利用在数据收集、处理以及算法等方面的优势,提高服务水平,增加对用户的吸引力。同时,平台也可能会采用各种手段,如数据垄断、算法歧视等排挤竞争对手,限制市场的公平竞争。如果平台滥用治理权力,势必导致消费者利益受损,如通过"大数据杀熟"、设置不公平条款滥用用户生物识别信息等方法牟取更多的经济利益。欧盟《数字市场法案》要求大型数字平台必须承担"守门人"义务,禁止"守门人"企业利用市场地位自我优待,不得阻止用户连接到平台之外的企业,减少大型平台对用户数据的控制。在美国,随着去监管化产业政策的实施,反垄断法成为规范和监督大型数字平台行为的主要手段。美国政府特别针对谷歌(Google)、亚马逊(Amazon)、脸书(Facebook)和苹果(Apple)等超级数字平台进行了一系列的反垄断调查,审查这些平台是否通过利用其掌握的大量数据和先进的算法技术,来获得对平台内其他经营者不公平的竞争优势,以及是否通过这些手段损害了市场竞争和侵犯了消费者的利益。我国于2022年施行的《反垄断法》第9条也规定平台不得利用算法、技术及资本优势从事违规垄断行为。随着数字平台的崛起,平台已经成为信息传播、社交互动和商业交易的重要场所,平台不仅影响经济活动,还对社会秩序、文化价值与政治生态产生深远影响。如果不对平台进行监管,只依赖平台自治,就很容易出现寡头垄断下的生物识别信息滥用问题,造成范围更大、程度更深的社会风险。

在互联网发展初期,网络治理表现为国家对个人用户的直接管理。这一时期,互联网技术刚刚兴起,用户数量有限,互联网活动也相对简单,国家通过法律法规直接规范和监督个人用户的网络行为,如通过1997年开始施行的《计算机信息网络国际联网安全保护管理办法》等法律法规,确立个人网络行为规范。随着互联网技术的快速发展与普及,互联网企业井喷式涌现,平台经济形成规模,影响力也越来越大。这一时期,单一的"国家—个人"治理模式难以适应互联网经济的发展需求,国家开始推动互联网企业的自我管理与行业自律建设,逐步形成了"国家—平台""平台—用户"治理模式。[①] 平台作为连接用户与市场的中介,开始承担起对用

---

① 何林翀. 网络平台内容审查的制度逻辑与路径优化[J]. 理论月刊,2024,(01):131-141.

户及第三方行为的管理与规范责任。在"国家—平台—用户"模式下,国家通过法律与政策为平台审查提供框架和指导,平台在国家监管下自主制定、执行内部规定,协调、保护用户信息安全与第三方活动,形成多主体共同治理的格局。

在政府监管下,平台对自身、第三方及用户的生物识别信息传播行为承担审查责任:(1)平台通过内部数据管理、漏洞检测、应急响应以及员工培训等进行自我审查。平台定期审查生物识别信息收集和处理流程,确保所有操作符合国家法律法规、技术标准以及行业协议规范,确保用户生物识别信息的收集和使用符合用户服务协议告知的应用场景与使用目的。特别是在平台内部场景多样化环境中,要严格保证生物识别信息使用场景与目的的全程一致性。如果用户拒绝提供生物识别信息,平台应提供替代性身份认证方式,不得强制性收集生物识别信息。同时,平台需要持续监测、及时修复可能影响生物识别信息安全的技术漏洞,建立生物识别信息传播风险应急响应机制,确保在检测到可能发生信息泄露或其他安全事件时迅速采取行动。在平台日常管理中,需要对员工开展数据保护法律法规培训,提高企业内部人员的生物识别信息保护意识。(2)通过合规性评估、权限管理以及数据传输监测等方法对第三方进行审查。平台需要确保所有第三方应用在接入平台时遵守生物识别信息保护法律法规及国家标准,对第三方应用的隐私政策、数据应用方式、加密技术、数据备份等进行审查。作为"准公共管理者",平台必须在接入第三方应用之前,审查第三方应用请求的生物识别信息收集、分析及使用权限是否合理,是否与其提供的服务内容相符,审查第三方平台的生物识别信息传播行为是否超出必要的范围。平台不限于将自身视为技术模型提供者,应当从保护用户合法权益出发,满足第三方数据使用需求与用户生物识别信息权益保护需求。(3)从隐私设置、内容审查以及异常行为监测等方面对用户行为进行审查。目前,各大平台都为用户提供了隐私保护选项,应进一步审查用户是否能够正确了解并设置隐私保护选项,防止用户无意中泄露生物识别信息。同时,需要审核用户发布的内容,及时查封滥用他人生物识别信息的内容和账号,对用户行为进行常态化监测,杜绝生物识别信息滥用或泄露事件。

如今,AI换脸技术层出不穷,用户在很多平台上可以享受AI换脸、换装等服务。对于平台而言,无论是用户使用他人生物识别信息,还是第三方应用将用户生物识别信息植入他人照片、视频等模板中,都属于侵犯生物识别信息权益的行为,会影响到相关主体的隐私权、名誉权、肖像权等法定权利。平台需要在日常运营过程中,结合生物识别信息传播多维度风险与伦理考量,审慎监督自身、第三方以及用户的生物识别信息传播行为。

（三）对市场规律的考量

平台作为连接多主体的中介,具有独特的市场属性。平台不仅是交易场所,也是数据的收集者与分发者,因此,平台要尊重数据市场规律,明确自身作为信息中介的责任,制定合理的生物识别信息收集、处理与传播规则。从数据要素与平台经济发展之关联来看,数据要素是平台经济的核心,作为一种新型生产要素,平台通过优化创新资源配置、促进主体协作和产业融通共生,可以实现供需双方的规模效应以及跨边网络效应,一方面扩大相关企业规模,另一方面也可以增强市场活力,促进平台经济高质量发展。对平台而言,数据要素也是提升平台审查、治理能力的根本。在平台经济兴起初期,随着用户数量的增长、交流与交易活动的增加,平台开始积累大量的用户数据。这些数据包括用户个人信息、行为轨迹、发布内容、交易记录、评价反馈等,平台通过分析这些数据,能够更好地理解用户需求和市场趋势,优化服务与产品,提高用户体验。如今,个性化推荐算法几乎是所有平台"吸附"用户、增强用户黏性的核心技术,算法根据用户的历史行为与偏好为其推送相关内容或商品,能大幅度提高平台的价值转化率。比如,金融科技平台通过分析用户的借贷历史、还款行为等数据来评估信用风险,从而决定是否提供贷款以及贷款的利率与条件。此外,平台还可以利用数据要素进行动态定价,根据市场需求、库存状况、竞争对手行为等因素实时调整价格。这种灵活的定价机制有助于平台收益最大化。从平台监管与审查视角来看,随着平台经济的成熟,监管机构对平台的数据治理提出了更高的要求。平台需要确保包括生物识别信息在内的数据传播合规性,保护用户隐私,同时向监管机构提供合规的数据报告,如此一来,数据要素管理与分析能力就成为平台合规治理的关键所在。综而言之,无论是平台扩张经济效益还是强化监管体系,都需要促进平台之间的合作与生态系统建设,平台需要通过数据共享与 API 接口等方式和其他服务提供商展开合作,实现跨界服务整合,全面强化平台在各个方面的治理能力。

将生物识别信息传播审查融入数据要素价值实现体系中,平衡生物识别信息权益保护与数据产业健康发展之间的冲突,有利于平台发展和治理能力提升。从20 世纪 60 年代开始,学者们开始关注"隐私经济学"研究,早期主要关注隐私保护的必要性,以及个体开放个人信息给自己和社会带来的利益与损失。随着数字技术的发展,学者们注意到个人信息公开对个人产生的双重影响,一方面,过少公开个人信息可能错失数字科技带来的好处;另一方面,过多公开个人信息可能导致个人信息的滥用。当前的隐私经济学研究注重从理论和经验研究出发,分析不同场景下个人信息披露的决策特征、动因以及企业利用个人信息的方式与后果。在调研中发现了一种隐私悖论,即人们非常关注自己的隐私,但实际上为了较小的收益就愿意出让自己的个人信息。① 因此,平台应该通过提供更加清晰、透明、可理解的用户服务协议,在确保用户充分理解生物识别信息的处理方式与可能遭遇的风险的前提下,通过设计差异化的、可选择的方案来帮助用户抉择是否允许平台使用自己的生物识别信息,以及生物识别信息在哪些场景下可以被使用。

在传统法经济学视角下,隐私政策协议通常被看作一次性的交易,即用户在同意隐私政策的那一刻,就完成了与平台之间的协议。然而,包含生物识别信息在内的个人信息处理实际情况远比单次交易复杂。由于技术的快速发展和业务需求的不断变化,生物识别信息的处理与使用是一个持续的、动态的过程。这就要求平台与用户之间建立一种更为持续的互动、协商关系,而不是仅仅停留在一次性同意上。平台应与用户建立起一种全程性的开放协商关系,在生物识别信息整个处理过程中,持续地与用户沟通,确保用户对生物识别信息的使用方式、目的与范围有充分的了解,并能够根据新的情况进行相应的调整。② 当用户感受到平台对生物识别信息处理更加透明,平台行动也更负责任的时候,对平台的信任度会随之提高。这种信任是数据经济的重要资产,可以促进用户更加积极地分享生物识别信息,从而为平台提供更多的数据资源,帮助平台更准确地理解用户需求与偏好,进而收集到更高质量的数据,实现平台数据体系的良性循环。

平台经济的基础是数据要素,而这种经济体系的核心则在于创新与效率。生物识别信息技术、保护体系以及应用模式的创新,都可以在强化用户信息权益保护的同时,增强平台自身的竞争力。例如平台需要投入资源研发更为安全的加密技术,通过采用先进的加密算法与安全协议,平台可以确保在数据传输与存储过程中用户的生物识别信息得到有效保护,防止出现数据泄露和滥用等问题。通过去除生物识别信息中的个人标识,将其转化为可以用于分析但不可直接追溯到特定个人的匿名数据,平台就可以在不侵犯用户生物识别信息权益的前提下,挖掘数据的潜在价值,用于改善现有服务,为平台带来商业模式与服务创新。

---

① 汪敏达,李建标.隐私经济学:研究述评与展望[J].外国经济与管理,2022,44(04):3—17.
② 李光宇,艾丹.用户个人信息控制权的回归——以行为法律经济学为视角[J].安庆师范大学学报(社会科学版),2023,42(06):70—77.

三、内容审查

对信息主体而言,生物识别信息是身份验证密钥;对于数字产业而言,生物识别信息是智能传播活动的重要内容,它以各种形态发挥作用,产生价值。一方面,从生物识别信息传播环节来看,收集环节对应原始信息形态,分析环节对应结构化信息形态,使用环节对应成品信息形态。在此过程中,内容审查框架与技术审查周期相一致,按照信息收集、分析到使用的流程规范生物识别信息传播。另一方面,从信息集散过程来看,生物识别信息从个别信息形态不断整合成数据集形态,即通过算法从数据集形态中抽离出个体信息的差异性,与新的个别信息继续整合,生成新的数据集,循环反复。此时,个体安全与集体不安全问题逐渐浮现。我们假设在一个具有充分合规的信息处理与存储条件,且获取信息主体明确同意的情况下,此时收集来的个体生物识别信息可以看作"安全内容",而成百上千甚至更多的这种个体"安全内容"整合起来后,就不能确保集合性内容也是安全的。因此,生物识别信息收集、处理和使用存在状态不一样,审查方式也应该各有侧重。

(一)对原始数据的审查

对于收集后未做结构化分析的生物识别信息的审查,要侧重数据收集阶段的合规性、初步存储阶段的安全措施、应用场景风险的审查,关注如何保障数据在原始状态下的安全性与合法性,通过前置性审查措施预防生物识别信息在后续传播过程中遭遇滥用、泄露等问题。

其一,合规性审查层面可以分为对数据来源、数据最小化以及信息使用主体的审查。对数据来源的审查是判断信息处理者是否合法处理数据的基础,需要依据《个人信息保护法》等相关法律法规,审查生物识别信息收集是否满足合规条件,如信息主体的知情同意、法律规定的特殊情形等。即便生物识别信息收集满足信息主体同意或法定特殊情形等条件,也要审查信息收集是否遵循最小化原则,仅在必要的目的下收集最少的生物识别信息,以及能否保证收集的信息在实现既定目的后及时销毁。此外,合规性审查还应包括对信息使用者(包括信息收集者、信息处理者及第三方)是否建立了完善的内部管理制度、是否指定了个人信息保护负责人等组织架构要求的评估。

其二,技术安全审查核心在于评估生物识别信息的保护措施是否足以抵御潜在的安全威胁,从物理安全、技术安全及管理安全三个层面进行。物理安全层面,需审查生物识别信息存储环境的安全性，如是否有足够的物理防护措施防止未授权访问。技术安全层面，应审查信息处理者是否采用了先进的加密技术、访问控制机制以及数据完整性验证手段，确保生物识别信息在传输、处理与存储过程中的安全性。管理安全层面，则需要审查信息处理者是否有完善的安全策略与应急预案，以及是否定期进行安全审计与员工培训。

其三，应用场景风险审查的目的在于确保生物识别信息的应用不会对信息主体权益造成侵害，从信息的收集目的、使用范围、信息主体预期等方面进行。需要审查信息收集目的是否合法、正当且必要，信息收集目的是否符合使用场景的属性与要求，以及是否符合信息主体的合理预期。应对生物识别信息的使用范围进行限制，确保信息仅在授权的范围内使用，防止数据的二次非法利用。此外，还应进行前置性风险评估，审查信息处理可能带来的信息泄露、滥用等风险，制定相应的风险防范措施。例如，对高风险应用场景，应要求信息处理者采取更为严格的保护措施，进行定期审查与评估。

（二）对结构化处理的生物识别信息进行审查

生物识别信息的结构化处理是指收集信息后，将这些信息按照一定的规则与格式进行整理、分类，使其成为易于分析、存储和检索的数据格式。结构化处理一般包含数据清洗、数据分类、数据标准化、数据组织以及数据标签化等步骤，例如根据生物识别信息特点或用途，将收集的信息分成不同类别，如按照姓名、年龄、性别、联系方式、职业等属性进行分类，以及为数据添加描述性标签或关键词，以便于后续搜索和分析，还可以将特定主体的兴趣爱好标记为"运动""音乐"等。审查结构化处理的数据侧重于数据处理与使用的后续阶段，关注如何在数据被进一步利用时仍然保护信息主体的数据安全。

其一，数据处理的合规性是保障生物识别信息传播安全的核心要求，必须确保数据处理活动遵循国家法律法规、行业标准及企业政策等。合规性审查需要关注数据在实际使用过程中的目的与场景，即数据是否仅用于收集时明确告知的目的、场景。同时，还需要确保信息主体权利得到充分保护，包括知情权、选择权、访问权、更正权和删除权等。此外，参与生物识别信息传播的主体网络非常复杂，需要关注除信息收集者、信息处理者以外的主体是否扩展了结构化处理数据的使用目的与场景。随着人工智能、大数据、云计算等技术的快速发展，信息传播方式、速度都发生了天翻地覆的变化。在数字化时代，信息传播渠道多样化，内容形式十分丰富，包括文字、图片、视频等，给人们带来了全新体验；同时，虚假信息、有害内容、无害收集有害使用等问题也日益严重。在互联网发展初期，一般是真人传播假内容、不良内容；在生物识别技术广泛应用后，出现了真人传播"真"内容，歧视、色情等不良内容隐含在真人形象传播中等问题。应审查在信息主体不知情的情况下，将结构化生物识别信息用于商业、色情等领域。

其二，数据去标识化与匿名化处理是降低生物识别信息泄露风险的关键技术，在结构化处理过程中，应审查是否采用了有效的技术措施，将个人身份信息与生物识别信息分离，确保即使个人生物识别数据被泄露，也无法追溯到特定个人。例如审查是否对数据进行脱敏处理，如数据掩码、伪名化、数据混淆等。审查应重点关注去标识化与匿名化措施的有效性，以及是否有足够的技术与组织保障，防止数据在处理过程中被重新识别。

其三，对于结构化处理的生物识别信息，访问控制与用户身份验证是保障数据安全的重要环节。审查过程中，应确保数据存储与处理系统具备严格的访问控制机制，包括基于角色的访问控制、最小权限、多因素认证等。此外，还应审查数据使用过程的日志记录与监控机制，确保所有数据访问与操作都有迹可循，便于在发生安全事件时进行追踪和响应。

其四，数据生命周期管理涵盖从数据创建、存储、使用、共享到销毁的全过程，应关注是否有完善的数据生命周期管理策略与流程，包括数据分类、数据存储期限的设定、数据定期审查与清理等。特别是在数据销毁阶段，应确保采用安全的数据删除技术，防止数据被恢复或滥用。同时，还应评估数据备份与恢复策略，确保在发生数据丢失或损坏时能够及时恢复。

其五，在数据处理过程中，不仅要审查单个生物识别信息是否安全，还要关注大量生物识别信息整合到一起时的安全问题。生物识别信息是一种有绝对差异性的内容，彼此间的生物识别信息都存在差别，这种天然的身份区分功能能使得生物识别信息在互相比对、自我比对中具有强大的识别价值。不仅单个生物识别信息处理与传输要合规，而且成千上万条"安全内容"集结起来后，更要保证整体内容的安全性。例如，在数据结构化处理过程中，随着数据量的增多，模糊、角度不佳或光照条件差的生物识别信息模板也越来越多，就可能导致生物识别算法在提取特征时产生困难,从而提高误识别率。① 同时,单个生物识别信息不能表现出群体性特征,但多个生物识别信息相互比对、分类,就可以识别出群体特征,例如某地产开发商通过结构化处理后的生物识别信息向各个学校的家长推送不同内容的广告,就体现出集结后内容的不安全性。此外,随着数据量的增加,数据管理与保护的复杂性也随之增加,大量的生物识别信息整合在一起,可能成为黑客更感兴趣的目标,因为一次成功的攻击可以获得更多的信息。因此,对结构化分析后的数据进行审查时,需要深入评估这种整体性内容风险给单个生物识别信息带来的安全问题。

(三)对数据库使用的安全审查

相较于对原始数据和结构化处理后数据的审查,对生物识别数据库的审查应更加侧重于数据安全、数据质量与完整性、系统性能与可靠性几个方面。

其一,对数据安全的审查主要包括数据库加密措施与访问控制两个方面。应审查数据库是否采用了强大的加密算法来保护存储的生物识别数据,评估数据库的访问控制机制,确保只有经过授权的人员才能访问生物识别数据,并且每次访问行为都应当被记录在系统报告中。

其二,数据库中数据的质量与完整性关系到后续的数据使用效率,应当审查数据库中生物识别信息的准确性,避免因数据错误导致误识别问题。同时,还要评估数据库的数据更新机制,确保数据保持最新状态,及时移除或更新不再需要的数据。

其三,数据库不仅仅具有存储数据的功能,而且需要保证数据随时调取、存储的顺利、安全运行。需要审查数据库的系统架构与运行环境,使之能够应对高并发访问和大量数据处理的需求。同时,应评估数据库的容错机制,确保在出现故障时能够快速恢复服务,减少对用户的影响。此外,还需要审查数据库是否支持与其他系统的数据交换、互操作等,以便在不同应用场景中实现生物识别数据的有效利用。

四、司法救济

生物识别信息因其独特性、不可更改性与终身性,成为个人身份认证的最佳选

---

① 2015年,一位黑人用户发现自己的照片被Google Photos识别为"大猩猩",Google公司随即表示调整算法,后被发现只是删掉了"大猩猩"这个归类。因为经过检测,调整算法后的Google Photos可以认出不少灵长类动物,比如狒狒、长臂猿、猕猴、红毛猩猩都没问题,却认不出大猩猩和黑猩猩。2019年,美国国家技术标准研究院NIST发布了一项关于人脸识别技术调查结果,指出在一些算法中,亚裔和非裔美国人被误认的可能性比白人高100倍。

择。然而,生物识别信息的泄露或不当使用可能导致隐私权与人格权被侵犯、财产安全风险等一系列问题,甚至可能导致受害人再也无法使用生物识别信息作为安全的身份认证方式。因此,对生物识别信息进行司法救济的必要性与紧迫性日益凸显。技术的快速发展使得现有法律法规难以及时应对新出现的问题,司法救济机制可以通过司法解释、判例等方式,推动法律适应技术发展,填补法律空白,确保法治的及时性与有效性。

从比较法视角来看,世界各国分别通过降低诉讼门槛、扩大救济范围等方式提升司法救济效果。例如欧盟的侵权责任认定规则中,只要数据处理程序违规即可认定其侵权,未对受害人行使诉权设置前置程序,即不要求原告在提起诉讼之前必须先经过某一法定程序或满足特定条件,大大减轻了受害人的举证责任。美国则采用"分步式救济"与退出制集团诉讼制度,允许那些利益受到侵害但尚未发声的群体被自动纳入集团诉讼的范畴。通过这种方式,为那些可能因资源不足或信息不对称而无法独立提起诉讼的弱势群体提供一种有效的司法救济途径。即使个别成员选择退出诉讼,也不影响整个集团诉讼的进行,避免因个别成员的退出而对整个群体的利益造成损害。同时,还要求退出的成员提供合理的理由,或者在特定时间窗口内行使退出权,平衡个体权益与集体利益,确保诉讼的连贯性和效率。①

(一)司法救济要有可执行性

在绝大多数情况下,个人面对自身生物识别信息权益受侵害或可能受侵害时显得非常无奈,往往考虑到复杂的诉讼程序与举证难度而选择放弃对自身权益的救济。我国不断加大生物识别信息保护力度,完善生物识别信息保护法治体系,首先要解决公民不会用法、难以用法的问题,这些问题不仅表现在认知能力方面,还体现在复杂的法律程序和举证责任中。

一方面,规定过错推定责任原则适用于生物识别信息权益司法救济,即原告无须证明被告的主观过错,只需证明被告的行为与损害结果之间存在因果关系。除非被告能证明已经采取了所有合理的风险预防措施,否则就将被推定为存在过错。同时,应对损害结果作客观考察,即原告不一定受到了实际性或强烈的精神损害、财产损害、名誉损害等,也可以通过潜在的人格权、隐私权侵害风险作为诉讼理由。2023年,某小区住户提起民事诉讼,要求对门邻居拆除在公共走廊安装的可视门

---

① 宋丁博男,张家豪.新安全格局下人脸识别技术应用的法律规制[J].科学决策,2024,(02):143—154.

铃,认为邻居安装的具有人脸识别功能的可视门铃对自身隐私权与人格自由造成侵害,法院裁判认为该可视门铃使原告一家进出门必经的走廊位于摄像头拍摄下,对其生活、隐私造成了侵犯,虽经交涉被告在可视门铃上安装了挡板,但客观上并不能排除对原告生活安宁造成一定影响。① 鉴于生物识别信息的特殊性,必须降低原告对损害结果的举证责任,才能促进生物识别信息在收集、处理与使用中更加谨慎,从源头上减少侵权行为的发生。

另一方面,可以引入"诉讼资助制度"提高公民个人司法诉讼效率与质量。诉讼资助制度是一种在商业领域已取得一定成效的实践模式,通过第三方机构为个人诉讼提供资金支持,有效缓解原告的经济压力。胜诉后,资助方可以获得一定比例的赔偿金作为回报,从而形成一种风险共担、利益共享机制。诉讼资助制度可以使个人获得与被告相匹配的资源,从而在法庭上更加平等地对抗,提高司法公正性。

(二)明确区分民事救济与公诉救济

在生物识别信息权益司法救济路径的选择上,民事救济与公诉救济在法律体系中各自扮演着不同角色,民事救济路径侧重于解决私人之间的纠纷,补偿受害方因权益侵害造成的损失,消除对受害方造成权益侵害的影响,其所强调的是个人权利的保护与私法自治。公诉救济路径侧重于惩治犯罪行为,维护国家和社会的公共利益,强调的是法律的威慑与预防功能。特别是在面对大规模侵权行为或社会影响较大的案件时,单纯的民事救济可能难以达到预期效果,需要通过公诉救济路径有效地震慑潜在的违法行为,保护社会公共安全与秩序。

具体而言,民事救济路径适用于以下情况:(1)因生物识别权益受损导致的隐私权、名誉权等权利侵害。当个人生物识别信息被未经授权收集、滥用或泄露时,个人可以提起民事诉讼,要求侵权方停止侵权行为、消除影响、赔偿损失等。在这种情况下,救济的目的是恢复个人的权益,补偿因侵权行为造成的损害。(2)合同纠纷。如果生物识别信息处理者与个人或实体之间存在合同关系,如网络服务协议等,且合同规定了对生物识别信息的处理方式和保护措施,违反合同条款的行为可以通过民事诉讼解决。(3)信息处理者的过失或疏忽。当信息处理者未能采取合理的安全措施,导致生物识别信息被非法获取或滥用,个人可以提起民事诉讼,要求赔偿因信息泄露造成的直接、间接或潜在损失。(4)消费者权益保护。在消费

---

① 参见上海市黄浦区人民法院民事判决书,(2023)沪 0101 民初 8114 号。

者购买商品或服务过程中,如果企业的生物识别信息处理行为违反了消费者权益保护法的规定,消费者可以通过民事诉讼维护自己的合法权益。

公诉救济路径适用于以下情况:(1)大规模信息泄露或滥用。当生物识别信息泄露或滥用涉及大量个人,可能危害社会公共安全或公共利益时,检察机关可以提起公诉,追究相关责任人的刑事责任。(2)违反国家法律法规。如果信息处理者的行为违反了国家关于生物识别信息保护的法律法规,如《个人信息保护法》《数据安全法》等,且情节严重,可能构成犯罪的,应当通过公诉救济路径追究其刑事责任。(3)破坏国家与社会秩序。在生物识别信息被用于恐怖主义、诈骗、洗钱等犯罪活动,破坏国家与社会秩序的情况下,应当通过公诉救济路径,依法打击、预防此类犯罪行为。(4)公共利益保护。当生物识别信息处理行为不仅侵害个人权益,还可能对社会公共利益造成威胁,如影响公共安全、损害社会诚信等,采用公诉救济可以有效地维护公共利益和法律秩序。

(三)统一财产赔付标准,增加财产赔付金额

20 世纪 70 年代初,有美国学者提出应将数据视为一种财产。1999 年,劳伦斯·莱斯格在《代码及网络空间的其他法律》中系统地提出了数据财产化的理论。莱斯格认为,数据财产化可以满足不同人的隐私需要,并且可以起到预防之效,数据财产化更加重视个人的隐私选择而非仅仅是事后赔偿。随着技术的飞速发展,尤其是进入 21 世纪以来,数据经济的兴起与大数据技术的应用,使得生物识别信息不仅仅是用于个人身份验证的工具,更成为一种具有重要商业价值的资产。从金融服务中的生物识别验证到智能设备的个人化设置,再到公共安全的监控与识别系统,生物识别信息的价值被不断挖掘、利用。这些信息不仅能够提高服务的安全性与便捷性,还能够为企业带来精准营销与市场预测,从而创造更多的经济价值。我国有关生物识别信息侵权裁判,也表示了对生物识别信息具有财产价值属性的认可。[①] 因此,需要从统一财产赔付标准出发,完善生物识别信息侵权救济中的财产救济方案,增加财产赔付金额,以体现司法层面对于保护公民生物识别信息的重视。

首先,统一财产赔付标准是确保被侵权者获得公正赔偿的基础。目前,各国家、地区在司法判决中对于生物识别信息侵权的赔偿标准存在差异,被侵权者获得

---

① 参见北京互联网法院民事判决书,(2019)京 0491 民初 10989 号。法院裁决认为:"个人信息在互联网经济的商业利用下,已呈现出一定的财产价值属性,且遏制个人信息侵权的行为,需违法信息利用者付出成本对冲其通过违法行为所得的获益。"

的赔偿金额高低不齐。在我国,生物识别信息侵权裁判中判处财产赔付的案件并不多。2020年,孙某某与北京某互联网信息服务有限公司等人格权纠纷案件中,该公司网站收录并置顶了原告在"Chinaren校友录"网站上传的个人账户头像(个人证件照),法院认为账户头像反映了原告面部形象的个体特征,属于违法使用个人信息的行为,并认可被告应根据其通过违法行为所得的获益对原告进行赔偿,但由于案件中原告主张的赔偿数额仅为1元,虽然法院认为涉案行为造成的损失显然高于该数额,但当事人有权在法律规定的范围内处分自己的民事权利和诉讼权利,故最后判处被告向原告赔偿经济损失1元。在2020年,郭某与某野生动物世界有限公司服务合同纠纷案件中,被告未经原告同意,要求将原已达成的指纹识别入园方式变更为人脸识别入园方式,法院判决被告赔偿原告郭某合同利益损失及交通费共计1038元。① 美国伊利诺伊州《生物识别信息隐私法》对生物识别信息侵权赔偿作出了明确规定:每一次过失违法行为的赔偿金为1000美元,每一次故意违法行为的赔偿金为5000美元(此外还要支付律师费和诉讼费)。在Cothron诉White Castle System案中,地区连锁餐厅White Castle System要求员工必须扫描指纹才能访问计算机、查看工资单,由第三方供应商负责指纹验证与授权,员工认为该餐厅并没有经过同意就强制进行指纹识别,于是提起集体诉讼。White Castle System估计,如果原告胜诉并获准代表9500名现任和前任员工提起诉讼,损害赔偿可能超过170亿美元。作为回应,伊利诺伊州最高法院表示根据《生物识别信息隐私法》,损害赔偿金额不是强制性的,有自由裁量空间。② 在Facebook人脸识别侵权案中,则被判决支付6.5亿美元赔偿金,相当于集体诉讼中每个原告获得397美元,远远超过许多集体诉讼案件的获赔金额。③ 统一的赔付标准可以确保无论被侵权者的举证能力如何,都能根据一套明确的规则获得合理的赔偿,我国可以借鉴伊利诺伊州的做法,明确规定生物识别信息侵权行为赔偿额度。一般情况下,考虑

---

① 参见浙江省杭州市中级人民法院民事判决书,(2019)浙0111民初6971号。

② Illinois Supreme Court Decision Exposes Employers to Significant Damages for Biometric Information Privacy Act Claims[EB/OL]. (2023-03-10)[2024-08-31]. https://www.armstrongteasdale.com/thought-leadership/illinois-supreme-court-decision-exposes-employers-to-significant-damages-for-biometric-information-privacy-act-claims/.

③ Here's Why Tech Companies Keep Paying Millions to Settle Lawsuits in Illinois[EB/OL]. (2022-09-20)[2024-07-02]. https://www.google.com.hk/url? sa=t&rct=j&q=&esrc=s&source=newssearch&cd=&cad=rja&uact=8&ved=2ahUKEwj07MXPmqSFAxV9EkQIHbsWAzg4ChDF9AEoAHoECAcQAQ&url=https%3A%2F%2Fwww.cnn.com%2F2022%2F09%2F20%2Ftech%2Fillinois-biometric-law-bipa-explainer%2Findex.html&usg=AOvVaw2hm_g6icXKtKDPiFPkXOLV&opi=89978449.

到生物识别信息权益侵害结果难以衡量,可以根据违规收集、使用生物识别信息的次数、涉及人数以及信息公开程度进行规定,确保同类案件司法裁判的统一。

其次,增加财产赔付金额是体现司法层面对生物识别信息保护重视的重要手段。在确定赔偿金额时,法院应考虑生物识别信息的独特价值,滥用或泄露生物识别信息可能造成的长期影响,对侵权者已获得或可能获得的经济利益的认定进行扩大解释。例如,某社交软件未经用户同意,将只应用于账户登录时身份认证的生物识别信息使用到用户形象、偏好分析活动中,根据关联式的用户形象分析结果推送商品、内容等。在此过程中,该社交软件不仅能获得直接性的经济利益,而且结合生物识别信息进行市场分析能够提升企业的数据分析效率,间接提升企业商誉获得更多的投资收益或第三方合作收益等。[①] 因此,应当在司法裁判中根据侵权行为的故意程度,全方位考量侵权者可能因此获得的直接利益与间接利益,使得赔偿金额的确定具有足够的威慑力,防止潜在的侵权行为。

第四节 规制机制:侵权处罚与问责机制、风险分担机制、多渠道维权机制

一、侵权处罚与问责机制

侵权处罚与问责机制是维护生物识别信息权益的两重保障,民法救济为个人或企业提供通过司法途径维护自身权益的途径,修复因侵权行为造成的损害,而政府问责着重于预防、惩罚企业的不当行为,确保企业在处理、使用生物识别信息时的合规性与责任性。二者相互补充,共同筑起生物识别信息保护堤坝。

（一）侵权行为处罚

根据《中华人民共和国侵权责任法》等相关法律法规,在民事案件中对侵权者的处罚通常包括停止侵害、消除妨碍与危险、恢复原状、赔偿损失、赔礼道歉、消除影响、恢复名誉等内容。通过检索我国裁判文书网后发现,近年来有关生物识别信息民事侵权案件的裁决结果一般以停止侵害、消除妨碍与危险以及赔礼道歉为主,

---

① 王新雷,秦文豪.涉人工智能案件的审判难点及应对思路——基于对220件司法裁判结果的实证研究[J].北京航空航天大学学报(社会科学版),2023,36(06):44-56.

个别案件中要求侵权者进行合同违约赔偿。例如郭某与杭州野生动物世界有限公司服务合同纠纷案件中,法院判决被告删除原告郭某办理指纹年卡时提交的包括照片在内的面部特征信息,并赔偿原告合同利益损失及交通费共计 1 038 元。在几个邻里人脸识别监控仪或可视门铃纠纷案件中,法院判决只要求被告拆除监控仪或可视门铃设备,消除对原告人格自由及隐私的妨碍与影响。

近年来生物识别技术这一类新型智能科技发展得非常迅速,无论是技术本身的创新还是应用创新都层出不穷,法律不应采取过度放任的态度任由智能技术滥用。依据比例原则与动态平衡理论,法律应当在保护个人生物识别信息权益与促进技术发展之间找到一个平衡点,对于不同程度的侵权行为,设定相应的处罚措施,对于严重侵犯个人生物识别信息的行为,则应当施加重罚,以产生足够的威慑力。在生物识别信息侵权案件中,对侵权者的处罚应当确保既能够对侵权行为产生足够的威慑力,又能够为被侵权者提供充分的救济。具体而言可以从以下几个方面构建生物识别信息侵权处罚体系:(1)要求停止侵权行为。法院可以依据被侵权者的请求,要求侵权者立即停止侵权行为,包括立即删除所收集、保存的生物识别信息,移除生物识别信息收集设备,停止根据处理生物识别信息进行的算法推送等活动。同时也要注意,不能因停止侵权的处罚而妨碍被侵权者正常获得服务、进出场所等权利。(2)赔礼道歉。我国民法中的赔礼道歉是中国古代"出法入礼"制度的具体表现,作用意图为救济、抚慰被侵权者。[①] 法院裁判中应明确道歉的形式(如书面、口头、公开发布等)和内容(对侵权行为的承认、对被侵权者的歉意等),确保侵权者的道歉得到适当执行,并对其内容与道歉方式进行监督。(3)经济赔偿。侵权者应当赔偿因其侵权行为给被侵权者造成的所有实际损失,包括直接经济损失、间接经济损失以及潜在的经济损失。此外,还应考虑到被侵权者因侵权行为可能遭受的精神损害,并据此给予适当的精神损害赔偿。在确定赔偿金额时,法院应综合考虑生物识别信息的价值、侵权行为严重程度、侵权者的经济状况以及被侵权者因侵权行为所承受的损害,结合侵权行为的故意程度,全方位评估侵权者可能因此获得的直接利益与间接利益,使得赔偿金额的确定具有足够的威慑力,防止发生潜在的侵权行为。(4)消除影响、恢复名誉。若侵权行为导致被侵权者的社会评价受到负面影响,侵权者应采取措施消除这种不良影响,例如发布澄清声明,尽可能

---

① 杨云天.论我国民法中的赔礼道歉——以电影《秋菊打官司》为例[J].行政科学论坛,2022,9(10):40—45.

恢复被侵权者的名誉与尊严,减轻社会对其造成的心理压力。(5)行为禁令。为了防止未来可能出现的类似侵权行为,法院可以对侵权者发出行为禁令,禁止其在一定期限内从事生物识别信息收集、处理等活动。这种预防性措施有助于产生警示效果,进一步预防未来出现类似的生物识别信息侵权案件。

(二)问责与监督

《个人信息保护法》第 66 条明确规定了违法处理个人信息的行政罚款制度,即所谓的"双罚制"。双罚制,是指当违法处理个人信息的行为发生时,有执法权限的行政机关对违法处理个人信息的单位与直接负责的主管人员和其他直接责任人员均进行处罚的制度。欧盟《通用数据保护条例》(GDPR)规定,如果一个组织或企业在欧盟境内使用生物识别技术,而未能遵守 GDPR 中的规定,比如未经个人同意收集或处理生物识别数据,或者未能确保数据安全等,欧盟监管机构可以对违规行为处以罚款,罚款数额最高可达到数百万欧元,甚至是企业全球年度营业额的一定比例。此外,监管机构还可以下令暂停数据处理活动或采取其他必要的制裁措施,以确保组织或企业遵守数据保护法规。美国针对生物识别技术违规行为的处罚措施包括行政处罚、民事赔偿和刑事起诉三个方面。行政处罚通常由监管机构如联邦贸易委员会(FTC)或国家食品药品监督管理总局(FDA)等实施,可以对违规企业处以罚款或下令停止违法行为。例如,FTC 曾对一家生物识别技术公司处以数百万美元的罚款,因为该公司未能保护用户的面部识别数据。

首先,在生物识别信息传播过程中,问责与监督措施应当针对那些未能遵守相关法律法规、国家标准或企业政策的主体。可以将国家个人信息保护工作委员会作为主导性生物识别技术审查与问责机构,通过法律对机构的法律地位、基本职责、行政职权等组织要素予以规定,在省级、地级市设置下级机构,实现从中央到地方的垂直、统一监管。① 对于未经授权滥用生物识别信息的行为,应当采取严厉的问责措施,落实《个人信息保护法》中"双罚制"相关规定。一方面,对违规主体进行罚款、停业整顿等处罚;另一方面,要将问责效果落实到法人、技术管理员等个体。在生物识别信息传播过程中,企业、法人和技术管理员等个体应当对其管理、决策中可能导致生物识别信息滥用及侵权行为负起责任,问责机制的建立有助于强化个人责任意识。

其次,应当加强对生物识别技术使用的全面监督,包括技术开发、应用实施与

---

① 张涛. 个人信息保护中独立监管机构的组织法构造[J]. 河北法学,2022,40(07):91—118.

数据处理等各个环节。通过包括执法部门、信息安全机构、技术监管机构等跨部门合作,确保及时发现、处罚潜在的违规行为。尤其是在生物识别技术应用的几个重点领域,例如金融、医疗等场景中,应当加强对此类组织、企业的审查,防止滥用生物识别技术造成重大公共安全事故。

最后,需要建立信息共享与协作机制,以确保相关部门之间有效地进行信息交流与合作,提高对生物识别违规行为发现、调查与处罚的效率。同时,还应当打通公众投诉渠道,允许公众举报生物识别信息收集、处理及使用过程中的违规行为,鼓励个人和社会组织参与生物识别技术使用的监督与问责。

二、风险分担机制

风险分担原则是基于风险社会理论的核心概念,强调在信息传播中,各方主体应当根据所承担的风险大小来分担相应的责任。信用风险分担机制作为一种有效的风险对冲工具,根据参与者各自的风险承受能力,合理分配系统信用风险,将信用风险的影响降到可控范围内。[①] 这一原则体现了公平、合理的价值取向,能够使信息处理者、公权力机构等在信息传播中按比例原则承担风险和责任,避免单一主体过于集中地承担风险,同时也能够鼓励各方采取措施降低风险。在生物识别信息传播过程中,涉及技术风险、社会风险、伦理风险和法律风险等多个层面的风险,政府、企业与用户各自承担不同角色和责任,也将共同分担风险。

(一)政府:从制度层面构建总体控制风险传播链

对政府而言,不仅需要考虑到技术发展的前沿性,还要充分预见到可能出现的生物识别信息传播风险,这是政府作为公权力机构必须统筹的内容。政府要从宏观层面评估生物识别信息传播所隐含的公共风险,这种数字化公共风险具有隐蔽性、难以预测性等特点,会对数字产业经济发展、技术治理及经济调控带来前所未有的挑战。当政府治理能力不足时,就会引发市场风险公共化、国际风险国内化等问题。[②] 于政府而言,如果是由于整体性社会法律、制度缺陷或失灵导致技术风险扩大或失控,政府必须为风险后果承担主要责任。2010 年,丹麦开始实施 NemID

①　夏轶群,盛广印.知识产权数字化交易系统信用风险分担机制研究[J].财会月刊,2023,44(09):141－147.

②　刘尚希.公共风险与经济中长期发展——分析框架、影响机制及政策选择[J].财经问题研究,2024(02):28－37.

(个人数字标识)项目,公民可使用 NemID 登录政务平台、网上银行或网络购物平台等。随着 NemID 的推出,丹麦的政府官员宣称这项电子身份识别系统非常安全、可靠,而且易于使用。但在实际使用过程中,很多公民发现该系统很难使用,特别是老年人和教育程度较低的公民很难顺畅地使用 NemID 登录网络。有专家表示,在 NemID 系统中,所有的个人数据都集中存储,一旦遭遇信息泄露,将会产生难以挽回的重大损失。然而,丹麦政府在 NemID 推行过程中忽视技术可能带来的公民信息安全风险,单方面倡导公民使用,并表示风险并不高且都在可控范围内。由于过于乐观地评估某项技术,会导致政府在风险管理上出现盲点,忽视技术发展可能带来的一系列社会风险与伦理问题。此外,现代技术风险不仅仅是人造风险,还表现出非完全人工性特征。质言之,人造风险的出现与扩大主要是人类选择导致的结果,人们通过大脑处理信息、进行权衡并做出决策造成风险。然而,尽管人工智能技术是人类的创造物,其内在的"微观权力"却难以完全掌控,处理生物识别信息的自动化算法才是主要决策者。在技术使用过程中很容易理解这个问题,无论是技术研发者还是使用者,都希望生物识别能达到百分百的准确,但实践中常常会遇到误识别、漏识别的问题,智能技术介入生物识别传播过程后,正成为风险的非人工性源头。[①] 因此,政府需要完善生物识别信息相关法律法规、技术标准,加强对使用生物识别技术的企业、组织以及技术本身的监管力度,推动生物识别技术研究机构加强技术创新开发与安全设计,建立多主体协同监督的生物识别信息安全治理体系,从监控风险传播链的整个生命周期到风险体系中的多主体管理等维度,及时识别、应对生物识别信息传播过程中的各种风险与挑战。

(二)企业:构建商用领域风险控制的总体稳定性系统

企业作为生物识别信息的收集、处理者,需要承担生物识别商业应用层面的主要风险。生物识别信息在商业应用领域的传播风险不仅包含信息滥用、泄露等个人权益侵害性风险,还会对企业本身及其他社会组成部分产生稳定性风险。一般来说,生物识别信息的商业化使用基本都是跨场景应用,会整合身份认证、偏好分析、广告推送等多场景服务,如果企业在生物识别商业化使用过程中,因收集、处理、传输或存储等任何环节因技术或人工疏漏导致生物识别信息受到侵害,无论信息收集有没有经过用户同意、商用技术是否获得政府相关部门认证与审批、所使用

---

① 郑少飞,姚建宗.人工智能技术权力影响下人工智能技术风险的法律分配路径[J].社会科学研究,2022,(03):110-118.

的生物识别信息是否属于公共信息范畴,企业都必须对该领域产生的所有风险承担主要责任。

　　企业需要采取有效的技术手段与管理措施,从技术、组织与第三方三个方面保护生物识别信息不被非法获取、泄露或滥用,同时也要遵守伦理准则,尽可能降低生物识别信息商用造成的歧视、排斥等问题。企业还应当建立透明的信息使用政策,明确告知用户生物识别信息收集、处理与使用方式,以及用户的相关权利,使用户、政府及其他社会组织共同参与到技术商用的风险监控体系中来。此外,企业应当训练内部组织主动发现风险的能力。主动发现风险,意味着企业需要在风险产生之前,通过技术自我检测,使智能化系统能够有快速应对、化解风险的能力。例如,在蚂蚁集团的技术风险管理体系中,建立了一套"红蓝攻防"制度,红军团队负责研发技术,维持技术的日常运行,蓝军团队负责不断寻找红军团队技术存在的漏洞,通过日常攻防、活动性大规模攻防以及日常容灾演练等方式,寻找业务中的风险与漏洞。[①] 通过不断进行攻防演练,企业可以积累丰富的安全实践经验,提高员工在生物识别信息传播过程中的安全意识与应对能力。同时,这种机制还能促进企业内部技术交流与合作,形成更为紧密的风险防控机制;当生物识别信息传播风险发生时,企业能够迅速调动资源,采取有效措施进行应对。

　　(三)用户:对单一场景中的自决风险负责

　　单一场景,一般是指只包含一个信息使用功能、目的的场景,例如身份认证场景、图像/视频式换脸服务场景、消费服务场景等。单一场景中的生物识别信息使用目的与场景内容都比较明确,相较于信息规模化、集团化使用而言,用户在单一场景中的知情能力、自决能力以及监管能力都比较强,需要对主动授权的单一场景信息使用风险负责。生物识别信息权益并不是非此即彼的配置状态,人们使用生物识别信息享受各种各样的智能技术服务,也就意味着这些信息需要参与到算法优化与技术创新过程中,即用户需要将部分生物识别信息控制权转移到信息处理者手中。但是,控制权的转移不代表风险责任的转移。生物识别技术风险分为可知与不可知两个模块,信息收集者、处理者需要在单一场景服务协议中列明生物识别信息收集、处理与使用包含的已知风险,如果用户同意单一场景中的信息收集与使用,则意味着用户知晓相关风险并具有风险预期;此外,技术创新的结果具有不

---

　　① 蚂蚁技术风险.蚂蚁集团超大规模技术风险体系介绍[EB/OL].(2022-06-30)[2024-08-30]. https://mp.weixin.qq.com/s/EFr2h6OE9qks_S69uraDXw.

确定性,将导致技术风险的不可知性,正如 19 世纪的马克思无法从当时的资本主义生产风险研判中洞悉 21 世纪的数字劳动风险问题一样。因此,如果信息收集者、处理者在单一场景用户服务协议中指明了所有可知风险,并采取足够的生物识别信息安全措施,而在后续的生物识别信息传播过程中又产生了新的风险类型,这种风险结果需要由用户自身承担。同时,用户也可以通过删除权、可携带权等方式在生物识别信息传播过程中主动消除可能遭遇的风险。随着数字社会的不断发展,技术使用方需要通过可解释人工智能等方式尽可能降低用户服务协议的复杂性,使用户有能力理解生物识别信息的实际传播过程与风险结构,用户也应当从被动主体转向信息传播网络中的主动责任体,增强自身的信息安全意识,通过使用安全的设备与网络、定期更新生物识别信息、审慎授权等措施,减少生物识别信息传播风险。

三、多渠道维权机制

(一)个人诉讼与公益诉讼相结合

当前,个人遭遇生物识别信息权益侵害时面临两大维权难题:一是被迫或者违规收集生物识别信息后,比较有效的维权途径只有提起诉讼、向检察部门举报以及信访等通道,这些维权途径需要花费很多的维权精力与时间成本,也需要较高的专业知识才能达成维权效果[①];二是普通人在复杂的智能技术面前处于弱势地位,无法了解自己的生物识别信息将被如何传播、被谁传播,大多数情况下只能就“未经同意收集”或“疑似过度收集”两个问题进行维权,无法全面保障生物识别信息所蕴含的各种权利。由于生物识别信息传播涉及复杂的法律问题,涵盖隐私权、知情权、数据保护等多方面内容,应打通各种生物识别信息维权通道,将个人诉讼与公益诉讼相结合,建立更符合智能社会发展的公民权利救济体系。

个人诉讼渠道的完善可以分为两步走策略。一方面,优化现有的诉讼、检举、信访渠道,打通国家、地方政务平台与法院、检察院的案件流转通道,要尽量使公民能够以最便捷、简单的方法提交自己的维权诉求,管辖地政务服务人员及时介入协调,并根据侵权情况及时移送法院、检察院,同时设立专业法律援助与咨询服务机构,帮助公民快速、有效地完成自我权利救济。另一方面,需要全方位完善个人信

---

① 孔祥稳. 论个人信息保护的行政规制路径[J]. 行政法学研究,2022,(01):131－145.

息维权网络,强化公安部门、互联网管理部门、工商部门、消协、行业管理部门和相关机构保护公民生物识别信息的法律责任,让公民能够就近、就便找到维权部门,尽量以调解代替诉讼。

20 世纪 90 年代,随着中国经济的快速发展,环境问题逐渐凸显,社会各界对环境保护的关注日益增强。在此背景下,公益诉讼作为一种法律手段,被引入环境保护过程中。2005 年,我国第一起环境公益诉讼案件——"绿发会诉云南铜业案"在云南省高级人民法院立案,原告中国生物多样性保护与绿色发展基金会(简称"绿发会")起诉云南铜业公司因环境污染造成生态破坏,标志着我国环境公益诉讼的开端,它对中国公益诉讼制度的发展产生了深远影响。社会契约论认为,法律与政府的合法性来源于社会成员之间的一种契约,公益诉讼体现的就是这种社会成员对于保护公共利益的共同承诺,通过法律手段确保契约的履行。在生物识别信息维权过程中引入公益诉讼机制,要明确案件是否涉及公共利益,如果案件主要涉及个人权益,如少部分或单个个体隐私权、财产权、人身安全等受到损害,没有明显的公共利益受损,应优先考虑个人诉讼。如果案件除涉及个人权益外,还损害社会公共利益,如大范围的生物识别信息滥用、消费者权益侵害等,可以考虑提起公益诉讼。

开展生物识别信息公益诉讼,需要明确哪些主体有权提起此类案件的公益诉讼。根据《个人信息保护法》等相关法律规定,可以赋予检察机关、国家个人信息保护工作委员会、法律授权的消费者保护机构等提起公益诉讼的权利。同时,应当明确各类主体的起诉顺位,确保国家个人信息保护工作委员会及各种社会组织有优先起诉的权利,检察机关则作为"最后屏障"。同时,应当细化公益诉讼的适用条件,包括界定个人信息侵权行为、明确受侵害权利人人数的标准、评估公共利益受损程度等。根据案件具体情况选择最合适的诉讼渠道,包括民事公益诉讼、行政公益诉讼和刑事附带民事公益诉讼等。此外,以国家个人信息保护工作委员会为主导,确定诉讼请求类型,包括预防性、补偿性与恢复性诉讼请求等,以及各类情况下可申请的赔偿金额以及赔偿金的管理与适用。

(二)诉讼维权与政务平台维权结合

党的十九届四中全会提出要建立健全运用大数据等技术手段进行行政管理的制度,"加强数据有序共享,依法保护个人信息"。例如上海以临港新片区为先导建设的国际数据港,通过"数据传输、备份、存证一体化服务平台",开展全球供应链数据流通与信息共享、文化与数字内容出海、跨境电商直播等场景创新试点应用。①在生物识别信息传播过程中,加强不同机构之间的合作与信息共享是确保维权机制高效运作和个人权益保护的重要保障。诉讼维权与政务平台维权相结合,将为不同机构之间的协同合作提供更全面的法律保障,进一步强化政府行政管理平台解决生物识别信息侵权纠纷的力度。

传统社会中,政府权力高度集中,君主作为绝对的统治者,其权力源于神授或血统继承。在这种模式下,普通人很难干涉政府行政,政府的职能就是为了维护君主的权力、利益,而非追求公共利益。17 到 18 世纪,随着欧洲启蒙运动兴起,"政府权力应来源于人民"这一理念逐渐形成,并在美国独立运动与法国大革命中得到推广。进入现代民主社会后,政府的角色转变为人民的代理人,政府权力来源于人民的授权,政府必须对人民负责,并接受人民的监督。如今,生物识别信息的收集、处理与传输变得越来越普遍,也越来越复杂。传统的诉讼维权往往耗时较长,需要个人付出较多的时间、精力,而政务平台维权则可以提供一种更为便捷、高效的途径。个人通过政务平台维权,可以委托政府调查生物识别信息侵权行为、调解纠纷并作出处罚,直接向政府部门反映问题与诉求,政府可以整合各个行政部门职能与资源,迅速响应并采取措施,缩短解决问题的时间,降低维权成本,提高整体维权效率。

政府部门、监管机构、学术研究机构与各种社会组织等都有各自的角色和功能,通过政务平台维权渠道,可以在案件调查过程中整合各主体的专业知识与信息资源。例如,监管机构可以向政务平台负责人提供技术安全性评估结果,学术研究机构可以提供国内外相关研究观点与舆情调查数据等。通过设立联席会议、工作组等形式,针对各类案件召开会议,讨论合作事宜。政务维权平台的信息沟通与共享功能可以作为不同机构之间交流的桥梁,提供实时信息共享、数据交换等服务,让各机构及时了解其他机构动态。例如,在涉案信息共享方面,政务维权平台要为公安调查、司法审判等活动提供便利,根据公民投诉情况,关联生物识别信息侵权案件背后隐藏的违法犯罪等行为,进一步保护生物识别信息安全。②案件信息全面化、链条化建设可以有效促进构建刚性维权体系,有力保障多场景中的生物识别信息传播受到实质性监管与侵权救济。

---

① 邢弘昊.以有效保护机制提高个人数据治理效能[J].新闻世界,2023,(11):33—35.
② 王圭宇,闫海.论个人数据保护领域预防性行政监管的体系构建——以企业合规为切入点[J].征信,2023,41(12):39—49.

（三）平台维权与法治维权相结合

最初意义上的"监管"是指国家自上而下的监督过程，这种监管受制于上级政府部门的控制，具有指示功能。随着数字化、智能化产业的飞速发展，技术往往走在政府监管能力之前，新型技术层出不穷，传统的监管策略、规定、手段无法及时、有效地对新技术做出反应，常常只能采用类比、囊括等方法勉强将这些新领域新问题划归在具有相似性的旧监管套路中。随着数字产业巨头的出现，为了提升、巩固企业在行业中的影响力与引领性，很多大型企业平台开始主动发起自律协议，这种自律模式也逐渐从与政府的"共同监管"走向行业自主调解的内部规范。例如2020年，由中国支付清算协会发起的《人脸识别线下支付行业自律公约（试行）》，就是一种为规范人脸识别线下支付（以下简称"刷脸支付"）的应用创新，主要是为了防范刷脸支付安全风险，保障会员单位合法权益，维护社会公众利益，它是经会员单位协商制定的行业自律公约。对于公权力监管部门而言，在未确定技术潜力及影响的情况下，贸然进行干预很容易犯错，会损害政府监管公信力。因此，平台维权渠道作为"软法"监管方式将在一定程度上填补公权力监管的空白，通过平台维权先行先试，逐步梳理平台互动中的各类生物识别信息侵权案件，积累维权与监管经验，这是一种行业自我治理的创新性尝试。

实际上，数字平台可以更敏感地发现并适应市场变化以及消费者诉求，市场内部、平台之间的行业自律性监管不应仅限于企业之间的抱团取暖，应将普通用户纳入行业监管循环中，使用户可以通过平台维权渠道获得有效的生物识别信息权益救济，这也是平台应承担的义务。同时，引导用户通过平台维权渠道化解生物识别信息使用纠纷，可以避免平台企业信誉受到司法裁判的影响。一方面，界面是用户与平台互动的第一接触点，一个直观、易用的用户界面可以极大地提升用户体验与维权效率。应当确保用户能够轻松找到平台维权入口与相关帮助信息，简化用户维权操作步骤，减少不必要的点击与表单填写负担。在用户提交维权请求后，应提供明确的反馈信息，如处理状态、预计时间等。另一方面，平台对用户维权请求的响应速度与处理效率直接影响到用户体验及满意度，可以利用人工智能与机器学习技术自动处理一些常见的维权请求，同时建立专门的维权处理团队，负责及时响应、处理用户维权诉求。

后　记

　　本书是国家社会科学基金项目"生物识别信息传播风险及法律规制研究（21BXW039）"结项稿。随着生物技术、计算机技术和通信技术的日益成熟，人脸、指纹等生物识别信息越来越广泛地应用于公共管理、工业生产和商业服务等领域，方便人员交流和贸易往来，产生了巨大的经济效益和社会价值。与此同时，生物识别技术的快速迭代不断丰富生物识别信息应用场景，降低应用门槛，技术外溢产生并加剧生物识别信息传播风险。把人们在日常生活中每天都在或主动或被动经历的生物识别作为研究内容，是本课题最大的特色和挑战。

　　课题研究期间，国内外出现了大量生物识别技术、应用及法治事件。2020年新冠疫情全面爆发后，各地对疫情采取严格防控措施，人员异地往来要先去酒店隔离才能放行。为了避免人员接触造成病毒传播，各单位和居民小区纷纷采用人脸识别、指纹识别等方法管理人员进出。在短短几年时间里，围绕生物识别应用出现了很多具有重要社会影响的事件。在很多居民小区，原有的指纹、门禁卡设备被取消，人脸识别成为居民出入小区的唯一验证方式。清华大学法学院劳东燕教授认为在小区安装人脸识别装置并无必要，而且不经同意收集人脸数据，也违反现行的法律规定。"如果人脸数据被泄露、被滥用，不仅不会改善社会治安，反而可能使相关的违法犯罪活动激增。"2020年11月20日，被称为国内"人脸识别第一案"的杭州市民郭兵诉杭州野生动物世界有限公司一案宣判。杭州市富阳区人民法院一审判决，动物世界删除郭兵办理年卡时提交的面部特征信息。2021年中央电视台"3·15"晚会曝光科勒卫浴、宝马、MaxMara商店安装人脸识别摄像头，收集海量人脸信息。同时，政府、立法和司法机关积极推进生物识别信息法治化进程，《最高人民法院关于审理使用人脸识别技术处理个人信息相关民事案件适用法律若干问题的规定》《中华人民共和国个人信息保护法》等法律法规颁布施行为依法规范生物识别信息传播提供了依据。

　　国外欧美和东盟高度重视生物识别应用及治理。欧美对于使用生物识别技术持比较谨慎的态度。2019 年,美国有 9 个州颁布了关于禁用人脸识别技术的法案,严禁警察、政府部门以及在公共场合使用人脸识别技术。2021 年欧洲委员会在一份报告中呼吁:"通过立法和非立法手段,必要时通过侵权诉讼,禁止出于执法目的生物识别数据处理,包括通过面部图像识别、在公共场所进行大规模监视。"反对执法机构利用人工智能根据历史数据和过去的行为、群体成员、位置或任何其他此类特征,对个人或群体进行行为预测,从而试图识别可能犯罪的人。2024 年 5 月 21 日,欧盟理事会正式批准《人工智能法案》,提出了一种"风险分级分类"的治理框架,将其划分为不可接受风险、高风险、有限风险和最小风险四类,每个风险类别适用不同程度的监管要求,确立了"公私共治"的生物识别技术应用治理格局,以风险管理、个人权利影响评估、合格认证等合规措施为依托,力图在促进该技术健康发展的基础上,实现对个人权益和生物数据安全的最大保护。东盟的新加坡和越南等国主要着力于生物识别应用,越南国家银行规定,从 2025 年初开始,持卡人只有在银行和金融公司验证生物识别信息后才能进行在线交易。这就意味着,从 2025 年开始,未向银行验证生物识别信息的银行持卡人将无法在线支付。

　　课题研究期间,课题组及时追踪国内外生物识别应用案例及立法司法动态,了解最新技术发展及应用状况,聚焦实践前沿问题;同步跟进国内外学术研究进展,聚焦学术研究前沿问题。有段时间课题组每周开展线上讨论,对《通用数据保护条例》《最高人民法院关于审理使用人脸识别技术处理个人信息相关民事案件适用法律若干问题的规定》等法律法规及国内"人脸识别第一案"、央视"3·15"晚会曝光案例、俄乌冲突中的人脸识别应用等重要案例做深入研讨,使本课题言之有源、言之有物,无论使用的资料还是结论都能经得起历史检验。课题组成员发挥各自研究专长,集思广益,相互启发,提升了课题研究的广度和深度。

　　生物识别技术在全球有广泛应用,美欧、东南亚及其他各国都颁布法律法规予以规制,研究本课题离不开国际学术交流。课题组利用社交媒体、邮件等方式积极开展线上学术交流活动。特别感谢普华永道美国波士顿事务所 Erica 女士,她无私地分享了美欧正在发生的生物识别商业应用案例,我们多次对美欧生物识别法律法规及生物识别信息跨境流通问题展开深入探讨。虹软科技股份有限公司高级算法架构师臧炅先生对生物识别技术原理及其应用提供了指导和帮助。对 Erica 女士和臧炅先生的指导和帮助,谨表感谢。本课题申请和研究期间,得到了上海财经大学科研处、人文学院的大力支持,人文学院经济新闻学系全体老师给予了学术支持。《新闻大学》《中国法学》《当代传播》《中国出版》《山东师范大学学报》《编辑学刊》《法学杂志》《探索与争鸣》《中国特色社会主义研究》等杂志发表了本课题阶段性成果,编辑老师提出了很多建设性意见。在此谨表谢忱!

课题结项后产生了良好的社会反响。2024 年 9 月 24 日,上海市哲学社会科学规划办公室在官方网站发表《构建生物识别信息二元法律保护机制》,对课题做了推介。此后,最高人民检察院、上海市高级人民法院、上海市第一中级人民法院的胡荣鑫、秦现锋、付镇铖等法官、检察官围绕本课题提出的观点与课题组做了深入交流和探讨。浙江诺力亚律师事务所齐盈盈律师带领其政府法律顾问团队专程从杭州来上海做了线下研讨。腾讯、美团、拼多多及部分商业银行的相关从业人员就人脸识别、指纹识别的法律界限与课题组做了交流。

本书是课题组成员集体合作的成果。课题立项后,我根据文献和调研资料对提纲做了微调,再分工研究和写作,每章初稿写成后再与作者深入讨论,反复修改,最后统稿查重,前后三易其稿,个别章节写了四稿。全书分工如下(按章节先后为序):林凌(引言、第七章),程思凡(第一章、第八章),李昭熠(第二章、第三章、第六章),贺小石(第四章、第五章)。华东政法大学传播学院高雁老师、湖南九嶷职业技术学院陈波老师参与了部分章节的资料准备和写作。

林 凌

2024 年 12 月 23 日